개정판

노년학

개정판

노년학

김태현 지음

(주)교 문 사

머리말

우리 사회에서 1980년대 초부터 노인에 대한 학문적·실천적 관심이 증대되어 노년학 과목을 대학에 신설하여 강의하면서 모은 자료로 1994년에 『노년학』이라는 저서를 발간하였다. 이후 조금씩 수정해 나갔으나 2000년 7월에 고령화 사회로 접어들면서 많은 데이터와 내용이 변경되어 서둘러 개정판을 출간했어야 함에도 불구하고 발등에 떨어진 이런 저런 급한 불을 끄다보니 가장 중요한 개정판을 이제야 내게 되었다.

서구 사회에서는 이미 1944년 영국에서 'gerontology(노년학)'라는 용어가 제창된 이후 노년학에 대한 연구와 관심이 상당히 증대되어 왔다.

전 생애 발달 면에서 볼 때 노년기는 생을 아름답게 마무리해야 하는 단계이면서도 고통이 따르는 단계이기도 하다. 노년기의 문제로 흔히 4중고(四重苦 : 빈곤, 질병, 역할상실, 고독)라 일컬어지지만 현대 사회처럼 이 네 가지 고통이 심화된 적은 없었고 더구나 정보화 사회에서 노인은 디지털 시대 적응능력 저하까지 겪고 있다.

어느 사회에서나 산업화 과정 및 정보화 과정에서 노인문제는 중요한 사회문제로 등장할 수밖에 없다. 특히 산업화 과정을 서구 사회는 150~200년의 긴 세월을 통해 노인문제에 대한 대응능력과 복지를 다져왔지만 우리 사회는 30년이라는 짧은 기간에 노인문제가 급격히 대두되어 이에 차근한 준비를 해오지 못하였다. 따라서 노인과 그가 속한 가족은 모두 고통을 받고 있으나 사회가 그들을 돌보아 주어야 한다는 인식과 여건 마련은 아직도 미비한 실정이다.

이제 우리는 노인에 대해 경로효친 규범을 가지고 추상적으로 접근할 것이 아니라 인식의 대전환과 새로운 모델을 가지고 문제를 풀어가야 할 시점에 도달하였다. 이러한 절실한 시대적 필요에 의해 노인에 대한 학문적 접근은 다양하게 전개되어야 한다. 따라서 이 책에서는 노인을 둘러싼 가족과 사회문제를 체계적으로 밝히기 위해 시도되었다.

이 책의 내용은 다음과 같이 5부로 나누어진다.

제Ⅰ부에서는 현대 사회에서 노인문제가 발생한 배경과 노년학의 성립과정을 서술하여 노년학을 연구하기 위한 서론적 도입을 시도하고 있다.

제Ⅱ부에서는 노년기의 신체적·생리적·심리적 측면의 변화를 살펴보아 노인이 경험하는 변화에 대한 이해를 돕고자 한다.

제Ⅲ부에서는 노인에게 일차적으로 가장 중요한 부양의 현주소를 짚어보기 위해 한국의 노인부양을 전통사회에서 현대사회에 걸쳐 상당한 분량을 할애하여 분석하고자 한다.

제Ⅳ부에서는 노년기의 삶의 질을 좌우하는 노부부관계, 자녀 및 손자녀 관계, 친구·이웃관계 등 가족관계와 학대 및 치매노인과 가족을 중심으로 긍정적·부정적 측면을 논의하고자 한다.

제Ⅴ부에서는 현대 산업사회에서 노년기의 가족적·사회적 쟁점으로 등장하는 한국 농촌과 도시 저소득층의 노인문제를 밝혀보고, 노인과 관련된 직업, 은퇴, 여가활동, 성 및 죽음에 대한 의미와 현황을 분석하고자 한다.

이 책에서는 특히 개별적인 노인에 대한 접근과 더불어 가족이라는 분석단위로 접근하는 것을 강조하였으며, 노인문제 관심이 있는 연구자들이 참고할 수 있도록 많은 자료를 제시하는 데 주안점을 두었다.

끝으로 본인의 학문의 길을 이해하고 불편함을 인내로 참아준 가족과 항상 격려를 아끼지 않은 선배, 동료, 후배에게 감사하며, 특히 자료수집과 원고교정을 성심성의껏 도와 준 전길양 교수, 권미애 연구원과 어려운 여건에도 불구하고 출판을 맡아 주신 교문사에 고마운 마음이 가득하다.

본인의 학문에 깊은 애정을 가지고 지원과 때로는 충고와 비판을 해 주시던 친정아버님과 96세로 삶을 마감하신 시어머님의 영전에 이 책을 바친다.

2007년 7월

저자 김 태 현

차 례

머리말 iv

제Ⅰ부 서 론

제1장 현대 사회에서의 노인문제 발생배경 ···················· 2

1. 노인인구의 증가 2
2. 산업화 및 도시화 12
3. 핵가족화 15
4. 가치관 및 의식의 변화 17

제2장 노년학의 성립과정 ···················· 20

1. 노년학의 개념 및 정의 20
2. 노년학 연구의 의의 22
3. 노년학의 관련 연구분야 23
4. 노년학 연구의 발달과정 25

제Ⅱ부 노년기의 변화

제3장 노인 및 노화의 개념 ···················· 36

1. 노인의 개념 36
2. 노화의 개념 38
3. 노화에 관한 이론 40

제4장 노화의 신체·생리적 측면 ···················· 44

1. 신체적 변화 44
2. 생리적 변화 48

제5장 노화의 심리적 측면 ···················· 52

1. 지적 능력의 변화 53
2. 성격특성의 변화 58

제Ⅲ부 노인부양

제 6 장 효사상 74

1. 효의 일반적 의미 74
2. 전통사회에서의 효개념 76
3. 현대 사회에서의 효개념 79

제 7 장 전통사회의 노인부양 84

1. 삼국 시대 84
2. 고려 시대 86
3. 조선 시대 89

제 8 장 현대 사회의 노인부양 92

1. 노인부양의 형태 92
2. 노인부양의 실태 98

제 9 장 가족부양정책 108

1. 가족부양정책에 관한 관점 108
2. 가족부양정책의 방향설정 109
3. 가족부양기능 강화를 위한 정책 111

제Ⅳ부 노인과 가족

제10장 노인가족 120

1. 노인가족의 정의 및 형태 120
2. 노인가구의 형태분류 121
3. 노인가구의 특성 124

제11장 노년기의 가족관계 126

1. 노년기와 가족관계 126
2. 부부관계 128
3. 세대관계 137
3. 형제자매 및 기타 사회적 관계 170

제12장 노인학대 ······179
1. 노인학대의 발생 179
2. 노인학대의 정의와 유형 181
3. 노인학대의 실태와 원인 184
4. 노인학대의 대응방안 190

제13장 치매노인과 가족 ······193
1. 치매노인의 이해 193
2. 치매노인의 가족부양 198
3. 치매노인가족의 대처전략 202
4. 치매노인가족의 요구도 204
5. 치매노인가족을 위한 교육 프로그램 205

제Ⅴ부 노년기의 다양한 이슈들

제14장 농촌의 노인문제 ······214
1. 농촌사회와 노인문제 발생 214
2. 노인과 관련된 농촌사회의 구조적 변화 215
3. 농촌노인의 부양실태 220

제15장 도시 저소득층 노인문제 ······229
1. 도시 저소득층 노인문제의 발생 229
2. 도시 저소득층 노인의 생활실태 230
3. 도시 저소득층 노인의 문제분석 237
4. 저소득층 노인문제에 대한 대책과 개선방안 239

제16장 노인과 직업 ······241
1. 노인과 일의 의미 241
2. 노인의 경제활동 실태 243
3. 노인의 취업의식 247
4. 노인직종 250
5. 정년제 실태 252
6. 노인취업의 문제점과 대책 254

제17장 노인과 은퇴 ····· 261
1. 은퇴의 의미 261
2. 은퇴에 대한 이론적 접근 264
3. 가족생활과 은퇴의 상호연관성 269
4. 은퇴에 대한 대책 276

제18장 노인과 여가활동 ····· 279
1. 여가의 개념 및 의의 279
2. 여가의 유형 282
3. 우리나라 노인의 여가활동 실태 282
4. 여가정책의 문제점과 과제 286

제19장 노년기 성 ····· 295
1. 노인과 성 295
2. 노년기 성에 대한 고찰 298
3. 노년기의 성생활 303
4. 노년기 성생활 유지를 위한 요인 305
5. 노년기 성을 위한 제언 307

제20장 노인과 죽음 ····· 309
1. 죽음의 개념 및 의의 310
2. 죽음에 대한 태도 312
3. 죽음에 대한 태도와 관련요인 319

부록 • 노인장기요양보험법 324
참고문헌 346
찾아보기 365

GERONTOLOGY

■ '제Ⅰ부'를 시작하면서

현대 산업사회의 특징이라 할 수 있는 도시집중과 핵가족화 및 인구의 노령화에 따른 노인문제는 우리 사회에서도 심각한 사회문제로 대두되고 있다. 1960년 이후 급격한 산업화·도시화로 인한 사회변동과 가치관의 변화는 전통사회에서 가정의 실권자였던 노인의 가부장적 지위를 약화시켰을 뿐만 아니라, 어떤 의미에서는 소외계층으로 전락시켰다.

오늘날 선진 외국에서는 65세 이상의 노인인구가 10%를 훨씬 상회하여 20%에 이르는 고령사회로 진입되고 있으며, 그에 따른 여러 노인문제를 안고 있다. 최근 우리나라도 사회구조의 급진적인 변화로 인해 여러 측면에서 서구 사회에서 볼 수 있는 노인문제가 제기되고 있으며 앞으로 노인인구의 증가로 인해 더욱 심각해질 것으로 예상된다.

노인문제는 일반적으로 빈곤, 질병, 고독, 무위(無爲)의 4중고(四重苦)로 나뉜다. 즉, 노년기에는 노인이 조기 정년을 맞아 퇴직하거나 혹은 노후소득보장제도 및 일거리 마련의 미비 등으로 소득원이 상실되어 은퇴 후 빈곤의 문제가 야기되고 있으며, 신체적 약화나 노화로 인해 질병이나 건강상의 문제가 발생하고 있다. 그리고 핵가족화 및 대화의 부족, 가족의 결속도 감소 등 역할 상실로 인해 할 일이 없는 무위(無爲)의 문제가 대두되고 있는 것이다.

이런 노인의 문제는 한 가지씩 따로 오는 것이 아니라 두 가지 이상이 겹쳐서 진행되므로 노인의 고통은 더욱 가중되고 있다고 볼 수 있다.

현재, 우리 사회는 과거의 어느 시기보다 노인을 위한 자리를 마련하지 못하고 있다. 노인인구의 증가는 노인문제에 대한 보다 질적인 접근을 필요로 하고 있으며 다각적인 측면에서 노인인구에 대한 이해를 필요로 하고 있다.

PART I

제 I 부

서 론

제1장 현대 사회에서의 노인문제 발생배경
제2장 노년학의 성립과정

제 1 장

현대 사회에서의 노인문제 발생배경

현대 사회에서의 노인문제가 가족과 사회에서 중요한 문제로 대두된 배경은 여러 측면에서 찾아볼 수 있으나 가장 가시적으로 쉽게 파악할 수 있는 것은 노인인구의 증가, 산업화 및 도시화, 핵가족화 그리고 가치관 및 의식의 변화를 들 수 있다.

1. 노인인구의 증가

1) 세계 노인인구의 현황

1950년 이래 세계의 노인인구는 지속적으로 증가해 왔으며, 이러한 경향은 선·후진국을 막론하고 계속될 것으로 예상된다. 유엔(UN)은 한 나라의 인구 가운데 65세 이상의 노령비율이 4% 미만인 나라를 유년 인구국(young population), 4~7%인 나라를 성년 인구국(mature population), 그리고 7% 이상인 나라를 노년 인구국(aged population)이라고 하였다. 일반적으로 65세 이상의 인구비율이

7% 이상인 사회를 고령화 사회(aging society), 14% 이상인 사회를 고령사회(aged society), 20% 이상인 사회를 초고령사회(super aged society)라 부르고 있다.

세계 각국의 인구 고령화의 유형은 다음 네 가지 형태로 제시해 볼 수 있다(최인현, 1983).

첫째, '초기 고령화 국가군(early aging)'의 형태로 약 1세기 반 이전에 점진적인 고령화 경향이 시작되어 오늘에 이르고 있는 프랑스나 스웨덴 등의 국가에서 찾아볼 수 있다.

둘째는 '중반 고령화 국가군(intermediate aging)'의 형태로서, 1920년대에 접어들어 고령화가 두드러지게 나타나고 있는 그리스, 불가리아 등의 국가에서 찾아볼 수 있다.

셋째는 '후기 고령화 국가군(later aging)'의 형태로서, 1950년대에 현저한 고령화 현상을 보여 주고 있는 일본과 아르헨티나 등을 들 수 있다. 이 형태에 속하는 국가들은 향후 20년간 급속히 고령화를 겪을 것이 예측되는 나라들로 중반 고령화 국가의 형태와 유사한 고령화의 경향을 보이고 있다.

넷째는 '발생기 국가군(nascent)'의 형태로 2000년대에는 약 6% 수준의 고령인구를 가질 것으로 예상되는 한국, 스리랑카 등이 여기에 포함된다고 볼 수 있다.

노인인구의 절대수와 그 구성비가 상대적으로 커지고 있음은 세계적인 추세이다. 1992년 유엔 자료에 의하면 세계 인구는 2000년 62억 명이며 해마다 1.7%의 비율로 증가하고 있다. 2025년에는 증가율이 1%로 떨어질 것이지만 다가오는 2025년에는 85억 명 정도로 계속 증가할 것으로 예측되고 있다.

한편 인구예측을 선진 지역과 개발도상국 지역으로 분류해 볼 때 개발도상국의 노인인구의 증가율은 더욱 현저할 것으로 보인다. 선진국에서는 1970년부터 2000년까지 전체 인구의 증가가 21%인데 비해 60세 이상의 인구증가율은 54%에 이를 것으로 예상되지만, 개발도상국에서는 전체 인구의 증가율이 88%인데 비해 60세 이상의 인구증가율은 대체로 123%가 될 것으로 전망되고 있다(김성순, 1990). 노인인구의 수와 증가율이 전체 인구의 평균증가율을 앞서고 있다는 것은 인구 전체가 노령화됨을 의미한다.

우리나라 2004년 9월 현재 총인구는 48,246천명이며 2012년에 5천만명 돌파 후 2023년에 50,683천명으로 정점에 도달할 것으로 추정된다.

인구성장률은 1970년에 약 2%에서 점차로 감소하여 2000년 0.7%, 2010년

표 1.1 우리나라 총인구 및 인구성장률 추이

(단위: 천명, %)

	1970	1980	1990	2000	2010	2020	2030	2040	2050
총인구	32,241	38,124	42,869	47,008	49,594	50,650	50,296	48,204	44,337
남 자	16,309	19,236	21,568	23,667	24,933	25,377	25,046	23,837	21,752
여 자	15,932	18,888	21,301	23,341	24,662	25,273	25,250	24,368	22,585
인구 성장률	1.99	1.57	0.99	0.71	0.38	0.04	−0.24	−0.64	−1.04

자료 : 통계청. 『장래인구추계』, 2001.

0.38%, 2020년이 되면 0.04%로 거의 인구성장은 멈추고 2023년부터는 인구가 감소하게 된다(표 1.1).

15세 이상 연령대별 총인구의 전망 비율을 보면 표 1.2와 같다. 15~44세 연령대의 인구는 점차 감소하는 반면 45세 이상 인구는 점차 증가하는데, 특히 65세 이상 노인인구의 증가율은 가장 높게 나타나고 있다.

따라서 이러한 전망은 이미 구미 선진국이 겪고 있는 인구의 노령화로 인한 자원할당 및 사회보장의 여러 문제들이 개발도상국에서도 반드시 제기되어야 할 과제로 나타남과 동시에 급속한 노령인구의 증가에 따른 노후보장의 문제가 그만큼 빠른 속도로 사회문제화 될 가능성이 큼을 시사한다고 하겠다.

표 1.2 15세 이상 연령대별 총인구의 전망

(단위 : %)

구 분	2000	2005	2010	2015	2020
15~19세	3,842(8.2)	3,096(6.4)	3,456(7.0)	3,174(6.3)	2,719(5.4)
20~24세	3,854(8.2)	3,822(7.9)	3,081(6.2)	3,440(6.8)	3,160(6.2)
25~29세	4,353(9.3)	3,829(7.9)	3,799(7.7)	3,063(6.1)	3,420(6.8)
30~34세	4,248(9.0)	4,340(9.0)	3,819(7.7)	3,790(7.6)	3,057(6.0)
35~39세	4,273(9.1)	4,223(8.7)	4,317(8.7)	3,802(7.6)	3,774(7.5)
40~44세	4,020(8.6)	4,223(8.7)	4,180(8.4)	4,277(8.5)	3,769(7.4)
45~49세	2,921(6.2)	3,961(8.2)	4,170(8.4)	4,134(8.2)	4,233(8.4)
50~54세	2,366(5.0)	2,868(5.9)	3,901(7.9)	4,112(8.2)	4,083(8.1)
55~59세	2,006(4.3)	2,302(4.7)	2,805(5.7)	3,823(7.6)	4,034(8.0)
60~64세	1,817(3.9)	1,913(3.9)	2,212(4.5)	2,710(5.4)	3,701(7.3)
65세 이상	3,395(7.2)	4,366(9.0)	5,302(11.0)	6,337(12.6)	7,667(15.0)

자료 : 통계청. 장래인구추계. 각 년도.

그리고 주요 국가별 65세 이상 노령인구의 비율을 보면 표 1.3과 같다. 이미 1980년도에 미국은 11.3%, 독일 15.0%, 프랑스 13.7%, 영국 14.8%, 스웨덴 16.2%, 일본 9.1%로 65세 이상 인구가 전체 인구의 약 10% 이상을 차지하는 노령사회임을 보여 주고 있다. 그리고 2025년경에 가면 노령인구가 20% 내외인 국가들이 스웨덴, 독일, 일본, 프랑스를 비롯한 많은 나라들에서 나타나게 될 전망이며, 이러한 고령사회로의 추세는 노인문제가 세계 모든 국가의 당면과제로서 공통적인 관심사로 떠오를 것이다.

우리나라는 아직 서구 여러 국가에 비해 노인인구의 비율이 적음을 볼 수 있다. 그러나 다른 나라와 마찬가지로 계속 증가하고 있고, 2010년에는 65세 이상 인구가 10.7%를 차지하고 있어 본격적인 고령화 사회로 진입되었음을 볼 수 있다. 우리나라의 인구증가나 노인인구의 추이는 다음 절에서 자세히 살펴보도록 하겠다.

표 1.3 주요 국가별 65세 이상 인구비율 추이

(단위 : %)

연도별 \ 국가별	미 국	독 일	프랑스	영 국	스웨덴	일 본	한 국
1950	8.8	9.4	11.4	10.7	10.3	4.9	3.3*
1960	9.2	10.9	11.6	11.7	12.0	5.7	2.9
1970	9.8	13.2	12.6	12.9	13.7	7.1	3.1
1980	11.3	15.0	13.7	14.8	16.2	9.1	3.8
1985	11.5	14.0	12.4	14.7	17.0	10.2	4.3
2000	12.5	16.4	14.8	16.0	17.4	17.1	7.2
2010	12.2	19.8	14.9	17.1	19.5	21.5	10.7
2025	17.2	23.4	19.4	21.2	24.3	26.7	19.1
2030	20.6	–	23.2	–	–	28.0	23.1

주: *은 1955년 추계임.
자료 : 통계청(2001). 장래인구추계.
UN.(1998). World Population Prospects.
일본국립사회보장·인구문제연구소(2000). 인구통계자료집.

표 1.4 출산율

(단위 : %)

연 도	1960	1970	1980	1990	2000	2001	2002	2003	2005
합계출산율	6.0	4.53	2.83	1.59	1.47	1.30	1.17	1.19	1.08

자료 : 통계청. 인구동태통계. 각 년도.

2) 우리나라의 노인인구 증가 및 특성

(1) 노인인구의 증가추세

우리나라의 노인인구는 전체 인구의 증가에 따라 절대수와 구성비율이 계속 늘고 있으며, 그 증가속도는 다른 연령층에 비해 빠른 것으로 나타나고 있다. 즉, 우리나라 노인인구의 증가는 1960년 이후 출산율 감소(표 1.4)의 영향을 받아 전체

표 1.5 ● 성 및 연령별 노인인구

(단위 : 천 명)

연도 및 성		노인인구	전기 노인인구	중기 노인인구	후기 노인인구
1970	계	991	741	150	101
	남	408	318	56	34
	여	583	422	94	67
1980	계	1,456	1,050	228	178
	남	545	426	74	45
	여	911	624	154	133
1990	계	2,195	1,500	393	302
	남	822	610	132	80
	여	1,373	890	261	223
2000	계	3,395	2,303	918	173
	남	1,300	948	311	40
	여	2,095	1,355	607	133
2005	계	4,367	2,929	1,197	241
	남	1,734	1,266	407	60
	여	2,633	1,663	790	180
2010	계	5,357	3,338	1,646	373
	남	2,190	1,492	599	99
	여	3,167	1,846	1,047	274
2015	계	6,381	3,725	2,122	533
	남	2,678	1,715	818	146
	여	3,703	2,010	1,305	388
2020	계	7,701	4,489	2,442	770
	남	3,303	2,104	973	227
	여	4,398	2,385	1,470	543

자료 : 통계청(2006), 장래인구추계.

인구의 증가율이 둔화되고, 생산연령인구와 노년인구가 상대적으로 증가하는 인구 동태 유형전환을 볼 수 있다.

우리나라의 65세 이상의 노인인구는 표 1.3에 의하면 1960년에는 2.9%에 불과하였으나, 1970년까지는 3.1%로 계속 비슷한 비율로 유지해 오다가 1980년 3.8%로 약간 그 비율이 증가하였고, 1985년에는 4.3%로 증가하였다. 그리고 2000년에는 7.1%로 고령화 사회로 진입하였으며, 2007년에는 9.5%, 오는 2018년에는 14%에 달하여 고령사회로 진입할 것으로 추계되고 있다(표 1.9).

노인인구의 증가는 표 1.5에서 보듯이, 1970년에 65세 이상의 노인인구가 약 99만 명에서 2005년에 437만 명, 2020년에는 770만 명으로 증가하리라 예상된다.

(2) 우리나라 노인인구의 특성

① 인구구조의 변화

기본적으로 인구의 규모 및 구성 등 인구에 영향을 주는 요인은 출산력과 사망력 간의 관계에서 찾아볼 수 있다. 우리나라의 인구동태 유형은 1960년에 '고출생 – 고사망(高出生 – 高死亡)'에서 '저출생 – 저사망(低出生 – 低死亡)'의 선진국형으로 바뀜에 따라 인구구조도 0~14세의 연소인구가 전체 인구의 40% 이상을 차지하는 종래의 피라미드형에서 현재는 모든 연령층에 인구가 고르게 분포되어 있는 종형 구조로 서서히 바뀌어 가고 있다. 2020년쯤에는 출생은 적고 노년층과 중년층이 많아지는 선진국형인 항아리 형태로, 2050년에는 역피라미드형으로 변모될 것으로 예상된다. 1953~1965년 사이에 태어나 전후 및 산업화의 베이비붐 세대가 우리나라의 인구구조의 변화를 주도하고 있다(그림 1.1).

연소인구의 감소와 노인인구의 증가는 노령화지수의 상승을 가져온다. 노령화지수는 0세부터 14세까지의 연소인구 100명에 대한 65세 이상 인구의 비율을 말하며, 이것은 인구구성의 노령화를 나타내는 척도로 쓰인다.

우리나라의 노령화지수는 표 1.6에서 보듯이 1980년 11.2%에서 1990년 20.0%로 완만한 노령화를 나타내고 있다가 2000년 이후부터 증가의 폭이 커져서 2000년에는 34.3%가 되었고, 2030년에는 186.6%가 예상된다.

또한 65세 이상의 노인인구를 15~64세의 생산인구가 부양해야 하는 노인인구 부양비를 보면, 역시 1990년에 7.4%에서 2000년에는 10.1%로 상승하였고, 2030년

표 1.6 ● 우리나라 노인인구의 연령구성과 관련된 주요 지표의 추이

(단위 : %)

구 분	1970	1980	1990	2000	2010	2020	2030
총 부양비	83.9	60.7	44.3	39.5	38.8	40.9	54.9
유년 부양비	78.2	54.6	36.9	29.4	23.9	19.6	19.1
노년 부양비	5.7	6.1	7.4	10.1	14.8	21.3	35.7
노령화지수	7.2	11.2	20.0	34.3	62.0	109.0	186.6

주 : 노령화지수(%) : (65세 이상 인구) / (0~14세 인구) × 100
노년부양비(%) : (65세 이상 인구) / (15~64세 인구) × 100
유년부양비(%) : (0~14세 인구) / (15~64세 인구) × 100
자료 : 통계청(2005). 인구동태통계. 각 년도.

에는 35.7%로 이것은 생산인구가 노인인구를 책임져야 하는 사회적 부담을 점차 크게 갖게 된다는 것을 의미한다.

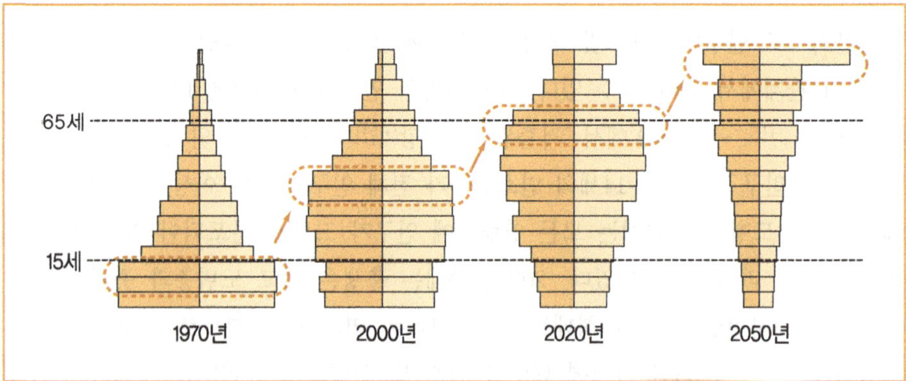

그림 1.1 ● 우리나라 인구구조 모형(1970~2050)

자료 : 저출산고령사회위원회 보고서(2005).

② 평균수명의 연장

노인인구의 급성장은 인구 전환에 의한 저출생-저사망의 인구구조에 의해 영향을 받지만 소득향상에 따른 의·식·주 생활의 개선, 보건의료·위생의 개선 및 의학의 발달에 다른 평균수명의 연장에서도 중요한 원인이 있는 것이다.

평균수명은 나라마다 증가 속도나 실수(實數)에 있어서 차이가 있다. 표 1.7에서 보면, 대개 선진국들의 평균수명은 이미 1960년대에 70세에 도달하였으며, 개발도

표 1.7 ● 연도별 평균수명 추이

(단위 : 세)

연 도	평균수명 평 균	남	녀	차 이	선진국 평균수명	개발도상국 평균수명
1905	23.5	22.6	24.4	1.8	–	–
1945	48.2	45.6	50.7	5.1	–	–
1950	51.1	48.3	53.9	5.6	–	–
1960	52.4	51.1	53.7	2.6	69.2	46.1
1971	62.3	59.0	66.1	7.1	70.9	53.4
1981	66.2	62.3	70.5	8.2	72.6	57.6
1991	71.7	67.7	75.9	8.2	–	–
2000	75.9	72.1	79.5	7.4	75.4	63.9
2005	77.9	74.8	81.5	6.7	–	–
2010	78.8	75.5	82.2	6.7	76.9	66.8
2020	80.7	77.5	84.1	6.6	78.3	69.9
2030	81.5	78.4	84.8	6.4	79.5	72.5
2050	83.3	80.7	86.6	5.9	–	–

자료 : 통계청(2005). 장래인구추계.
U.N.(1998). World Population Prospects.

상국에서의 평균수명도 증가하고 있다. 따라서 인간의 수명연장은 이제 구미 선진국에서만이 일어나는 현상이 아닌 전 세계적인 추세로, 2010년대에는 거의 모든 국가가 70세의 평균수명을 갖게 될 것으로 전망되고 있다. 프랑크 쉬르마허(장혜경 역, 2005)는 "지금 거리를 활보하고 있는 꼬마 숙녀 중 한 명은 평균수명이 100세에 이를 것이며, 꼬마 신사 두 명 중 한 명은 95세까지 살 것으로 예상된다."고 예측하고 있다.

세계 각국의 인구 고령화 유형 중 후기 고령화 국가군에 속하는 일본은 1995년 현재 남자가 76.6세, 여자가 82.7세로 명실 공히 세계 제일의 장수국가임을 보여주고 있다. 일본은 1909~1913년에만 해도 남자 44.2세, 여자 44.7세였던 평균수명이 1951년에 남자 60.8세, 여자 64.9세로 증가하고, 1986년에는 남자 75.2세, 여자 80.9세로 세계 제일의 장수국이 되었으며, 일본 사람 중 남자의 45%와 여자의 65%가 80세 이상의 장수를 누릴 수 있게 되었다는 사실은(김성순, 1990) 같은 동양권으로서 후발 장수국가의 대열에 든 우리나라에게도 시사하는 바가 크다.

우리나라 평균수명은 1905년도에 평균 23.5세였으나, 1950년에는 51.1세, 1981년에는 66.2세, 2005년에는 77.9세로 증가하여 남자는 74.8세, 여자는 81.5세 이다. 따라서 우리나라도 웬만큼 건강을 유지하는 사람이면 현재 80세 이상까지 인생을 살 수 있음을 나타내고 있다.

③ 노인인구의 성비(性比) 구성

우리나라 노인인구의 특성 중 하나는 남녀 간 평균수명(표 1.7)과 사망률의 차이 등에서 비롯된 유배우율의 차이라 할 수 있다. 표 1.8에서 보듯이 여성노인 100명에 대한 남성노인의 수를 나타내는 노인인구의 성비를 살펴보면 1970년에 65세 이상 노인인구의 경우 성비는 59.7로 남자노인의 수가 여자노인의 수에 비해 절반이 조금 넘는 정도로 나타나고 있다. 80세 이상 노인인구의 성비는 33.6%로 노인인구의 성비 불균형은 연령이 높을수록 더 현저하게 나타나며 연령이 많아질수록 여성노인의 수가 압도적으로 증가하고 있음을 볼 수 있다.

이와 같은 노인인구의 성비 불균형 상태는 여성의 평균수명이 남성보다 길고 우리나라 남성의 40대 이후 사망률이 여성에 비해 상대적으로 높다는 사실에서 영향을 받고 있다. 또한 여성의 재혼을 금기하는 문화적 규범으로 인해 여성의 재혼율이 낮은 데서도 그 영향 요인을 찾아볼 수 있다.

노인인구의 성비 불균형은 또한 노인의 배우자 상태에서도 차이를 나타내고 있다. 1990년 65세 이상 노인이 배우자가 있는 경우는 47.2%이며 예전에 비해 배우자가 있는 노인인구가 증가하고 있음을 알 수 있다. 그러나 연령이 높아감에 따라 배우자가 생존해 있는 노인인구의 수는 줄어들고 있으며, 특히 남녀노인 간의 차

표 1.8 ● 노인인구의 성비와 유배우율

(단위 : %)

구 분	1960	1970	1980	1990	1995	2000	2010	2020	2030
전체 인구의 성비	101.6	100.8	100.5	100.7	100.3	100.1	99.6	98.2	–
60세 이상	74.7	69.8	67.3	64.8	67.4	72.2	79.2	84.4	–
65세 이상	70.7	59.7	59.8	62.0	59.4	65.0	69.7	75.2	78.3
70세 이상	68.8	51.0	52.6	53.8	53.6	55.7	62.1	67.9	72.4
80세 이상	50.3	33.6	35.8	39.1	34.8	40.7	42.1	49.5	53.6
노인인구의 유배우율									
60세 이상	50.9	50.3	53.0	54.9(남 86.3 / 여 34.5)					
65세 이상	43.2	41.6	45.0	47.2(남 82.6 / 여 26.0)					
70세 이상	35.5	33.5	36.1	38.1(남 77.1 / 여 18.3)					

주 : 성비 = (연령별 남자인구 / 연령별 여자인구) × 100
유배우율 = (유배우노인 / 전체 노인인구) × 100

자료 : 한국보건사회연구원(1993). 노인복지정책개발을 위한 연구, p. 53~54.
통계청(2001). 장래인구추계결과.
통계청(2003). 2003 고령자통계.

이를 많이 나타내고 있다. 즉, 1990년 65세 이상 노인이 배우자가 있는 확률은 82.6%이며, 여성노인은 26.0%로, 여성노인에 비하여 남성노인이 배우자가 생존해 있는 확률은 3배 이상이나 높은 것으로 아타나고 있다. 70세 이상에서 여성노인이 배우자가 있는 확률은 1/5도 되지 않은 것으로 보인다. 따라서 우리 사회에서 여성노인 문제는 자원의 상대적 빈곤과 더불어 낮은 유배우율로 인해 중점적인 노인 문제로 발생하고 있다.

④ 인구의 고령화 속도

우리나라 인구의 고령화는 그 진행속도가 매우 빠르다는 것이 특징이다. 주요 국가별 고령화 진행상황을 살펴보면 다음 표 1.9와 같다. 일찍이 산업화가 시작된 구미 선진국들의 경우에는 오래 전부터 고령화가 진행되었고, 또한 고령화 사회에서 고령사회로 변화하는 소요기간도 상당히 오래 걸린 것으로 나타나고 있다. 즉, 프랑스의 경우 115년, 스웨덴은 85년, 미국은 71년, 영국은 47년이 소요되었다. 이에 비해 일본은 24년, 우리나라의 경우 18년 이내에 고령사회가 될 것으로 전망하고 있다. 이는 곧 우리 사회에서 노인문제가 그만큼 빠른 속도로 다양하게 나타날 수 있음을 시사해 주고 있다. 또한 오랜 기간 동안 노인문제 해결을 위한 대책을 마련할 수 있음을 시사해 주고 있다. 또한 오랜 기간 동안 노인문제 해결을 위한 대책을 마련할 수 있었던 서구 사회에 비해 우리 사회는 적절한 대책 없이 노인문제에 노출될 위험이 높다. 따라서 우리 사회의 빠른 인구의 고령화 속도는 노인문제 발생을 가중시키고 있다고 할 수 있다.

표 1.9 ● 인구의 고령화 속도 비교

(단위 : 년)

국 가	도달연도			증가소요연수	
	7%	14%	20%	7 → 14%	14 → 20%
일 본	1970	1994	2006	24	12
프랑스	1864	1979	2020	115	41
독 일	1932	1972	2012	40	40
영 국	1929	1976	2021	47	45
이탈리아	1927	1988	2007	61	19
미 국	1942	2013	2028	71	15
스웨덴	1887	1972	2012	85	40
한 국	2000	2018	2025	18	7

자료 : 통계청(2005). 장래인구추계.

2. 산업화 및 도시화

1) 산업사회에서의 노인의 지위

일반적으로 사회가 근대화되면 노인의 지위가 점점 약해지는 경향이 있다. 코질(Cowgill, 1972) 등의 근대화 이론에 따르면 사회가 근대화될수록 노년층의 지위는 낮아지고, 주요한 사회활동에서 멀어지게 된다고 한다. 즉, 사회의 산업화·도시화는 노인을 친족이나 직업 등의 조직에서 고립시키는 원인으로 작용될 수 있다.

산업화와 도시화는 전통적 농경사회를 탈피하는 과정에서 깊은 상관관계를 유지하고 어느 정도까지는 거의 병행해서 일어나고 있다. 산업화가 농업 중심의 경제체제를 벗어나는 과정이므로 탈농업화 과정에서 공업과 상업 중심의 도시화는 불가분의 관계를 맺기 때문이다.

사회가 도시화하고 산업화하면서 노인들의 지위가 불확실해지고 낮아지는 까닭은 산업사회 자체의 구조적 특성에서 찾을 수 있다. 즉, 농업을 주요한 경제 수단으로 삼던 사회에서 연장자가 차지했던 지위와 산업화로 고도의 변동을 경험하는 사회에서 연장자가 차지하는 지위가 다르다는 점에서 접근해 볼 수 있다.

농경사회에서의 노인들은 오랜 경험을 통한 지식의 보유자이며, 전통과 관습의 전달자로서 역할을 담당하였기 때문에 노인의 사회적 지위와 역할의 성격은 확고부동한 것이었다. 즉, 사유재산의 중요성이 대두되고 농사를 짓는 데 많은 노동력이 필요하게 된 농경사회에서는 자연히 대가족제를 이루게 되었고, 따라서 재산권이나 경제권의 관리는 경험과 지혜가 풍부한 연장자가 담당하게 되었다. 더욱이 농경사회에서는 정보가 입에서 입으로 전해지고 기억과 경험에 의해서 보존되거나 전달되었으므로 노인의 지식, 전통 등은 매우 유용하고 필요한 도움을 제공하였다.

그러나 산업사회에 들어서면서 이전 사회에서 지녔던 노인의 권위나 지위는 크게 달라졌다. 산업사회는 특히 경제적 측면에서 볼 때 생산성 수준의 끊임없는 증대를 요구하는 노동력의 효율성과 유용성에다 중요한 가치를 부여할 뿐만 아니라, 지식이나 경험은 끊임없이 새로운 것을 요구하고 경쟁과 변화를 특징으로 하는 직업구조를 요구하고 있다. 이런 상황에서 상대적으로 나이가 많은 사람들은 자신의 의도와는 무관하게 은퇴라는 명목으로 산업구조에서 밀려남으로써 사회적 역할을 상실하고 주도적 역할에서 멀어지게 되었다.

또한 도시화 과정은 농촌에서 도시로 또는 새로운 지역에서 다른 도시로의 직업을 찾아 지리적인 이동을 하도록 한다. 이런 지리적 이동성의 증가는 전통적인 확대가족을 붕괴시키는 요인이 될 뿐만 아니라 세대 간의 공간적인 격리를 가져와 노부모-성인자녀 간의 접촉빈도나 친밀성 감소에 영향을 미치게 되었다.

이와 같이 산업사회의 급속한 변동과 근대화 과정은 노인들의 사회적 통합이나 적응을 어렵게 하며, 노인의 지위상실에 영향을 미치고 있다.

2) 산업화

우리나라에서 본격적인 사회구조적 변동이 있던 시기는 1960~1970년대로 본다. 특별히 1960년대를 산업화의 새로운 기점으로 삼는 것은 국가 주도의 경제개발 5개년 계획이 1962년부터 시작되었고, 이후로부터 연평균 경제성장률이 8.3%에 달하면서 GNP 및 산업구조, 산업별 성장률 등에 많은 변화가 일어났기 때문이다.

우리나라는 1960년대 이전에 1차 산업 중심이었던 산업구조가 1970년대 중반부터는 2~3차 산업 중심으로 전환하였으며, 이 시기부터 서울과 부산 등의 대도시를 중심으로 한 인구이동이 가속화되었다.

우리나라 국민총생산을 산업구조의 부문별 구성비에서 보면, 농업 중심에서 광공업 특히 제조업과 사회간접자본 및 서비스업 중심으로 바뀐 것을 알 수 있다. 즉, 1965년에 1차 산업이 38.0%, 2차 산업이 20.0% 그리고 3차 산업이 41.9%이던 것이 1985년에는 각각 13.5%, 29.6%, 56.9%로 급속하게 산업화하고 있음을 알 수 있다. 산업부문별 노동력 구성비에서도 1955년에는 1차 산업 종사자가 78.6%, 2차 산업 종사자는 4.7%, 3차 산업은 16.7%로 거의 농림수산업의 인구 구성비를 이루었지만, 1995년에는 각각 12.5%, 23.6%, 64.0%로서 산업구조상 큰 변화를 나타내고 있다.

즉, 산업구조가 변화하면서 직업과 계급구조도 달라져서 전통적인 경제영역이었던 농림·어업·수산업 등의 1차 산업 종사자는 급격히 줄고 서비스직이나 사무직 등의 3차 산업 종사자의 비중이 상대적으로 커지게 되었다. 이것은 우리 사회가 전통적으로 유지해 왔던 과거의 사회·경제구조에서 자연적으로 많은 변화가 있게 됨을 의미한다. 따라서 과거 농업 중심 사회에서 이룬 사회·경제 및 여러 제도적 관례는 탈농업화된 산업사회에서는 다른 양상을 보이게 된다.

3) 도시화

사회적 이동에 의한 인구구조의 변화는 산업구조의 변화에 따른 도시화 현상과 밀접하게 관련된다. 즉, 산업화가 진행되면서 농촌인구는 점차 줄어들고 도시인구 및 도시화율은 상대적으로 증가하였다.

우리나라는 1960년대 이후 농업사회로부터 산업사회로의 전환이 이루어짐에 따라 도시인구가 팽창하게 되었으며, 1970년대에 들어서면서부터는 급속한 도시화율을 나타내고 있다. 전체 인구의 도시화율이 1966년 33.5%에서 20년 사이에 32.9%나 증가한 것을 나타내고 있다. 즉, 1985년도 전체 인구 도시화율은 65.4%에 이르고 있고, 노인인구도 도시화율이 높아졌음을 나타내고 있다.

지역별 노인인구비를 보면 도시지역보다는 농촌지역에서의 인구 노령화 현상이 두드러지게 나타남을 알 수 있다. 즉, 도시지역에서의 60세 이상 노인인구비는 1966년 3.6%에서 1985년 4.9%로 1.3% 증가한 반면에, 농촌지역에서는 4.5% 증가하여 농촌지역에서의 인구 노령화 현상이 가속화되고 있다.

우리나라 인구구조의 지역별 모형변화를 보면, 도시지역보다 농촌지역에서 인구의 노령화 현상이 더욱 뚜렷함을 볼 수 있다. 산업화에 따른 노동력의 이농향도(離農向都)형 인구이동(rural-to-urban migration)이 주로 젊은 연령집단에 의해서 이루어졌기 때문에 도시 및 농촌지역 인구의 연령구조가 이른바 각기 성형(星型) 구조와 표주박형 구조로 형성되고 있다.

1985년 인구 센서스 지역별 분석에 의하면(윤동주, 1988), 농촌인구에서 전출률이 높은 인구집단은 25~29세(50.6%), 20~24세(44.2%), 15~19세(41.3%) 및 30~34세(29.3%) 등의 연령층으로 농촌인구의 전출이 주로 미혼의 젊은 연령집단에서 이루어지고 있음을 볼 수 있으며, 또한 동시에 농촌지역 인구의 연령구조를 노령화하는 원인이 되고 있음을 알 수 있다.

이와 같은 도시화 현상은 산업화 현상과 마찬가지로 사회변동과 가치관의 변화를 유도하므로 전통적 생활방식과는 다른 행동유형과 규범의식을 갖게 한다. 도시화는 도시로의 인구집중을 불러 일으켜 성인자녀와 노부모 간의 분리를 가져오며, 확대가족에서 핵가족으로 가족을 개별화시키므로 전통사회와는 다른 부양의식과 규범을 낳게 하는 원인이 되고 있다.

3. 핵가족화

사회가 발달하고 산업화되어 가는 과정은 가족제도에도 많은 변화를 가져 왔다. 산업사회의 특성과 부부 중심의 가족이 상호 잘 부합되는 이념과 가치를 공유하고 있으며 독특한 적합성을 갖는다는 구드(W. Good, 1971)의 주장이 어느 정도 합당한 것인가에 대한 논의는 접어 둔다고 하더라도 산업화 이후에 우리나라의 가족구조가 소규모화하며 핵가족화되어 가고 있는 것은 사실이다.

가족의 기능은 가족 개인에게 작용하는 기능과 사회적인 기능이 있다. 즉, 가족의 기능은 사회의 변천 여하를 막론하고 가족이 수행해야 하는 본질적 기능과 사회·문화·역사적 여건에 따라 사회기관에 의해 대행되고 있는 파생기능으로 분류될 수 있다. 가족의 본질적 기능으로는 성적 기능, 자녀출산 기능, 가족의 생활보장 기능 및 정신적 안정의 기능이 있다. 이러한 본질적 기능은 교육이나 오락·종교적 기능 등의 파생기능이 가족 이외의 타 기관으로 많이 이양된 데 비하여 여전히 수행되고 있는 가족의 중요한 기능이다. 특히 가정 밖의 생활에서의 긴장이나 불안정, 피로 등을 풀고 경쟁적이고 이해타산적인 사회에서 가족이 편히 쉴 수 있도록 하는 정신적 안정의 기능은 오늘날 더욱 요구되고 있다.

따라서 가족의 정서적 기능이 강화되면서 애정과 사랑을 기반으로 결합된 부부와 그들의 미혼자녀로 구성된 부부 중심의 핵가족 형태는 더욱 보편화되고 있으며, 노인세대의 핵가구화 또한 불가피하게 증가하는 현상으로 나타나고 있다.

1) 가족원수의 변화

핵가족은 전 세계적으로 과거 전통사회부터 존재해 온 보편적인 사회집단이지만 산업화 이후 크게 증대되고 있다.

우리나라에서도 형태상 부부 중심의 핵가족 비율이 확대가족보다 높다는 사실은 비단 오늘에 국한된 것만은 아니다. 그러나 오늘날은 형태상으로는 물론이려니와 내용적으로도 과거와 다른 핵가족화를 나타내고 있다. 이것은 핵가족이 이동성이 심하고 변화가 잦은 산업사회에서 기동성을 발휘할 수 있으므로 현대 사회에서 적합한 가족형태로 자리 잡고 있다는 것을 의미한다. 즉, 산업화와 더불어 가족의 분화현상이 증가하여 복잡한 현대 생활에 적응하기 위해서는 부부가 그들의 미혼자녀와만 동거하는 간편한 소가족이 요청되기 때문인 것으로 본다.

우리나라의 평균가족원수는 1960년에 약 5.7명에서 1980년에는 4.6명, 1990년에는 3.7명으로 감소하였고, 1995년에는 이보다 훨씬 적은 3.3명으로 감소하여 가족원수가 매우 빠르게 저하되고 있다. 1960년에는 1인 가구가 2.8%에 불과했으나 1990년에는 9.0%, 1995년에는 이보다 훨씬 적은 3.3명으로 감소하여 가족원수가 매우 빠르게 저하되고 있다. 이와 같은 현상은 가구원수별 구성비의 변화에서도 잘 나타나고 있다. 1960년에는 1인 가구가 2.8%에 불과했으나 1990년에는 9.0%, 1995년에는 이보다 훨씬 적은 3.3명으로 감소하여 가족원수가 매우 빠르게 저하되고 있다. 이와 같은 현상은 가구원수별 구성비의 변화에서도 잘 나타나고 있다. 1960년에는 1인 가구가 2.8%에 불과했으나 1990년에는 9.0%, 1995년에는 12.7%로 증가하여 혼자 사는 가구의 비율이 빠르게 증가하고 있다. 또한 1~4인 가구의 비율이 증가하는 것에 비하여 5인 이상 가구는 빠르게 감소하고 있음을 볼 수 있다. 따라서 전체적으로 볼 때, 우리 가정은 소인수화, 핵가족화하고 있다. 가족원수의 감소는 부양자녀수의 축소를 뜻한다. 따라서 자녀부양에 의존하던 노인의 부양체계는 자녀수의 감소로 불안정성이 증가하고 있으며 노인문제 발생에 영향을 미치고 있다.

2) 노인가구의 증대

최근 산업화, 도시화가 진행되면서 노인독신가구와 노인부부가구, 즉 노인단독가구의 비율이 크게 늘어나고 있다. 한국보건사회연구원 조사(표 10.2)에 따르면 노인단독가구 비율이 1981년도 19.8%에서 2004년에는 55.0%로 나타나고 있다.

이러한 노인단독가구의 증가는 노령화의 직접적인 영향보다는 노령화와 병행하여 진행되고 있는 핵가족화 및 세대 간 동거의식의 변화 등과 결부된 영향이라고 볼 수 있다.

4. 가치관 및 의식의 변화

1) 부양의식의 변화

우리 사회는 지난 30년간에 걸친 급속한 경제성장 과정에서 많은 변화를 경험하였다. 산업화의 영향으로 전통적인 가족주의가 쇠퇴하고 있으며 점차 가족의식은 개인주의화하고 있다. 우리의 가치관 및 의식의 변화는 현대 사회의 노인문제 발생에 영향을 미치고 있다.

우리 사회에서 점차 부부 중심의 핵가족 생활을 중요시하게 됨에 따라 부모세대와 자녀세대가 경제적 여건만 된다면 별거하여 지내는 것이 서로에게 편리하고 안정적인 생활이 될 수 있다는 인식이 보편화되고 있다. 20~50대 연령층을 대상으로 노후의 동·별거 의식을 살펴본 연구에 따르면(최성재, 1992), 전체 73%의 일반 성인들에서 나타나고 있다. 즉, 노인의 자녀와의 별거희망률을 보면(한국보건사회연구원, 1985, 1994), 1985년에 11.5%이던 것이 1994년에는 44.6%나 증가한 것으로 나타나고 있다. 앞에서 자녀와 별거하며 사는 노인단독가구 추세는 별거희망률의 증가에 따라 더욱 증가될 전망이다.

또한 우리 사회에서 전통적 장남 위주의 가족 부양의식에서도 많은 변화가 나타

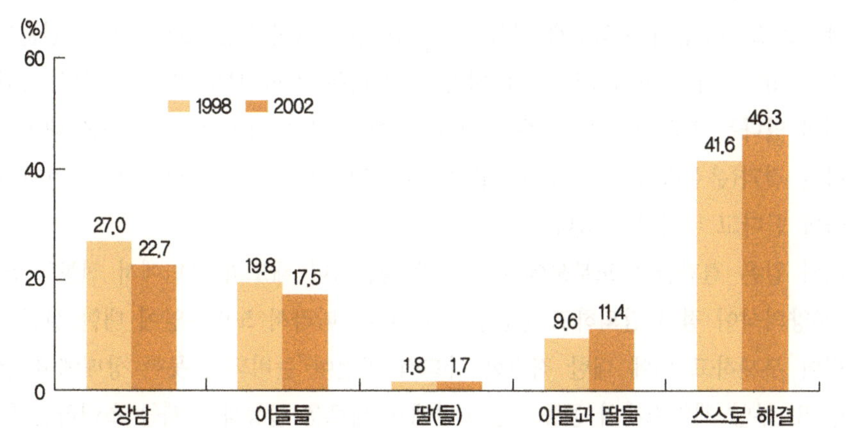

그림 1.2 ● 1998년과 2002년도 노부모 부양책임 소재

표 1.10 ● **노부모 부양책임에 대한 태도**

(단위 : %)

연 도	장 남	아들 모두	딸	아들·딸 모두	자 립	시회 및 기타
1979	30.6	22.2	0.6	6.4	36.6	3.6
1983	22.1	21.7	0.8	27.1	20.5	7.8
1988	25.2	17.8	0.5	35.8	15.8	5.0
1991	18.3	13.8	0.4	46.2	15.4	5.9
1994	19.6	11.4	-	56.3	9.9	2.9
1998	27.0	9.6	19.8	9.6	41.6	0.2
2002	22.7	11.4	17.5	11.4	46.3	0.5
2006	19.5	8.1	0.9	49.2	7.8	2.3

주 : 능력 있는 자녀가 포함된 치수임.
자료 : 경제기획원(1992). 한국의 사회지표, p. 306.
경제기획원(1996). 한국의 사회지표, p. 123.
통계청(2006). 사회통계조사 – 가족·복지·노동부문.

나고 있다. 노부모 부양책임에 대한 태도와 관련하여 우리나라 전국 만 14세 이상의 가구원을 대상으로 실시한 조사(경제기획원, 1992, 1996; 통계청, 2006)에 따르면 노부모 부양책임을 장남이 져야 한다는 경우는 1979년에 30.6%에서 1994년에 19.6%, 2002년 22.7%, 2006년 19.5%로 꾸준히 줄어들고 있다. 이에 비해 아들, 딸 모두 자녀가 부양책임이 있다는 경우는 1979년 30.6%에서 1994년 19.6%로 줄어들고 있다. 이에 비해 아들, 딸 모두 자녀가 부양책임이 있다는 경우는 1979년 6.4%에서 1994년에 56.3%, 2006년 49.2%로 증가하고 있음을 볼 수 있다(표 1.10). 노인들을 대상으로 노인부양의 책임소재 의식을 조사한 연구들(이가옥, 1994; 한국노인문제연구소, 1992)에서도 노인들은 장남 책임의식보다는 자녀 모두 또는 국가나 사회에 책임이 있다는 자의식을 보여 주고 있다. 또한 45세 이상인 장·노년층을 대상으로 조사한 결과(윤현숙 외, 2005)에 의하면 57.5%만이 결혼한 자녀는 부모 가까이에 살아야 한다고 나타나고 있다.

이와 같은 결과들은 노부모에 대한 부양행동이나 태도의 측면에서 전통적 노부모 부양의식이 점점 감퇴하고 있음을 나타낸다. 따라서 노인부양에 대한 실질적인 규범이 부재하고 이에 대한 적절한 사회적 여건이 준비되지 못한 상태에서 별거 지향 및 부양 책임소재의 공동화는 노인에게 새로운 갈등과 문제를 초래하는 원인이 되고 있다.

2) 여성의 사회참여율 증가

가족의 일이 전통적으로 여성의 영역으로 간주되어 왔고, 보살피는 행위는 여성적인 특성에 맞는다는 관념 때문에 대개 딸이나 며느리 등 여성들이 노인의 수발자 또는 돌보는 이로서의 역할을 담당해 왔다(Miller 등, 1992; Coward 등, 1992). 그러나 현대 사회에서는 여성의 고학력화, 여성지위의 향상 등으로 여성의 취업이나 사회참여가 계속 증가하고 있으며, 이는 장기적으로 보호를 요하는 의존가족원의 부양에 대한 문제를 제기하고 있다. 우리나라 여성의 경제활동참가율을 살펴보면 지속적으로 증가하고 있음을 알 수 있다.

즉, 여성 경제활동참가율이 1970년에는 38.5%였으나(한국보건사회연구원, 1996b), 표 1.11에 의하면 2006년에는 50.3%로 꾸준히 증가하고 있다.

그리고 1985년부터는 기혼여성의 경제활동참가율이 미혼여성의 참가율을 앞지르고 있어(한국보건사회연구원, 1996b) 여성이 가족 내 보호기능을 전담하던 전통적 부양체계에서 변화 및 약화가 일어나고 있다. 따라서 현대 사회에서 여성의 경제활동참여 확대에 따라 가족 중 보호를 담당할 인적 자원의 부족으로 인해 가족에 의존하던 노인부양문제는 표면으로 드러나고 있다.

표 1.11 ● 여성의 연령별 경제활동참가율 (단위 : %)

구 분	2001	2002	2003	2004	2005	2006
전 체	49.3	49.8	49.0	49.9	50.1	50.3
15~19	12.7	11.9	11.4	11.1	10.3	8.9
20~24	62.0	62.6	61.8	62.8	62.6	59.1
25~29	57.6	59.5	60.7	63.9	66.1	67.5
30~34	49.1	49.9	49.9	50.4	50.2	53.1
35~39	59.8	59.4	58.3	58.9	59.0	59.6
40~44	63.6	63.9	64.1	65.5	65.6	65.6
45~49	64.6	64.1	61.6	62.7	63.1	64.4
50~54	56.6	58.1	55.6	56.2	58.3	58.5
55~59	50.7	49.6	49.1	49.5	49.1	49.7
60+	30.0	30.1	27.8	28.3	28.1	28.3

자료 : 통계청. 경제활동인구조사보고서. 각 년도.

제 2 장

노년학의 성립과정

1. 노년학의 개념 및 정의

노년학을 의미하는 'gerontology'의 어원은 희랍어에서 찾을 수 있다. 노령(old age)을 의미하는 'geros'라는 말과 무엇에 대한 연구나 서술을 의미하는 'logos'에서 'gerontology'라는 용어가 생겨났다. 그러므로 'gerontology'는 노령을 과학적으로 연구하는 학문이라는 뜻이 된다(최성재 외, 2002).

노화는 인생주기에 있어서 여러 요인들이 복합적으로 작용하여 나타나는 정상적 발달과정상의 한 현상이기 때문에 어느 한 분야의 학문으로서 다룰 수 있는 것이 아니다. 따라서 여러 분야의 학문에서 노화에 대한 개념을 정의하고자 노력해 왔으며 다양하게 접근해 왔다.

즉, 쇼크(N. Shock)는 노년학을 첫째, 노년 인구의 증가에 따르는 사회·경제적 문제를 연구하고, 둘째 개인 및 집단에 있어서의 노화(aging)의 심리적 연구를 하며, 셋째 노화과정의 생리학적 기초와 그 병리학적 측면에서 연구하고, 넷째 동물계 전체로서의 노화현상에 따른 생리적 변화의 연구를 하는 학문이라고 하였다. 한편, 티바이츠(C. Tibbitts)는 노년학이 노화의 생리학적 측면과 심리학적 측면 및 사회학적 측면에서 연구해야 하며, 특히 사회학적 측면에서 노화로 인한 사회적 지위 및 행동영역의 변화를 포함시켜 연구하는 학문이라고 하였다(허정, 1980).

이와 같이 많은 학자들이 과학적 접근법을 사용하여 노년학을 다양한 형태로 정의하여 왔지만 간단하게 정의하기는 힘든 측면이 있으며, 다만 노화과정에 대한 과학적 지식과 노년기 적응을 위한 종합적인 학문이라고 볼 수 있다.

산업화 이후 서구 선진사회 및 여러 국가에서 노인문제가 사회문제화되기 시작하자 노인의 삶을 질적으로 향상시키기 위해 가족 차원을 넘어서 국가가 적극적으로 개입되어야 함이 요구되었다. 이러한 경향이 나타난 것을 유럽에서는 19세기 말엽부터이며 미국에서는 1930년대이고, 보다 과학적인 방법으로 해결책을 찾아보려는 본격적인 움직임은 1940년에 들어서이다.

물론 노년학에 관한 관심을 새로운 것이 아니다. 고래(古來)로부터 장수나 회춘 등에서 관심이 지속적으로 있어 왔으며, 노화과정을 늦추거나 완화하기 위한 노력 등을 문헌에서 찾아볼 수 있다. 그러나 하나의 과학적인 분야로서 노년학이 나타나기 시작한 것은 1940년경으로 보고 있다.

노년학은 생물학, 사회학, 심리학, 가족학, 경제학, 교육학, 보건간호학 등 많은 분야들이 모여 이루어지며, 각 분야마다 독자적인 개념적·이론적 틀을 가지고서 다각적으로 접근되고 있다. 이것은 그만큼 노년학이 다양한 특성을 갖는다는 것을 의미하며, 노화과정에서 나타나는 복잡하고 다양한 현상을 이해하여 노년기 삶을 향상시키기 위해서는 인근 학문과 종합적인 연계가 필요하다는 것을 나타낸다.

버그만(S. Bergman, 1985)은 노년학을 독특한 과학의 한 분야로 보았다. 즉, 노화는 누구나 경험하는 공통된 과정으로서 노년기에 발생하는 문제는 개인적 차원과 사회적 차원에서 생각할 수 있다. 그러므로 노년학은 노화의 원인과 경과 및 그에 영향을 미치는 요인들과 또한 노화가 개인이나 가족, 사회 등에 미치는 영향을 중심으로 노화가 일어나는 개인이나 집단과의 상호작용, 그리고 환경에 관하여 연구하는 학문이라고 정의하고 있다. 노인들의 생활만족과 삶의 질을 높이기 위해서는 노년기에 접어든 사람의 특성은 무엇이며, 노년층이 개인적으로나 집단적으로나 사회적 변화와 개인 자신의 신체·심리적 변화에 따라 어떤 문제점을 안고 있는가를 파악하는 일이 매우 중요하다. 노인의 문제는 그들의 연령이나 이에 따른 노화현상에 대한 개인적 또는 사회적인 반응에서 연유되는 것이다. 따라서 이러한 노화현상과 여기서 파생하는 문제점을 다양한 접근에 의해서 연구하여 노년기의 복지감을 높이고자 하는 것이 노년학(gerontology)이다.

2. 노년학 연구의 의의

인간에게 있어서 노화현상은 누구에게나 일어나는 보편적이면서 개인적인 현상이다. 노화나 노년기 변화를 연구하는 것은 그것이 누구에게나 일어나는 필연적 과정이며, 오래 산다는 것에 대한 희망이 동서고금을 떠나서 모든 인간에게 지녀온 사실이므로 개인이나 사회 모두에게 유용한 일일 것이다.

노년학 연구의 의의는 구체적으로 다음과 같이 살펴볼 수 있다.

첫째, 노년학은 인간의 노화과정을 다루는 학문으로 신체·심리·사회적 존재로서 인간의 면모를 포괄적으로 다루기 위해 여러 학문 간의 연구가 협동적으로 이루어지는 분야이므로 개인에게 노화에 대한 전반적인 이해를 도모해 줄 수 있다. 노년학을 연구하는 것은 개인의 생의 주기에 있어서 보다 이른 시기에 노년기 문제나 노화의 의미, 노년기 적응문제, 노화에 따른 신체·심리적 변화 등에 대해 구체적인 전망을 갖게 하므로 노화에 대한 공포를 완화시키고, 따라서 노령기를 긍정적으로 맞이하는 데 도움을 주게 된다.

둘째, 노년학은 나 이외에 부모나 친지 및 다른 노인들 등 타인의 노화나 노인문제에 관하여 이해를 도모해 준다.

일반적으로 노인들에 관한 격언이나 견해, 신념 또는 상식들이 부정확하고 과장된 것들이 많이 있다. 예를 들면 노인들은 나약하고 의존적이며 성적(性的) 활동이 없고, 쓸모없으며 소외감을 잘 느낀다고 생각하기 쉬우나 이러한 견해는 일률적으로 적용된 일반화로서 지나치게 간소화시킨 경향이 있다. 즉, 노인들의 개별성을 인정하지 않고 왜곡되거나 가상적인 신념들이 노인에게 적용되는 경향이 있는데, 노년연구는 이런 노화나 늙음에 대한 왜곡된 신념이나 견해를 버릴 수 있게 하여 다른 노인 및 부모나 이웃, 친지 등의 일반 노인을 이해하는 데 도움을 줄 것이다.

셋째, 노년의 연구는 노인들에게 보다 만족스러운 삶을 마련하고 질적인 생활을 유지하도록 국가나 사회의 계획과 정책에 기여한다. 오늘날 노인문제는 사회문제로 등장하고 있으며, 노년기에 보다 질적인 생활을 누리고 노인문제에 효율적으로 대처하기 위해서는 국가나 사회의 적극적인 개입이 요망된다. 그러나 날로 심각도가 더해가고 있는 노인문제에 대해 국가의 정책이 이론적 기초지식이나 연구결과의 상식이 없이 이루어지는 것은 효율적이지 못하며 성공을 거두기가 힘들다. 따라서 노년연구는 노화 및 그에 관련된 현상에 대해 보다 실질적 이해를 도모하여 국가나 사회의 복지적 서비스 정책에 효과적으로 기여할 수 있도록 한다.

넷째, 노년연구는 현재 당면하고 있는 노인들과 그와 관련된 주변 사람뿐만 아니라 앞으로의 예측 전망을 가능하게 하여 미래의 노인이나 사회에 보다 개선된 조건을 제시해 줄 수 있다. 즉, 현재의 노년연구는 교육이나 경제력, 평균수명 및 여러 인구학적 조건 등이 다른 미래의 사람들에게 다가올 노년기의 변화나 상황의 전망을 가능하게 하여 개인이나 사회 모두에게 발전적으로 앞으로의 계획을 세우도록 한다. 따라서 노년학에 대한 연구는 더욱더 발전되어야 하며 폭넓게 이루어져야 함이 요망되고 있다.

3. 노년학의 관련 연구분야

노년학의 연구분야는 크게 기초과학적 순수연구와 응용과학적인 문제해결 방법론적인 연구로 구분 지을 수 있다. 기초과학적 연구에서는 다시 세분하여 생명현상과 노화과정의 생물학적·생리학적·병리적 측면의 연구는 물론이고, 심리·정신적 및 사회심리학적 측면에서의 정상상태(normal status)의 정확한 이해와 정상을 벗어나는 비정상상태(abnormal status)의 연구 등이 이루어질 수 있다.

그리고 응용과학적 측면에서의 연구는 인문과학, 사회과학, 행동과학, 교육학, 보건학, 정치학, 경제학, 복지후생학 및 건축공학 등 여러 학문 영역에서의 연구가 이루어질 수 있다(허정, 1980).

이와 같이 노화는 신체적인 측면뿐만 아니라 사회·심리적 및 여러 측면에서 다양하게 접근되고 설명될 수 있으므로 노년학은 다면성을 가지며, 따라서 여러 학문 간의 협동연구가 노년학이 앞으로 나아가야 할 바람직한 방향이라고 할 수 있다.

노년학의 몇몇 주요 분야를 보면 다음과 같다.

① **노년생물학**(biologcal gerontnligy)

노화의 신체적 및 생리적 원인과 결과에 대한 연구분야이다.

② **노년심리학**(psychological gerontology)

연령증가에 따른 감각, 지각, 정신기능, 감정, 성격의 변화 및 이에 관련된 행동의 변화 등에 대한 연구분야이다.

③ **노년사회학**(social gerontology)

연령증가에 따른 발달적 및 집단행동과 노년인구의 존재로 인하여 일어나는 사회적 현상에 관한 연구분야이다. 노년사회학에서 다루고 있는 주요 과제로는 노인에 대한 생계 및 경제적 원조문제, 주택문제와 생활의 안배에 관한 문제, 정서적·정신적 자유와 자립이 보장되도록 하는 환경조성 등의 문제가 있다.

④ **노년의학**(geriatrics)

노인의 신체적 및 정신적 질병의 원인 및 그 치료에 관한 이론적 연구와 임상적 활동분야이다. 노년의학에서 다루는 과제는 노인환자의 치료, 노인성 질환의 예방, 노인의 건강관리 등의 단계를 거쳐서 달성된다.

⑤ **노년사회복지학**(gerontological social welfare)

노인과 사회환경과의 상호 작용에 있어서 개인의 적응문제와 발전적 욕구의 해결에 필요한 정책적 프로그램과 서비스를 제공하는 데 관련되는 연구분야이다(최성재 외, 2002).

⑥ **노년가족학**(gerontological family studies)

노인의 가족부양, 노년기 부부관계, 노부모와 성인자녀관계 연구를 통해 노인과 가족 간의 문제를 해결하고 노인의 가족관계 증진 프로그램 및 가족지원 정책을 제공하는 데 관련되는 연구를 한다.

노년학은 처음 생물학적인 부분에서 시작되었고, 그 다음에는 노년에 대한 심리학적 과정에 대한 연구가 이어졌다. 그 후에 노년에 관한 사회적 측면이 대상이 되었으며, 위에서 살펴본 제 학문분야가 각기 독특한 영역에서 노년에 관한 행동연구 및 노화현상을 규명하기 위해 다각도로 접근되고 있다.

4. 노년학 연구의 발달과정

노년학의 학문적 역사는 짧은 편이다. 더구나 생리학이나 의학을 포함하는 자연과학의 발달에 비해 사회과학 분야에 속하는 노년학의 발달은 아직 미비한 편이라 할 수 있다. 그러나 이러한 짧은 시기임에도 불구하고 노화에 대한 심리·행태학적 또는 사회학적 측면의 지식이나 방법은 빠른 속도로 축적되고 있으며 이를 토대로 여러 선진 국가에서는 노인복지정책에 활용되고 기여하고 있는 실정이다.

노년 또는 노화의 구체적인 연구는 1940년대에 이르러 세계적인 흐름 속에서 점차 그 중요성이 부각되기 시작하였다. 노년학(gerontology)이란 말은 1944년 영국에서 처음으로 제창되었으며, 근년에 와서는 연구의 이론이나 실천방향 등이 정립되고 확고히 자리 잡아 나가고 있다. 물론 고대에서부터 노화나 장수에 대한 열망은 동·서양 어디서나 중요하게 여겼으며 이에 관한 기록도 많이 전해지고 있다.

즉, 노년학은 고대의 노년관에서 발전하여 19세기 후반과 20세기 전반에 걸쳐서 노쇠(senectitude)에 대한 과학적 고찰에서 노화(aging)의 발견과 더불어 학제적 응용과학으로 등장하게 된 것이라 할 수 있다.

따라서 본 절에서는 노년에 대한 연구과정을 19세기 이전과 근대적 연구과정으로 나누어 살펴보고자 하며 또한 국제노년학회 동향과 우리나라의 노년학 연구를 보고자 한다.

1) 19세기 이전 시기(과학시대 이전의 관점)[1]

1830년대 이전 노년에 대한 관심은 사람들이 생명과 청춘을 연장하는 방도를 찾는 등의 과학적 영역이라기보다는 신화적이거나 또는 신학적인 관심의 영역이었다고 볼 수 있다.

고대 바빌로니아와 이집트의 성직자들 및 의사들은 모두 '노령화와 죽음'이란 반드시 불가피한 것은 아니라고 믿었고, 또 그러한 희망을 항상 간직하고 있었다. 이

---

1) 윤진(1985). 성인노인심리학, p. 7~13 참조
김정휘 역(1992). 노인심리학, p. 44~60 참조

표 2.1 ● 인간과 자연의 개념체계 비교

엠페도클레스 (B.C. 490~B.C. 430)		히포크라테스 (B.C. 470~B.C. 400)	
우주요소	성 격	대응하는 성격	대응하는 기질
공기	따뜻하고 습하다.	혈액(blood)	다혈질 : 낙관적이고 활동적이며 기분이 자주 변한다.
땅(흙)	차고 건조하다.	흑담즙 (black bile)	우울질 : 감정의 변화가 완만하며, 강하고 지속성이 있다.
불	따뜻하고 건조하다.	황담즙 (yellow bile)	담즙질 : 정력적이고 감정의 변화가 빠르며 폭발적이다.
물	차고 습하다.	점액(phlegm)	점액질 : 감정이 완만하고 밖에는 거의 나타나지 않으며 운동은 정적인 것을 좋아하고 냉정하다.

들 고대 서양에서 전통적으로 내려오는 기본적인 생각은 인간의 본질(nature)과 인간 이외의 자연(nature) 사이에 별다른 차이가 없다는 것이었다. 인간의 생명도 자연의 섭리에 따라 생로병사가 결정된다는 생각이었다. 즉, 신체적 건강이나 생명을 해치는 것은 유전적으로 미리 짜여진 유한성 때문이라기보다는 살인이나 마귀, 혹은 불의의 사고 때문이라고 보았다. 그래서 자연히 이러한 일에 의해 불상사가 발생하지 않는 한 인간의 생명도 영속할 수 있다고 생각하였다.

그러므로 인간에 대한 자연과학적 연구가 시작되기 전에는 미신, 물활론, 마술 등에 의해 인간의 존재나 본성을 이해하려는 경향이 많았다. 이때 사용된 라틴어 'senectus'는 노령과 뱀이 허물 벗는 것을 나타내는 것이다.

그리스, 로마 시대에 이르러서는 단순히 초자연적인 관점에서 인간의 생명과 노화를 보던 경향에서 벗어나 보다 과학적이고 합리적인 관찰의 입장을 취하게 되었다(그리스 철학자 두 사람의 인간과 자연을 이해하기 위한 개념체계는 표 2.1 참고).

플라톤(Platon)은 어린 사람의 특징이 노년기에도 계속되고, 노년기란 여러 가지 욕망이나 야심의 좌절, 성적 욕망 등에서 해방될 수 있는 시기라고 지적하였다. 아리스토텔레스(Aristoteles)는 살아 있는 모든 유기체는 생래적인 잠재적 열기(innate latent heat)가 있는데 노화란 이러한 열기가 점점 식어 내려가는 것이며 결국은 완전히 사라지게 된다고 생각했다. 갈렌(Galen)은 의술을 체계적으로 연구했고 노년기에 있어서의 운동, 영양, 음식조절 그리고 배설기능을 연구하고 노화과정을 취급했다.

14세기경에는 전반적인 공중보건 수준이 향상됨에 따라 유아사망률이 감소하고, 장수와 수명연장으로 노인들의 인구비율이 증가하게 되었으며 노화과정에 대한 병리학, 예를 들면 동맥경화증의 발생원인에 대한 연구 등이 진행되었다. 또한 17세기에 와서는 인구통계 특히 출생, 사망의 통계가 공식적으로 나오게 되었다. 이때 노화와 관련된 여러 질병, 즉 당뇨병, 모세혈관에 대한 질병 등이 연구되었다.

따라서 1830년대 이전의 노화 및 죽음에 관한 문헌들은 다음 세 가지 주제로 대별해 볼 수 있다(최신덕 역, 1985).

첫째는 태고인에 대한 주제이다. 이것은 많은 종교나 신화 속에서 발견된다. 태고에는 사람들이 훨씬 장수하였다는 믿음을 나타나는데, 예를 들면 구약성서에는 무드셀라는 969세, 노아는 950세, 아담은 930세를 살았다는 기록이 있다.

둘째는 장수사회의 주제이다. 이것은 세상의 어딘가에 사람들이 오래 장수하는 사회가 있다는 가정하에 있는 것으로 그리스 전설에서 발견된다. 오늘날에 러시아의 코카서스 지역, 파키스탄의 카시미르 등의 지역에는 병이 없이 100살이 넘도록 장수한다고 전해진다.

셋째는 회춘의 주제로서, 역사상 여러 번 되풀이되고 있다. 즉, 어떤 샘의 물을 마시거나 또는 그 샘물로 목욕을 하면 다시 젊어진다는 전설을 믿고 이를 찾아 나선 사람들이 있으며, 고대 중국 의사들은 잃어버린 젊음의 정력을 복구시키려고 여러 방법을 모색하였다고 한다.

2) 근대적 연구과정

노년에 관한 근대적 연구과정은 1830년 이래로 다음 3기로 나누어진다.

(1) 제1기 : 1830~1920년 – 근대적 연구의 발달시기

이 시기는 과학적 연구가 시작된 시기로서 주로 생물학적 측면에서 연구되었다. 즉, 18세기 후반에서 20세기 초인 제1기는 'biology'라는 말이 제창되어 생물학과 의학의 한계가 명료해지는 시기이다. 벨지움의 과학자이고 통계학자인 쿼텔레

(L. A. Quetelet)가 최초의 노년학자로 간주되고 있다.

그는 1835년 『인간의 본질과 그 능력의 발달』을 출간하였으며, 여기서 보통 인간의 지적 또는 신체적 통계에 관한 개요를 나타내고 있다. 이 책에서는 그는 연령단계에 따른 인간의 능력변화 문제를 취급하며 그 이전 시대에 장수 문제를 신학에 취급하였던 것을 자연과학으로 넘어오게 하는 큰 획을 긋게 하고 있다.

그 이후 1884년 갈턴(Francis Galton)이 5~80세에 이르는 남녀 9,337명을 대상으로 시각적 예민성과 반응시간 등의 특징에 관한 능력을 측정하여 연령증가에 따른 개인의 능력차이를 보여 주고 있다. 그 외에 미노(C. Minot, 1908)의 『연령, 성장 및 죽음의 문제』, 메치니코프(E. Metchnikoff, 1908)의 『생명의 연장』, 펄(R. Pearl, 1922)의 『죽음의 생물학』 등과 같은 노화에 관한 생물학적인 연구가 이루어졌다.

이들은 장수에 있어서 유전을 유일한 변인으로 보거나, 늙어서 퇴화하는 기관을 생각지 못하고 장의 부패물로부터 발생하는 독소들이 노화의 주요 원인의 하나라는 단면적이고 미완성적인 생각을 나타내고 있어 많은 약점을 안고 있었다.

(2) 제2기 : 1920~1940년 – 노년의학(geriatrics)의 발견과 조직적 연구의 시기

20세기 전반은 노년기의 의학적 고찰이 조직적으로 이루어지기 시작하는 시기로서 그 일반 개념이 점차 알려지기 시작한 때이다. 1930년대 후반에 생물학자들이 나이가 많아지면 일어나는 세포나 조직 내의 변화들 그리고 그런 변화를 일으키는 요인들을 연구하면서 노년학 분야에 커다란 진보가 이루어졌다. 그리고 노년에 관한 심리학적 측면의 과학적 조사가 이루어졌다.

홀(Stanley Hall, 1922)은 『노령기 : 인생의 후반부』를 저술하였으며, 여기서 그는 청소년기와 마찬가지로 노년기에도 그 시기 특유의 생리적 변화와 신체적 기능, 감정 및 사고의 특성을 지니고 있다고 하였다. 그는 또한 설문지법을 사용하여 노인들의 종교적 신념과 태도들을 연구하였는데, 사람들이 늙어가면서 반드시 더 종교적으로 되는 것도 아니고, 또 죽음에 대해 두렵게 되는 것도 아니라는 것을 보여 주었다.

1930년 밀레스(Walter Miles)와 동료들에 의해 주도된 스탠포드 후기 성숙에 관한 연구 사업(Stanford Later Maturity Research Project)으로 노년에 대한 심리학적 측면의 과학적 조사가 공식적으로 시작되었다. 그리고 1938년에 카우드리(E.

V. Cowdry)가 저술한 『노령의 문제』는 1930년대에 노인문제가 사회문제로 인식되기 시작한 때에 한층 더 자극을 주는 것이었다.

(3) 제3기 : 1940년 이후 - 연구의 발전 확충과 노년학의 탄생

이 시기는 노년의학(geriatrics)에서 노년학(gerontology)으로 전개된 시기이다.

즉,
노년병학 - 질병
노년의학 - 노쇠현상
가족관계학 - 부양, 역학, 가족 내의 지위, 은퇴, 고부간의 갈등 등
심리학 - 감각과 지각, 지적 능력변화
사회학 - 사회적 지위
법률학 - 부양청구권
경제학 - 소득, 정년제
사회사업 - 결연사업, 양로원
교육학 - 노인교육, 노인대학 커리큘럼

등의 여러 학문 분야가 고유의 측면에서 노년학 연구의 일환에 참여하게 되어 확대·신장하게 되었다.

1941년 미국 사회과학 연구회에서는 노년생활의 사회적 적응문제의 연구를 위한 여러 학문 간의 분과위원회를 구성하였고, 그 이후 여러 차례 연구보고서를 내어 노년학 연구의 기초이론 정립에 공헌하였으며, 1944년 영국에서 처음으로, 'gerontology'라는 말이 제창되었다. 1945년 미국노년학회(The Gerontological Society in America)가 창립되었고, 1946년에는 노년학회지(Journal of Gerontology)가 창간되었다.

그 이후 많은 분야의 연구가 활발히 전개되었는데 1950~1960년대를 거치면서 많은 발전을 가져왔다. 그리하여 1950년에 국제노년학회가 창설되기에 이르렀다.

3) 국제노년학회의 동향

1950년 벨기에의 리이그(Liege)시에서 조직된 국제노년학회(The International Association of Gerontology : I.A.G.)는 1951년부터 1981년 까지 매 3년마다 국제

노년학대회를 개최해 오다가 1981년 7월 독일 함부르크(Hamburg)시에서 개최된 제12회 대회부터는 매 4년마다 개최할 것을 결정하였다. 이 국제노년학회에는 우리나라도 1981년에 가입하였다. 지금까지 개최된 국제노년학대회를 보면 표 2.2와 같다.

4) 한국의 노년학 동향

우리나라 노년학 활동의 시초는 1968년 한국노인병학회가 창설됨으로써 비롯되었다. 한국노년학회는 1978년 7월 일본 동경에서 있었던 제11회 국제노년학회에 참석하였던 3명의 한국 학자들이 귀국하여 노년학회 창립 준비작업을 추진한 결과 1978년 12월 16일에 발족하였다. 1980년 '한국 노인문제의 현황과 대책'이라는 주제로 제1회 학술 세미나를 개최하였고, 동년 말에 학회지 〈한국노년학〉 창간호가 발간되었다. 그 이후 계속 〈한국노년학〉 학회지가 발간되고 있으며, 1991년 제11호부터 해마다 1·2호, 두 권을 발간하고 있다. 그리고 1981년 12월 국제노년학회의 회원국으로 가입하였다. 1970년에 최초로 노인문제 연구의 전담기구인 한국노인문제연구소가 설립되었으며, 1976년에는 한국사회사업대학(현 대구대학교 전신) 부설 노인복지연구소가 설립되었다. 1980년대에 들어와서는 아산사회복지사업재단, 문교부, 보건사회부, 등의 후원하에 여러 학술세미나가 개최되었으며, 특히 노년학 분야의 학제 간 협동연구의 필요성을 절실히 느꼈다. 1993년 처음으로 한국노년학회, 한국노인병학회 및 한국노화학회 등이 연합으로 학술발표회를 개최한 후 1997년에 사단법인 한국노인과학학술단체연합회가 출범하였고, 이 연합회 산하에 고령사회포럼을 두어 2003년 창립 심포지엄을 가진 후 매년 4번을 개최하여 최근 2007년

표 2.2 ● 국제노년학회(International Association of Gerontology)

개회년월일		장 소	회 장	참가국 및 인원, 주제, 기타
창립총회	1950. 7	Belgium Liege	L. Brull	출석자 95명, 발표수 50, 생물학, 임상의학이 대부분, 사회과학 3편
2회	1951. 9	America St. Louis	E. V. Cowdry	주제 : What is Aging 사회과학(심리학 포함) 부회 설치 요청, 그러나 학회 사무국에 대표적 인물이 없어 설치 못함
3회	1954. 7	British London	J. H. Sheldon	노인의 건강 사회과학위원회 성립(1995~1996)
4회	1957. 7	Italy Merano	G. Greppi	특히 사회과학분야에 대한 흥미가 높았음. 제4회 부회로서 Division of Social Welfare의 설치
5회	1960. 8	America San Francisco	L. Kuplan	33개국 500명 참가, 일본 15명, 발표자 300명
6회	1963. 8	Danish Copeng	T. Geil	36개국 900명 참가, 일본 30명, 발표자 490명, 심리사회과학 164편
7회	1966. 6	Australia Bien	W. Doberauer	'Age with a tuture' 42개국 1,500명, 발표자 1,000명, 심리사회과학 240편, 정신의학 60편
8회	1969. 8	America Washington D. C.	N. Shock	39개국 1,475명 참가
9회	1972	U. S. S. R. Kieff	D. Chebatarer	45개국 3,000명 참가. 550개 논문 발표. 노인의 능력, 생업, 심리, 경제, 정치인류학 등 논의됨
10회	1975. 6	Israel Jerusalem	D. Danon	30개국 2,000명 심포지엄 54, 생물학 10, 임상사회학 15, 사회행동과학 9, 응용연구·사회복지 3, 학술연구 17, 전문부회 80(생물학 15, 일상 사회의학 29, 사회행동과학 18, 응용연구·사회복지 18)
11회	1978. 8	Japan Tokyo	村上元老 M. Murakami	46개국 2,000명 참가, 한국 대표 7명, 심포지엄의제 56, 그 중 생물학 8, 임상의학 13, 행동과학 및 사회과학 8, 사회노년학 7, 생물학 및 의학 9, 의학 및 사회노년학 8, 물리학, 의학 및 사회노년생학 3
12회	1981. 6	Germany Hamburg	H. K. Tomae	80개국, 한국 대표 5명 참가, 70세 이상 노인에 대한 노년학적 연구, 한국 가입
13회	1985	America New York	E. W. Busse	66개국 3,100명 참가
14회	1989. 6	Mexico Acapulco	S. Bravo Williams	50개국 2,600명 참가, '노인과 노화과정 연구'의 주제로 5일간 열띤 학술 발표와 토론을 함. 한국 대표 6명이 참가하여 국제노년학회 유치 시도
15회	1993. 7	Hungary Budapest	E. Beregi	67개국 3,000명 참가, '건강한 노화를 위한 과학'의 주제로 7일간 진행, 한국 대표 12명 참가
16회	1997. 8	Australia Adelaide	G. Andrews	65개국 2,035명 참석
17회	2001	Canada Vancouver	G. Gutman	75개국 4,086명 참가
18회	2005. 6	Brazil Rio de Janeiro	R. Maria Guimarães	63개국 4,000명 참가, 한국이 2013년 국제노년학회 유치
19회	2009	France Paris		
20회	2013	Korea Seoul		

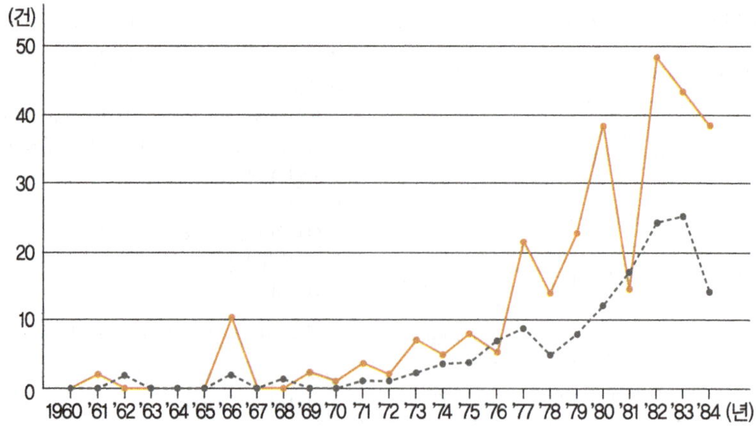

그림 2.1 ● **연도별 석·박사학위 논문과 일반연구 논문의 수(1960~1984)**

자료 : 구자순(1985), 한국노년학의 위치. 한국노년학, p. 5.

6월에 제14회 고령사회 포럼을 개최하였다. 그리고 1980년에 노인복지법이 국회에서 통과되었고, 1981년에는 이 법이 제정되어 정부 당국 및 국민 모두가 노인복지나 노인문제에 대해 보다 구체적으로 인식하게 되었다. 2007년에 치매·중풍 등 장기요양을 요하는 노인과 가족을 위한 노인장기요양보험법이 국회에서 통과되었다.

특히 한국노년학회가 발족된 이후부터는 노년학 연구가 더욱 가열되어 매우 많은 연구문헌들이 발표되었고, 우리나라도 본격적으로 노년에 대한 연구가 활성화되기 시작하였다. 구자순(1985)은 1960~1984년 말까지 석·박사학위논문, 일반 연구논문, 단행본을 합친 총수가 433편으로서 주로 1970년대부터 서서히 증가하다가 후반에 와서는 급진적으로 증가하였음을 밝히고 있다. 그리고 전체적으로 볼 때 1980년에 와서 보건 및 사회복지와 관련된 분야가 가장 큰 관심을 받기 시작하여 발표된 논문의 수가 많은 비율을 차지하고 있다고 하였다(그림 2.1).

한편, 한국노인문제연구소가 1960년에 1월부터 1991년 8월까지 32년 7개월 동안 국내에서 발표된 노인과 관련된 모든 문헌을 수집하여 정리한 노년학 관련 문헌목록을 보면 총 3,115편에 달하는 것으로 나타나고 있다(표 2.3).

즉, 노인과 관련된 학위논문, 단행본, 협회지, 학회지, 연구소의 간행물, 대학논문집을 비롯하여 학술지에 수록된 논문, 세미나 자료 등에 게재된 것들을 총망

표 2.3 노년학 관련문헌 목록 부분별 집계

(단위 : 편)

구 분	단행본	박사학위 논문	석사학위 논문	일반 논문 및 논설	계
노년학 총류	17	4	8	119	148
노년심리학	12	9	52	217	290
노년사회학	71	9	116	547	743
노년복지정책	78	9	130	734	951
가족관계학	31	7	43	283	364
영양 및 식생활	2	3	37	78	120
보건·의료·간호	17	13	59	410	499
계	228	54	445	2,388	3,115

자료 : 한국노인문제연구소(1991). 노인문헌 목록. p. 4.

라하여 분석한 결과 학문 분야별로 노년학 총류가 148편, 노년심리학이 290편, 노년사회학이 743편, 노년복지정책이 951편, 가족관계학이 364편, 영양 및 식생활이 120편, 보건·의료·간호가 499편으로 나타나고 있다. 역시 가장 관심 있게 연구되는 분야는 노년사회학이나 복지정책 분야이며 가족관계학 분야의 연구가 증가하고 있는 실정이다.

우리나라의 노년학은 산업화·현대화가 급격히 일어난 1970년 이후부터 관심이 일기 시작하였으며, 경제성장이 이루어진 1970년대 후반과 1980년에 매우 급격한 노년학의 성장 및 발전이 시작되었다고 볼 수 있다.

우리나라의 노년학 연구는 지난 30여 년간 그 양적인 측면에서 괄목할 만한 성장을 보여 왔으며 지금 현재도 많은 연구가 발표되고 있다. 그러나 우리나라의 노년학 연구는 아직 개척단계에 있으며 그 자체가 복합적이고 다양한 성격을 지니고 있으므로 더욱 더 경험적 차원에서의 실증적인 연구가 이루어져야 할 것이다. 서구 사회에서 개발된 이론과 방법이 모두 일률적으로 우리나라의 노인문제 파악과 해결에 적용될 수 있는 것을 아니므로 우리의 실정에 맞는 해결책이나 방법론을 파악하는 노력이 있어야 할 것이다.

GERONTOLOGY

■ '제Ⅱ부'를 시작하면서

사람은 나이가 들어감에 따라 신체·정신적으로 변화가 온다. 즉, 기억력이나 학습능력 등은 쇠퇴하고 새로운 환경의 적응은 점점 힘들어지며 점차 사회참여도가 줄어들게 된다. 이러한 과정은 인간이면 누구나 겪어야 하는 인생의 필연적 과정으로서 정상적인 성장발달과정의 한 부분으로 이해되어야 할 것이다.

그럼에도 불구하고 성인기와 노년기는 아동기와 청소년기의 발달과정보다 주목을 덜 받아왔으며, 인간복지의 분야나 의학적 견지에서도 일차적 관심의 대상이 되지 못하였다. 물론 과거에는 오래 산다는 것이 비교적 드문 현상이었으므로 장수한다는 것은 대단히 어려우며 환경적으로 선택받은 것이라고 생각하는 것에도 그 원인이 있을 것이다.

그러나 현대 사회의 의료기술과 생활수준의 향상 등은 평균수명의 연장에 기여했으며, 출산율과 사망률의 감소로 사회는 점차 노령화되어 가고 있다. 따라서 과거와는 달리 현대는 오래 삶으로써 겪는 노화과정을 우리 모두가 예외 없이 언젠가는 겪어야 하는 과정으로 인식하게 되었으며, 이런 관심은 노년학이 학문적 측면에서만이 아니라 개인적인 흥미의 대상으로 부각되고 있다.

인간에게 있어 노화는 피할 수 없는 현실이므로 노년기의 최대 희망이며, 과제는 성공적인 노화를 위한 태도일 것이다. 즉, 노년생활의 만족을 위해서는 나이를 먹어가는 현상에 대한 올바른 태도가 인지되어야 하며, 그에 따른 적절한 적응이 필요하다. 따라서 제Ⅱ부에서는 노년기 발달 특성에 중점을 두고 노년기에 일어나는 변화를 신체·생리적 측면, 심리적 측면에서 고찰해 보고자 한다.

PART Ⅱ

제 Ⅱ 부

노년기의 변화

제3장 노인 및 노화의 개념

제4장 노화의 신체·생리적 측면

제5장 노화의 심리적 측면

제3장

노인 및 노화의 개념

1. 노인의 개념

노인에 대한 정의는 노인이 처해 있는 사회·문화적 상황 및 개인적 상황 등에 따라 다양하기 때문에 한마디로 정의하기는 어렵다. 사전적 의미로는 '늙은 분'을 노인이라고 하나 노인의 개념은 단순한 것만은 아니다. 만일 신체·생리적, 정신·심리적, 사회적 연령을 기준으로 해도 몇 세부터가 노인인지는 개인에 따라 차이가 있기 때문에 일률적으로 정의하기는 힘들다.

브린(L. Breen, 1960)은 노인을 ① 생리·육체적으로 변환기에 있는 사람, ② 심리적인 면에서 성격(personality)이나 정신기능이 감퇴되고 있는 사람, ③ 사회적인 변화에 따라서 사회적 관계가 축소되는 사람이라고 정의하였다.

제2회 국제노년학회(International Association of Gerontology)에서는 노인이란 ① 환경변화에 적절히 적응할 수 있는 자체조직에서 결손이 있는 사람, ② 자신을 통합하려는 능력이 감퇴되어 가는 시기에 있는 사람, ③ 인체 기관, 조직, 기능에 쇠퇴현상이 일어나는 시기에 있는 사람, ④ 생활체 적응성이 정신적으로 결손되어 가고 있는 사람, ⑤ 조직 및 기능저장의 소모로 적응감퇴현상을 겪고 있는 사람으로 정의하였다.

그러므로 노인의 개념을 규정하기 위해서는 개인의 신체·정신·사회적 및 문화적 요인 등을 고려해야 하며, 일반적으로 노인이란 신체·생리적 기능의 퇴화와 더불어 심리적인 변화가 일어나서 개인의 자기유지 기능과 사회적 역할기능이 약화되고 있는 사람(최성재 외, 2002)으로 정의할 수 있다.

그러나 노인의 개념은 이론적으로나 실제적으로나 특정한 사회의 경제·문화적 배경에 따라 다르게 정의할 수 있으며, 학자에 따라 노인의 이론적 정의도 다양하기 때문에 이론적으로는 노인의 고령으로 인해 생리적, 심리적, 정서적, 행동적 측면에서 감퇴현상이 일어나는 시기에 있는 개인이라고 규정한다고 해도 실제로 노인이 되는 시기, 즉 '노령선'을 어디에 두는가 하는 문제는 여전히 남아 있다고 할 수 있다.

즉, 노인에 대한 개념은 노화에 대한 노인 자신의 주관적 의식과 객관적 상황에서 일치하지 않는 경우가 있다. 자신이 스스로 노인이라고 자각하는 노성(老性) 자각 연령을 실제로 사회적 계층이나 성별 혹은 동료집단 등에 따라 다양하다. 예를 들면, 한국보건사회연구원 연구조사(2005)에 따르면 자신들이 노인이 되었다고 생각하는 주관적 연령은 가장 많은 응답률을 보이는 것은 70~74세로 47.2%이며, 다음은 65~69세로 30.8%로 나타나고 있다.

노인이 자신이 노인이 되었다고 느끼는 계기는 '자신의 기력이 쇠함을 느꼈을 때'가 42.7%로 가장 높았고, 다음은 '노인 대우를 받았을 때'가 12.5%, '흰머리·주름살'이 7.3%, '손자녀가 생긴 후'가 6.7%, '건망증이 있어서'가 5.7%, '사고방식이 뒤떨어짐'이 4.7% 순으로 나타났다.

또한 59세 이하에서는 여자가 남자보다 2배 이상 높게 노인이라고 생각하고 있어 여성의 노성 자각이 빠른 것으로 나타났으며, 대도시(65세)가 농촌(63.3세)과 중소도시(64.7세)보다 노년시기의 연령을 높게 보고 있다.

윤진(1985)은 노인의 연령을 달력의 연령 혹은 역연령(chronological age), 신체적 성숙이나 건강 수준에 따른 생물학적 연령(biological), 심리적 성숙과 적응에 따른 심리적 연령(psycholgical age), 사회규범에 따른 사회적 연령(social age), 자신이 스스로 느끼는 자각적 연령(selfawaring age)의 다섯 개로 분류하고 있다. 한 개인을 노인으로 분류할 때는 여러 측면에서 종합적으로 고려해야 할 필요가 있다.

서구 사회에서는 보편적으로 중노년기를 나누는 노령선을 65세로 규정하고 있으며 우리나라에서는 보통 60세를 기준으로 하고 있다. 사실상 노령선의 설정에 있어서 생물학적, 사회·심리학적 연령을 분리해야 한다고 본다면 역연령(chronological age)

은 이 세 가지를 다 충족시키기에는 불충분하다. 그 이유로는 첫째, 노령선은 개인의 발달에 있어서 각기 다르기 때문에 수많은 신체·정신적 수준에 대하여 어느 하나도 개인의 위치를 말해 주기에는 부족하다는 점이고, 둘째 주관적 견지에서 볼 때 연령이란 단지 상대적인 경우에만 의미다 있다는 점이며, 셋째 사회·문화적 견지에서 볼 때 특별한 문화와 사회적 의미의 지식 없이는 아무런 의미가 없다는 점이다. 이러한 관점에도 불구하고 역연령은 아직 우리 사회에서 필요한 지수이며 사회적 연령의 측정을 쉽게 하기 위해서 많이 사용되고 있다.

보통 우리 사회에서는 60세를 노인의 연령으로 보는 경향이 있다. 이는 모든 기본적 경제 통계에서 생산활동인구를 만 14세 이상 59세 이하로 규정하고 있고, 대체로 퇴직연령이 일반 기업체의 경우 55세, 일반 공무원은 60세이므로 이 은퇴의 시기를 노년기의 시작으로 보는 경향이 있다.

또한 전통적으로 만 60세가 회갑으로 이때부터 노령기에 접어들었다고 사회적으로 인식하고 있으며, 노인 자신이 노인생활의 시작 시기를 60세로 생각하고 있는 점(김태현, 1981) 등이 노인을 조작적으로 정의하는 데 있어 만 60세를 기준으로 삼도록 하는 이유가 되고 있다.

2. 노화의 개념

시간이 흐름에 따라서 인간뿐만 아니라 모든 생물은 변화가 일어나기 마련이다. 인간은 늙어가기 마련이며 생체조직이나 세포, 긴관 등 생체 전반에서 쇠퇴나 무기력 등의 현상이 나타나게 된다. 이와 같이 늙어 가는 현상을 일반적으로 노화 또는 노화현상이라고 말한다.

사실 노화란 복잡한 현상으로 그것을 한마디로 정의하기란 결코 간단한 일이 아니다. 노화현상이 표면에 나타나게 되는 중년기 이후일지 모르지만 인간은 출생에서부터 성장기를 통해 노화가 서서히 진행되고 있으며, 따라서 '노화'는 나이를 먹는다는 말을 뜻하는 '가령(加齡, aging)'으로 나타내고 있다.

노화에 대한 몇몇의 특징을 보면 다음과 같다.

첫째, 노화는 시간의 흐름에 따라 세포나 조직, 기관 등의 유기체 전반에 걸쳐서 일어나는 점진적인 변화이다.

둘째, 노화는 시간의 경과에 따라 생기며 시간적으로 관련되거나 혹은 제약되는 것으로 환경의 변화에 적절히 반응하게 되는 조직과 기능의 결합을 갖게 한다.

셋째, 노화란 본질적으로 생체에 내재하고 있는 필연적 과정으로서 생기는 것으로 외상이나 전염병 혹은 외적·환경적 인자에 의해서 발생되는 것이 아닌 내재성(intrinsicality)을 갖는다.

넷째, 연령에 수반되는 생리적 기능의 저하, 스트레스에 의한 변화에 대해 자기 회복력의 저하, 예비력의 저하 또는 병에 걸리기 쉽고 죽음의 확률이 연령과 더불어 대수적으로 증가하는 현상이다.

노화는 질병이 아니며 질병과 동일시될 수 없는 개념이다(김상규, 1976). 노화는 당사자보다 주위의 사람들 눈에 더욱 명료하게 나타나는 것으로 이것은 하나의 새로운 생물학적 균형이며, 적응이 잘 이루어질 경우 노화를 겪는 당사자에게는 질병과는 달리 별로 느껴지지 않는 것이다. 또한 노화에서 유래되는 쇠퇴는 그 진행을 막을 수 없으며 해가 더할수록 더 심해지며 아무도 피할 수 없는 특징을 갖는다. 이런 의미에서 노화란 인간이 출생하여 죽음에 이르는 과정의 전반적인 변화를 말하는 것이다.

노화는 인간의 정상적인 성장과 발달과정의 한 부분으로 생물학적인 변화, 심리적인 변화 및 사회적 변화의 과정까지 다 포함되는 것으로 이해되어야 한다. 그러나 대체로 노화는 생물학적인 변화나 감퇴의 측면에서 대표적으로 이해되고 있다. 노화에 대해서 보다 포괄적이며 전반으로 이해하기 위해서는 신체기능의 저하나 감각기능의 저하뿐만 아니라 개인의 경험으로부터 나타나는 노령기의 심리적 특성까지도 포함하여 이해되어야 함이 필요하다.

3. 노화에 관한 이론

노화에 관한 학설은 매우 많다. 사람은 왜 늙는 것일까에 대한 질문은 오랫동안 과학자들의 관심을 끌어 왔으며, 지금까지도 상당히 많은 연구가 행해지고 있는 분야이다.

일반적으로 노화현상의 원인으로 제기된 내용을 보면 다음과 같다(허정, 1983)

첫째, 구체적으로 제시하지 않고 일반적이며 관념적인 고찰에 의해 그 원인을 분석하는 경우, 둘째, 신진대사의 변화가 노화의 원인이 된다는 경우, 셋째, 일정한 조직과 장기에 생겨나는 변화가 중요한 역할을 지닌다는 경우, 넷째, 노령 변화의 원인은 세포나 조직의 전체적 변화에 따른다고 보는 경우이다.

생물학적 노화현상에 대한 이론들은 20여 개 이상이 있으며, 쇼크(Nathan Shock, 1977; 최신덕 역, 1985)는 노화현상에 대한 이 이론들을 세 가지의 범주로 분류하였다.

첫째 범주는 유전학적 이론들로서 DNA 분자로부터 세포로 인자를 전달하는 과정에서 생기는 결손(defeat)의 의미로 노화를 설명한다. 두 번째 범주에는 비유전학적 이론들이 포함되는데, 이는 세포활동을 방해하는 변화가 세포 내에 발생된다는 주장을 하는 입장들이다. 세 번째 범주는 어떤 하나의 단일기관이 제 기능을 발휘하지 못하게 되는 것이거나 신체의 규칙성 및 통제 메커니즘이 손상을 입는 것에 근거를 두고 노화를 설명하는 것이다.

이 절에서는 이런 분류를 기준으로 노화이론을 살펴보고자 한다.

1) 유전학적 이론(genetic theory of aging)

(1) DNA 손상이론

모든 세포들은 하나의 핵을 소유하며 그 속에는 DNA라고 불리는 아미노산의 분자 속에 유전인자를 저장하고 있다. 세포는 이 저장된 인자에 따라 세포 내에서 화학반응을 증진시키고 세포가 제 기능을 잘 할 수 있도록 단백질을 생산해 내지만 DNA 분자가 손상을 입게 되면 세포가 제 기능을 하는 데 필요한 효소를 생산하지 못하게 되어 노화가 일어난다는 것이다. 연령이 증가할수록 DNA 분자가 손상을 입게 되며 이 손상을 수선하고 보상할 수 있는 능력에 따라 노화에 차이가 있다고 본다.

(2) 예정계획이론

개인은 가지고 태어난 일정한 유전적 프로그램이 있어 미리 짜여진 유전적 계획에 따라 노화가 일어난다고 보고 있다. 즉, 유기체는 유전인자 속에 노화의 속성이 이미 프로그램 되어 있다가 시간이 경과함에 따라 그 속성이 나타나게 되는데, 키나 몸무게, 사춘기 때 나타나는 증후들, 여성의 중년기 이후의 증상들은 그 예로서 나타나게 된다고 보고 있다.

(3) 오류재해이론(error catastrophe theory)

이 이론은 유전학적 인자가 세포로 전달되는 도중에 잘못(errors)이 발생한다는 것이다. 이러한 잘못들은 정확히 복제되지 못한 효소들은 생산하는 원인이 되고, 그로써 세포는 제대로 기능할 수 없게 되며 궁극적으로는 죽게 된다는 것이다.

2) 비 유전학적 이론(nogenetic theory of aging)

(1) 소모 및 파괴이론(wear and tear theory)

이 이론은 유기체를 하나의 기계로 가정하여 많이 사용하게 되면 부속기관들이 닳게 되고 기계가 파손되는 것과 같이 신체기관들도 오래 활동하게 되면 점진적으로 퇴화하게 되며 그 퇴화의 산물이 노화라고 보는 것이다.

(2) 노폐물 축적이론(waste-accumulation theory)

이 이론은 세포 속에 해로운 물질과 제거될 수 없는 노폐물이 생성되어 축적되고 이렇게 축적된 노폐물이 세포가 정상적으로 기능하는 것을 방해하여 결국 노화 현상이 생긴다는 것이다.

(3) 교차연결이론(cross-lining theory)

교차연결이란 세포의 내·외부에서 두 개의 큰 분자들이 서로 상대에게 부착되는 것을 말한다. 이렇게 연결된 큰 분자들은 움직일 수 없게 되고 이와 같은 상태는 신진대사를 동결시키게 되며, 그 결과 조직과 세포들을 막아서 그 기능을 방해하게 되므로 노화가 촉진된다는 것이다. 즉, 이 이론은 세포 속의 여러 가지 단백질 사이에 시간이 지나면서 서로 묶는 다리 놓기 현상이 일어나 단백질이 갖는 기능과 작용이 떨어져 노화현상이 나타난다는 것이다.

3) 생리학적 이론

(1) 스트레스이론(stress theory)

이 이론은 생활에서 오는 스트레스들이 점차 쌓임으로써 노화된다고 주장한다. 이러한 스트레스들은 잔여 찌꺼기들을 남기게 되고 이것들이 계속 축적되면 유기체에 남아 있는 능력이 고갈되어 노화과정을 촉진시킨다는 것이다.

(2) 단일기관이론(single-organ theory)

단일기관이론 중에 가장 알려져 있는 것이 심장혈관계가 무기력 또는 무능화되어져 노화현상이 일어난다는 설명이다. 즉, 심장혈관계의 무능력은 동맥경화증이나 혈관이 나빠지는 질병에 의해 생기게 되고 이것이 노화를 가져온다는 것이다.

(3) 자동면역이론(autoimmune theory)

이 이론은 질병과 싸우는 신체의 면역체계에 손상이 생기면서 노화가 일어난다고 보고 있다. 즉, 체내의 면역체계가 항체를 만들 때 정상세포까지 파괴하는 항체를 생산해 내게 되고 이러한 자동면역항체가 계속 증가하여 정상세포를 파괴함으로써 노화가 진행된다는 것이다. 이와 같은 현상은 체계 내에서 적과 친구를 구별할 능력을 상실하는 것으로 이 이론에 깔린 의미는 나이가 들면서 신체의 세포가 어느 정도 변화해 갈 때 신체가 그 변화된 세포들에 대해 과잉반응을 하거나 혹은 그 변화를 인식하지 못해 일어난다는 것이다.

아직까지 노화를 설명할 수 있는 유일한 이론은 없다. 노화는 어느 단일의 요인에 의해서 일어난다기보다는 여러 가지 요인이 복합적으로 상호작용해서 일어난다고 할 수 있다. 노화의 복잡성을 설명하기 위해서는 하나의 이론보다는 여러 이론들이 총체적으로 도입될 필요가 있으며, 상호 관련지어서 노화의 원인을 보다 실질적으로 파악하도록 노력해야 할 것이다. 아울러 기존의 이론과 다른 측면에서 많은 실험적 연구가 뒤따라야 노년기 변화를 다각적으로 설명할 수 있을 것이다.

제4장

노화의 신체·생리적 측면

1. 신체적 변화

인간의 성장발달 과정에서 신체의 변화과정은 인간이면 누구나 겪어야 하는 인생의 필연적 과정이다. 대부분의 사람들의 육체적 쇠퇴는 노화과정에서 수반되는 것으로 노화의 속도는 사람마다 다양하며 한 사람의 신체 내부나 기능에서도 노화의 정도에 차이가 있기 마련이다.

일반적으로 나이가 들어감에 따라 나타나는 현상은 머리가 빠지고 하얗게 되며 청각·시각이 감퇴되고 피부에는 주름이 생기면 탄력이 없어지고 심장박동이 약해지면 폐활량이 적어지게 된다. 또한 근육의 힘이 감소되며 신장의 여과기능이 약화되고 뼈조직이 약해지며 여러 신체조직이 허술해지는 현상도 나타나게 된다. 이러한 신체적 변화들이 모든 사람에게 일괄적으로 적용되는 것은 아니지만 대체로 노화에 따라 이와 같은 변화가 일어나게 된다.

노인의 신체기능이 일반적으로 느린 경우를 보면(이윤숙, 1990), 첫째, 외계에 대한 반응의 둔화를 들 수 있다. 둘째, 외부의 힘에 의해 일어나는 이상 상태로부터 정상상태로 돌아가는 회복의 둔화를 들 수 있다. 셋째, 손상을 받았을 경우 회복하는 능력의 감퇴이다. 즉, 노인의 신체는 예비력이 떨어지고 환경변화에 대한 적응력이 저하되고 있음을 알 수 있다.

1) 피부와 지방조직

피부는 조직을 덮어 보호해 주는 역할을 한다. 피부는 두 종류의 층으로 구성되어 있는데 외피 또는 단단한 층과 안쪽의 수많은 선과 신경조직의 끝이 서로 연결되어 있는 진피가 있다.

연령이 증가함에 따라 피부는 점점 메마르게 되고 혈색이 사라지게 되며, 탄력성을 잃게 되어 창백해지고 얼룩반점이 많이 생기게 된다. 지방분이나 탄력성을 유지시켜 줄 조직이 점점 쇠퇴하고 중년기 이후에 사람은 점점 비대해지지만 피하지방의 감소로 주름살이 생기게 되며 수축력이 감퇴하게 된다. 피하조직의 손실과 피부의 신경세포 수 감소 등으로 인해 노인은 체온을 일정하게 유지할 수 있는 능력이 감퇴되어 추위를 타게 된다(최신덕 역, 1985).

2) 골 격

골격은 신체의 모양과 견고성을 유지시켜 주고 심장이나 폐 등과 같은 주요 기관을 보호해 준다.

신체골격은 20세 전후에 완전히 그 구조가 완성되며, 키는 20~50세까지 별다른 변화를 보이지 않고, 신체적인 힘도 25~30세 사이에 최대의 수준을 유지한다(윤진, 1985). 그러나 나이가 들면서 척추 사이에 있는 연골조직들이 얇아지면서 척추가 굽고 압축되어 등이나 목 등이 굽어지기 시작한다. 또한 칼슘이 고갈됨에 따라 뼈가 가벼워지고 밀도도 낮아지게 되어 신체 접합부분이 약화된다.

따라서 골다공증으로 인한 골절상을 당하기 쉽거나 관절염 등의 질환이 연령이 높아감에 따라 증가하게 된다.

3) 수의근

수의근은 팔과 다리, 기타 골격에 붙어 있는 근육이다. 이 근육은 뼈에 직접 붙어 있거나 건(腱), 힘줄(tendous)이라고 불리는 섬유조직의 강한 끈에 붙어 있다.

근육의 최고 능력은 25~30세에 나타나며, 이 연령이 지나면 근육수축의 속도나 힘이 점차 감소하여 근육의 지탱력도 감소한다(김정휘 역, 1992). 나이가 들면서 근육의 힘과 크기도 감소된다. 수의근도 그 수축력이 약해져서 뼈에 더욱 많은 부담을 안겨 준다, 즉, 수의근육은 50세까지는 그 양이나 크기가 증가되나 이후부터는 활동적인 근육섬유질의 수나 단백질의 양이 점차 감소하고 노인의 전형적인 징후인 쇠약성의 모습이 나타나기 시작한다. 그러나 근육의 효율성에는 개인차가 있으며 신체적으로 활동적인 사람에 있어서는 훨씬 느리게 감소하는 경향이 있다.

4) 감각기관

감각기관의 능력은 인간의 중요한 정보전달에 영향을 주기 때문에 매우 중요하다. 시력이나 청력 등의 감퇴는 사회적 대인접촉을 줄어들게 하여 노인을 의심 깊게 하고 또한 새로운 것에 대한 학습능력을 감퇴시켜 지능감퇴를 초래하게 된다. 따라서 노화현상으로 일어나는 감각기능의 변화는 인간에게는 어쩔 수 없는 일이지만 시각과 청각 등이 외부 세계와의 접촉에 매우 중요한 기능을 하는 것이므로 안경이나 보청기 등의 보조기구로서 보완하도록 해야 할 것이다.

(1) 시 각

노화와 관련된 시력의 감퇴현상은 가까운 물체에 초점을 잘 맞추지 못하는 노안 또는 원시안으로 나타나며, 또한 당뇨병 등으로 촉진되는 백내장이 생겨나기도 한다.

시각은 대개 40세를 넘기면 예민성이 점차 떨어지고 시야가 좁아지는데 이러한 시각의 감퇴는 망막 주위에 있는 신경세포의 변화 때문에 생겨난다고 본다. 수정체의 탄력성 감퇴는 노령현상 중 가장 두드러진 현상으로 42~50세 사이에 생겨나기 쉽다. 50세를 넘기며 점차 원시로 이행되는 사람이 많아지며 이는 각막의 저항증가와 주변조직의 압력감소에 의해 안구의 형상이 변화되고 수정체가 조절능력을 잃게 되어 나타나는 현상이다. 따라서 10~20세에 시력이 1.2인 사람도 50세쯤이면 0.9, 60세는 0.8, 70세에 0.7, 80세가 되면 0.5쯤으로 떨어지게 된다(허정, 1983).

또한 연령이 증가할수록 임계점멸빈도(critical flicker frequency)가 낮아져 시각기능이 매우 둔감해진다. 임계점멸빈도란 단위시간당 불빛이 깜박이는 빈도가 많아질수록 어느 시점에 가면 관찰자가 이들 단절된 불빛을 하나의 연속적인 불빛으로 지각하게 되는데 이 순간을 말한다(윤진, 1985). 즉, 연령이 높아질수록 단절된 불빛을 단절된 것으로 정확하게 지각하지 못하고 연속된 하나의 불빛으로 보게 되어 시각능력이 저하되게 된다.

(2) 청 각

청각기능도 나이가 들수록 쇠퇴해가며 노인성 난청으로 약화현상이 나타나게 된다. 음에 대한 감도는 20세경부터 점차 떨어지기 시작하는데, 청각약화의 가장 일반적인 원인은 높은 음을 들을 수 있는 능력의 점진적인 상실과 목소리를 구별할 수 있는 감수성의 저하이며 이는 고막의 탄력성이 줄어드는 데 원인이 있고, 청각의 변화는 여성보다 남성에게 더 영향을 미친다(최신덕 역, 1985). 남자에게 감퇴현상이 더 많이 나타나는 이유는 직장관계로 더 많은 소음공해에 남성이 노출되는 비율이 높기 때문으로 여겨지며 역시 취업여성에게서 청력의 상실이 더 많이 발생하고 있다. 또한 오른쪽 귀보다는 왼쪽 귀가 감퇴현상이 더 심하며 국부적인 동맥경화증이 일부 제한된 청력상실을 유발한다(김정휘 역, 1992).

그러나 80세인 사람의 청각장애가 50세의 사람보다 심하지 않은 경우가 있으므로, 청력이 시력보다는 노화의 척도로서 신뢰도가 낮다. 노인성 난청의 원인으로서는 동맥경화, 영양장해, 청신경에 자극을 주는 소란스러운 곳에 오래 사는 것, 불충분한 일광 등이 영향을 미치기도 한다.

(3) 미각·후각

많은 연구들은 노화에 따라 미각과 후각 등이 상실되고 있다고 밝히나 이런 결론을 완전히 지지할만한 증거는 없으며 상반된 연구결과들이 나타나고 있다.

즉, 후각과 미각은 50세 이후 감퇴하기 시작하여 80세부터는 맛 봉우리수의 감소로 기본적인 미각의 구별능력이 감소하면서 자연히 미각에 따른 후각기능도 쇠퇴하게 된다는 연구결과(Grzegorcayk 등, 1979)와 젊은이와 노인의 기본적 미각의 차이는 맛 감각기능의 쇠퇴보다는 세대 간의 맛의 경험의 차이라는 주장(서병숙, 1991)이 있다. 연령증가에 따라 기본적인 후각·미각의 기능이 점차 상실된다는 점은 예상되지만 완전히 그 기능이 상실될 것이라는 결과 보고는 없다.

5) 치 아

치아는 연령증가에 따라 빠지게 되고 45세를 경계로 이러한 경향이 현저하게 증가된다. 일반적으로 이가 빠지고 남은 수는 60대에 14개, 70대에 11개, 80대에 6개 정도이다(최성재 외, 2002). 이가 빠지게 되면 전형적인 노인의 모습을 띠게 되며 소화흡수의 저해를 가져오게 되고 전신의 영양상태를 유지하는 데 나쁜 영향을 미치게 된다.

6) 심 장

노화현상이 발생하는 시기인 대개 40세 이후부터 뇌나 신장, 간장 등의 장기 등은 감소현상이 나타나지만 심장은 말초혈관의 동맥경화에 의해서 심장비대와 지방분의 증가가 일어나므로 다른 장기와는 달리 노화와 더불어 중량이 늘어나는 현상을 보이고 있다(최성재 외, 2002). 그러나 심장이 뿜아내는 피의 양이나 심장의 박동능력은 노화에 따라 감소하게 된다.

2. 생리적 변화

나이가 들어갈수록 이가 빠지고 머리가 희어지며 등이 굽는 등의 신체 외적인 면에서 변화가 일어날 뿐만 아니라 신체 내부 기능면에서도 많은 변화가 일어나게 된다. 즉, 노화현상은 신경계통 및 혈액순환, 호흡, 소화, 배설, 생식 따위의 모든 작용에도 영향을 미치게 되어 수면의 질이나 양 등이 감소하고 불면증과 소화기능의 쇠퇴를 가져오게 한다.

또한 노화현상은 피로를 빨리 느끼고 혈액순환을 느리고 불규칙하게 하고 호흡작용의 효율성을 떨어지게 하며 유기체의 생리적인 적응력이 감소되어 체온의 통제나 피로회복이 원활하지 못하게 한다. 따라서 노년에는 점차로 쇠퇴해 가는 신체적 변화와 더불어 생리적 기능의 저하로 고령화될수록 고혈압, 뇌혈관 질환, 순환기 질환, 암, 당뇨병, 폐결핵 등 노인성 질환이 발병될 확률이 높아지게 된다.

이러한 변화는 노인의 불안, 욕구불만 및 스트레스와 같은 심리적 반응을 가져오며, 동시에 타인으로 하여금 노년에 대한 고정관념을 증가시키게 되고 노인의 행동과 적응력에 영향력을 미치게 된다.

1) 소화기능

소화기능은 30세 이후부터 침, 소화효소, 위액분비의 감소와 치아기능의 저하로 감퇴된다. 근육약화와 함께 위의 연동활동의 약화는 노인들의 공통된 질병인 변비를 가져온다(최신덕 역, 1985).

전반적으로 소화기능은 노년기까지도 그다지 손상을 입지 않고 잘 유지되고 있지만 타액의 분비가 감소되고 치아가 약해져 음식물을 씹는 활동이 저하된다. 다라서 노년기에는 영양이 되는 음식물의 섭취, 소화, 흡수, 배설 등의 기능 저하를 극복할 수 있는 방법이 모색되어야 하며 부드럽고 소화가 잘 되는 음식물을 섭취해야 할 것이다.

소화기관에는 입, 타액, 기타 분비선, 식도, 위장, 췌장, 내장 등이 포함된다. 타액 및 위액의 분비나 소화효소 분비의 감퇴는 소화기능의 감퇴를 가져오지만 대체로 모든 생리기관이 질병에 의하여 생명의 위험을 나타내는 경우를 제외하고는 소화기능은 노화에 의해서 심각하게 훼손되지 않는다고 보고 있다.

2) 호흡기능

호흡기능은 20세 이후부터 나이를 먹음에 따라 폐의 용적이 감소되어 호흡기 감염증이 자주 발생하게 된다. 정상적인 호흡의 횟수는 성인의 경우 1분에 15~18회 정도이다(김정휘 역, 1992)

한 번의 호흡으로 들이마시고 내쉴 수 있는 폐활량은 연령에 따라 감소하는데, 70세의 폐활량은 50세에 비해 50%도 안 된다(최신덕, 1988).

노인의 허파는 공기 수용면적이 작고 호흡 후의 잔류량이 더 많아지며 심장혈액박출량이 강하지 못하다. 이는 산소의 전달과 확산을 빈약하게 하여 각 세포에 산소부족을 가져올 수 있다. 따라서 호흡기능의 저하로 기관지 질환과 같은 호흡기 질환의 감염이 흔히 노인에게서 발생하게 된다.

3) 기초대사율

휴식상태에서 산소 소모량을 말하는 기초대사율은 세포의 전체적인 수효가 감소되고 간 근육과 같은 신체부분의 활동이 약해지기 때문에 감퇴된다. 또한 간, 심장 등의 주요 기관의 대사도 노화에 따라 감퇴된다(전산초 외, 1985). 혈액 속에 당분이 어느 정도 함유되어 있는가를 보는 탄수화물 대사율의 경우, 젊은이에 비해 노인은 신진대사가 늘어 혈당량이 점차 높아지게 되고 이로 인해 당뇨병 발생률이 높게 된다(윤진, 1985).

노인은 젊은 사람보다 추위에 민감하고 적합하게 반응하지 못하기 때문에 추위에 노출되어 있거나 빈약한 생활조건에 있는 경우에는 체온이 비정상적으로 떨어지는 체온저하증(hypothermia)을 유발할 수 있다. 이는 신체 내에서 많은 열을 생산하지 못하는 특성 때문에 발생하는 것으로 땀의 분비작용과 순환기관에 의한 신진대사가 원활하지 못하기 때문이다.

4) 혈액순환

혈액은 산소와 영양분을 신체의 각 조직에 운반하고 배설할 노폐물을 운반한다.

정상적인 젊은 성인의 경우 심장박동은 휴식상태에서 1분에 평균 72회 정도 뛴다. 혈액순환은 50세부터 둔화되어 노년기에는 심장박동의 리듬이 느려지고 불규칙해지며 흔히 동맥경화와 뇌출혈의 위험이 따르게 된다. 즉, 혈관의 세포 내에 지방질이 축적되어 혈관벽이 두꺼워지고 딱딱하게 굳어져 혈액순환을 방해하게 되는 동맥경화증이 생기게 된다. 이러한 동맥경화 현상이 심하면 조직의 영양보급이 불량해지고 세포의 기능이 저하되어 노인의 장기기능이 저하되는 큰 원인이 되기도 하며 혈압이 높아질 경우 혈관의 수축이 제대로 이루어지지 않아 뇌출혈이 발생할 확률이 높아지게 된다. 또한 연령에 따른 동맥의 변화는 뇌의 혈액공급에 영향을 미칠 수 있으며, 영구적인 구조적 손상을 가져올 수도 있다.

5) 수 면

인간의 평균 수면시간(약 7시간 반)은 비록 개인차가 있지만 성인들에게 있어 비교적 일정한 편이다.

노년기에는 이러한 수면양상이 흐트러지는데 이것은 주로 노인들의 신체적 활동이 줄어들기 때문이다. 보통 40세 이후부터 전체 수면 시간이 감소하며 특히 노년기에는 깊은 잠이 없어지게 되는데, 이러한 현상은 개인의 인지적 활동과 정서상태에 커다란 악영향을 미치게 된다. 즉, 노인에게서 나타나는 불면은 감정 불안정성, 근심걱정, 가족 간의 갈등, 죽음에 대한 공포 등으로도 쉽게 나타나며, 또한 우울증, 정신분열증, 신경증의 증상으로 나타나기도 한다(최성재 외, 2002). 따라서 정상적인 정신건강과 신체적 활동을 위해서는 어느 정도 깊은 잠을 이룰 수 있도록 노력해야 할 것이다.

6) 신장(腎臟)과 야뇨

노화과정 동안에 정상적으로 소변에서 배설되는 물질의 제거율이 감소되고 요관 및 방광 등의 약화로 소변정체나 요석, 방광염 등이 발생할 위험이 커진다. 80대 노인의 신장의 여과율은 신장을 통한 실제 혈액 유출량과 함께 20대 청년의 약 절반 정도가 된다.

노인들의 공통된 증상으로서 빈번한 배뇨현상이 나타나는데, 이는 남자의 경우 전립선의 확대 때문인 듯하며 55세 이상 남자의 3/4이 이런 증상에 시달린다(최신덕 역, 1985).

한 연구조사에 의하면(아산사회복지사업재단, 1985), 젊은이는 밤에 소변을 보는 수가 거의 없으나, 50세 이후는 야뇨횟수가 매우 증가하고, 60세 이상의 노인은 밤에 2~3회씩 소변을 보는 것으로 나타났다.

소변이나 대변 등은 개인의 사회적인 학습을 통하여 스스로 자발적인 통제를 하는 습관적인 현상이다. 요실금(尿失禁)과 같은 통제의 상실은 노인에게 당혹감과 상실감을 줄 수 있는 정서적 중요성을 갖는다. 따라서 내장기관의 약화나 운동부족, 질병 등으로부터 올 수 있는 노년기 야뇨증에 대해서 충분한 이해가 필요할 것이다.

제5장

노화의 심리적 측면

노인들의 심리적 특성이나 행동양식을 다룰 때는 환경에 대한 적응능력, 지능과 창의성, 은퇴 후의 심리적 적응양상, 동기와 정서, 기억, 문제해결 능력 등 무엇보다도 먼저 수많은 문제들이 포함될 수 있는 다양성을 인정해야 된다는 것이다. 일반적으로 노인에 대한 오해는 신체적인 나이에 또는 감퇴나 변화에 너무 지나차게 의존하여 노인들의 다양성을 무시하고 또는 어떤 잘못된 편견을 가지고 획일적으로 규정하려는 데서 비롯된다.

일반적으로 신체적인 나이와 밀접한 상관이 있는 생물학적 또는 유전적 결정요인들은 어린 시절에는 많은 영향을 미치지만 나이가 들어감에 따라 그 영향력이 상대적으로 줄어든다. 반면에, 직업의 변경, 은퇴나 건강, 배우자의 죽음 등과 같은 개인적인 경험이 나타난 시기와 기간, 형태가 중요하게 되며 또한 한평생 살아가는 동안 각 개인이 속한 사회나 문화가 겪게 되는 역사적인 사건과 같은 사회·문화적인 요인들이 중·노년기에는 점차 영향을 미치게 되고 상대적으로 중요하게 된다. 즉, 노년기의 심리적 특성과 행동양식은 적어도 60년 동안 겪는 개인적인 경험과 사건, 사회·문화적 변화의 결과이므로, 노인들은 상대적으로 다양한 개인차를 보일 수 있는 것이다.

따라서 노년기의 심리적 측면을 보고자 할 때 노인들의 다양성을 인정하면서 아울러 노화에 따라 필연적으로 나타나는 변화를 고려하는 태도가 바람직하다고 하겠다.

본 장에서는 노년기의 심리적 측면을 지적 능력의 변화와 성격 특성의 변화 측면에서 살펴보고자 한다.

1. 지적 능력의 변화

1) 지 능

일반적으로 연령증가에 따라 지능이 감퇴한다고 생각하고 있다. 그러나 그 쇠퇴의 비율은 생각한 것보다 그리 심각한 것이 아니라고 주장되고 있다. 지능이란 어떤 문제나 새로운 상황에 당면하여 개인행동을 보다 효과적이고 적절하도록 재체제화하는 능력이며 또한 지능은 학습할 수 있는 능력, 경험에 의해 얻어질 수 있는 능력, 추상적 상징을 구체적으로 파악할 수 있는 능력이라고 할 수 있다.

웩슬러(D. Wechsler 1958; 최성재 외, 2002 재인용)는 지능을 개체가 유목적적으로 행동하고 합리적으로 사고하며 환경을 효율적으로 처리해 나가는 종합적이고 총체적인 능력으로 정의하고 있다. 그는 지능과 연령과의 관계를 다룬 모든 연구들이 성년기에 들어선 18~25세 이후부터는 지능이 점진적으로 쇠퇴하는 것으로 보고 있다고 하였다. 노화와 지적 능력에 관해 실시한 조사(최순남, 1984)에 의하면 지능은 약 50%의 발달이 임신에서부터 4세까지, 4~8세는 30%, 8~17세는 20%의 발달이 이루어지며 이렇게 발달한 지능은 25세경까지 지속되다가 그 후 서서히 저하되어 50세는 10%, 60세는 20%, 70세는 30% 정도 저하된다고 하였다.

그러나 최근의 몇몇 전 생애발달 심리학자들은 연령증가에 따른 지능의 쇠퇴가 거의 없거나 극히 적다고 주장하고 있고, 또 비록 지능의 쇠퇴가 있다 하더라도 지능의 종류에 따라 변화의 정도를 달리한다고 주장함으로써 일률적인 지능감퇴 가설에 도전하고 있다(윤진, 1985).

또한 지능감퇴가 연령에 따라 일어난다고 하더라도 장년기 또는 노년기 초기에는 별다른 쇠퇴가 일어나지 않으며 지능에 있어서 연령은 16~25%만이 설명력을 갖고, 나머지 75~84%는 연령 이외의 동시집단, 교육수준, 생활의 경험, 불안수준과 심리적 스트레스, 신체적 건강수준, 동기 등의 여러 요인들 때문이라고 보았다.

그러므로 지능의 변화는 노화에 따라 일률적으로 쇠퇴한다고 말하기 힘들며, 노인의 교육수준, 세대 간의 차이, 사회·경제적 지위, 건강상태 등의 요인들을 고려해야 하는 복잡한 측면이 있다.

2) 기억력

기억은 선행의 경험을 파악하는 기능이며 과거에 경험한 일이 대뇌피질에 흔적으로 남아 있다가 후에 어떠한 상황에 직면하여 다시 의식으로 되살아나는 작용을 말한다. 일반적으로 기억능력은 유아기에서 아동기에 걸쳐 급속히 증가하다가 그 후 차차 증가의 속도가 줄어들며 청년기의 어떤 시기의 정점에 달하여 그 이후 얼마동안 같은 수준을 유지하게 되나 노년기에 접어들면서 서서히 감퇴한다고 보고 있다.

노화에 따라 최근 기억(recent memory)의 상실이 과거의 기억(remote memory) 상실보다 많이 일어나며, 기계적인 암기의 기억보다는 논리적인 것의 기억능력이 더 크게 감퇴되고, 본 것보다는 들은 것의 기억이 좋아진다고 한다. 대체로 노화에 따라서 기억력과 지남력(orientation)의 감퇴가 일어나며 단어의 회상이나 재인에 있어서 감퇴가 일어나고 있다.

그림 5.1을 보면, 샤이에(Schaie, 1980)가 21년간 장기 종단법을 이용하여 단어의 재인과 회상의 연령에 따른 변화를 살펴본 결과를 볼 수 있다(윤진, 1985). 즉, 단어의 재인검사를 보면, 60세까지 연령에 따라 점차 증가하다가 그 이후에 급속히 감소하는 것을 알 수 있으며, 반면에 회상검사에서는 젊은 시기부터 점진적으로 감퇴하고 특히 노년에 와서 그 속도가 더욱 빨라짐을 볼 수 있다.

노인은 나중에 회상할 때 쓸 수 있도록 미리 정보를 제대로 조직화 해두는 능력이 저하된다는 것을 의미한다. 이러한 재료의 조직은 서류정리를 할 때 분류체계를 사용하는 것과 비슷한 것이다. 만일 우리가 서류를 체계적으로 분류, 조직해두면 나중에 다시 찾아낼 때 훨씬 찾기가 쉽다.

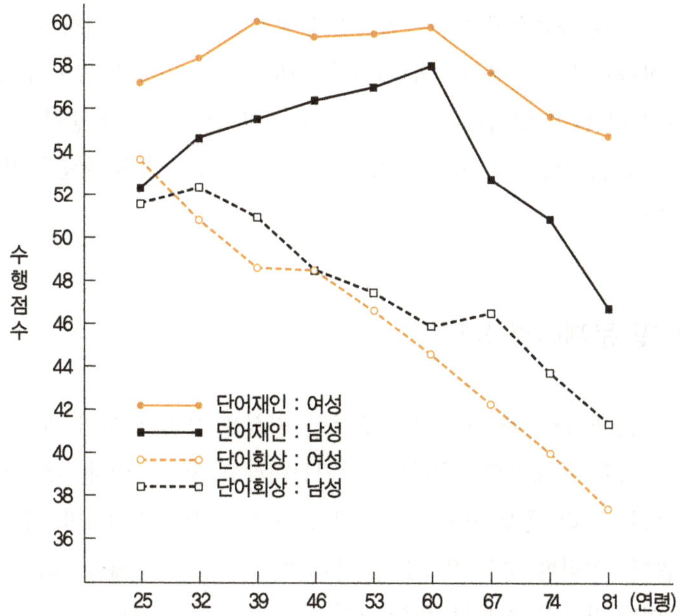

그림 5.1 단어재인과 회상에 대한 21년간의 장기 종단연구에서 나타난 연령증가와 성별에 따른 차이(Shaie, 1980)

자료 : 윤진(1985). 성인노인심리학, p. 168.

3) 학습능력

학습은 인간의 신체적 성숙으로 일어나는 과정이 아니라 연습이나 경험을 통한 정보나 기술을 습득하여 일어나는 행동 변화를 말한다. 학습의 기본적인 과정은 반사라고 하는 간단하고 무의식적이며 훈련한 적이 없는 반응이 조건화(conditioning)라고 불리는 학습형태를 통해 행동이 이루어진다는 고전적 조건화(classical conditioning)와 학습자의 행동 여하에 따라 강화를 주어서 형성된다는 조작적 조건화(operant conditioning) 두 가지로 나누어진다. 즉, 고전적 조건화는 파블로프(Pavlov)의 개와 종소리 간의 반응이나 왓슨(Watson)의 쥐에게 조건화된 아동실험에서 볼 수 있으며, 조작적 조건화는 스키너(Skinner)의 쥐와 비둘기 실험에서 볼 수 있다.

이런 학습과정을 통한 능력의 성취도 면에서 노인은 젊은이보다 떨어지는데, 즉 연령이 증가할수록 과업수행이나 작업성취도 같은 학습능력이 저하된다고 보고 있다. 그러나 학습기간과 반응기간의 길이가 충분하면 노인층에 있어서 청년층보다 학습의 증진이 더 많이 일어나며, 학습재료가 의미 있고 동기가 충분할수록 노·소간의 차이가 줄어든다는 보고(윤진, 1983)도 있으므로 노인의 학습능력은 신중히 고려될 필요가 있다.

4) 사고 및 문제해결 능력

사고(思考, thinking)능력이란 이미 습득한 지식을 살려서 여러 가지 과제를 해결하거나 과제상황에 대처해 나가는 전신기능이라고 할 수 있다. 우리가 처한 환경에서 일어나는 여러 문제 중에는 단순히 습관적 수단에 의해서만 해결이 불가능한 경우가 많다. 이러한 경우 새로운 수단과 탐색을 통해 문제를 해결해야 하는데 이때의 탐색이나 새로운 정보를 통한 구상 등이 사고이며, 이 사고력은 문제 해결을 통해 더욱 연마되는 것이다.

보통 연령이 높아갈수록 문제해결 능력이나 사고능력이 저하된다고 본다. 그러나 사고능력과 문제해결 능력은 교육수준, 지능 및 직업 등에 영향을 받으며 문제해결에 대한 사전 훈련을 미리 받으면 다시 증진될 수 있으므로 노년기에 사고능력 및 문제해결 능력을 높이기 위해서는 이런 점의 고려가 필요할 것이다.

5) 창의성

창의성은 자기실현 또는 실제로 적응하고 실현시킬 수 있는 독특한 반응이나 생각을 말한다. 창의성은 특히 어떤 과제를 해결하는 도중에 개선점이나 문제점을 민감하게 파악하려는 민감성, 모방하지 않고 보통 사람과는 다른 비범한 해결책을 혼자 힘으로 찾아내는 독창성 등의 특징을 갖는다. 따라서 이런 창의성은 젊은이보다 노인에게서 낮고 노화에 따라 저하된다고 일반적으로 결론짓는다. 그러나 이러한 결론은 단순히 내리기가 어렵다.

연령과 업적 사이에는 개인차가 매우 심하고 일정한 관계가 없다. 즉, 구미의 저

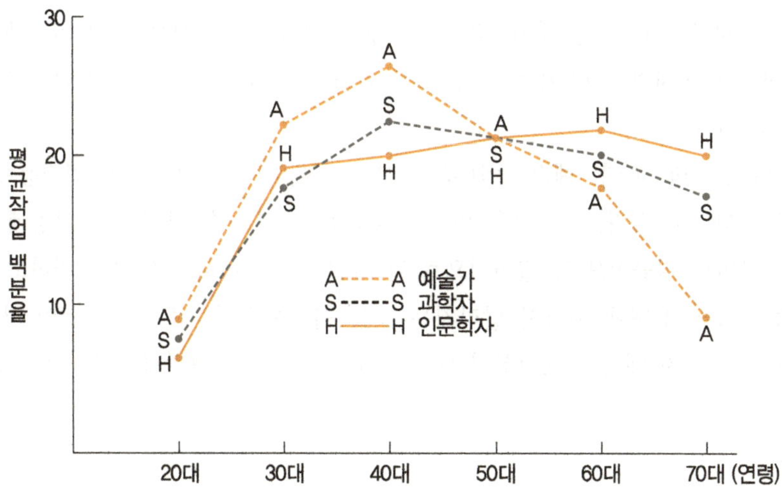

그림 5.2 ● **인문학자, 과학자 및 예술가들의 연령별 업적**

주 : W. Dennis, "Creative Productivity between the Ages of 20 and 80 Years," Journal of Gerontology, 21(1966). p. 3에 있는 도표를 근거로 재구성한 것임(Kimmel, 1974. p. 385에서 재인용).
자료 : 최성재 외(2007). 노인복지학, p. 84.

명인사 400명에 대하여 노년의 정신활동의 정지연령을 조사한 연구(N. Dorland)를 보면 평균 사업정지연령이 66.7세였다고 한다. 발명, 발견, 예술작품을 창조하는 사람들의 경우는 보통 최초 25세에 이루어지며 그 후 10년경에 최고의 생산성을 나타낸다고 하며 소설가가 대작을 쓰는 최적의 연령은 40~45세가 되어서라고 한다(김성순, 1990).

1950년대 초의 연구(H. Lehman, 1953)에서 보면, 창조적인 사람들의 업적이 과학 분야에서는 40세 전에, 그리고 예술과 문학 분야에서는 45세 전에 이루어졌다고 주장되었다. 이것은 조사 표본에 사용된 사람들 중 일찍 사망한 사람이 많았고 그로 인해 위대한 업적을 낸 사람들이 평균연령이 낮아진 데서 기인했으며, 결국 노인의 능력감퇴가 과장되는 결과를 가져 왔다.

웨인 데니스(Wayne Dennis 1966; 최성재 외, 2002 재인용)는 79세 이상까지 살았던 사람을 대상으로 문학과 과학, 예술의 세 분야로 나누어 그들의 창조적 성과를 연구하였다(그림 5.2).

이 세 분야에서 전반적으로 40대가 가장 많은 업적을 낸 시기이며, 인문학 분야는 70대까지도 40대와 별 차이 없이 활발하고, 과학 부문에서는 60대 이후에 상당히 업적이 떨어지며, 예술가는 40대 이후 70대까지 계속해서 크게 떨어지고 있음을 알 수 있다.

그러나 인문학, 과학, 예술 등의 같은 분야 내에서도 직종에 따라 업적능력에서 차이가 나타나고 있다. 즉, 같은 연구의 결과를 살펴보면, 생산성이 연령에 따라 또는 분야별로 일률적으로, 필연적으로 감소하는 것이 아니라 단지 참여하고 있는 창조적 활동의 유형에 따라서 달라지는 것을 볼 수 있다. 즉, 어떤 분야(역사가, 철학가, 식물학자)에서는 생산성이 60, 70대 이상에서도 여전히 높은 것을 알 수 있다.

2. 성격특성의 변화

개인의 성격은 전 생애를 통해 비교적 안정되게 유지된다고 보는 입장이 있는 반면에 주어진 상황에서 갖게 된 역할이나 대인관계, 사회적 지위 등에 영향을 받기 때문에 상황에 적절하게 바꾸어 나가게 된다는 입장이 있다.

사람은 어떤 사건이나 자극에 대해 무의식적이든 의식적이든 자신이 지녀왔던 바탕 위에서 반응을 보이게 된다. 즉, 어느 정도 청년기 이전에 형성되어 온 성격이 내면화되어 급격한 변화의 요구가 아니면 안정되게 유지할 수도 있다. 그러나 사람은 일생을 살면서 또는 노년기까지 오면서 청년기, 장년기의 과업발달에 따라 자아 통합을 이룰 수도, 절망감에 빠질 수도 있고 많은 시련과 역할의 변화, 상황의 전환을 겪게 된다. 그러므로 성격형성이나 유지 및 변화의 과정은 개인이 가진 내면적인 경향과 개인이 생활하면서 새롭게 경험하고 반응하는 상황과의 상호작용에 따라 결정된다고 볼 수 있다.

노년기 성격의 연구는 부족한 편인데 이는 성격이 어린 시기에 형성되고 청년기 이후부터는 거의 변화가 없다는 편견 때문이다. 그러나 노인의 성격에 대해서는 아직 불분명한 부분이 많으며 사회통념상 의존적이고 무가치한 존재로서의 부정적 노인관의 배제를 위해서라도 노인의 성격특성의 연구는 다각적으로 이루어져야 하며 분명하게 규명될 필요가 있다.

본 절에서는 노년기 성격특성의 변화를 보기 위해 윤진(1985)의 연구와 한성열(1992)의 연구를 참고하였다.

1) 노년기의 일반적 특성

(1) 내향성 및 수동성의 증가

내향성(interiority)의 증가는 일반적으로 중년기부터 두드러지게 나타나는 현상으로 나이가 들어감에 따라 사회적 활동이 감소하고 사물의 판단과 활동 방향을 외부보다는 내부로 돌리는 경향이 나타난다. 즉, 외부의 자극에 대한 반응보다는 자기 자신의 사고나 감정에 의해서 사물을 판단하게 되는 경향이 많아진다.

일반적으로, 청년기나 장년기에는 사회적으로나 가정적으로 이루어야 할 일들이 많이 있다. 직장을 가지고 있는 사람은 그 조직에서 승진해야 하고 성취해야 할 일이 있으므로 이 과제들을 효과적으로 수행하기 위해서 심리적 에너지가 외부로 많이 향하게 된다. 따라서 자신의 내부에서 일어나는 변화나 내면세계에 대해서는 상대적으로 주의를 기울이지 않는다. 그러나 노년기는 이런 '지위와 성취의 사다리'를 계속 올라가야 할 필요를 느끼지 않는 시기이므로 지금가지 외부로 향해졌던 심리적 에너지들이 내면의 세계로 쓰이게 되면서 내향성이 증가하게 된다.

내향성 증가와 비례해서 나타나는 노인들의 특징 중 하나가 수동성(passivity)의 증가이다. 청·장년에 비해서 노년기에는 심리적 에너지가 내면으로 향하고 실제로 적극적으로 개입해야 할 일이 많지 않으므로 노인들은 문제해결에 이어서 수동적이 되고 새로운 일에 도전하려는 경향이 감소된다. 그러므로 노년기에는 문제 해결 태도에 있어서 청년기의 능동적 태도에서 누군가에게 도움을 받아 해결하려는 수동적 태도를 거쳐 적극적인 노력과 시도를 하지 않은 채 신비적 힘이나 우연에 맡기려는 비현실적인 태도로 나아간다.

(2) 조심성 및 경직성의 증가

노인이 될수록 일반적으로 조심성이 증가한다. 노년기에 이르면 시각과 청각을 비롯한 감각능력이 감퇴하게 된다. 노인들은 이러한 감각능력의 감퇴 결과로 나타나는 신체·심리적 기제들의 기능쇠퇴를 직접적으로 느끼게 되므로 결과적으로 노인들은 확신이 높아야지만 어떤 결정과 반응을 나타내게 된다.

예를 들면 청각검사에서 청년들은 전혀 소리를 들려 주지 않았을 때에도 "소리가 났다."라고 오답을 하는 경향이 있지만 이와 대조적으로 노인은 물리적으로 충분히 들을 수 있는 강도의 소리를 들려 주었을 경우에도 아직 완전히 확신이 서지 않아 "소리가 났다."라는 대답을 하지 않고 침묵을 지키는 경향을 보인다.

다시 말하면, 청년과 노인은 똑같이 틀린 답을 하더라도 청년은 적극적인 자세로 대답하다가 실수오답을 하는 것이 많은 데 비해 노인은 소극적인 자세로 인해 누락오답을 하는 경우가 많다.

이와 같은 조심성의 증가현상으로 인해 노인들은 새로운 사업을 시작하거나 직업을 변경한다거나 혹은 문제해결의 장면에서도 주저하게 되고 옛것을 그냥 지키려는 보수적인 경향을 나타낸다. 이러한 경향은 경직성을 나타내는데, 경직성이란 융통성과 반대되는 개념으로서 어떤 태도, 의견 그리고 문제해결에 있어서 그 해결방법이나 행동이 옳지 않거나 이득이 없음에도 불구하고, 옛날과 마찬가지의 방법을 고집하고 이를 여전히 계속하는 행동경향을 말한다.

즉, 노인이 될수록 종래에 하던 안전한 방법을 고집하고 새로운 지식의 흡수를 위해 옛것을 과감히 버리지 못하는 경향이 있다.

(3) 우울증 경향의 증가

연령증가에 따른 우울증(depression) 경향의 증가는 일반적인 현상이다. 노년기 전반에 걸쳐 증가하는 우울증은 노령에 따른 스트레스에 원인이 있다. 즉, 신체적 질병, 배우자의 죽음, 경제사정의 악화, 지나온 세월에 대한 회한, 노화로 인한 고독 및 소외감 등으로 우울증이 증가하고 있다. 이러한 우울증의 경향은 불면증, 체중감소, 감정적 무감각, 강박관념 및 증오심 등의 구체적인 증상을 유발한다. 그러나 우울증은 개인의 적응능력 수준에 따라 그 정도가 달라지거나 변화된다.

(4) 과거에 대한 회상의 증가

과거에 일어났던 사건이나 인물에 대해서 회상하는 것은 비단 노년기에만 나타나는 것은 아니고 생애의 어느 단계에서나 나타나는 현상이다. 그러나 현재와 미래에 대해서 생각하는 것과 비교해서 과거를 회상하는 비율은 상대적으로 나이가 들어감에 따라 증가하고 노년기에 그 비율이 제일 높게 나타난다.

이러한 경향은 현실적으로 노인들이 많은 심리적 에너지를 쏟을 일들이 많지 않기 때문에 비교적 과거에 대한 회상에 많은 시간과 노력을 쏟을 수 있기 때문이기도 하다. 그러나 노인들의 과거에 대한 회상에는 좀더 긍정적인 의미가 있다.

첫째로, 노인들의 과거에 대한 회상은 현재의 자존감(self-esteem)을 높여 주는 기능을 한다. 비록 현재에는 많은 노력을 쏟아서 성취해야 할 중요한 역할을 맡고 있지는 못하지만 노인들이 과거에 겪은 다양한 경험들과 그 경험에서 유래하는 정보들은 청년들이 갖지 못하는 귀한 자산이 되는 경우가 많다.

둘째로, 노년기의 발달과제는 과거를 돌아보며 의미 있는 한평생을 살았다는 느낌을 갖는 자아통합을 이루는 것이다. 이런 자아통합을 이루기 위해서는 과거에 일어났던 사건들의 의미를 재구성하고 재해석해야 하는 능동적인 심리적 노력이 필요하다. 과거에 경험했던 부정적인 사건들이나 경험들이 해소되지 않는다면 노인들은 현재의 만족감에 부정적인 영향을 미치게 되는 것이다.

따라서 과거에 대한 회상을 통한 생애 회고(life review)에 의해서 지금까지 살아오면서 누적되어 온 부정적인 감정의 응어리들을 풀고 자신이 지나온 삶을 수용하고 그 나름대로의 의미를 인정함으로써 현재의 삶을 긍정적으로 수용할 수 있는 자아통합을 이루게 된다.

이러한 과정을 생애의 마지막 단계에서 최종적으로 한평생을 반추하며 긍정적인 결론을 내리고자 하는 적극적인 심리적 과정으로 보아야 한다.

(5) 친숙한 사물에 대한 애착심

과거에 대한 회상의 증가와 관련하여 노인들은 오랫동안 사용해 온 물건이나 대상에 대한 애착심이 증가한다. 즉, 지금까지 살아 왔던 집이나 과거의 추억이 깃든 가재도구, 사진, 기념물 등 친숙한 물건들에 대해서 감정적 가치(sentimental value)를 많이 두게 된다. 이는 이러한 물건들을 통해서 삶의 줄거리를 파악하는 한편, 비록 자기의 주변 세상과 사물들은 변화했지만 자신과 자신의 주변은 변화하지 않는 것으로 보려는, 즉 일정한 방향과 항상성을 유지하려는 경향이 있음을 나타낸다. 노인들은 청년들에 비해 생소한 사물에 대한 새로운 감정에 투입하려는 감정이 감소한다. 즉, 감정 면에서 탄력성이 감소한다. 청년들처럼 마음속으로 감동하고 감격하는 열정적인 일이 줄어든다.

따라서 노인들은 한편으로는 냉정해지고 감정에 사로잡히지 않고 사려 깊게 행동하게 되는 한편, 무감각하고 무감동한 것으로 비치기도 한다. 새로운 것에 감정을 개입하는 경향이 적어지므로 과거에 친숙했던 것에 대한 애착심이 증가하게 된다.

(6) 성역할의 변화

모든 문화는 남자와 여자에게 행동하기를 기대하는 행동규범이 있다. 물론 성별에 적합한 행도의 정의는 문화에 따라 다르고, 또 같은 문화 안에서도 시대에 따라 다를 수 있다. 그러나 어떤 문화나 시대를 막론하고 특정한 성격특징들, 작업과제 및 활동은 남자에게 혹은 여자에게 적합한 것으로 간주하고 어렸을 때부터 사회화 과정을 통해서 이를 학습하도록 한다.

강조하는 정도의 차이는 있지만 대부분의 문화에서 자율성의 추구, 경쟁심, 통제하려는 노력, 독립성, 공격성, 자기 주장성 등은 남성적 특성으로 간주한다. 이와 대조적으로 친밀성, 수동성, 의존성, 관계지향성, 타협성 등은 여성적인 특성으로 간주한다. 따라서 청년들은 자기의 성에 맞도록 사회화된 행동을 하게 되므로 남녀 간의 성차가 많이 나게 한다.

그러나 노인이 되면 청년기 때와는 달리 지금까지 자기에게 억제되어서 표현되지 못했던 행동특징들을 표현하게 된다. 그래서 나이가 들수록 남자는 친밀성, 의존성, 관계지향성 등이 더 증가하는 반면에 여자는 공격성, 자기 주장성, 자기중심성 및 권위주의 등의 성향이 나타나게 된다.

물론 노년기에 나타나는 이런 특징은 젊었을 때와 비교해서 상대적으로 이러한 방향으로 변한다는 것이지, 노인이 되면 여자는 남자보다 남성적인 특징을 더 많이 나타내고, 반면에 남자는 여자보다 여성적인 특징을 더 많이 나타낸다고 하는 것은 아니다. 다시 말하면 노인이 되면 남자와 여자 사이에 젊었을 때 보이던 큰 성차가 줄어들게 되어서 소위 '양성적'으로 변한다는 것을 의미한다.

이러한 현상이 다양한 문화에서 공통적으로 나타나는 이유는 청년기에는 많은 심리적 에너지가 외부로 향해 있으므로 사회적 규범이나 역할에 맞는 행동을 많이 하게 되지만, 노인이 될수록 점차적으로 심리적 에너지가 내면으로 향하게 되고 자신의 내부에서 일어나는 자극에 대해 더욱 관심을 가지게 되므로 지금까지 사회화의 영향으로 억압되었던 특징들이 비교적 자유스럽게 표현된다고 할 수 있다.

(7) 의존성의 증가

노인은 신체·경제적 능력의 쇠퇴로 인하여 의존성이 증가한다. 의존성은 병리적인 것이 아니라 생활주기상 자연스럽게 나타나는 현상으로, 유아기와 노년기는 절대 의존기에 속한다.

노년기에는 신체·정신적 힘이 쇠퇴하고 사회적 역할이 상실되며, 경제적 수입의 감소, 사회적 유대관계의 소멸 등으로 자연히 타인의 도움을 필요로 하므로 의존성이 증가하게 된다.

2) 노년기 성격적응 유형

(1) 뉴우가르턴의 분류

뉴우가르턴(Neugarten, 1968)과 그의 동료들은 노년기에 나타나는 일반적인 성격적응 유형과 그와 관련하여 나타는 역할정도 및 생활만족도 등 세 가지 차원을 동시에 연관시킴으로써 노년기에 특유한 성격적응 유형 네 가지와 그에 따른 노화의 여덟 가지 양식을 제공하고 있다(표 5.1).

① **통합형**(integrated type)

이들은 심리적 기능이 건강하고 복잡한 내면생활, 유능한 자아, 손상되지 않은 인지능력, 높은 수준의 생활만족도를 지니고 있었다. 이들은 세 가지의 생활유형으로 나뉜다.

- 재구성자형(reorganizer type) : 이 유형에 속하는 노인들은 다양한 활동에 종사하는 유능한 사람들이다. 이들은 노년기가 되면서 상실한 과거의 역할을 대치할 새로운 활동들을 능동적으로 추구하여 은퇴 후에 생긴 많은 시간을 지역사회의 활동이나 종교단체의 활동을 통해서 의미 있게 보내는 사람들이다. 따라서 이들은 비교적 높은 생활만족도를 보이고 있고, 현대 사회에서 제일 바람직한 적응을 보이는 노인들로 생각할 수 있다.

표 5.1 ● 성격유형, 사회적 역할활동 그리고 생활만족과의 관계

성격유형과 특성		역할활동	생활만족도
1. 통합형 인생을 수용하고 유능한 자아를 소유하고 있으며 통제를 유지한다. 융통성이 있고 성숙하다.	① 재구성자형 : 많은 활동에 종사하면서 하나의 역할을 잃으며 새로운 활동을 찾아내는 경쟁적인 사람들	높다	높다
	② 초점형 : 자신의 여러 역할들 중에서 선별하여 한두 개 활동에만 집중하는 사람들	중간	높다
	③ 유리형 : 조용히 자기 자신에 몰두하고 스스로 사회적 관계로부터 위축한다.	낮다	높다
2. 무장방어형 노화에 대한 근심을 많이 갖고 있으며 불안에 대해 철저하게 방어하고 충동을 엄격하게 통제한다.	④ 지속형 : 나이를 먹는다는 사실을 두려워하며 가능한 한 중년기의 특성을 유지하려고 바쁜 생활을 계속한다.	높거나 중간	높다
	⑤ 위축형 : 능력상실과 노화의 위협에 사로잡혀 있으며 에너지를 축소시켜 쇠퇴를 회피하려고 노력한다.	낮거나 중간	높거나 중간
3. 수동적 의존형 강한 의존욕구를 지니고 타인으로부터 반응을 구한다. 가족이나 친척에게 심리적으로 의존한다.	⑥ 구원요청형 : 정서적 지지를 받기 위해 타인에게 의존하는 사람들	높거나 중간	높거나 중간
	⑦ 무감각형 : 인생을 수동적으로 살아온 사람으로 무관심하게 지내는 사람들	낮다	중간이거나 낮다
4. 비통합형 인지적 결함을 가지고 있으며 모든 것을 감정적으로 처리한다.	⑧ 조직와해형 : 사고력이 퇴화되고 정서통제가 불가능하다.	낮다	중간이거나 낮다

- 초점형(focused type) : 이들은 높은 생활만족도를 보이는 잘 통합된 성격을 가지고 있는 유형이다. 그러나 이들은 다양한 활동을 추구하기보다는 활동과 시간을 사용하는 데 있어서 선택적이고 한두 가지의 역할에 집중적으로 에너지를 투입하면서 만족을 얻는 유형이다. 즉, 지금까지 많은 시간과 에너지를 투입하면서 만족을 얻는 유형이다. 예를 들면, 지금까지 많은 시간과 에너지를 사용하던 직업과 사회단체의 일에서 물러나 가정생활에 충실하고 남편이나 조

부모의 역할을 통해서 만족을 얻는 노인들에게서 볼 수 있다. 따라서 이들은 중간 정도의 활동성을 보인다.

- 유리형(disengaged type) : 이 유형의 노인들은 잘 통합된 성격을 가지고 있고 높은 생활만족도를 느끼고 있지만, 위의 두 유형에 비해 상대적으로 낮은 활동성을 보이는 유형이다. 이들은 외부적인 압력이나 신체적인 이유에서라기보다는 스스로 선택해서 지금까지 해 오던 다양한 역할에서 자발적으로 물러서는 사람들이다. 이들은 자신에 대해서 긍정적인 감정을 느끼고 있으며 스스로 선택해서 조용하고 유리된 만족스러운 생활을 선택하는 '안락의자'를 즐기는 유형이다.

② **무장방어형**(defended)

이들은 성취지향적이고 강한 노력과 엄격한 통제를 보인다.

- 지속형(holding-on type) : 이 유형에 속하는 노인들은 나이를 먹는다는 것을 위협으로 느끼고 모든 노력을 동원해서 가능한 한 중년기의 생활형태를 지속하려고 노력하는 사람들이다. 이들의 이런 시도는 비교적 성공적이기 때문에 상대적으로 높은 생활만족도를 보이고 있으며, 대부분 중간 이상의 활동성을 유지하고 있다.
- 위축형(constricted type) : 이 유형에 속하는 노인들은 신체적 쇠약과 감각기능의 퇴화와 같은 노화의 위협에 사로 잡혀 다른 사람들과의 접촉을 피하고 폐쇄적인 생활을 함으로써 자신들을 방어하려고 한다. 따라서 자신의 내부에서 일어나는 감정에 스스로 둔감해지려고 하며, 상대적으로 낮은 활동성을 보이지만 중간 이상의 생활만족도를 보이는 유형이다.

③ **수동적 의존형**(passive-dependent)

이들은 다음 두 가지 생활양식 중 하나에 속한다.

- 구원요청형(succorance-seeker type) : 이들은 강한 의존적 욕구를 가지고 있는 사람들로서 다른 사람들로부터 이 욕구에 대한 반응을 기대하고 찾는 유형이다. 이들은 중간 정도의 활동성과 생활만족도를 유지하며 그들의 감정적인 의존욕구를 만족시켜 줄 수 있는 소수의 사람을 가질 수 있다면 비교적 적응을

잘 해 나가는 편이다.

- 무감각형(apathetic type) : 이들은 소극성을 두드러지게 나타내는 유형으로서 낮은 활동성과 중간 정도의 생활만족도를 보이는 사람들이다. 이들은 신체적으로 건강유지를 위한 활동 외에는 거의 활동이 없는 가운데 무기력, 무감각한 상태에서 완전히 수동적인 행동을 하는 유형이다.

④ **비통합형**(unintegrated)

이들은 심리적 기능에서 조직화되지 않은 노화유형을 보인다.

- 조직와해형(disorganized type) : 이들은 감정을 조절하는 면에서나 혹은 사고과정에서 심각한 결핍을 보이는 유형이다. 이들은 지역사회 내에서 생활은 하지만 활동과 생활만족도가 낮은 노인들이다.

뉴우가르턴(Neugarten, 1968) 등의 통합형, 무장방어형은 노후생활에 비교적 적응을 잘하는 반면, 수동적 의존형이나 비통합형은 적응을 잘 못하는 것으로 나타나고 있다.

(2) 라이카드의 분류

라이카드(Reichard et al., 1962)는 은퇴한 남자 87명을 대상으로 은퇴 후의 성격 및 적응유형을 면밀히 조사하여 성격특성이 성공적인 적응을 예측하는 가장 중요한 요인 중의 하나로 보고 다음과 같이 다섯 가지의 성격적응 특성을 분류하였다.

① **성숙형**(matured type)

매사에 신중하게 생각해서 말과 행동을 하려고 하고 은퇴 후 변화된 자기 자신을 현실 그대로 받아들여서 지나온 과거에 집착하지 않고 또한 남은 여생이나 죽음에 대해 지나치게 불안해하지도 않으며 현실을 직시하고 살아가는 유형이다.

자신의 일생 가운데 실패나 불운보다도 성공이나 행운에 더 큰 비중을 두고 항상 그 점에 감사하는 자세를 가지려 하므로 이 유형의 노인들은 자아통합을 원만하게 수행할 수 있는 사람들이다.

② **방어형**(armored type)

늙어감에 대한 불안을 방지하기 위해 사회적 활동 및 기능을 계속해서 유지하는 유형이다. 이들은 노년기의 수동적인 면과 무기력함, 그리고 늙었다는 감정을 회피하기 위해서 계속적인 활동을 유지함으로써 신체적 능력의 저하를 막고자 노력하는 사람들이다.

③ **은둔형**(rocking-chair type)

이 유형은 '흔들의자에 앉아서 지낸다.'라는 말에서도 내포하고 있듯이 은퇴 후 과거에 힘든 일이나 복잡한 대인관계에서 벗어나 조용히 수동적으로 보내게 된 것에 만족하며 사는 사람들이다.

④ **분노형**(angry type)

젊은 시정의 인생 목표를 달성하지 못하고 늙어버린 것에 매우 비통해 하고, 그 실패의 원인을 자신보다는 불행한 시대와 사회, 부모나 형제 등 다른 데로 돌림으로써 남을 질책하고 자신의 늙음에 대해 타협하지 않으려는 유형이다.

⑤ **자학형**(self-haters type)

지나 온 삶에 대하여 많은 후회의 감정이 있고 자신의 이런 불행과 실패의 원인이 자신에게 있다고 여기는 유형이다. 이들은 자신이 무가치하며 열등하다고 느끼고 있으므로, 의기소침하고 우울증이 있는 사람들이다.

라이카드 등(Reichard et al., 1962)의 연구에 따르면 성숙형, 방어형, 은둔형의 특성을 지닌 사람들은 노후생활에 비교적 적응을 잘하는 한편, 자학형, 분노형의 특성을 지닌 사람들은 적응을 잘 못하는 것으로 나타난다.

(3) 샤나안의 분류

샤나안(Shanan, 1985)은 노인 각 개인을 조사하는 데 82개 항목을 설정한 뒤 이 요인을 분석하여 네 가지 성격유형으로 구분하였다. 그의 성격유형은 최근(1985)에 연구된 것으로 다른 연구자들이 설정한 유형들을 포괄적으로 포함하고 있다.

① **적극적 통합형**(active integrated coper)

매우 긍정적인 자기 이미지를 가지고 있으며, 다른 사람에게 의지하게 되는 것을 자연스럽게 여기고, 자녀와 배우자를 무척 소중하게 생각하는 유형이다. 건강함과 안정감을 지니고 있으며, 일을 하는 것을 즐거워하는 사람이다. 이 유형은 라이카드 등(1962)의 '성숙형', 뉴우가르턴 등(1968)의 '통합형'의 개념을 포함하고 있다.

② **의존적 수동형**(dependent passive coper)

난관에 부딪쳤을 때 그 난관을 극복하기보다는 회피하며, 자신감이 없고 보수적이며, 행동이나 사고가 조심스럽고 신중한 형이다. 이 유형은 뉴우가르턴 등의 '위축형', '구원요청형'과 유사하다.

③ **실패과장형**(failing overcoper)

외롭고 자신의 성취에 대해 만족하지 못하며 화를 잘 내고 성격이 급하며, 친구를 쉽게 사귀지 못하고, 심리적으로 불안정하여 자주 우울해 하는 유형이다. 이 유형은 라이카드 등의 '자학형'과 유사하다.

④ **자기부정형**(self-negating undercoper)

다른 사람에게 복종적이며 조심스럽고 대인관계에서 소외되어 있고 자기주장을 하는 대신에 사회규범을 잘 지키는 형이다.

이상에서 보는 것과 같이 노년기에 나타나는 성격적응 유형은 다양하다. 이 다양한 유형 중에 어디에 속하느냐 하는 것은 결국 한평생을 살아오면서 형성된 성격에 크게 영향을 받는다. 즉, 노인들에게서 나타나는 성격유형은 노년기에 와서 나타나는 것이라기보다는 한평생을 살아오면서 자신이 속해 있던 문화와 사회구조의 영향과 개인이 경험하는 사적인 경험들이 축적되어 나타나는 결과이다.

3) 노년기 성격유형과 생활적응에 관한 연구

노인 또는 개인의 생활만족이나 적응은 각 개인이 가지고 있는 성격특성에 따라 다르므로 노인들의 노후생활을 성공적으로 이끄는 요인의 탐색에 있어서 성격유형의 파악이 무엇보다 중요함이 인식되어 왔다. 그러므로 노년기 성격유형에 따른 생활적응 및 만족에 관한 연구를 살펴보는 것은 매우 의미 있는 것으로 생각된다.

(1) 사회인구학적 변인과 성격적응 특성

은퇴한 남자노인을 대상으로 성격적응 특성에 따른 노후적응도를 본 연구결과에 따르면(백근영, 1994) 종교가 있을 때, 학력이 높고, 은퇴 이전의 직업이 전문·관리직이었거나, 용돈 액수에 만족하고, 건강하며, 활동수준이 높고, 배우자가 있는 노인일수록 성숙형의 성격적응 특성을 보이고 있다.

그리고 의존형이거나 자학형의 성격적응 특성은 이전 직업이 비전문직이었고 용돈 만족도가 낮으며, 건강상태가 나쁘고, 사회적 활동수준이 낮으며, 배우자가 없는 노인의 경우에서 나타나고 있다.

또한 이 연구에서는 은퇴 후 생활비 마련과 같은 은퇴 전의 계획수립 정도에 따라서도 노인의 성격적응 특성이 차이가 나타남을 밝히고 있다(표 5.2).

즉, 은퇴 전 계획을 확실하게 수립했을 때 성숙형 또는 방어형의 성격적응 특성을 보이며, 은퇴 전 계획을 생각하지 못할수록 은둔적이거나 의존, 또는 자학형의 성격적응 특성을 보이고 있다.

한편, 샤나안(Shanan)의 성격적응 유형으로 생활적응을 살펴본 이영은(1990)의 연구에서 보면 전반적으로 남자노인의 경우 적극적 통합형의 성격적응이 가장 높게 나타나며, 여자노인의 경우 의존적 수동형의 성격적응이 가장 높게 나타나고 있다(표 5.3).

표 5.2 ● 은퇴 전 계획수립 정도에 따른 성격적응 유형

(단위 : 점수)

계획수립 정도	성숙형	방어형	은둔형	의존형	자학형
확실한 계획	4.32	3.93	2.20	1.37	1.77
대체적인 계획	3.89	3.40	2.34	1.74	2.05
보 통	3.50	3.38	2.45	2.25	2.32
거의 생각 안 함.	3.18	2.93	2.79	2.82	2.84
전혀 생각 안 함.	2.76	2.58	2.94	3.56	3.42
f값	42.45*	30.16*	10.06*	64.80*	42.51*

주 : * P〈.001
자료 : 백근영(1994). 은퇴한 남자노인의 성격적응 특성에 따른 노후적응도. 성신여자대학교 석사학위논문.

표 5.3 ● **노인의 성별에 따른 성격적응 유형**

(단위 : 평균)

성격유형 / 성 별	적극적 통합형	의존적 수동형	실패과장형	자기부정형
남자노인	26.4	25.3	22.7	23.5
여자노인	24.6	25.2	23.8	23.8
t값	3.60*	0.21	−2.26**	−0.54

주 : * P〈.01, ** P〈.001
자료 : 이영은(1990). 노인의 성격유형과 생활적응에 관한 연구. 이화여자대학교 석사학위논문.

또한 남자노인은 여자노인보다 적극적 통합형의 성격유형을 보이고 있으며, 여자 노인은 남자노인보다 실패과장형의 성격유형을 나타내고 있다. 그리고 이 연구에서는 배우자가 있는 노인이 학력이 높고 전문직을 가졌으며, 수입이 높은 노인일수록 적극적 통합형을 보이며, 배우자가 없이 혼자 사는 노인일수록 실패과장형이나 자기부정형으로 나타나고 있다.

(2) 성격유형과 생활적응

정년퇴직 노인들의 성격유형과 생활만족도 관계를 본 연구(이철우, 1990)에 따르면 성숙성의 성향이 높을수록 생활만족도가 가장 높으며, 그 다음은 은둔형, 방어형 노인의 순으로 나타나고 있고, 의존성의 성향을 가진 노인이 생활만족도가 가장 낮은 것으로 나타나고 있다.

또한 노인의 생활만족도는 적극적 통합형과 의존적 수동형과는 정적 상관관계

표 5.4 ● **성격유형과 생활 만족도 간의 상관관계**

성격유형	생활만족도
적극적 통합형	0.49**
의존적 수동형	0.2*
실패과장형	−0.54**
자기부정형	−0.58**

주 : * P〈.01, ** P〈.001
자료 : 이영은(1990). 노인의 성격유형과 생활적응에 관한 연구. 이화여자대학교 석사학위논문.

가, 실패과장형이나 자기부정형과는 부적 상관관계가 있는 것으로 나타난다(이영은, 1990). 즉, 적극적 통합성을 나타낼수록 생활만족도가 높고, 실패과장형이나 자기부정형을 나타낼수록 생활만족도가 낮다고 볼 수 있다(표 5.4). 이는 노인의 성격적응 특성이 성숙형일수록 노후적응도가 높으며, 자학형의 특성을 가질수록 노후적응도가 낮다는 결과(백근영, 1994)와 맥락을 같이한다.

노년기 생활만족이나 적응은 노인의 성격특성에 따라 차이를 보이고 있고, 노인은 모두 똑같은 형태로 늙어가거나 또는 그 욕구가 반드시 동일한 것은 아니다. 그러므로 각 개인의 성격특성에 따라 활동을 권유하거나 혹은 조용한 심리적인 뒷받침을 하는 등의 다각적인 측면에서 노인의 생활만족도 향상에 접근해야 할 것이다.

GERONTOLOGY

■ '제Ⅲ부' 를 시작하면서

노인부양은 크게 나누어 공적 부양과 사적 부양의 두 가지 유형으로 크게 나눌 수 있다. 공적 부양은 사회보장제도나 공적 부조에 의한 사회적 수준의 부양이다. 사적 부양은 노인이 자조적으로 노력하여 노후를 책임지는 자기부양과 자녀들에 의해서 부양받는 가족부양의 형태로 다시 세분화될 수 있다. 그러나 한국적 상황에서는 경제적으로 자립할 능력이 있는 노인은 극소수이므로 사적 부양이라 하면 일반적으로 가족부양을 뜻하게 된다.

과거 전통적으로 노인의 부양은 가족이 담당하는 것으로 당연히 여겨 왔으며, 경로효친사상에 의거하여 하나의 미덕으로서 노인의 부양이 이루어져 왔다. 그러나 오늘날 산업화·도시화로 표현되는 근대화 과정에서 사회구조의 급격한 변화는 노인의 사회적응력의 상실을 가져왔으며, 또한 서구적 가치관의 도입으로 종래의 유교적 '효'와 '가정'에 대한 개념에 많은 변화를 초래해 왔다. 즉, 물질만능이나 기능주의가 팽배한 현대 사회에서 노인의 역할축소나 노부모 자녀 간의 상호 의존성 감퇴현상 등은 가족의 결속도 감속 및 노인세대의 감정적·사회적 소외감을 불러 일으켰다.

따라서 전통적 사회관념 속에서 일생을 살아 왔던 노인세대들은 오늘날의 변화로 사회에서 옛날과 같은 가정생활이나 가족부양 등을 기대하기는 점차 어려워지고 있다. 즉, 노인에 대한 가족부양의 기능은 상대적으로 약화되고 있고, 또한 변화를 요구하고 있다.

제Ⅲ부에서는 한국의 노인부양에 근간이 되는 효사상을 살펴보고 아울러 전통사회와 현대 사회의 노인부양정책이 어떻게 이루어지고 있는가를 살펴보고자 한다.

PART III

제 III 부

노인부양

제 6 장 효사상

제 7 장 전통사회의 노인부양

제 8 장 현대 사회의 노인부양

제 9 장 가족부양정책

제6장

효사상

1. 효의 일반적 의미

유교사상에 철저히 지배되었던 전통가족에서는 자식이 부모에게 행하는 효가 부모-자녀 관계의 기본원리였으며, 효의 윤리는 다른 어떤 가치보다도 우선시되고 모든 생활 속에 보편화 또는 내재화되었다. 즉, 효에 관한 유교적 원리는 우리의 가족체계와 일상생활의 사소한 부분에까지 영향을 미쳤으며, 한국인의 도덕관에 기틀을 이루고 있었다. 이러한 관념은 비단 과거 사회에서만이 아니라 현대 한국인의 가치나 행위에서도 그 뿌리를 이루고 있다.

효는 부모를 위한 봉사와 공경을 의미한다. 우리나라 가족부양의 기틀이 되는 기본개념은 이 효의 개념인 것이다. 즉, 젊은 세대를 양육하고 가족과 사회를 위해서 오랫동안 기여한 노인세대들이 더 이상 자신을 돌볼 기력이 없게 될 때 당연히 자녀가 부양해야 한다는 효가 근간이 된 윤리·도덕적 관념이 사회화된 것이라 할 수 있다.

예로부터 우리나라에서는 자녀들이 노부모를 부양하지 않은 경우에 사회로부터 많은 공격과 비난을 받았다. 이는 노인복지정책의 제도적인 보장에 앞서서 사회의 가치관이 효를 중시했음을 나타낸 것이며, 따라서 전통적 가족제도에서는 노인이 가정과 사회에서 소외당할 일이 적음을 나타내는 것이다.

현대 사회의 한국인들은 여전히 학교나 가정에서 그리고 매스컴을 통하여 부모에 대한 존경과 순종 및 노부모 부양의 책임을 자녀들에게 가르치고 있다. 비록 과거에 비해서 효에 대한 강도나 방법에서는 다른 차원으로 변화하고 있지만 그에 관한 노력은 여전히 계속되고 있으며, 가족주의적 가치관으로 자녀세대에 전달되고 있다. 그러나 제반 사회적 여건과 더불어 현대 사회에서는 부모-자녀 간에 애정에 근간을 둔 효의 이행이라기보다는 다분히 부모에 대한 자식의 의무적·복종적이었던 전통적 효도의 개념은 변화하고 있으며, 가족지향적 가치관 또한 부부관계에 중점을 둔 횡적 관계로 지향되고 있다.

그러므로 현대 사회는 과거 전통적 효의 개념에 입각한 가치관이 그대로 생활원리로 적용될 수는 없으며, 우리의 문화와 가치를 수용하고 현시대에 맞는 효의 개념이 생활원리로 도입되어야 할 상황에 있다고 할 수 있다.

이런 맥락에서 최근에 현대 한국인들이 개념화하여 실천하고 있는 효는 어떤 것이며, 어떻게 정립되고 있는가를 보고자 하는 노력이 이루어지고 있다.

성규탁(1989)은 한국에서 지난 30여 년간에 효행상을 받은 사람 817명에 관한 기록에 반영되어 있고, 또한 중국에서 오랫동안 전해 내려온 효행 일화 24편을 통해서 효의 기본적 이념을 다음과 같이 요약하였다.

1. 부모를 존경하는 것
2. 부모를 위해 신체적 및 재정적 희생을 하는 것
3. 부모에 대한 책임을 다하는 것
4. 부모에게 은혜를 갚는 것
5. 부모에게 동정과 애정을 갖는 것
6. 부모의 안녕을 걱정하는 것
7. 부모를 행복하고 안락하게 모시는 것
8. 부모를 보살피고 보호해 드리는 것
9. 부모를 위해 어려운 일을 수행하는 것

이와 같은 효의 기본적 이념은 한국인이 생활 속에 내재화되어 있으며, 비단 과거의 효자나 효부의 행동에서만이 아니라 오늘날 우리 사회에서의 경로사상 및 노인복지사상 등에 뿌리가 되어 있는 것이다.

비록 전통적 가치관에서 효도가 한국인의 친소의식에 근거한 하나의 파벌로서 한 개인이나 개인의 이익 주장에 충성하는 인간을 만들고 가족 이기주의를 파생하는 원류가 되기도 하였으나(최재석, 1983), 우리 사회에서 효는 부모-자녀 간의 단단한 줄을 잇는 맥락이요, 노인부양에서 간과해서는 안 될 덕목인 것이다. 즉, 우리의 마음속에서 흐르고 있는 효의 가치는 궁극적으로 우리 한국인들이 노부모와 노인의 욕구를 규정하고 충족시키는 수단이나 방법에 영향을 미치는 요인이 되므로 결국 노인을 위한 사회복지의 방향을 설정하고 행하는 데 반드시 이해되어야 하고 전달되어야 하는 전통적 가치인 것이다.

2. 전통사회에서의 효개념

1) 효도의 본질

효(孝)는 노(老)와 자(子)의 결합으로 이루어져 있는 합의문자이다. 이는 자녀인 연하자가 부모인 연장자를 받들어 모신다는 데서 유래하였으며, 곧 효란 부모님의 끝없는 내리사랑에 대한 자녀들의 보은형태를 본질로 하고, 부모님을 정성을 다해 모신다는 뜻을 내포하고 있다.

효에 대한 관념은 인류 역사와 더불어 존재해 왔고, 부모의 노고가 많고 적음에 관계없이 부모이기 때문에 마음으로부터 우러나오는 애정으로서 자녀가 부모에게 행하는 인간적 감정인 것이다.

일반적으로 마음으로부터 정성을 간직하였을 때 이것을 효심(孝心)이라 하고 그 마음속의 정성을 행동으로 옮겼을 때 이를 효행(孝行)이라 하며, 효심과 효행을 바탕으로 하여 바람직스럽게 자기품성을 나타낼 때 이를 효덕(孝德)이라 하는가 하면, 이 같은 제 요소를 조화 있게 생활화하여 인간적 본질에 자신의 성실을 다할 때 이를 가리켜 효도(孝道)라고 한다(김유혁, 1977).

고대 사회를 지배했던 종교 속에는 모두 효도가 강조되고 있다. 불교나 기독교가 자비와 사랑을 강조하고 있는데 그것은 인간의 선한 감정을 기초로 한 것이며,

부모자식 간에서도 서로에게 베푸는 사랑과 박애정신을 근거로 효행은 마땅히 지켜져야 할 사람의 도리라고 강조하고 있는 것이다(고영복, 1983).

그러나 효에 대한 체계적인 강조는 유교에서 가장 전형적으로 나타나고 있으며, 효도에 대한 방법론도 매우 구체적으로 명시되고 있다.

유교에서는 효도, 즉 부모를 섬기는 일은 덕(德)의 근본이고 인(仁)의 근본이며, 동시에 천지(天地)의 모든 인간생활의 지도 원리이며, 근본이 되는 윤리체계로 보았기 때문에, 효는 실행이 뒤따르지 않으면 안 된다고 하였다. 즉, 효가 윤리의 근거요, 규범이라 한다면 인은 가장 구체적인 인간의 인간됨의 실현인 것이다.

따라서 효는 관념적 사고윤리만이 아니라 그것을 행동으로 옮겨야 하는 실천윤리이며, 구체적인 인간관계에서도 내재래 있는 개념이었다.

『예기(禮記)』에는 세 가지 효도를 명시하고 있다.

첫째, 가장 큰 효도의 길이란 어버이를 존중하는 일이라 했다(大孝尊親). 부모의 은혜에 진심으로 감사라는 생각 아래 생존 시나 사후에도 그 뜻을 받들어 존중하는 것이 가장 큰 효도라고 하였다.

둘째, 가능한 한 어버이를 욕되게 하지 않는 것이 효도의 차선이라고 했다(其次不辱). 즉, 자식으로서 자기의 일상행동을 조심하지 않아서 부모님의 체면을 손상시키거나 위신을 추락하는 일은 부모와 조상에게 커다란 불효가 되므로 이러한 행동을 삼가는 것이 다음가는 중요한 효도라 했다.

셋째, 가장 기초적인 효도는 부모님을 정성껏 봉양하는 일이다(其下能養). 부모님께 구미에 맞는 음식을 차려 드리고, 의복과 따뜻한 방에서 편안히 계시도록 해 드리는 것이 세 번째 가는 효도라고 하였다.

따라서 여기에 나타난 효의 근본을 보면 효도란 물질적인 것에서부터 시작하여 행동적인 것으로, 그리고서 정신적인 것으로 체계적으로 이루어져야 하며 물질적인 것보다는 정신적이 차원에서 효가 중요함을 나타내고 있다.

2) 불효의 정의

효도를 권장하는 사회규범을 강화시켜 나가는 방법에는 두 가지 유형이 있을 수 있다. 하나는 효란 어떤 것인가를 설명해 주고 도덕적·윤리적 차원에서 효는 매우 중요한 것이라고 일깨워 주는 일이고, 또 하나는 역으로 어떻게 하는 것이 불효에 해당된다는 것을 교육시켜 줌으로써 사람들로 하여금 불효스러운 일을 하지 못하도록 예방하는 일이라 할 수 있다.

맹자는 다섯 가지의 불효를 지적하고 있다(고영복, 1983).

첫째의 불효는 게을러서 생업을 태만히 하여 부모를 효양하는 일을 소홀히 하는 행위이고, 둘째의 불효는 도락이나 술을 좋아하여 건강을 해치고 가산을 탕진하는 행위이고, 셋째의 불효는 돈만 알고 처자식만 좋아하여 부모를 돌볼 줄 모르는 행위이고, 넷째의 불효는 이성을 잃고 싸움을 일삼거나 성질이 사나워서 부모를 위태롭게 하는 행위를 들고 있다.

즉, 자식이 일정한 목표를 정해서 그 일을 성취하도록 노력하고 매사에 충실할 때 부모의 마음은 즐거우며, 인간으로서 도리를 저버리지 않고 행동을 삼갈 때 효도의 기본자세가 된다는 점을 강조하고 있다.

증자 또한 불효를 크게 다섯 가지로 지적하고 있다(최종근, 1987).

첫 번째 유형은 거처부장(居處不莊)이다. 부모를 봉양하는 자식은 쓸데없는 곳, 올바르지 못한 곳에 함부로 출입하여 스스로 자신의 품격을 떨어뜨리는 행동을 삼가야 한다는 뜻이다. 따라서 자식된 자가 거처부장의 불효를 범하지 않기 위해서는 외출 시 그리고 되돌아와서 어디에 무엇을 하러 갔다 왔다는 보도를 행하여 근심을 덜게 하고 일상생활을 함에 있어서 항상 단정하고 신중하며 사려 깊게 행동함으로써 부모님의 마음을 편히 해드려야 한다는 것이다.

두 번째 유형은 사군불충(事君不忠)이다. 전통사회에서는 국가에 대한 불충을 불효로 보고 있다. 국가를 수호하고 발전시켜 나가는 것은 부모님에 대한 효와 연결되는 것으로 보고 충과 효는 근본이 하나임을 나타내고 있다.

세 번째 유형은 위관불경(位官不敬)이다. 사람이 공직에 있으면서 자기의 본분을 망각하고 올바르지 못한 처사를 하는 것은 부모에게 불효가 된다는 것이다.

네 번째 유형은 붕우불신(朋友不信)이다. 친구 간에 신의를 저버리고 지키지 않는 것은 결과적으로 부모에 대한 불효가 된다는 것이다.

다섯 번째 유형은 전쟁터에 나가서 용기가 없는 행동을 하며 불효가 된다고 했다. 국가를 위해 마땅히 힘을 다해 수호하는 것이 국민된 도리이며, 나아가서는 부모에게 효도하는 길이라고 했다.

이와 같이 효는 인간이 지녀야 할 도덕적 판단의 궁극적 기준이며, 윤리질서의 보편적 원리로서 효사상에는 자신의 몸과 피부 등 육신을 소중이 보존할 의무와 사회적으로 덕행을 해야 할 의무, 자식된 자는 사회적 신분에 따르는 역할을 의롭게 실천해야 하는 의무 등이 부여되고 있다.

만약 이에 상응하는 행동을 하지 않을 때 불효가 되므로 부모에 대한 보은과 가족의 질서 및 윤리체계의 확립을 위해서 마음에서 우러나오는 효행이 사회적으로 장려되었다.

즉, 효행은 높은 차원에까지 무한히 전개될 수 있는 행위의 근본이요, 실천윤리로서 오늘날 비록 효라는 개념이 많이 퇴화되었을지라도 효의 보은적 개념은 아직도 지속되고 있고 단지 효도의 표현방식이 변화되고 있을 뿐이다.

3. 현대 사회에서의 효개념

1) 현대적인 효개념

현대 사회는 합리주의와 능률 위주의 경쟁사회이기 때문에 비인간성, 대중성, 익명성 등의 특징을 지니며 이는 인간의 기계에의 예속, 감정적 유대보다는 이익에 의해 뭉쳐지는 이익집단의 출현 등을 야기하고 있다. 현대 사회는 합리적이고 물질적인 욕구충족을 효율적으로 만족시켜 주는 대신 정서적 기능은 가족에게 넘겨주고 있다.

전통사회의 효개념은 그것이 합리적이건 비합리적이건 간에 또는 많은 폐단과 역기능을 가져왔다고 할지라도 우리의 문화 속에 또는 우리의 행동규범 안에 존재하고 있는 가치관이며, 그것이 최선의 인간윤리로서 이론적으로 타당성을 지니고 있는지의 여부에 관계없이 우리의 사고와 행동을 규제하는 원리로 작용하고 있다. 따라서 가족의 정서적 기능이 강조되고 있는 현대 가족에서도 가족 내의 효사상은 그 가치체계가 여전히 전달되고 있으며, 현대의 흐름과 일치하는 맥락에서 개념화가 되어야 할 것이다. 즉, 현대적인 효는 정(情)과 애정의 원천이 되며 현대 사회의 합리적인 능률개념이 조화롭게 결합되어 부담감 없이 자발적으로 이루어져야 하는 개념이 되어야 할 것이다.

고영복(1983)은 현대적이고 합리적인 효란 다음과 같아야 한다고 밝히고 있다.

첫째로, 현대적인 효는 규범적인 것이 아니라 가치적인 것이어야 한다. 전통적인 효는 신분적 지배와 관계가 있으며 사회적인 압력을 통한 강력한 통제가 전제되지만 자유와 평등·박애의 가치가 중시되는 근대 사회에서는 강압·규제적 효도는 저항감을 불러일으킨다. 따라서 자유롭고 평등한 관계에서 효도는 자녀가 부모에게 바치는 의무적 규제가 아니라 사람의 감정으로 표현되는 가치적인 것으로 의식의 전환이 이루어져야 한다.

둘째로, 현대적인 효도는 인간소외를 극복하는 방도의 일환으로 재정립되어야 한다. 정서적 박탈감과 불안감·소외감을 갖는 현대인들에게 안정감과 자기완성을 위해서 인간이 심리적으로 안주할 수 있는 위안을 부모와의 애정교환에서 찾도록 해야 하며, 따라서 정서의 원천이 되는 효도가 권장되어야 한다.

셋째로, 현대적인 효도는 가족체계에서의 역할개념으로 받아들여야 한다. 가정은 물질 면에서 생활공동체이며, 정신적 정서면에서 감정공동체를 이루므로 지위와 역할분화가 있기 마련이다. 최근의 핵가족화 경향으로 부모와 별거하는 가족이 늘어나고 있지만 거주형태가 분리된다고 해서 감정적인 결합이 소멸되는 것은 아니다. 많은 인간관계 중에서 부모-자녀의 감정적 유대는 가장 강력한 영속적 관계이며 자녀가 부모에게 행하는 정서적 역할이 바로 효도인 것이다.

넷째로, 인간의 생활구조는 전근대적 사회나 현대적 사회나 모두 같은 틀 속에서 이루어진다고 보아야 한다. 따라서 전통적인 효와 현대적인 효가 질적으로 다른 것으로 보아서는 안 되며, 사회구조의 차이에서 오는 표현방식의 차이라고 보아야 한다.

현대 사회에서 가족은 사회와 개인의 욕구를 동시에 충족시키는 양면적 기능을 담당할 때만이 존재가치를 갖게 될 것이다. 과거처럼 가족이 추상적 존재로서의 절대적인 권위와 복종에 기반을 둔 권력구조를 지닌 채 개인의 삶의 의미를 말살시키거나 희생시키게 된다면 가족은 존재의미가 상실될 것이다.

우리 사회에서 효는 부모와 자식 사이에 형성되는 본능적인 감정을 근거로 인간의 가치와 존엄성을 인식시키고 인간관계의 도덕적 질서를 형성하는 이치를 가르쳤으며, 도덕적·교육적 기능의 중요성을 인식시키는 데 기여했다. 즉, 효사상은 우리의 도덕적 관념을 형성시킨 문화적 배경이므로 전통적 효사상이 지닌 역기능적인 요인을 제거하고 효에 바탕한 가족주의와 평등주의적 이념을 함께 수용할 때, 오늘날 우리나라의 가족이 직면한 문제에 좀더 쉽게 접근할 수 있을 것이다.

2) 효행에 관한 연구

현재까지 효에 관한 자료들은 대개가 전통적 가치의 이념과 기틀을 추상적인 방식으로 다루어 왔다. 따라서 요는 매우 막연하게 개념적으로 연구되어 왔지만 근래에 이르러 현대 사회에서 이루어지는 효는 어떠한가에 대해 관심이 커져 왔다.

한국에서 효행상을 받은 사람을 대상으로 한 연구(성규탁, 1989)에서 보면 효행동기는 '부모를 존경하기 때문에'가 가장 현저한 동기였으며, 두 번째가 '부모에 대한 책임을 느껴서', 세 번째가 '가족을 화합시키려고'로 나타나고 있다.

즉, 부모에 대한 존경이 효행의 가장 으뜸가는 동기로 나타나고 있으며, 효의 개념이 존경의 개념과 거의 중립되어 나타나고 있다. 효행을 하면서 강조한 점은 '가족의 화합을 이루는 것', '부모를 위해 희생하는 것', '빈곤 중에도 효도하는 것'으로 나타나고 있으며, 부모를 위해 바친 희생은 효행자 자신의 안락과 사생활을 염두에 두지 않고 노동이나 어려운 일을 하면서 부모를 부양한 신체적 희생을 제일 많이 한 것으로 나타나고 있다.

따라서 이 연구에서 효는 결코 느낌이나 태도적인 것만이 아니라 구체적인 행동 또는 서비스를 실행하는 것이며, 효행은 가족 구성원들 간의 화합되고 협동적인 관계 속에서 이루어지고 현대 한국인의 효의 개념은 '존경', '책임', '가족화합', '희생'의 네 가지 차원으로 요약될 수 있다고 보았다.

효도와 성별과의 관계는 일관적이지 않다. 성규탁(1989)의 연구에서 817명의 효행자 중 67%가 여성으로 나타났으며, 김우종(1979)도 여학생이 일반적으로 남학생보다 효개념에 긍정적인 반응을 보인다고 하였으나, 김종윤(1979)은 남학생이 여학생보다 긍정적 반응을 보인다고 상반된 견해를 나타냈다. 부양의식이나 몸시중의식 등은 장남이 기타 아들보다 상대적으로 높다고 하여(서병숙, 1986), 출생순위에 따른 효행의 차이를 나타내고 있다. 또한 조명희(1974)는 가정교육이 엄할수록 노인에 대한 태도가 긍정적이라고 하여 가정교육이 효행과 관련될 수 있음을 밝히고 있다.

대학생의 효행에 관한 연구를 보면(고경미 외, 1988), 실천도 높은 효행내용은 '자신의 문제는 자신이 처리한다', '부모님 말씀에 자기의 의견을 제시한다'는 항목이 담긴 자립의 효도가 가장 높았으며, 두 번째는 '웃어른을 대할 때 호칭을 포함한 언어사용에 주의한다', '웃어른을 공경한다'는 등의 공경의 효도로 높게 나타났

표 6.1 ● 효도에 대한 개념

(단위 : %)

구 분	노 인	며느리	기혼딸
물질적 충족	9.7	7.8	7.1
부모의 말에 순종	61.2	23.8	20.2
자손·자신 잘되는 것	20.7	1.5	7.1
부모 마음 편하게	6.9	53.2	54.8
기타	1.5	13.8	10.7

자료 : 임종권 외(1985). 한국 노인의 생활실태. 한국인구보건연구원, p. 215, 233 재구성.

다. 세 번째는 '부모의 건강에 대해 걱정한다', '부모를 장차 부양한다'는 책임의식을 갖고 있다는 내용의 가(家)의식 효도로 나타났다.

사회가 변화함에 따라 사회성원이 가지고 있는 가치개념은 변화하기 마련이다.

일반적으로 노인세대는 기존의 가치관을 고수하고자 하는 반면 젊은 세대는 새로운 가치관을 훨씬 빨리 수용하여 소위 세대 간의 가치차이를 가져오게 된다. 따라서 효에 대한 개념도 예외는 아니라 할 수 있다.

한국인구보건연구원 조사(1985)에 따르면 노인이 가지고 있는 효의 개념은 '부모 말에 순종하는 것(61.2%)'이 가장 높은 비율로 나타나며, 그 다음이 '자손이나 자신이 잘되는 것(20.7%)'으로 지적하고 있다(표 6.1).

한편 동거하고 있는 자녀 쪽에서 보면, 며느리나 기혼 딸 모두 걱정을 끼치지 않는 것을 최우선으로 보고 있으며, 그 다음은 부모의 말에 순종하는 것으로 나타나고 있다.

효는 하나의 사회적 가치이며 우리의 생활방식을 규정하는 문화적 배경이 되고 있다. 현대 한국인들이 지향하는 효는 여전히 공경이나 책임 등의 인정이 넘치는 인간적 가치전달의 개념으로 나타나고 있으며, 이는 전통적 가치가 여전히 내면에서 보존되고 있으며, 다만 표현방식이 비권위적이고 상호 교환적인 방향으로 수정·변화되고 있음을 보여 주고 있다.

따라서 가족의 부양기능과 노인복지의 활성화 측면에서 이 전통적 가족주의인 집합주의적 가치와 자아실현이라는 개인적·현대적인 가치를 융해하여 결합시키는 일은 매우 중요한 것이다. 앞으로 지향해야 할 합리적인 현대적 효의 개념은 개인의 행복만을 영위하는 측면이나 집단 속에 개인이 희생되는 측면이 아닌 전통적

인간관계의 가치가 수용되면서 변화하는 사회에 부응하는 개념으로 정립되어야 하며, 이를 위해 보편적으로 받아들여지고 행해지는 효행이 끊임없이 연구되어야 할 것이다.

제 7 장

전통사회의 노인부양

1. 삼국 시대

1) 노인보호사업의 개요

삼국 시대 이전 원시 시대에 있어서는 씨족공동사회를 형성하여 씨족원 사이에 계속적인 상호협력의 공동생활을 영위했다고 보인다. 따라서 고대에 있어서도 씨족, 부족이나 고대국가를 통하여 노인의 보호가 행해졌다고 여겨진다.

그러나 대체로 우리나라에 민생구휼행정이 역사상 뚜렷하게 나타나는 것은 삼국 시대에 와서이며, 삼국에서 실시된 여러 가지 구제책 또는 양로, 고아수양(孤兒收養) 사업 등은 한·위·당의 중국 문화가 우리나라에 흘러 들어오면서부터 점점 발달한 것으로 보인다. 양로사업은 삼국 이래 유교적 경로사상에 고무 받아 역대 왕들이 행한 사업의 하나였으며, 국왕이 전국을 순회할 때 노인을 모아 곡물과 의류 등의 물자를 사하하고 향연을 베풀어 경로하던 일은 조정에서 비용을 내어 부양케 하는 일부 제도를 제외하고는 대개 임시적으로 은사(恩賜)를 내려 군주가 경로정신을 모범으로 실시함으로써 백성으로 하여금 이를 보고 따르게 하는 것이었다. 이런 의미에서 오늘날 노인연금제도 등을 갖춘 노인보호사업과는 성질이 다른 것이라 할 수 있다.

2) 노인보호사업의 내용

신라 시대 노인보호사업의 일환으로 볼 수 있는 것은 신라 유리왕 5년(서기 28년) 11월 왕이 국내 여러 곳을 다니다가 동사(凍死) 직전의 한 노인을 보고 옷을 벗어 그를 덮어 주고 음식을 대접한 후 곧 관리에게 명령하여 각처에서 홀로 된 홀아비나 과부, 자식이 없어 고독한 노인과 생계를 꾸려 나갈 수 없는 노인들을 위로하여 공양하도록 한 것이다(김종권 역, 1960). 이것이 기록에 나타난 왕의 명으로 행해진 노인보호사업의 시초라고 할 수 있다.

그 이후 왕명에 의한 급양(給養)을 국가적 차원에서 실시한 경로사업은 흥덕왕 8년에 이르기까지 여러 차례 나타나고 있으며, 특히 성덕왕 때에는 이러한 사업을 세 차례나 벌였다.

이와 같은 양로사업은 경로사상에서 비롯된 것인데, 신라에서는 신문왕 2년(서기 682년)에 국학이 설치되고, 원성왕 4년에는 독서삼품과가 설치되어 교육제도상으로 경로사상을 진작시켰으며, 화랑도의 세속오계에 나타난 효개념 역시 경로사상에 큰 영향을 주었다.

고구려에서의 양로에 관한 시책은 태조대왕 66년(서기 118년)에 나타나고 있다. 태조대왕은 유사(有司)에게 명하여 효를 행하는 사람을 천거하게 하고 있다. 어느 정도 제도화된 형태로 나타난 것은 고구려 고국천왕 16년(서기 194년)에 을파소에 의한 구휼제도로서 진대법(賑貸法)을 들 수 있다.

이것은 고구려 고국천왕이 사냥 갔다가 곡식이 없어서 노모를 봉양하지 못하는 것을 보고 유사에게 명하여 홀로 된 노인들과 자식이 없는 사람들을 조사해서 춘궁기(3~7월)에 관청곡식(관곡 : 官穀)을 풀어내어 꾸어 주었다가 추수기(10월)에 환곡하도록 한 것이다(김종권 역, 1960).

백제에서도 노인보호사업에 관한 시책으로는 주로 양로사업으로 나타나고 있다. 다루왕 11년(서기 38년) 10월에 왕이 거동하여 나이 많은 자와 가난한 자를 친히 위로하여 곡식을 나누어 주었고, 병든 자를 위문하여 부모에게 효성이 많은 자녀에게 벼슬을 주는 등 경로의 미풍을 장려한 기록이 전해지고 있다. 비류왕 9년(서기 312년), 의자왕 20년(서기 660년)에도 양로사업을 전개한 기록이 있으며(한창영, 1983), 백제 또한 경로효친사상에 입각한 구빈정책을 펴 왔음을 볼 수 있다.

이와 같이 우리나라에서는 경로효친사상과 이를 뒷받침하는 구빈정책을 삼국 시대 또는 그 이전부터 존재해 왔음을 알 수 있으며, 삼국 시대의 역대 왕들이 전국을 순회하며 나이 많은 노인들을 모아 의복을 주고 음식을 베풀며 경로하는 일을 의례적으로 했던 사업의 하나였음을 볼 때, 삼국 시대에는 경로사상에 바탕을 둔 양로사업이 주축을 이루고 있다고 볼 수 있다.

2. 고려 시대

1) 노인보호사업의 개요

삼국 시대에 노인을 존경하고 그 지위와 권위를 뒷받침하기 위해서 실시되던 여러 가지 정책과 제도들은 고려 시대에 와서 더욱 발전하였다. 고려 시대의 일반적 특징의 하나는 불교의 숭신(崇信)인데, 고려 시대는 태조 이래로 역대 군왕이 대개 불교의 자애심에 입각한 선정(善政)으로써 백성을 다스렸으므로 많은 발전을 보았다.

고려 시대에 접어들면서 양로사업은 활발해지고 있으며, 그 양상도 다양하게 나타나고 있다. 즉, 국가에서 노인에게 곡식과 의복을 하사하고 향로연을 베푼 것을 사료(史料)에서 많이 볼 수 있다(김태현, 1975). 삼국 시대에도 있었던 향연은 고려 시대에 더욱 빈번히 있었고, 관인 및 서민 이외에 퇴직한 국가원로에게도 양로연을 베풀었으며 술, 음식, 포백(布帛) 외에 금, 은, 기타 보화나 비단을 하사하기도 했다. 또한 고려율이 있어 불효행위는 엄중히 처벌하였는데, 이것은 효도정책과 관련된 것으로 당률의 십악(十惡)에서 받아들인 불효자를 처벌하는 형률이었으며 고려 사회는 이것을 법률에 정비함으로써 법질서를 확충하고자 노력하였다.

2) 노인보호사업의 내용

고려 시대의 노인 예우에 대한 제도는 특히 성종 9년부터 상당히 구체적으로 그리고 광범위하게 실시되었음이 고려사에 기록되어 있다. 고려 시대는 건국 초기부터 효도를 정치의 기본 이념으로 삼아 노인을 공경하고, 어려움을 보살펴 주는 많은 정책을 실천해 왔다.

(1) 경로사상 고양

고려 성종 10년에는 부모님께 효도하는 사람은 이웃노인을 공경하는 법이라 강조하면서 전국에 있는 80세 이상 되는 노인들에게 생활물자를 하사함으로써 경로사상을 국가의 중요한 정책지표로 삼았다(최종근, 1987).

원종 2년 12월에는 환과고독(鰥寡孤獨 : 아내 또는 남편이 없는 홀아비와 과부, 부모가 없는 아이와 늙어서 자식이 없는 사람을 말함)에게 의복과 식량을 지급하였고, 70세 이상의 노인에 대해서는 그 자손이 범죄를 저질러 유배를 당했을 때 그 죄의 경중에 따라 이를 사면하여 노부모를 부양케 하였다.

뿐만 아니라 80세 이상의 노인으로서 질병이 있거나 기타의 이유로 보호자가 필요한 경우에는 동서대비원에 수용하여 국량(局量)을 공급하여 부양하도록 하였다(김성순, 1990).

(2) 급가제도(給暇制度)

고려 왕조가 효사상을 진작시키고 효도를 권장하여 노인보호사업을 실시하기 위한 특전을 살펴보면, 관리에게 효도할 기회를 주는 급가제도가 있다(최종근, 1987).

이것은 부모님이 생존해 계시는 관리들에게는 효행을 위해 문안드리러 가는 경우 이들에게 휴가를 주는 제도로서 그 종류 중에는 병간호를 위한 휴가와 노령의 부모님을 부양하기 위한 휴가[효친시양 : 孝親侍養]가 있었고, 부모님의 장례를 치리기 위한 휴가[조상 : 遭喪]와 제사를 드리기 위한 휴가[기제 : 忌祭] 그리고 묘소를 단장하거나 또는 개장[改葬]하려고 하는 관리에게 내리는 휴가제도도 있었다.

이와 같은 휴가제도의 구체적인 규정을 살펴보면 청종(淸宗) 때에는 교시로서 문무관리들 중에서 그의 부모님이 3백 리 이상 떨어져 살고 있는 사람에게는 3년마다 한 번씩 30일간의 휴가를 주게 했으며, 충목왕 때에는 외관으로 재직하는 관리들의 부모가 그 아들을 보고 싶어 할 때는 20일간의 특별휴가를 주되 그 휴가기간 중에는 왕복에 소요되는 날짜는 제외하도록 하고 있다.

(3) 노인직(老人職)

현종 5년에는 "백성의 나이 70세 이상으로서 벼슬이 없는 자에게는 모두 정위급(正位級)을 가하라."고 하였고, 우왕 13년에는 고령자에게 6품을 제수하기를 허락했다는 기록이 있어 이는 노인에게 직위를 준 일이 있음을 알 수 있게 한다.

(4) 시정제도(侍丁制度)

고령자에게도 노인 봉사자인 시정을 두게 하였는데 80세 이상 노인 및 병이 심한 자에게는 시정 1명을 주고, 90세 이상인 자에게는 2명을, 100세 이상 된 자에게는 5명을 주도록 하였다(한창영, 1979).

즉, 이미 고려 시대에 현재 노인복지제도에서 실시되는 가정봉사원(home helper) 서비스 개념이 있었음을 알 수 있으며, 이와 같은 여러 제도들은 경로효친사상에 근거하여 효도정신을 구현하고자 하는 의지에서 실시된 만큼 불효자 제재 또한 강하였다.

고려 시대에 다양하게 나타난 노인예우의 제도를 간략히 요약하여 살펴보면 다음과 같다(한창영, 1983).

1. 현종 5년부터 노인직을 주었다.
2. 군인으로서 70세 이후에는 구분전(口分田)을 받았다.
3. 고령자에게는 노인봉사자인 시정(侍丁)을 두게 하였다.
4. 서민으로 나이 80세 이상 된 자에게는 소사(所司)에서 성명을 기록하게 하여 신문(新聞)하게 하는 제도가 성종 10년 7월의 하교(下敎)에서 시작되었다.
5. 60세가 되면 노역(老役)을 면제시켰다.
6. 노인을 봉양하기 위해서는 군역이 면제되었다.
7. 노부모를 봉양하기 위해서는 외관(外官)이나, 외군(外軍)에 임명하는 것을 불허하였다.
8. 노부모 생존 시의 관리급가(官吏給暇)는 200일을 주었다.
9. 어버이를 위하여 살인한 경우에는 죄를 용서받은 사례가 있었다.
10. 노퇴치사(老退致仕 : 나이가 많아 벼슬을 사양하고 물러나는 제도)하는 제도가 있었다.

3. 조선 시대

1) 노인보호사업의 개요

조선 시대에는 유교가 일반 서민의 일상생활에 있어서 사고방식과 행동원리를 지배했다. 유교숭상은 필연적으로 인간윤리의 근본인 효도를 강조하였으며, 조선 시대에 오면서 유교의 최고 교육기관인 성균관이나 서울의 학당, 지방의 향교와 서원 등에서 본격적으로 유교교육을 실시했다. 가례를 비롯한 여러 가지 유가적인 예의체제가 정비되는 한편, 유가적인 입장에서 반윤리적인 행위를 규제하기 위해 경국대전을 비롯한 여러 가지 법전이 마련되었다.

조선 시대의 효인(孝人) 우대나 효치주의 정책 중 가장 두드러진 부분은 삼강오륜(三綱五倫)이나 효경 등의 보급에 주력하여 유교의 생활화, 효도개념의 토착화를 전개하였다는 것이다. 즉, 유교가 국민정신의 이상이 되고 조상숭배가 민족신앙의 핵심이 되어 관혼상제의 예교와 의식이 중요한 사회·문화적 제도가 되었다.

따라서 효도와 정렬(貞烈)은 최고의 도덕적 지표가 되어 표자나 정부(貞婦)에 대해서는 사회적으로 크게 찬양되었고, 일반인에게 모범이 되었다.

조선 시대는 삼국 시대와 그 이전 시대의 노인에 대한 양로사업이나 노인을 위한 시책 등이 싹트고 고려 시대에 와서 다양하게 분화되기 시작한 개념이 본격적으로 발달하고 정립된 시기라 할 수 있다.

조선 초기의 노인보호사업에 관한 연구(한창영, 1983)를 보면, 이태조는 건국하자마자 유교를 지도원리로 삼고 충효를 강조하여 기로소(耆老所)와 진제소(賑濟所) 등 새로운 제도들을 창설하였다. 태종조에 와서 태조의 노인을 위한 시책과 제도가 다양화·구체화되기 시작했으며, 세종조에 와서 확고한 기틀이 마련되었다. 세종대왕의 양로연에 관한 자상한 관심은 경로사상의 극치라 할 수 있고, 놀라운 발달을 하였으며 그 이후 조선 시대는 이 제도와 시책이 지속·계승되면서 보완·내실화되었다.

2) 노인보호사업의 내용

(1) 양로연제도

양로연제도(養老宴制度)는 조선 시대에 노인의 지위와 권위를 뒷받침하기 위하여 실시된 중요한 정책 중의 하나이다. 이러한 제도는 조선 시대 이전의 사회에서부터 시행되어 온 제도이나 가장 발전하고 중요하게 행해진 것은 역시 조선 사회에서이다.

즉, 태조 때에 노인구휼사업으로 기로소를 설립하였고, 세종조 때에는 양로연의(養老宴儀)가 마련되어 그 후 많은 왕들이 양로연을 베풀었다(김태현, 1975).

『경국대전』의 「연향(宴享)」에는 매년 9월에 양로연을 거행한다고 기록되어 있는데, 이 양로연은 국가에서 노인을 위하여 개설하는 연회로서 매년 9월에 열되 80세 이상 된 자는 모두 참석하였다. 여자 고령자에게는 왕비가 따로 내전에서 연회를 열고 지방에서는 수령이 남녀를 구별하여 내청과 외청에서 연회를 연다고 되어 있다. 또한 조선 시대 역대 왕들은 노인들에게 술과 고기, 쌀, 콩 등의 음식을 하사하였으며, 목면의복 등을 나누어 주었고, 여러 노인을 모아 놓고 잔치를 베풀어 주는 일 외에 개인에게 잔치를 하사하기도 하였다.

(2) 노인직

조선 시대에는 또한 고려 시대와 마찬가지로 노인직이라는 벼슬이 있었다. 경국대전에 기록되어 있는 자료에 의하면 세종대왕 때부터는 노인직(老人職)이라는 제도가 마련되어 80세 이상 된 노인은 신분 여하를 불문하고 노인직이라는 벼슬을 받도록 되어 있었다. 본래 직위가 있는 사람에게는 한 계급을 올려 주었으나, 당상관은 왕의 어명이 있어야 했다.

또한 양반의 부녀자 중에서 90세가 된 사람에게는 당해 조관(曺官)이 추천하여 벼슬을 주었다.

(3) 치사제도

조선 시대 또한 치사제도(致仕制度)를 실시하여 나이가 많아 물러가기를 청하는 자는 그 청을 들어주고 물을 것이 있으면 그들을 다시 부르게 하도록 정하였다.

치사(致仕)한 사람에게는 술과 고기를 주게 하거나 또는 안석과 지팡이를 하사하거나 녹봉을 종신토록 지급하게 하고 술과 고기, 곡식 등을 급여하였다.

(4) 노부모에 대한 특전

조선 시대에 경로와 양로사업은 매우 활발하였으며, 특히 세종조 때 절정을 이루고 후대로 내려오면서 다양화되었다. 따라서 노부모가 있는 자는 특전을 받았다. 즉, 나이 70세 이상 된 어버이가 있는 자는 아들 1명을, 나이 90세 이상 된 사람은 모든 아들을, 아들이 없을 경우 손자 1명, 친손자가 없을 경우 외손자 1명에게 병역을 면제하도록 하여 부모나 조부모를 봉양하게 하였다.

또한 대명률에 의거해 70세 이상인 사람은 살인·강도를 제외하고는 신체구속을 하지 말며, 80세 이상이나 10세 이하는 죽을죄를 범하였다 하더라도 역시 구속하여 고문하지 말고 증인의 증언을 듣고서 죄를 결정하라 하였다. 즉, 노인에 대한 범죄사면이 있었다.

(5) 기로소와 기로직

태조 3년에 기로소(耆老所)를 설치하여 정이품 이상의 문관이 70세 이상이 되면 왕이 봄과 가을에 잔치를 베풀어 주었다. 또한 60세가 넘은 늙은 선비에게만 과거를 보게 하는 기로직(耆老職)을 두어 나이 많은 사람에게 등용의 기회를 우대하는 제도도 있었다(김성순, 1990).

이상과 같이 우리나라의 전통사회에서는 노인의 부양의무는 가족에게 부여되어 있었고, 가족이 그 의무를 행할 수 없는 경우에 사회가 이를 대행하였다. 이는 구미의 양로급여나 노인보험제도와는 그 배경이 근본적으로 다르다. 우리나라의 노인보호사업은 고대로부터 내려오는 가족제도와 경로사상에 기인하여 이루어진 것이므로, 현대 사회의 노인복지에 관한 시책이나 사업에 우리 고유의 성격이 참조되어야 할 것이다.

제8장

현대 사회의 노인부양

1. 노인부양의 형태

1) 노인부양의 내용

노인을 부양하는 기능은 크게 나누어 공적 부양(公的扶養)과 사적 부양(私的扶養)으로 나눌 수 있다. 공적 부양은 앞에서도 보았듯이 사회보장제도나 공적 부조 등에 의한 사회적 수준의 부양을 뜻한다. 사적 부양은 다시 자기부양과 가족부양의 형태로 나누어진다. 사적 부양은 노인을 부양하는 주체가 가족·친족 및 친구 등 개인적 수준의 부양이다. 가족부양은 인류역사가 시작된 이래 현재까지 지속되어 온 가장 중요한 부양형태로 주로 자녀들에 의하여 부양받는 것을 말하며, 자기부양은 청·장년 시기에 저축, 주식투자 등으로 사전준비를 하거나 노년기의 생계문제를 스스로 해결해 나가는 것을 말한다. 그러나 일반적으로 우리나라 노인의 부양형태는 사적 부양이며, 그 중에서도 자녀에 의해 부양 받는 가족부양이 많은 비중을 차지하고 있다.

가족부양도 유형에 따라 다음 세 가지 형태로 분류할 수 있다. 첫째, 자녀와 동거하는 상태에서 부양을 받는 형태, 둘째, 독립된 노인세대를 구성하고 자녀들로부터 경제·정서적인 지원을 받는 형태, 셋째, 유료양로원 등 시설에 입소하여 자녀로부터 경제·정서적 지원을 받는 형태 등이다.

산업화 가치관의 변화에 의해서 현대 사회의 노인부양체제는 다양하게 나타나고 있다. 즉, 가족부양체제는 과거에 비해 상대적으로 약화되고 있고 사회보장제도의 1차적 책임이 가족에게 있다는 의식에서의 변화 등은 다양한 가족부양 방식의 출현을 가져 왔다. 노인부양에 있어 다양한 방식이 형성됨에 따라 노인의 부양을 필요로 하는 측면을 보다 세분화해서 노인부양 형태를 살펴보는 것은 매우 중요하며, 이러한 접근방법이 다각적으로 변화하는 오늘날의 노인부양을 이해하는 데 도움을 줄 것이다.

따라서 노인부양을 내용에 따라 경제적 부양(economic caregiving), 정서적 부양(emotional caregiving), 신체·서비스 부양(service caregiving) 등으로 세분화하여 나누어 볼 수 있다.

2) 경제적 부양

(1) 경제적 부양의 중요성

경제적 부양이란 노인이 필요로 하는 금전이나 물질을 제공하는 것으로 노인의 빈곤, 질병 및 소외감, 만족감 등에 관련되는 것이다.

노인에게는 빈곤, 질병, 고독 등의 문제점이 있다고 하나 노인문제 해결의 열쇠는 경제적 생활의 안정에 있다. 노인의 생활수입원은 가족부양, 저축 및 재산수입, 노동 또는 사업수입에 의한 부양이 절대다수이고, 연금 또는 사회보장에 의한 급부, 생활보호로서의 공적 부조, 기타의 사적 부양으로 나눌 수 있다.

그런데 우리나라 노인들의 경제적 부양형태는 이 중에서 가족부양, 저축 및 재산수입, 노동 또는 사업수입에 의한 부양이 절대다수이고, 연금 또는 사회보장에 의한 급부, 생활보호로서의 공적 부조에 의한 부양형태는 매우 적은 실정이다.

노인경제적 부양문제는 오늘날 노인문제 발생의 중요한 요인이라 할 수 있는 도시화, 핵가족화 및 가치관의 변화로 인한 사회구조의 변화에 의해서 더욱 중요하게 부각되었다. 즉, 현대 사회는 산업화의 진전에 따라 전통적 구조와는 다른 노인의 경제생활을 야기했으며, 경제성장을 바탕으로 한 전반적 생활수준의 향상에도 불구하고 노인의 상대적 박탈감을 더욱 증가시켰다.

이것은 노인의 경제적 문제의 심화와 더불어 경제적 욕구에 대한 증가를 가져왔다. 따라서 노인의 신체적 활동의 저하, 경제적 수입원의 축소 등은 노인에게 있어 경제적 요인이 더욱 중요함에도 불구하고 노인의 경제적 욕구와 욕구충족을 위한 여러 지원체계의 부족으로 말미암아 노인의 경제적 문제는 노인복지의 선결과제로 대두되고 있다.

(2) 경제적 부양의 종류

① 사회보장체계에 의한 부양

노인의 경제능력 중 연금 또는 사회보장에 의한 급부나 생활보호로서의 공격 부조 등은 사회보장체계에 속하는 것으로 그 중 전자는 노후의 빈곤을 막는 것을 목적으로 하는 국가재정조치에 의한 경제적 보장이고, 후자는 빈곤한 노인에 대하여 경제적 구제를 목적으로 한 국가 및 지방자치단체의 재정적 조치이다.

② 저축 및 재산수입에 의한 부양

이것은 저축 또는 재산수입에 의한 노후의 경제자립에 관한 문제로서 개인적인 노력에 의해서 좌우되는 경우가 많다. 젊었을 때 벌어들이는 돈은 주로 자녀부양이나 교육비 및 주택구입 등에 충당되는 경우가 많으므로 사실상 노후의 생활수입원으로 사전에 준비되어 있는 경우는 그리 흔하지 않다.

인간의 평균수명이 급격히 연장된 현대 사회에서는 정년 후 20년간을 살아야 하는데, 이렇게 장기간의 노후생활을 할 생계비를 사전에 미리 비축해 놓는다는 것은 그리 쉬운 일이 아니므로 현재 저축에 의해 자기부양을 하는 노인은 그리 많은 편이 못된다.

③ 노동 및 사업수입에 의한 부양

이 부양은 노동이나 사업수입으로 노인들이 그들의 생계를 지탱해 나가는 경우이다. 현재 경제적으로 자립해 있는 노인을 살펴보면 절반 이상이 이 방법에 의해서 생계를 유지하고 있다고 볼 수 있다. 취업욕구와 활동력이 있는 노인이 노동이나 사업수입에 의해 생활비를 얻는 것은 매우 중요한 소득보장방법이 되며 만족도나 안녕감(安寧感)을 높여 주는 요인이 된다. 그러나 65세 이상 노인으로서 직업활동에 의한 수입이 생활비의 주류를 이루는 경우는 농촌을 제외하면 그리 많지 않다. 70세 이상이 되면 생리적으로 더욱 쇠퇴하면서 직업활동에 의한 수입은 더욱 기대하기 어렵게 된다.

④ 가족부양

우리나라에서 가족에 의한 경제적 부양은 장남 가족과 동거라는 직계가족 형태에서 이루어지고 있는 것이 대부분의 실정이었다.

현재 장남 동거의 전통적 노부모 부양체계는 사실상 많은 변화가 일어나고 있으나 아직도 대부분의 노인들이 자녀와 동거하면서 경제적으로 의존하고 있으므로 노인과 동거하고 있는 가족에 대한 재정적 지원이 필요하다. 즉, 노부모 부양이 자녀의 책임이고, 가족부양이 성실히 이루어져야 한다고 생각할지라도 자활능력이 없는 노인이나 신체적 기능이 쇠약해진 노인들에 대한 직접적인 공적 부조의 지원은 가족의 부양기능의 강화를 위해 함께 이루어져야 한다.

가족부양에 있어 고려되어야 할 점은 노부모와 자녀 간의 경제적 부양이 쌍무적 부양이냐 그렇지 않으면 자녀가 부모에 대한 일방적인 부양이냐의 내용 면에서의 파악이며, 그에 따라 동거관계가 양상을 달리하게 된다는 것이다. 즉, 경제원조가 쌍무적인 경우는 자녀가 일방적으로 부모를 부양하는 강제적 부양으로서의 동거는 이루어지지 않을 것이다. 또한 자녀에 의한 편무적인 부양이라 하더라도 전체적인 경제적 원조보다는 부분적인 원조의 폭을 갖는 경우에 동거를 더욱 용이하게 할 것이다.

이와 같이 경제적 부양이 쌍무적이냐 또는 부분적이냐에 따라 노인의 경제적 부양내용도 생계비 부담(support)의 부양에서 생계비 원조(help)의 부양으로 달라질 수 있는 것이다.

그러므로 노인의 가족부양은 내용면에서 다각적으로 파악되어야 하며 노인에 대한 부양의무감 때문에 동거하는 자녀가 자신의 생활을 억압하고 갈등을 빚어낼 위험을 줄이고 가족부양의 기능을 강화시키기 위해서는 아울러 노인의 경제적 자립이 우선적으로 이루어져야 할 것이다.

3) 정서적 부양

정서적 부양은 노인의 고독감과 불안을 해소하고 인격적·정서적 욕구의 충족을 제공하는 부양을 말한다.

노인을 위한 정서적 가족관계망의 중요한 구성요소는 인접성(proximity)과 도움의 교환(help exchange)이며 가족관계망은 다음 세 가지 유형으로 나타날 수 있다(Kerckheff, 1965; Sussman, 1976 재인용). 즉, 가까이 있으나 접촉을 거의 하지 않는 '고립된 핵가족(nuclear isolated)', 가족들이 공간적으로는 분산되어 있으나 접촉, 상호작용, 교환의 정도가 높은 '수정된 확대가족(modified extended)', 거주상으로도 가깝고 정서적 도움 정도도 상당히 높은 '확대가족(extended)'으로 나타날 수 있다.

인간이 노령에 접어들면 지금까지 경험했던 가족생활과는 다른 생활형태를 지니게 되며 가족생활주기상의 마지막 단계에 접어들게 된다. 톰슨(Thomoson & Streib, 1961)은 이 마지막 시기를 다음 4단계로 구분하고 있다.

- 자녀들이 독립해서 부모로부터 분리되는 시기(launching stage) : 부부연령이 대체로 45~54세, 이 시기에는 절반 이상의 가족이 18세 이하의 자녀가 있다.
- 자녀들이 독립한 후 남편이 직업생활에서 은퇴하기까지의 시기(pre-retirement) : 부부연령이 55~64세
- 남편이 직업생활에서 은퇴한 후의 일정시기(early retirement) : 부부연령이 65~74세
- 고령의 노부부시기(late retirement) : 부부연령이 75세 이상

이러한 과정에서 노인들은 배우자를 상실하게 되거나 또는 부부의 일방 또는 쌍방 모두가 병약자로 전락하게 되어 역할상실과 고독, 소외 등의 문제가 고령자 생활 주변에 파고들게 된다.

가족기능의 본질은 애정에 의거한 정서적 역할(affectional function)에 있으며 경제적 고립은 공적 기관에 의해서 처리될 수 있다고 하지만 고독의 감정은 공적 기관을 통해 적절히 해소시키기는 힘들다.

전통적 사회에서는 노인에 대한 맹목적인 복종과 효를 요구하여 자녀가 자신을 희생하면서 노부모에 대한 효도를 해 왔다. 이러한 면은 산업화와 더불어 약화되어 왔으나, 오늘날에도 가족 간의 유대를 통한 정서적 부양에 초점을 두는 경향이 있다.

따라서 노인에 대한 가족의 부양기능 중 정서적 만족을 위한 원조의 필요성은 동·별거 또는 어떤 자녀가 부양하는지를 떠나서 현재는 물론이고 미래에도 계속 존속하지 않을 수 없을 것이다.

4) 신체·서비스 부양

신체·서비스 부양은 노인의 신체적 조건에 따라 취사, 목욕, 세수, 교통편의, 외출 시 동행 등의 보살핌과 시중을 제공하는 부양을 말한다. 우리나라에서 노부모의 병간호, 살림 돌보기 등의 서비스 원조는 모두 자녀에 의해서 이루어지고 있으므로 동거자녀에게 큰 부담을 주고 있으며, 구미 각국과는 그 실정이 매우 다르다.

대체로 노인은 젊은 사람보다 의존적이기는 하지만 개인에 따라서 의존방법과 정도는 다르다.

노년기라 하더라도 70세 이상의 노인과 그 연령 이하의 노인과는 신체적 자립성에서 많은 차이가 나타난다. 대개 70세 이상 노인들은 자신이 아직도 활동할 수 있다고 생각하는 경우가 30% 정도밖에 되지 않는다. 70세 정도까지는 자녀들의 가족주기로 보아서 손자녀의 출산이나 아기 보는 일, 집 보는 일 등 가정의 주변적 역할을 분담할 수 있고, 육아 또는 가사 돌보기의 경험자로서 자녀들에 대한 충고나 지도도 유효성을 지닌다. 그러나 70세가 지나면 신체적 자립성이 떨어지고 동거가족에의 의존도가 높아진다. 특히 장애나 병이 있을 경우, 가족은 경제적 부양뿐 아니라 서비스 부양까지 겹쳐 더욱 어려움을 겪게 되고 동거 자녀들은 부담과 스트레스를 받게 된다.

노쇠해서 가정 내에서만 지내는 두문불출 노인(house bound)의 경우는 세탁, 급식 및 일용품 구입을 위한 출입 등 가사노동의 도움을 더욱 자녀에게 의존해야 하며 누워서 거동을 못하는 노인(bed fast)도 양적으로나 시간적으로나 동거가족의 서비스 부담을 매우 증가시켜 스트레스를 주고 있다. 이에 주간보호시설(adult day care center)을 운영하여 두문불출 노인이나 와상 노인을 주간에는 시설에서 돌봐주고, 야간에는 가족으로 돌아가게 하는 서비스를 제공하거나 가정봉사원 파견사업, 단기보호시설 등 복지활동을 전개하고 있다.

지역사회보호(community care)나 가정봉사원(home helper)에 의한 서비스 체계가 강화될지라도 노인이 가장 고독하게 느끼는 야간의 간호는 가족에 의해 수행되지 않을 수 없다. 즉, 일상적인 서비스는 사회복지제도에 의해 보완될 수 있지만, 불시의 사고나 병환 또는 가족 내 행사에 필요한 가사노동의 원조 등은 공적기관에 의해 완전히 대체될 수 없는 부분으로 가족의 서비스 부양에 의해 이루어질 것이다.

2. 노인부양의 실태

1) 노후준비의 방법

오늘날 노인의 지위가 약화되고 이에 따른 여러 측면에서 노인문제가 발생하게 되는 가장 큰 어려움을 겪는 주원인으로는 생물학적 노화에 다른 노동력 상실, 정년제도로 인한 소득원 상실, 노인 자신의 노후대책 미흡, 노후를 위한 사회보장제도의 불충분, 가족의 부양기능 약화 등이라 할 수 있다. 이러한 요인들은 독립적 또는 상호복합적으로 작용하여 노인들의 경제적 어려움을 증가시키게 된다. 노후를 위한 사전 준비를 해놓지 못한 상태에서 노인이 은퇴하게 되면 은퇴 후 가족에 의한 부양을 받거나 사회적 부양이 지원되어야 할 것이다. 그러나 우리 사회에서 노인들은 사전 노후준비가 빈약한 상태에서 자녀부양비로 인한 과다지출이 있는 시기에 직장에서 은퇴를 하게 되고 사회보장제도의 미흡과 부양의식이 약화 등으로 경제적 곤란을 겪고 있다.

아직 사회적 지원이 부족한 우리 사회에서 노인들이 젊어서 노후를 위한 자금을 저축하였거나 퇴직금 등 기타 수입금을 마련할 수 있다면 노후의 경제문제 해결에 도움을 줄 수 있을 것이다.

표 8.1 가구주의 노후준비 방법

	연금, 퇴직금[1]	기타 준비[2]	준비 없음	합 계
1983	4.3	34.7	61.0	100.0
1988	11.5	23.7	64.9	100.0
1991	13.4	25.6	61.0	100.0
1994	15.9	37.1	47.0	100.0
1998	33.1	20.2	46.7	100.0
2002	46.6	17.9	35.5	100.0

주 : 1) 공적연금, 사적연금, 퇴직금 포함
2) 예 · 적금 및 저축성보험, 부동산 운용, 주식 및 채권, 기타 포함
자료 : 통계청(연도별). 〈사회통계조사〉.

표 8.2 노후준비의 방법

(단위 : %)

연 도	유	무	준비방법 내용						
			보 험	적 금	연 금	계	부동산	유가증권	기 타
1988	35.1	64.9	8.6	9.1	11.5	1.3	3.6	0.6	0.2
1991	39.0	61.0	11.2	10.4	13.4	0.7	2.9	0.3	0.1
1994	53.0	47.0	16.1	17.8	16.0	0.5	2.5	0.1	0.1

자료 : 경제기획원(1996). 한국의 사회지표, p. 115.

그러나 표 8.2에서 보듯이 우리나라 사람들은 1994년에도 아직 절반 정도가 대비를 하지 못하고 있는 것으로 나타났다. 물론 점차 보험이나 적금, 연금 등의 대비책이 증가하고 있지만 비교적 경제적 여유가 없었던 시절을 보낸 현재의 노인들은 더욱 어려운 실정으로 자립적 대비책은 기대하기 어려운 세대라 할 수 있다.

2006년 통계청 부가조사에서도 55세~79세 남성의 31.4%, 여성의 58.6%가 '노후준비가 없다'라고 답하였다.

1998년 당시 빈곤선 수준인 월소득 22만 원을 약간 넘는 25만 원 이하가 전체 노인의 54% 정도가 되고 있다. 다시 말해서 소득이 빈곤선 이하이거나 빈곤선을 약간 상회하는 노인비율이 전체 노인의 50%를 넘는 것은 노인들의 빈곤상태가 대단히 심각함을 보여 준다. 2006년 10월 국회에 제출된 국민연금법 개정안은 고령자 빈곤완화를 위해 전체 노인의 45%에게 월 8만 원을 지급하는 기초노령연금제도의 도입을 담고 있다(김상호, 2007). 국민연금은 2008년에 가서야 본 궤도에 진입하게 되며 그나마 소득대체율이 35% 정도에 불과하기 때문에(이혜원, 1996) 우리 사회에서 노인의 경제적 빈곤문제는 여전히 중요한 문제로 남아 있다.

2) 경제적 부양

현대 사회에서는 노인이 기본적으로 의·식·주를 충족하고 문화시설을 이용하기 위해서는 어느 정도 경제적인 수입이 필요하다. 특히 노인은 신체적 쇠약이나 직업에서의 은퇴로 주 수입원이 격감하는 시기에 있으므로, 노인의 생계유지와 그와 관련된 부양실태를 파악하는 일은 매우 중요하다.

따라서 본 단락에서는 노인의 경제적 부양상황을 알기 위해 노인의 거주형태에

표 8.3 ● **노인의 주 수입원(60+)**

(단위 : %)

구 분	전 체	도 시	농 촌
자립형	48.4	42.1	56.8
일·직업	37.6	28.0	50.2
부동산 집세 저축	6.9	8.8	4.6
연금·퇴직금	3.9	5.3	2.0
의존형	51.6	57.9	43.2
장남·며느리	27.0	29.8	23.3
그 외의 아들부부	7.8	8.7	6.7
딸·사위	5.5	7.0	3.4
미혼자녀	2.5	3.8	0.8
손자녀·배우자	1.1	0.9	1.4
자녀공동	0.4	0.3	0.6
생활보호·경로연금	3.5	2.8	4.5
기타	1.5	2.1	0.6
없음	2.3	2.6	2.0

주 : N = 2,048
자료 : 한국보건사회연구원(1994). 노인생활실태 분석 및 정책과제, p. 86.

따라 가족의 경제적 부양관계를 살펴보고, 노인의 수입원, 용돈 실태, 생활비에 대한 만족도 등을 살펴보고자 한다.

(1) 수입원

우리나라 노인들의 경제상태를 노인 자신 및 배우자의 수입이 주 수입원인 경제적 자립형과 다른 사람으로부터의 도움이 주 수입원인 경제적 의존형으로 나누어서 살펴보면, 경제적 자립형이 48.4%, 경제적 의존형이 51.6%로 나타났다(표 8.3). 지역별로는 도시노인의 42.1%, 농촌노인의 56.8%가 자립형으로 나타나고 있어 도시노인보다 농촌노인에서 자립형의 비율이 높은 것으로 나타나고 있다. 경제적 자립형의 노인은 배우자가 있는 경우, 교육수준이 높을수록 그 비율이 높아지며, 연령이 많아질수록 경제적 자립도는 점차 떨어지는 것으로 보인다. 경제적 자립형의 노인들은 주로 일·직업을 통해 수입을 얻고 있으며 의존형 노인들은 자녀로부터의 도움이 가자 많았고, 특히 장남·며느리로부터 도움을 제공받는 비율이 가장 높은 것으로 나타났다. 2004년 보건사회연구원의 조사에 의하면 경제적 지원의 경우 주 부양자로는 장남부부가 가장 많이 언급되어 53.2%이며, 그 다음이 그 외 아들·며느리로 21.2%, 장녀·사위가 12.9%, 그 외 딸·사위가 10.0% 순서로 나타났다.

우리나라 노인들의 경제상태가 점차 일어나 직업의 근로소득을 통한 자립형의 비율이 증가하고 있고 자녀의존 비율은 줄어들고 있다고 하나 아직 노인에 대한 사회보장제도가 충분히 마련되어 있지 못하며 또한 노인의 근로소득을 통한 수입은 한계가 있으므로 노인들이 경제적 자립을 유지할 수 있는 경제적 대책의 마련과 관심을 매우 필요한 일이라 하겠다.

(2) 경제상태에 대한 만족도

노인들의 경제생활 수준에 대한 만족도를 보면 대체로 현 생활비에 만족을 느끼지 못하는 경향이 있다.

노인가구의 경제적 어려움 정도를 보면, '부족한 편이다'가 38.5%로 가장 많고, '그럭저럭 살만하다' 31.5%, '매우 어렵다' 25.2%로 나타나 생활이 대체로 어렵다고 생각하는 노인들이 많았다. 특히 독신가구는 기타 가구형태에 비해 '매우 어렵다'는 비율이 높게 나타나 상대적으로 경제적이 어려움이 더 큰 것을 알 수 있다(이가옥, 1991).

한국보건사회연구소(1994) 조사에서도 자신의 경제상태가 어렵다고 평가한 노인들이 54.9%로 나타나고 있어 어렵지 않다고 응답한 노인의 21.5%에 비해 2.5배나 높게 나타나고 이다. 즉, 노인가구의 생활비에 대한 경제적 욕구는 매우 크지만, 노후대비를 제대로 하지 못하여 경제적으로 어려움을 겪는 노인들이 많은 것으로 나타났다.

현재 우리나라는 전체 노인인구는 불가능하다 하더라도 일부 저소득층 노인의 경제적 어려움을 해결할 수 있는 생활비의 지원방안으로 경로연금(구 노령수당)제도가 도입·실시되고 있다.

노인들이 경로연금의 필요성을 매우 깊이 인식하고 있는 만큼 지급대상이나 지급수준이 점차 확대될 필요가 있다. 또한 간접소득보장의 일환인 경로우대제나 세제의 혜택 등은 산업화 과정에서 가족의 부양기능이 저하되고 있고, 노후소득을 위한 사회보장제가 아직은 미비한 상태에 있는 현실을 감안한다면 노인의 생활비 등의 만족도를 높이기 위해서 더욱 보강되어야 할 제도인 것이다.

3) 정서적 부양

(1) 정서적 부양의무자

노인이 걱정거리나 문제점이 있을 때 의논상대가 있는 사람은 76.5%이며 평균 2.3명 정도가 정서적 부양을 제공하는 것으로 나타났다(한국보건사회연구원, 1994). 정서적 부양제공자는 배우자(48.7%)가 가장 많고 그 다음이 장남 부부, 딸·사위, 장남 외의 아들 부부로 나타나고 있다. 2004년 조사에서도 배우자가 46.5%로 가장 높고, 다음이 장남·며느리 20.7%로 나타났다(보건사회연구원, 2005). 남자노인은 부양제공자로 배우자(75.0%)를 가장 높게 지적하고 있으나 여자노인은 배우자(29.8%), 장남 부부(25.7%), 딸·사위(11.4%) 등으로 분산되고 있다.

노인들이 생각하는 근심거리는 건강문제, 가족문제, 경제적 어려움의 순으로 나타나며, 이 밖에 죽음이나 고독감 및 무료함 등이 있다(이가옥 외, 1991). 이러한 경우에 노인이 어느 정도 대화상대자를 필요로 하는지를 보는 것은 매우 중요한 것이다. 노인들이 말 상대를 필요로 하는 경우는 약 57% 정도로 그렇지 않은 경우보다 많이 나타나며, 건강이 좋지 않은 노인일수록 말 상대가 필요하다고 지각하고 있었다. 즉, 노인의 신체적 기능이 약화되어감에 따라 정서적 지원을 더욱 필요로 함을 알 수 있다. 노인의 대화상대자는 배우자(25.6 %)가 가장 많고, 다음은 친구, 아들, 며느리의 순으로 나타나고 있다.

한편 대화상대자가 없다는 응답도 15.0%나 되며, 연령증가에 따라 증가하는 경향을 보이고 있다. 남자노인은 배우자가 대화상대자인 경우가 가장 많으며, 여자노인은 친구인 경우가 가장 많게 나타나고 있는데 이는 남자노인이 여자노인보다 유배율이 훨씬 높은 데서 기인한다고 볼 수 있다.

(2) 정서적 부양만족도

한국보건사회연구원 조사(1994)에 따르면 노인들은 대체로 제공받고 있는 정서적 부양에 대해 충분하다고 느끼고 있으며(60.8%), 배우자의 정서적 부양에 대해 66.8%가, 장남 외아들·며느리에 대해 62.3%, 장남·며느리에 대해 59.1%, 딸·사위 56.4%, 친구·이웃에 대해 36.1%가 충분하다고 지적하고 있다. 배우자와 아들이 노인의 정서적 부양제공자로서 중요한 역할을 하는 것으로 나타나지만 경제나 신체적 부양과 비교해 보면 딸·사위, 친구·이웃의 역할은 그 비중이 크다고 할 수 있다. 특히 배우자가 없는 노인의 경우에 이들의 역할은 상대적으로 중요성이 높아지고 있다. 따라서 노인의 정서적 부양만족도를 높이기 위해서 보다 바람직한 것은 자녀부부와 노인의 원만한 가족관계가 증진되도록 서로의 이해가 이루어질 수 있도록 하는 것이 가장 중요한 대응책의 하나라고 볼 수 있다.

4) 신체·서비스 부양

(1) 신체·서비스 부양의무자

노년기에 있어서 일상생활을 기능적이고 독립적으로 영위하면서 사회에서 부과되는 요구에 적절하게 반응하기 위해서는 건강이 필수적 요건임이 틀림없다.

그러나 노년기에 이르게 되면 신체 및 기능저하로 인하여 질병상태에 이르게 될 가능성이 높아지고 일상생활 동작능력의 저하로 인하여 타인의 원조에 대한 필요성이 증가하게 된다. 즉, 질병상태에 이르거나 신체기능의 저하현상이 오게 되면 노인은 가족성원이나 외부인의 수발과 간호를 필요로 할 가능성이 높아지게 된다.

노인의 일상생활 수행과 관련된 신체적 주 부양자는 88.2%가 가족이며, 이들 가족 가운데 노인의 배우자(29.5%), 장남·며느리(23.8%), 그 외의 아들·며느리(13.3%), 딸·사위(11.5%), 손자녀·배우자(8.9%), 미혼자녀(1.5%)의 순으로 나타나고 있다(한국보건사회연구원, 1994).

신체·서비스 부양은 성별에 따른 차이가 나타나고 있어 남자노인의 경우 주 부양자는 배우자가 69.9%인 반면에, 여자노인의 경우는 장남·며느리(29.6%), 그 외의 아들·며느리(15.4%), 손자녀·배우자(11.5%) 등으로 주 부양자가 다양하다. 또한 배우자가 있는 노인의 경우는 배우자가, 배우자가 없는 노인의 경우는 장남·며느리에 의하여 신체·서비스 부양이 주로 제공되고 있으며, 제공되고 있는 부양에 대해 78.6%의 노인이 현재 받고 있는 신체·서비스 부양이 적당하거나 충분하다고 인식하고 있었다.

(2) 수발필요도와 주 수발담당자

노인들의 일상생활 동작능력을 평가한 결과(이가옥 외, 1991)를 보면 다음과 같다. 식사나 조리를 함에 있어 항상 도움을 필요로 하는 노인은 8.3%, 가끔 도움을

표 8.4 ● 주 수발담당자

노인과의 관계	N(%)	노인과의 관계	N(%)
수발자 없음	217(20.0)	동거미혼자녀	43(4.0)
배우자	339(31.2)	별거며느리	1(0.1)
동거며느리	379(34.9)	동거손자녀	20(1.8)
동거기혼아들	7(0.6)	친척	9(0.9)
동거기혼딸(사위)	69(6.4)	고용인	1(0.1)
계		1,085(100.0)	

자료 : 이가옥 외(1991). 가정봉사원 제도의 정착화 방안. 한국보건사회연구원, p. 105.

필요로 하는 노인은 11.9%로 노인 5명 중 1명은 도움을 필요로 하고 있는 것으로 나타났다. 청소나 세탁은 다른 일상생활상의 동작보다도 도움을 필요로 하는 비율이 상대적으로 높게 나타났으며, 세수 및 목욕은 노인의 90% 정도가 혼자서 할 수 있는 것으로 나타났다.

그러나 연령증가에 따라 세수와 목욕 시 도움의 필요도가 증가하는데, 60~64세 노인과 80세 이상 노인이 도움을 필요로 하는 정도의 차이는 6배에 이르고 있다. 교통수단 이용 시 타인의 도움을 필요로 하는 노인은 10% 정도이며, 경우에 따라 도움을 필요로 하는 노인까지 합하면 20% 정도에 이르고 있다. 외출 시에 도움을 필요로 하는 비율은 여자노인이, 실내 이동에 있어서 도움을 필요로 하는 비율은 남자노인이 더 높은 것으로 나타나고 있다.

이 연구에서 주 수발담당자는 가족성원이며, 그 중에서도 동거하고 있는 가족성원 그리고 여자성원에게 의존하고 있는 비율이 상대적으로 높은 경향을 보이고 있다. 표 8.4에서 보는 바와 같이 전체 노인가구 중에서 20.0%의 가구에는 노인의 수발을 담당할 가족성원이 없거나 가족성원이 있다 하더라도 사정상 노인의 수발을 담당하지 못하는 것으로 나타났으며, 수발 담당자가 있는 경우에는 동거며느리가 34.9%로 주 수발담당자로서 가장 많은 역할을 하고 있고, 다음이 배우자로 나타나고 있다.

2004년도 조사에 의하면 청소·세탁·식사준비의 경우 주 제공자로 배우자가 월등히 높아 48.6%이며, 다음이 장남·며느리로 23.8%, 그 외 아들·며느리가 11.3% 순으로 나타났다. 시장보기는 주 제공자는 배우자로 45.0%로 가장 높으며, 교통편의를 제공하는 주 제공자는 장남·며느리가 가장 높아 42.9%이며 다음이 그 외 아들·며느리로 28.5%로 나타났다. 노인의 약 1/4 정도가 간병이나 수발을 제공받고 있으며, 주로 배우자가 36.1%로 가장 높고 다음으로 장남·며느리가 28.6%이며, 그 외 아들·며느리로부터 12.0%가 간병 수발을 받고 있는 것으로 나타났다(보건사회연구원, 2005).

노인의 수발필요도에 대한 자기평가 결과를 살펴보면, 전체 노인 중에 44% 정도가 수발을 필요로 하고 있고 연령이 높아감에 따라 증가하고 있다. 성별에 따라 수발필요도를 보면, 80세 이전까지는 남자노인의 수발필요도가 낮으나 그 이후부터는 남자노인이 더 수발필요도를 느끼는 것으로 나타나고 있다. 그리고 전체 노인의 90.2%가 식사 시중을 받고 있으며, 그 다음이 세탁(89.0%), 의논·상담·대화상대(77.7%), 방 청소 및 잠자리 정돈(77.2%), 잔심부름(67.0%) 순으로 나타나고 있다.

노인의 연령이 더해 갈수록 식사 시중이나 세탁, 방청소, 잔심부름, 외출 시 동행 등 서비스적 차원에서의 부양을 더 필요로 할 것이다.

(3) 신체·서비스 부양담당의 문제점

① 동거노인의 문제점

노인의 수발필요도와 수발적절성과의 관계를 보면, 필요도가 높아갈수록 적절성은 낮아지고 있다(이가옥 외, 1991). 즉, 가족이 어느 정도 서비스 부양을 담당한다 하더라도 적절한 원조가 없을 시에는 노인의 연령이 높아감에 따라 그리고 만성질병이 있는 노인일수록 가족의 심리적 부담은 매우 클 것이다. 또한 노인자신도 실제 수발담당자가 해야 할 수발의 부담이 클수록 심리적 부담이 높아질 것이다.

그러므로 서비스 또는 신체적 부양에 있어서 가족동거부양의 경우 다음과 같은 문제점이 따를 수 있다.

첫째, 서비스 부양자의 과중한 부담이 문제가 될 수 있다. 노년기 질환은 장기간의 회복을 요하며 회복기간도 매우 길므로 의료보험 적용대상 전체 인구의 1인당 연간 진료비 및 급여비를 노인인구와 비교해 보면 노인인구가 전체 인구에 비하여 60~70%를 지출하는 것을 알 수 있다. 그러므로 노인인구의 장기적인 치료는 가족에게 경제적·정신적 부담을 지워 근본적 위험을 초래할 수 있다. 또한 가족의 서비스 부양에 있어서는 노인의 수발을 맡은 사람이 한정될 수밖에 없기 때문에 부담이 한 사람에게 편중되어 심리적·신체적 스트레스를 가져오게 된다.

둘째, 가족에 의한 신체적 부양의 질(質)이 문제가 될 수 있다. 노인의 신체적·정신적 기능장애는 노년기의 일반적 특성이고, 치유의 가능성이 높지 않은 만성질환이므로 당연시되거나 회피되어 적절히 치료되지 못하는 경향이 있다. 더욱이 노인에 대한 신체적·정신적 노화현상의 지식을 갖추지 못한 일반인에 의해 노인부양이 이루어지므로 질적인 면에서 부족함을 가져올 수 있다.

셋째, 서비스 부양담당자 확보의 어려움이 문제가 된다. 전통적으로 가족에서 노인부양자는 며느리였으나, 점차 여성들이 고학력화되고 취업이 증가하게 됨에 따라 가족 내에서 여성이 노인의 서비스 부양을 담당하는 경우가 줄게 되었다. 가정 내에서 노인부양을 담당할 사람의 부재현상은 주로 가족과의 동거에 의해 서비스 부양을 받던 우리나라 노인에게 새로이 대두되는 문제인 것이다.

② 별거노인의 문제점

가족과 별거하여 생활하는 노인의 서비스 및 신체적 부양상의 문제는 동거노인의 문제점과 더불어 더욱 심각하다고 볼 수 있다.

첫째, 가족별거노인 인구의 서비스 부양은 그들이 가까운 거리에 살고 있는 경우가 아니면 현실적으로 어렵다. 그런데 자녀가 걸어서 30분 이내의 가까운 지역에 거주하는 경우는 불과 10% 정도인 것으로 나타나고 있어(이가옥 외, 1989) 사회복지 서비스 체계가 확립되지 못하고 의료비의 본인 부담률이 높은 우리나라에서 단독가구노인의 상병 시 서비스 부양문제는 더욱 심각하다고 할 수 있다.

둘째, 노인부부가구의 경우, 서비스 부양의 책임을 거의 전적으로 배우자가 담당하고 있으므로 배우자가 나이가 많고 건강이 좋지 않을 때는 가족동거노인보다 더 심각한 문제가 될 수 있다. 따라서 가족동거와 별거 시에 나타나는 부양상의 문제점을 파악하여 가족의 부양기능이 노인인구의 신체 및 건강 등 서비스 기능의 욕구 충족에 미치지 못하는 부분에 대해서는 적절한 사회적 지원체계가 불가피하다고 하겠다.

5) 부양자 스트레스

노인부양자들은 부양으로 인해 피로, 건강장애, 걱정, 우울, 기타 다른 정신질환

표 8.5 부양자 간의 부양 스트레스 인지 비교

(단위 : 평균)

부양 스트레스 인지 변인	배우자	며느리	t검증
생활 변화	0.22	1.09	12.96*
부양노인으로 인한 속박감	0.59	1.34	7.52
부양불성실에 대한 죄책감	0.41	1.44	14.06*
친척의 무관심	0.54	1.21	5.38
자아실현의 상실	1.17	1.00	-1.15
과중한 부담	1.16	1.24	0.55
전 체	0.68	1.22	7.65*

주 : * $p < .001$
부양 스트레스가 가장 높을 때가 3점임.
자료 : 이영자(1991). 노인부양자 유형에 따른 스트레스 인지와 대처방안에 관한 연구. 성신여자대학교 석사학위논문.

의 증세 등을 겪을 수 있다. 즉, 성인자녀 또는 배우자들은 오랜 부양기간에 걸쳐 적응은 하지만 대부분 생활의 변화, 부양노인으로 인한 속박감, 과중한 부양부담감 등으로 정신건강에 영향을 받을 수 있다.

부양자 유형에 따른 부양 스트레스 인지에 관한 연구(이영자, 1991)를 보면, 전반적으로 며느리 부양자가 배우자 부양자보다 더 많은 부담과 스트레스를 갖는 것으로 나타난다(표 8.5). 즉, 노부모를 모시는 자녀부양자가 배우자를 부양하는 노부부부양자보다 더 많은 스트레스를 지각하고 있다.

배우자부양자나 며느리부양자 모두 부양받는 노인의 건강상태가 나쁠수록 스트레스를 더 받는 것으로 나타나며, 특히 며느리의 경우 배우자부양자보다 부양관계로 인해 생활변화가 있음에 더 많은 스트레스를 느끼고 있고, 한편으로는 부양 불성실에 대한 죄책감이 높게 나타나 이로 인해 또 다른 부담감을 갖는 것으로 보인다. 또한 며느리는 부양노인이 시모보다 시부일 경우 더 큰 스트레스를 느끼는 것으로 나타난다.

노인을 부양하는 것은 1차적인 도움을 제공하는 사람에게 생활방식을 바꾸고 조정할 필요를 요구하는 것으로 육체적·경제적·심리적 부담을 주는 사건이다. 그러므로 이런 스트레스에 대처할 수 있는 방안과 원조가 모색되어야 할 것이다.

제9장

가족부양정책

1. 가족부양정책에 관한 관점

산업화와 도시화를 수반한 사회·문화적 변화는 여러 측면에서 가족에게 영향을 미쳤다. 즉 가족구조와 생활환경의 변화를 가져왔고, 그에 따를 욕구구조의 변화를 가져 왔다.

도시화·산업화 현상은 노인단독세대의 증가, 부양자인 기혼여성의 취업률 증가, 부양자녀수의 감소 및 여성노인의 증가 등과 같은 가족구조 및 구성원의 변화를 수반하고 있으며, 이에 따른 가족의 기능과 역할 및 욕구구조상의 변화를 야기하고 있다. 즉, 종래의 가족의 기능과 역할의 변화는 사회적 문제를 야기하고 있으며, 변화된 역할구조와 기능에 따른 가족원들의 욕구체계상의 다원화를 가져왔다. 이것은 가족에 대한 사회적 관여가 필요함을 뜻하며, 가족의 욕구에 대한 가족정책이 필요함을 뜻한다. 특히, 오늘날 사회문제가 되고 있는 노인의 부양문제는 가족정책에서 매우 중요하게 다루어져야 할 과제로 등장하고 있다.

그러나 노인에 대한 가족부양정책의 수립 시에 다음의 측면이 고려되어야 할 것이다.

표 9.1 노인연령 집단의 성별 유배우자율

(단위 : %)

배우자 유무상태	전체		65~69세		70~74세		75~79세		80~84세		85세 이상	
	남	여	남	여	남	여	남	여	남	여	남	여
유배우자율	85.3	31.3	90.9	48.8	86.7	30.8	80.4	18.0	70.1	9.5	51.7	4.0

자료 : 통계청(2001). 2000년 인구주택총조사 전수집계 결과.

첫째, 대부분의 지역사회에서 가족들과 함께 살고 있거나, 동거기대가 높아 한국 사회에서 가족은 여전히 노인을 위한 경제·정신적 서비스 부양의 기능을 수행하는 가장 중심적인 제도이지만 가족의 증가된 욕구를 만족시켜 주기 위해서는 가족부양정책이 뒷받침되어야 한다. 노인부양정책은 결국 가족기능을 지지하고 보완해 주는 파트너 역할을 할 수 있어야 한다.

둘째, 노인복지대책에 따른 범위는 광범위하고 다각적일 수밖에 없으나, 노인인구의 특성을 고려할 때(표 1.4) 전체 노인 중에서 전기 노인의 약 56.8%, 중기 노인의 66.0%, 후기 노인의 74.7%가 여자노인으로 구성되어 있음을 염두에 두어야 할 것이다.

셋째, 노인생활에서 부부가 동거하는 형태가 상호 의존적인 점에서 바람직하다고 본다면, 남자노인의 경우 85.3%가 배우자와 동거하고 있으나 여자노인은 31.3%, 특히 85세 이상 노인의 경우 남자노인의 51.7%가 배우자와 동거하고 있으나 여자노인은 4.0%만이 동거생활을 하고 있어 노인복지의 관점을 여자노인 위주로 발전시켜야 할 소지를 보여준다(표 9.1).

2. 가족부양정책의 방향설정

1960년대 후반부터 서구 사회의 노인복지는 물질 일변도 정책에 대한 반성론이 제기됨과 동시에 정신적·정서적 부양의 중요성을 자각하기 시작하였다. 노인들이 정신적·정서적으로 안정된 생활을 하기 위해서는 자신이 지금가지 살고 있는 주택에 그대로 남아서 가족 또는 지역사회와 전과 다름없이 접촉하며 생활하도록 도와주는 것이 노인복지의 최선의 방법이라는 개념이 고개를 들고 있다.

특히 1970년대의 '오일 쇼크'로 인한 서구 사회 전반에 걸친 경기 후퇴는 고부담 고복지(高負擔高福祉 : high level funding for high level welfare) 정책에 부담을 가져오는 요인이 되었다. 그러므로 재정적 절감이라는 측면에서 노인을 보살피는 역할의 많은 부분을 가족 또는 지역사회에 의존해 나가는 정책이 추구되어 나가지 않을 수 없게 되었다.

최근 유럽과 미국은 가족 전체를 단위로 하여 서비스를 제공함으로써 가족을 강화하고, 가족이 정상적으로 기능할 수 있게 하는 가족정책을 실시하고 있다. 이는 가족의 중요성을 인식하는 정부의 구체적인 표현이다. 사실 모든 정부의 활동은 직접적이 아니면 간접적으로도 영향을 미치고 있으나 가족을 정책 고려의 기본 단위로 하지 않고 개인을 단위로 하여 개별적으로 정책을 실시하는 경우 가족에게는 모순되고 단편적인 영향만을 미치게 된다.

그러므로 만일 가족이 정부가 관심을 쏟아야 할 가장 중요한 분야라는 사실을 수용한다면, 가족부양정책을 통하여 가족에게 포괄적이고 일관성 있는 결과를 제시함으로써 이들을 강화하는 것이 더 바람직하리라는 생각에서 나온 것이다.

마이달(Myrdal, 1968)은 이미 독립되고 의도적인 가족정책이 없는 나라는 가장 중요한 현실, 즉 가족이란 분야를 단지 우연이나 재난에 맡겨 놓은 셈이며, 그 결과 무질서하고 때로는 아주 바람직하지 못한 정책의 효과를 가져 올 것이라고 주장하고 있다. 개인주의의 가치가 지배적인 미국에서도 1970년대 이후 정부가 재정을 지원하는 가족정책 연구기관이 설립되는 등 활발한 연구가 이루어지고 있다.

우리나라는 정책을 실시하고 있는 정부가 가족제도의 전통을 유지·계승하여 가족이 노인복지의 기능을 담당하도록 권장하는 입장을 취한다. 이것은 바람직한 전통적 가치를 지속시키려는 의도가 내포되어 있다. 현재까지 정부의 노인복지정책은 경로효친에 대한 별다른 의미의 재정립이나 실천 원칙의 제시 없이 막연히 전통적 의미에서의 경로효친을 고양해 왔으며 이를 노인복지의 기본 방향으로 삼아 왔다.

변화하는 현대적 상황 속에서 새로운 의미의 정립과 실천 원칙의 제시 없이 경로효친의 가치관을 고양하려는 시도와 이를 통한 노인복지의 향상은 사회와 국가의 적극적인 개입으로 근본적 문제해결이 가능한 노인문제를 해결하려는 정책적 노력의 효과는 거의 없다. 또한 노인복지의 책임을 가족에게 전가하고 국가의 적극적 책임을 회피하는 식의 정책방향인 것이다.

그런데 우리나라의 가족들은 1960년 이래 경제성장 일변도의 개발정책이 가져온 사회·경제적 구조의 불균형으로 말미암아 가족성원들에 대한 보호기능의 수행이 더욱 어려운 상황에 처해 있다. 개별가족의 노인부양능력이 한계에 도달해 있으므로 가족의 부양기능을 강화시키려는 복지대책을 마련하지 않고서는 사회적으로 발생하는 노인문제를 해결하기가 어렵다.

3. 가족부양기능 강화를 위한 정책

1) 가족생태체계적 접근

가족이나 국민과 같은 단위들은 전 생태계의 한 부분이다. 그 중 일련의 체계로서의 가족은 일종의 목적을 수행하기 위해 협력하는 기능을 갖는다. 가족생태체계의 형태는 그림 9.1과 같다.

(1) 가족생태체계

① **인적 자원** : 노인부양에 사용할 수 있는 가족의 시간, 에너지, 능력, 태도, 지식 등

② **비인적 자원** : 금전, 물건

(2) 인접환경(micro-environment)

① **사회적 환경** : 친척, 친구, 이웃, 동료, 가정봉사원

② **물리적 환경** : 거주지

(3) 광역환경(macro-environment)

① **사회체계**

인접환경을 둘러싸고 있으며 노인 개인과 가족의 필요성에 대응하기 위해서 상호작용하는 포괄적인 체계를 제공하는 중요한 부분이다.

- 정치적 환경 : 법 규범, 정책 및 제도
- 경제적 환경 : 연금, 의료보험

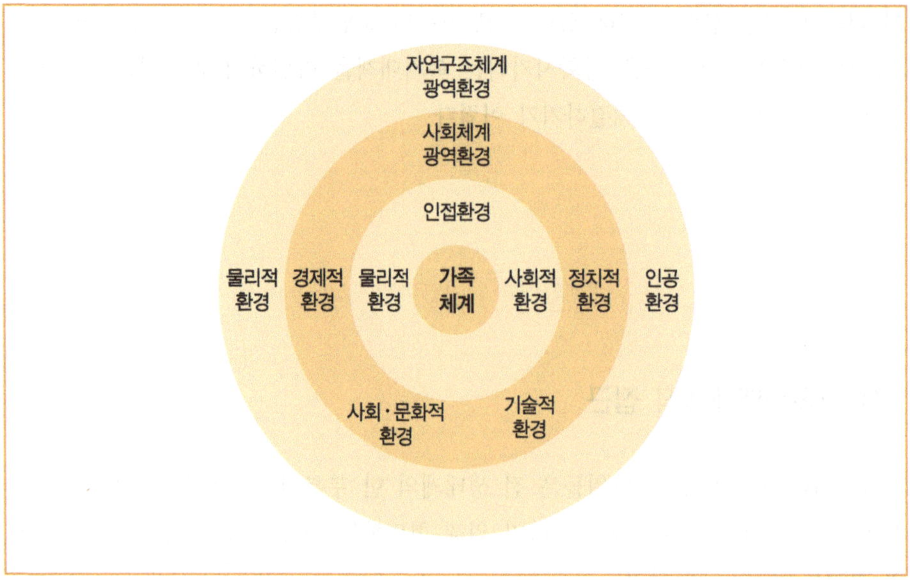

그림 9.1 ◦ 가족생태체계

- 사회·문화적 환경 : 교회, 경로당, 노인대학, 노인복지회관, 교회, 성당, 절 등 이용할 수 있는 지역사회 시설
- 기술적 환경 : TV, 비디오, 컴퓨터

② 자연구조체계

- 물리적 환경 : 공기, 태양, 온도
- 인공환경 : 공원, 고속도로

가족은 노인성원의 욕구를 최대한으로 충족시키기 위해 가족체계 내의 가족자원을 합리적으로 활용할 뿐만 아니라 사회의 인접환경과 광역환경에서 제공하는 각종 서비스를 활용할 필요가 있다.

2) 교환론적 접근

인간의 사회적 상호작용에 대한 교환이론적 접근은 대인관계에서 물질적 자원과 비물질적 자원이 교환되는 것에 관심을 두는 것이다.

교환이론의 가정은 인간이 타인과의 교환과 거래로부터 최대의 이익을 추구하는 합리적 존재라고 보는 것이다. 그러나 한 개인이 어떤 관계를 지속시키고자 하는 경우에는 자신의 보상을 극대화시키는 반면, 동시에 상대자의 비용이 너무 커서 그 관계가 중단되는 경우가 없어야 한다. 즉, 교환의 균형이 이루어져야 장기간에 걸쳐 관계가 지속될 수 있을 것이다.

가족관계는 선택적이고 자발적인 관계라기보다는 의무적인 관계이다. 또한 장기간 계속되는 1차적 관계의 속성을 지님으로 한 개인이 자신의 이윤을 극대화시켰을 때 만족감이 상승된다는 논리보다는 관계 내에서 이루어지는 교환의 정도가 균형을 이룰 때 그 관계에 대한 만족감이 높아질 것이라는 가정이 적용될 수 있다.

부모-자녀 간의 교환유형은 가족발달주기에 걸쳐 세대 간에 이루어지는 자원의 종류와 호혜성의 정도에 있어 차이를 보인다. 부모가 젊고 자녀가 신혼기에 있을 때는 부모가 자녀에게 물질적인 도움을 제공하며, 노년기의 부모와 중년기 자녀세대 간에는 부모가 자녀에게 더욱 의존하는 경향을 보이지만 중년 세대가 제공할 수 있는 자원이 적어 호혜관계가 깨어지기 쉽다. 또한 중년세대는 노부모 부양에 대한 희생은 크지만 보상이 거의 없다고 지각하기 쉽다. 따라서 노부모와 자녀가 서로 공평하다고 지각할 수 있는 공평한 교환체계가 일어나지 않으므로 정책적으로 중년세대의 희생에 대한 보상을 제공하여 줌으로써 공평한 교환관계가 이루어지도록 가족의 노인부양기능을 지지해 주어야 한다.

3) 가족부양기능의 지원·보완적 정책

(1) 대가족을 위한 소득재분배 정책

① 노부모 부양수당의 지급

정부는 1987년부터 노부모(남자 60세, 여자 65세)를 모시고 있는 국가공무원에게는 노인인 1인당 월 1만 5,000원씩의 부모부양수당을 지급하도록 규정하고 있다. 따라서 양친을 모실 경우 월 3만 원씩의 수당을 지급받게 된다. 정부는 앞으로 수당 수준을 높여서 강화해 나가야 할 것이다. 이 경우 현재처럼 수당을 부양자녀에게 지급하는 경우와 노인에게 직접 주어지는 경우가 있게 되는데 나름대로 장·단점이 있을 것이다. 부양가족에게 지급하는 경우, 노인에 대한 가족의 관심도를 달리하게 하고 노인문제 해결의 우회적이면서도 효과적인 방법이 될 수 있을 뿐 아니라 노인들의 가족 내의 사기를 진작시킬 수가 있다.

한편, 노인에게 직접 지급되는 경우, 노인의 경제적 자립감을 도모하여 경제적인 문제로 인해 자녀와 직접 갈등하는 면을 완화시킬 수 있을 것이다. 따라서 보다 효율적 결과를 위해 양자의 경우를 수용하여 지급하는 형태도 고려해 보아야 할 것이다.

② 부모부양가구에 대한 세제감면 혜택

정부는 1987년부터 노부모를 모시고 있는 자녀에게 대해서는 주택상속공제와 상속세 인적공제의 세금감면 혜택이 실시되고 있다. 상속세, 소득세 공제 등의 세제감면 혜택 등 간접적 소득보장의 방법은 실제로 현금이나 물품을 지급하는 것은 아니지만, 지출은 감소시킴으로써 간접적으로 소득보장에 도움을 줄 수 있는 제도이다. 따라서 상속세 과세대상에서 일정액을 공제해 주고 있는 '일정액'의 수준을 높여야 할 것이며 각종 세제상의 혜택을 점진적으로 확대해 나갈 필요가 있다.

③ 경로연금의 지급

사회적 여건변화에 대해 사전에 노후대비를 제대로 하지 못하여 경제적 어려움을 겪고 있는 노인들에게 실제적인 소득혜택을 부여하기 위하여 정부는 1989년 개정된 노인복지법 제13조에 근거하여 1991년 1월부터 노령수당제도를 도입·실시하다가 1999년에 경로연금으로 명칭을 변경하였다. 즉, 경로연금의 지급 대상자는 65세 이상인 자 중 소득수준을 참작하여 보건사회부 장관이 정하는 일정소득 이하의 자로 규정하였다. 우리나라의 경로연금제는 경제적 수준에 관계없이 일정 부류(주로 연령구분)에 속하면 지급되는 데모그란트(demogrant)적인 수당제도라기보다는 실제로 저소득 층 노인을 위한 노령부조제도라고 할 수 있다.

경로연금은 1991년 70세 이상 거택보호가구의 가구주 및 시설보호의 노인 7만 6,000명에게 월 1만 원씩 지급되고 있다. 경로연금은 지급액수가 매우 미흡하고 지급대상의 제한으로 노인의 빈곤문제를 해결책이 되지 못한다는 지적을 받아왔다. 이에 정부는 국민연금의 수급자격에서 제외된 현재의 노인을 위하여 경로연금제도의 지급대상 및 지급수준을 점차 확대하고 있다. 2004년에는 국민기초생활보장 수급자 중 65~79세 노인에게는 월 4만 5,000원, 80세 이상 노인에게는 월 5만 원을, 저소득노인 중 무배우자노인에게는 월 3만 5,000원을 지급하고 있다(보건복지부, 2004).

④ 교통수당의 지급

1991년부터 사회수당으로서 만 65세 이상의 모든 노인들에게 노인교통수당이 지급되고 있다. 2007년 현재 개별노인에게 지급되는 교통수당은 지역별 대중교통요금의 차이를 반영, 지방정부의 예산으로 분기별 약 3만 6,000원이 지급되고 있다.

(2) 가족 간의 정서적 기능 강화 대책

① 노인복지 상담사업의 활성화

현대 사회가 복잡해질수록 주변 환경의 여러 가지 변화는 가족원들에게 스트레스와 갈등상황을 야기한다. 과거의 가족체계 유지기능의 변화는 특히 노인에게 일상생활을 영위하는 데 어려움을 갖게 한다. 그러므로 노인이 일상생활에 적응할 수 있도록 도움을 주는 노인상담은 현대 사회에서 매우 절실히 필요하지만 지금까지 부부나 아동상담 등에 비해서 다소 관심을 받아오지 못했다.

가족 간의 정서적 기능의 강화를 위해서는 개별 가족원의 문제에 따른 적절한 서비스 제공이 필요하다. 즉, 노인상담의 활성화를 위해 현존 서비스 전달체계의 양적확대와 더불어 전문적 지식을 가진 담당자를 기용함으로써 전문화된 질적 향상이 필요하다.

② 노인에 대한 이해증진 교육 강화

사람들은 역사적 시기상 다른 시점에서 태어나서 정치·사회·경제적 경험을 달리하기 때문에 가치관, 태도·행동에 있어서의 세대차이는 필연적일 수도 있다. 그러므로 어떤 가족에서도 세대 간의 갈등은 존재할 수 있으므로 이 차이를 최소화시키려는 노력이 필요하다. 이를 위해 대학 수준에서 노년학과를 신설하거나, 기존 학과에서 노년학을 공통과목으로 개설해야 한다. 그리고 중년층 자녀들을 위해서 평생교육 프로그램에 노년학을 개설하여 가족들이 노인에 대한 이해를 증진시킬 수 있는 대책을 마련해야 할 것이다.

③ 부양자 지지조직 마련

노인을 부양하고 있는 중년세대는 그들 자신이 신체·심리·사회적 노쇠현상을 겪고 있으면서 노부모에게는 자식의 역할을 그리고 자녀에게는 부모의 책임을 다해야 하는 이른바 양쪽에서 '협공 받는 세대(middle generation squeeze)'이다. 그러므로 이들에 대한 깊은 배려가 있어야 한다. 지역사회를 중심으로 부양자 조직을 만들어서 부양자들이 노인부양에 필요한 건강, 영양, 간호, 정서적 갈등해결에 대한 정보를 제공받고 또한 부양자들이 노인을 부양하면서 발생하는 어려움, 경험 등에 토론하면서 서로 정서적 지지를 받을 수 있도록 대책을 마련해 주어야 한다.

④ 노인자원봉사자의 활용

대화상대자를 필요로 하는 노인이 있는 가정에 노인상담자가 방문하게 되면 서로 노인이라는 동질성 때문에 정신적 유대를 강화시킬 수 있다. 그러므로 노인이 자원봉사자로서 참가할 수 있는 조직적 활동 단체를 마련해야 할 것이다.

⑤ 여자노인의 재혼

혼자 사는 노인의 외로움을 덜어 주고 정서적 지원자를 제공하는 측면에서 볼 때 노인의 재혼이 필요함에도 불구하고 우리 사회에서 여자노인의 재혼은 매우 저조하다. 아직까지는 우리 사회가 여성의 재혼을 금기시하는 사회이지만 여자노인의 재혼문제를 검토해 보아야 할 것이다.

현재 노인생활을 상담하고 있는 민간단체의 운영체계에 정부가 적절히 지원해 주어 재혼상담의 활성화와 재혼의 지속을 위해 끊임없는 사회참여의 배려가 있어야 한다.

(3) 서비스 부양기능의 강화

① 서비스 정보전달제도

노인에게 활용 가능한 서비스에 대한 정보를 노인가족에게 전달하는 제도가 필요하다. 많은 노인들이 정보의 부족 때문에 지역사회에서 이루어지는 서비스에 참여하지 못하고 있다. 실제적이고 현실적인 정보를 모아서 가능한 한 널리 알리고 지도하는 것이 필요하다. 노인을 모시고 사는 가족에게 정보를 제공해 줌으로써 가족이 노인과 사회를 연결시켜 주는 매개자 역할을 할 수 있도록 해 주어야 한다.

② 가정봉사원제도

현재 65세 이상 노인의 대다수가 지역사회 내 일반가정에서 생활하고 있는 재가노인이다. 이들의 신체적 의존욕구가 높아지게 되면 점차 재가노인의 수발문제는 더 이상 가족에 의해서 전적으로 충족되기 어렵게 된다. 노인보호에 대한 전문교육과 훈련을 받은 가정봉사원을 필요로 하는 가정을 방문하여 필요한 원조를 제공받을 수 있는 제도의 마련이 필요하다. 즉, 정서적 원조나 가사원조, 거동부축의 원조, 병간호의 원조, 능력개발이나 손자녀 돌보기 등에 관해 필요한 교육적 서비스 등을 제공할 수 있는 가정봉사원제도의 마련이 필요하다. 우리나라에서는 이러한 필요성에 부응하여 1987년에 가정봉사원 파견사업을 실시하였으며 1992년부터 본격적으로 활성화되기 시작하였다. 2004년 현재 300개소의 가정봉사원 파견 센터가 운영되어 확대·발전이 이루어지고 있는 실정이다. 그러나 현재 가정봉사원 파견대상은 주로 국민기초생활보장 수급노인이며 무료 서비스가 대부분이다. 재가노인 서비스의 확충을 위해서는 가정봉사원 서비스로 확대될 필요가 있다.

(4) 도시락 배달 서비스

노인을 부양하는 자녀가 맞벌이 부부일 때 노인의 영양상태를 위해 일주일에 두 번 정도 따뜻한 음식이 노인의 집에 배달되어 노인의 건강을 유지하는 서비스를 제공한다. 현재 독거노인을 위한 도시락 배달 서비스는 원활히 이루어지고 있다.

4) 한국의 노인부양 모델 : 복지적 가족기능 강화형

우리나라는 지금까지 가족이 노인의 경제·정서적 및 서비스 부양책임을 전담하도록 맡겨 두고 국가나 정부의 노인복지정책은 소홀히 해 왔음을 인정하지 않을 수 없다. 시설에의 투자나 노인 개개인을 원조하는 서구식 복지정책이 한계점에 도달했다는 점을 감안하여 노인이 속해 있는 가족의 부양기능을 강화하기 위한 복지정책을 다각적으로 연구하여야 한다.

즉, 선진 산업사회의 경험에서 얻은 교훈을 반영하여 보다 효율적이고 효과적인 한국적 노인부양 모델을 발전시켜 나가는 것이 필요하고, 이를 위해서는 장기적인 시각에서 정책의 방향을 설정하고 단계적인 계획에 의하여 합리적으로 추진해 나아가야 할 것이다.

GERONTOLOGY

■ '제Ⅳ부' 를 시작하면서

모든 사회는 가족, 경제, 종교, 정치, 교육 등의 기본적인 사회제도를 가지고 있다. 이 제도들은 사회가 유지되는 데 필수적인 요소이며, 각기 주요기능을 담당하고 있다. 특히 가족은 모든 인류사회에서 가장 중요시되는 집단이다.

개인이 맺는 사회적 관계의 친밀성 정도에 따라 여러 사회집단은 1차 집단(primary)과 2차 집단(secondary)으로 나누어지며, 가족은 일생에서 가장 중요한 인간관계를 맺는 1차 집단이다.

현대의 산업사회에서, 개인은 노인이 되어감에 따라 2차적 관계집단의 참여보다는 1차적 관계활동에의 참여가 증가하며 또한 그 중요성을 더해가고 있다. 즉, 인생의 마지막 단계인 노년기에 접어든 개인은 대부분이 노화로 인한 그들 나름대로의 독특한 상황에 처하게 되며 그 중 하나가 지역사회나 직업에서의 은퇴, 역할의 상실 등에 따른 생활범위의 축소가 해당된다고 할 수 있다. 이렇게 생활범위가 좁혀진 노인은 그들의 관심과 접촉 영역이 가족, 특히 자녀에게로 이동되며 이로 인해 노년기의 자녀와의 유대관계를 포함한 가족관계는 노인들에게 있어 매우 중요한 인간관계로 더욱 부각되는 것이다.

노인부양에 있어 가족의 중요성은 사회보장이나 여러 제도 및 시설이 매우 잘된 서구 사회에서도 인정되고 있는 것이 사실이다. 특히 연령이 많아질수록 가족에 대한 의존이나 의지는 높아가며 더욱 그 중요성이 커지고 있다. 따라서 노년기의 사회적 관계에서 중심이 되고 생의 마지막 단계에서 개인의 생활만족도에 직접적으로 관련이 되는 가족과의 관계 및 노인학대와 치매가족에 대해 살펴보고자 한다.

PART Ⅳ

제 Ⅳ 부

노인과 가족

제 10 장 노인가족
제 11 장 노년기의 가족관계
제 12 장 노인학대
제 13 장 치매노인과 가족

제 10 장

노인가족

1. 노인가족의 정의 및 형태

노인가족은 노인이 포함된 가구형태로서 노인독신 또는 노부부만으로 이루어지거나 노인부부와 미혼자녀 또는 기혼자녀가족으로 이루어질 수 있다. 노인과 그들 가족과의 연결에는 두 가지 유형이 있다. 노인과 자녀가족이 분리된 가구로 살고 있는 경우와 동일한 가구에 거주하는 경우가 있다. 또한 심리적인 거리 면에서 볼 때는 계속적으로 대면하는 상호작용을 통해 친밀성을 표현하는 경우와 그때그때의 접촉과 관계를 유지하면서 친밀성을 표현하는 경우로 생각해 볼 수 있다.

한국에서는 지난 오랜 세월에 걸쳐 유불선(儒佛仙)의 전통문화의 영향하에서 3세대 직계가족제도를 존속시켜 왔다. 그러나 최근 산업사회의 도래로 직계가족 제도는 변화가 불가피하게 되었고 노인문제를 보다 어렵거나 다른 국면으로 몰아 넣을 가능성을 갖게 하였다.

오늘날의 산업사회에서 가장 전형적인 가족형태는 부부가족 또는 핵가족이며, 파슨즈(Parsons, 1943)는 이것을 부부가족이 산업사회에서 보다 기능적으로 잘 적응할 수 있기 때문으로 보았다.

따라서 산업사회에서 기능적인 가족형태로의 변화는 과거 노인이 포함된 가족과는 다른 유형으로 변화를 가져왔다. 즉, 과거 3세대 직계가족은 산업사회의 변화에 따라 노부부세대와 자녀세대로 분리되는 경향을 보이며, 그로 인해 노인독신 또는 노인부부가족, 노인과 미혼자녀만으로 구성된 가족 등의 증가를 가져오게 되었다.

노인가족의 형태와 관련되어서 고찰되어야 할 가족형태는 수정확대가족(修正擴大家族) 또는 수정핵가족(修正核家族)이다.

수정핵가족은 외형상으로는 한울타리 안에 거주하지만 내용적으로는 안채, 바깥채 혹은 위층, 아래층에 거주하며 또는 같은 집에 살아도 한 끼의 식사는 다 같이 하지만 아침식사는 각각 하는 등 어느 정도 피차간의 사생활을 유지하며 동거하는 방식이다. 수정확대가족은 부모와 자녀가족이 개별의 가구를 마련하지만 근거리에 살면서 실제로는 한집과 같은 왕래와 협조를 하며 사는 것을 의미한다. 이 방식들은 절충적인 방법으로서 양측의 사생활을 비교적 방해하지 않고 자녀에게 큰 부담을 주지 않으면서 친밀한 유대를 이루고자 하는 것이다.

이러한 가족형태의 변화는 노부모와 기혼자녀가 주거공간의 공유와는 상관없이 가까이 살면서 상호 친밀하며 빈번한 애정적 유대관계를 형성한다는 것을 의미한다. 많은 연구(Sussman, 1976; Walker & Thompson, 1983; Aizenberg & Treas, 1985)들은 서구 사회에서도 노인에 대한 원조의 제공자로서 정부와 지역사회의 개입이 증가하고 있음에도 불구하고 젊은이들에서도 노인에 대한 가족의 책임관념이 지속되고 있음을 밝히고 있다. 따라서 노인이 포함된 가족형태를 분류할 때 자녀와의 동·별거나 세대뿐만 아니라 자녀와의 거리 및 관계를 중심으로 한 가족생활의 가치관이 반영되어야 할 것이다.

2. 노인가구의 형태분류

1) 윤종주의 분류

윤종주(1980)는 세대수, 고전적 가족형태의 기본개념, 가족의 주기적 변화과정의 세 가지 기준을 고려하여 ① 1세대 젊은 핵가족, ② 2세대 젊은 핵가족, ③ 2세대

팽창된 젊은 핵가족, ④ 2세대 복합가족, ⑤ 3세대 직계가족, ⑥ 3세대 복합가족, ⑦ 2세대 늙은 핵가족, ⑧ 1세대 늙은 핵가족, ⑨ 형태상 가족형성 이전이거나 가족형태가 붕괴된 기타의 9개 유형으로 분류하고 있다.

여기서 노인이 속해 있는 노인가족의 형태를 보면, 노부부와 기혼자녀, 미혼자녀가 함께 있는 2세대 복합가족, 노부부와 2명 이상의 기혼자녀, 손자녀(미혼자녀)가 있는 3세대 복합가족, 노부부와 기혼자녀, 손자녀(미혼자녀)로 구성된 3세대 직계가족 및 노부부만 있는 1세대 늙은 핵가족으로 열거해 볼 수 있다.

2) 최성재·장인협의 분류

최성재 외(2002)는 윤종주의 분류가 노인가족의 특성을 고려하고 있지만, 노부부 + 미혼자녀의 형태가 빠져 있다고 지적하면서 노부부 + 미혼자녀의 형태를 하나의 과도적 형태로 모아 생략할 수도 있지만 실제로 이 기간은 상당히 오래 계속되고 많이 나타나는 형태이므로 노인가족의 형태의 포함시키는 것이 더 좋은 것으로 본다.

그들은 우리나라에서 차남 이하가 결혼하고 분가하여 한 가족을 형성할 때 전반부에서는 서구 사회와 같이 각각 독립된 남자와 여자가 결혼하여 한 가정을 이루고, 자녀를 출산하여 전형적 핵가족을 이루다가 자녀가 성장하여 팽창된 핵가족을 이루게 되지만, 자녀가 독립된 생활을 영위하게 되면서 결국 노부부만이 남는 1세대 노인 핵가족으로의 과정을 밟는 서구 사회와 달리 이후부터는 우리나라 특유의 과정을 밟는다고 하였다.

즉, 팽창된 2세대 핵가족의 상태에서 장남이 결혼하면 결혼한 장남 내외 및 미혼자녀가 동거하는 2세대 복합가족을 형성하게 된다. 그러나 산업화에 따라 나타난 최근의 경향을 보면, 과거에 장남이 결혼 후 분가하지 않고 부모와 동거하던 것과는 달리 결혼 후 분가하여 젊은 핵가족을 형성하게 되고 노부모는 다시 미혼자녀와 동거하게 되는 2세대 노인 핵가족 상태를 유지하게 된다고 보았다.

그리고 3세대 복합가족에서 차남 이하 자녀들이 모두 결혼하여 분가하게 되면 완전한 형태의 3세대 직계가족을 형성하게 되며 이것은 제1세대인 부모가 사망한 후에 다시 팽창된 2세대 핵가족으로 돌아가게 된다고 보았다.

따라서 최성재 외(2002)는 기존의 가족유형 분류에서 부부가족과 직계가족의 분류가 노인가족에게 적합하게 적용되지 못한다고 보고 노인가족 형태를 ① 독신노인, ② 1세대 노인 핵가족, ③ 2세대 노인 핵가족, ④ 2세대 복합가족, ⑤ 3세대 복합가족, ⑥ 3세대 직계가족으로 분류하였다.

3) 이가옥의 분류

이가옥 등(1989a)은 우리나라의 기존 유형분류가 역시 포괄적이고 전형적이어서 일반적 가족구성을 지닌 노인가족을 대상으로 하여서는 분류가 가능하나 전체 노

표 10.1 ◉ 노인가구의 형태

가구형태			가구원의 구성
Ⅰ.	독신 노인가구	독신가구	독신노인
Ⅱ.	핵가족형 노인가구	부부가구	부부노인 + (비혈연)
		부부 + 자녀가구	부부노인 + 미혼자녀 + (비혈연)
		편부가구	독신남자노인 + 미혼자녀
		편모가구	독신여자노인 + 미혼자녀
Ⅲ.	직계형 노인가구	2대 직계가구	노인 + 기혼아들 + (미혼자녀)
		3대 직계가구	노인 + 기혼아들 + 친손자녀 + (미혼자녀) + (비혈연)
		4대 이상 직계가구	노인 + 기혼아들 + 친손자녀 + 친증손자녀 + (미혼자녀)
		중간세대 결여가구	노인 + (아들) + (친손자녀) + (친증손자녀) + (미혼자녀)
Ⅳ.	기타 친족 노인가구	아들 + 외손가구	노인 + 기혼아들 + 외손
		딸동거가구	노인 + 기혼딸 + (미혼자녀) + (외손자녀)
		기혼 2쌍 동거가구	노인 + 기혼2쌍 + (미혼자녀) + (친(외)손자녀)
		중간세대 결여가구	노인 + (기혼아들) + (기혼딸) + (친(외)손자녀) + (친(외)증손자녀) + (미혼자녀)
		기타 친척동거가구	노인 + 기타친척 + (기혼아들/딸) + (미혼자녀) + (손자녀)
		형제동거가구	노인 + 형제 + (기혼아들/딸) + (미혼자녀) + (손자녀)
Ⅴ.	비혈연 노인가구	비혈연가구	독신노인 + 비혈연 고용인 노인 + 중심가구원

자료 : 이가옥(1989a). 노인가구의 구조적 특성. 한국인구보건연구원, p. 38.

인가족의 유형을 분류함에 있어서는 제한점이 있다고 보았다. 따라서 ① 가구원의 친족관계, ② 결혼상태, ③ 세대의 세 가지 변인을 기준으로 삼아 노인가구의 형태를 대분류 5개, 중분류 16개, 소분류 61개로 분류하였다(표 10.1).

그들은 노인가족은 가족생활주기상 마지막 단계에 속하며 다세대 가족(multi-generational family)으로서 그 구조상에 독특한 특성을 지니고 있으므로 전체 가족을 대상으로 한 유형분류의 한 부분으로서 취급하는 것은 노인가족 또는 노인가구 형태분류에 적합지 않음을 나타내었다.

3. 노인가구의 특성

우리나라 노인가구의 특성을 표 10.2에서 보면, 전체 노인가구 형태 중 3세대동거 노인가구가 1/3 정도 차지하지만 점차 감소하고 핵가족형 노부부가구와 독신노인가구가 매우 증가하고 있음을 볼 수 있고 기타가족에 포함 되어 있는 조손가족(祖孫家族, the skipped generation family)이 증가하고 있다.

노인가구 중 직계형 3세대 동거노인가구의 비율이 점차 낮아지고는 있으나 2004년도 조사(한국보건사회연구원, 2005)에 의하면 1/3 정도가 동거하는 것은 노

표 10.2 ● 노인의 거주형태 변화추이

(단위 : %)

구 분	1981	1985	1990	1994	1998	2004
3세대 동거	69.1	54.8	44.0	39.1	41.1	38.6
미혼자녀와 동거	11.3	23.5	29.4	14.7	12.1	
노부부끼리	19.8	20.5	13.2	29.1	21.6	34.4
노인 혼자			10.6	11.9	20.1	20.6
기 타		1.8	2.8	5.2	5.1	6.4

주 : 기타는 노인과 손자녀 또는 노부모, 또는 친척 및 비혈연과 함께 거주하는 가구

자료 : 김태현(1981). 한국에 있어서의 노인부양에 관한 연구. 고려대학교 박사학위논문.
임종권 외(1985). 한국노인의 생활실태, 한국인구보건연구원.
통계청(1993). 1990년의 인구주택센서스 보고.
정경희 외(1998). 전국 노인생활실태 및 복지욕구조사, 한국보건사회연구원
정경희 외(2005). 2004년도 전국 노인생활실태 및 복지욕구조사, 한국보건사회연구원.

인의 경우에 경제적 여건의 악화 및 신체기능의 악화 등의 이유로 독립적인 생활을 하기가 어려워지고 의존성이 증가하기 때문에 자녀 또는 기타 가족성원과 동거하는 다세대 가구를 형성하는 경향이 높은 데 그 이유가 있다. 자녀의 경우 부모와 동거하는 경우 동거이유로는 가장 높은 응답이 '자식으로서의 의무감으로'가 37.2%이며 다음은 '부모로부터 가사·양육과 같은 도구적 도움을 받기 위해서'가 12.4%, '부모의 경제적 능력부족으로'가 10.0%, '부모에 대한 애정 때문에'가 9.3%의 순서로 나타났다. 기혼가구주의 부모와 동거 시 어려운 점으로 '경제적 어려움'이 28.1%로 가장 높았고 그 다음이 '사생활 및 사회생활 제한'이 18.0%, '노부모와의 갈등'이 17.1%, '생활양식차이'가 16.8%, '육체적 어려움'이 11.9%, '노부모부양 관련 부부간 갈등'이 4.2%, '자녀양육 방법 갈등'이 2.4%, '시댁, 친정식구들의 간섭 등'이 0.9% 순서로 나타났다. 단독가구(노부부가구와 독신노인가구)는 1981년 19.8%에서 2004년 55.0%로 증가하였다. 특히 노인독신가구는 1990년 10.6%에서 2004년 20.6%로 2배 이상이 증가하였다. 점차 증가하고 있는 독신노인가구 형태는 이제 노년기의 독특한 가구형태가 아니라 하나의 보편적인 가구형태로 등장할 가능성이 잠재되어 있다고 하겠다.

증가하는 노인가족의 경제적·신체적 취약성을 지원하기 위해서 2007년도에 신설된 노인장기요양보험제도의 정착과 공공부조(국민기초생활보장 및 경로연금)를 수급하는 노인의 비중이 노인인구의 13.5%에 지나지 않으며, 공적 연금제도의 연금 급여를 수급하는 노인의 비중은 19.8%(김상호, 2007)에 불과하므로 조세를 재원으로 하는 기초노령연금의 정착이 시급하다.

제 11 장

노년기의 가족관계

1. 노년기와 가족관계

노년기의 가족생활은 최근 들어 상당히 중요한 논쟁의 쟁점으로 등장하게 되었다. 노년기에 있어 가족관계를 기반으로 한 경험적인 연구들은 현대 사회의 도시화가 혈족관계의 기반을 침해했다는 초기의 가족사회학 학설과 대립되고 있다.

즉, 초기의 학설은 전통적 가족의 기능이 변화되고 핵가족의 거주형태로 변형되면서 가족이 고립화되어 불안정하고 또한 노년층의 가족관계는 점점 더 축소·쇠퇴하고 있다고 주장했었다. 이러한 초기의 학설에 반박을 가하기 위해 노년기에 있어서 가족관계의 중요성에 대한 체계적인 분석이 실질적 이해관계와 지적인 호기심과 더불어 활기 있게 이루어지고 있다.

가족관계란 가족원 상호 간의 인간관계를 의미한다. 인간은 출생과 더불어 하나의 가족에 속하게 되며 부모와의 관계로부터 시작하여 형제·친척·인척 등 여러 인간관계를 맺게 된다. 따라서 가족관계란 가족 간의 인간관계에서 나타나는 권력구조, 역할구조 등과 같은 사회적 관계와 개인 간의 내적 정서적 구조인 개인적·심리적 관계를 포괄하게 된다. 구체적으로 가족관계를 말하자면 결혼으로 결합된 부부관계와 혈연으로 연결된 부모-자녀의 세대관계가 그리고 혈연을 공유하는 형제자매 관계로 구성된다.

우리나라 노인의 자녀, 손자녀, 형제·자매, 친한 친구·이웃의 평균수를 보면(표 11.1) 성별로는 생존자녀와 동거자녀수에 있어서는 큰 차이가 없는 반면 손자녀의 경우 생존손자녀수가 여자노인이 8.3명으로 남자노인의 6.9명에 비하여 많은데 이는 여자노인들 중 후기 노인의 비율이 높기 때문으로 이해된다.

연령군별로 비교해 보면 연령이 높을수록 생존자녀수가 많은 반면 생존 형제·자매수는 적다. 65~69세 연령군의 경우 생존자녀수가 3.9명이고 형제·자매수가 3.0명인데 비하여 75세 이상 연령군의 경우 각각 4.6명과 1.4명으로 큰 차이를 보인다. 노인 중에서도 연령군별로 생존자녀수가 차이가 나는 것은 이들 연령층에서 출산력의 감소가 급격하게 이루어졌었기 때문이다. 친구·이웃의 수 또한 형제·자

표 11.1 ● 노인의 일반특성별 자녀 및 친지의 평균 수

(단위 : 명)

특성		생존 자녀	동거 자녀[1]	생존 손자녀[2]	동거 손자녀[3]	생존 형제·자매[4]	친한 친구·이웃[5]
전체		4.2	0.4	7.8	0.5	2.2	2.3
지역	동부	4.0	0.5	7.3	0.5	2.3	2.5
	읍·면부	4.6	0.3	8.8	0.3	2.2	2.1
성	남자	4.2	0.4	6.9	0.4	2.4	2.8
	여자	4.3	0.5	8.3	0.6	2.2	2.1
연령	65~69세	3.9	0.4	6.0	0.4	3.0	2.6
	70~74세	4.3	0.4	7.7	0.5	2.2	2.3
	75세 이상	4.6	0.5	9.9	0.6	1.4	2.0
가구형태	노인단독	3.9	–	7.5	–	2.1	2.3
	노인부부	4.3	–	7.8	–	2.5	2.5
	자녀동거	4.4	1.1	8.0	1.1	2.1	2.2
	기타	3.8	0.1	7.8	0.8	2.2	2.3

주 : 1) 생존자녀가 있는 경우 3,200명을 분석대상으로 함.
2) 무응답 3명을 제외함.
3) 생존 손자녀가 있는 3,151명을 분석대상으로 하였으며, 무응답 1명을 제외함.
4) 무응답 2명을 제외함.
5) 마음을 털어 놓고 문제점이나 걱정거리를 이야기할 수 있는 친구·이웃을 말함.
자료 : 정경희 외(2005), 전국 노인생활 실태 및 복지욕구 조사. 한국보건사회연구원.

매수와 마찬가지로 연령이 증가함에 따라서 감소하는 경향을 보인다. 이는 후기 노인일수록 자녀 외에는 비공식적 지지망이 축소함을 보여 주는 것이다. 자녀와 동거하고 있는 노인의 경우 친구·이웃이 없는 비율이 가장 높아 16.0%이며 평균 친구·이웃의 수는 2.2명이다. 반면 노인부부가구의 경우 평균 친구·이웃수가 2.5명으로 타가구형태보다 많다(정경희 외, 2005).

가족관계는 당사자 사이의 위계적이고 조화로운 관계가 되도록 끊임없이 협상해야 하는 상호 양보가 요구되는 관계이다. 이 끊임없는 거래는 가족들이 함께 살며 경험을 나누며 여러 가지 작은 사건들을 통해 논쟁하는 과정에서 이루어지곤 한다. 특히 만족스런 노년기를 맞기 위해서는 가족관계의 원만한 유지가 중요한 발달과업인 것이다. 공적 부양제도가 실시되고 있는 서구에서도 노년기 부모들은 1차적으로 가족들로부터 도움을 받고 있음이 밝혀지고 있으므로 노년기의 가족관계는 앞으로 고령화 사회에서 더욱 중요한 측면이라 할 수 있다.

2. 부부관계

1) 노년기의 결혼관계

부부란 결혼을 통하여 가족을 형성하고 오랫동안 함께 적응하면서 살아 온 사람들이다. 부부관계는 서로 다른 가정에서 자란 남녀가 인격적으로, 심리적으로 적응해 나가는 인간관계로 임시적이 아니고 지속성이 있는 것이다.

과거 한국의 전통사회에서 부부관계는 그다지 관심을 받아오지는 못했다. 즉, 한국 가족에서 중심적인 가족관계는 부자관계였으며, 여성은 대를 이을 남아를 출산해야 하는 의무를 갖는 위치에 있었기 때문에 부부관계는 부자관계를 위한 관계오서 부차적인 의미를 지녔고 자연히 부인은 남자에게 종속된 상하관계에 놓여 있었다.

그러나 오늘날 노년기가 길어지는 생활주기의 변화로 노후의 부부관계는 많은 관심의 초점을 받기 시작했으며, 부부관계의 질이 어떠한가에 따라서 노년기의 적응이나 만족도의 성공여부를 예측해 볼 수 있게 되었다.

(1) 가족생활주기상의 노년기 부부관계

한 가족의 형성, 확장, 축소 및 소멸의 과정은 가족생활주기(family life cycle)를 통해서 파악할 수 있다. 가족생활주기는 한 개인의 가족 내 역할수행과 개인 자신의 위치를 파악할 수 있게 하므로 자신이 어떻게 역할을 해야 할 것이며 다른 가족 구성원에게는 어떤 역할을 기대할 수 있는가를 인지하도록 해 준다.

듀발(Duvall, 1971)은 가족생활주기를 8단계로 분류하고 있다. 이것은 한 부부가 결혼해서 평균적으로 2년이 지나기 전에 첫 자녀가 태어나고 25~35년 동안 자녀를 기르는 데 헌신하게 됨을 나타내고 있다. 여기서 노년기에 해당될 수 있는 단계는 자녀진수기(제6단계)로부터 노부부 중 한편이 사망하기까지 전체 8단계 중 3단계가 해당된다.

얼마 전까지만 하더라도 대다수의 결혼관계는 마지막 자녀가 출가하기 전에 어느 한쪽(특히, 남편)이 사망함으로써 붕괴되었다. 오늘날에는 막내가 부모 곁을 떠난 후에도 자녀들과 같이 살던 전체 기간의 절반 이상만큼 더 긴 기간을 갖게 되었으며 그만큼 부부가 같이 생활하는 시간이 많아지게 되었다.

우리나라 기혼부인의 가족생활주기를 살펴보면 표 11.2와 같다.

표 11.2는 1935~1944년 기혼부인집단과 1975~1985년 기혼부인집단으로 출생연도를 달리하는 두 기혼부인집단이 16.1세에서 22.6세로 높아짐을 알 수 있으며 현

표 11.2 ● 기혼부인의 결혼 코호트별 가족주기

가족주기	1935~1944년 기혼부인	1975~1985년 기혼부인
초혼연령	16.1세	22.6세
첫자녀출생시 연령	20.2세	23.8세
자녀결혼완료시 연령	60.5세	52.2세
남편사망시 연령	54.7세	67.세
본인사망시 연령	60.6세	74.4세
자녀양육기간	40.3년	28.4년
자녀결혼완료부터 남편사망까지의 기간	-5.8년	15.0년
남편사망 후 기간	5.9년	7.2년

자료 : 공세권 외(1993). 가족의 변화와 가족정책. 한국보건사회연구원, p. 30 재구성.

재 70대에 속하는 1935~1944년의 기혼부인의 경우에는 28.4년으로 자녀출산·양육에 소요되는 기간이 줄어들어 자녀양육 이후의 자유로운 기간(빈 둥우리 기간 : empty nest)이 0.1년에서 22.2년으로 크게 늘어났다. 이런 빈 둥우리 기간의 연장은 노인의 여가활동이나 사회참여활동 등의 욕구를 증가시킬 것이며, 한편으로는 남편 사망 후 기간이 연장됨으로써(5.9→7.2년) 독신 여자노인의 고독감·소외감 등의 차원에서 노인문제를 유발할 수도 있는 것이다.

(2) 결혼관계의 붕괴

특히 노년기 부부의 큰 걱정은 홀로 된다는 것에 대한 것이다.

노년기에 결혼관계가 붕괴되는 것은 남녀 모두에게 큰 문제이나 일반적으로 여성이 더 오래 살고 더 나이 많은 남성과 결혼하며 재혼이 용이하지 않다는 점에서 여자노인에게 더 큰 문제로 부각되고 있다. 벨(Bell, 1963; 서병숙, 1991, p. 106 재인용)은 여성이 남성보다 배우자의 사별로 심리적으로나 사회적으로 더 곤란을 겪게 되는 어려움을 다름과 같이 밝히고 있다.

첫째, 여성에게는 결혼이 보다 중요하며, 아내 역할의 상실은 여성의 기초적인 역할의 상실을 의미한다. 둘째, 가정이나 친지로부터 재혼의 권유를 덜 받는다. 셋째, 경제적인 어려움이 더 많다. 넷째, 남자노인보다 홀로 된 여자노인의 숫자가 많아서 재혼이 어렵다.

여자노인은 배우자의 상실로 지금까지 지녔던 지위나 권위를 잃게 되며 직업을 가졌다 하더라도 비교적 임금이 낮은 직종에 국한되었고, 보다 빠른 퇴직 등으로 훨씬 더 불안정하며 경제적인 빈곤을 겪게 된다. 또한 역할 면에서는 종래의 가사 지휘권이나 며느리에 대한 전통의 전달자로서의 지위를 잃고 집 보기나 아이 보기의 보조적 역할의 지위로 전락하게 되어 남자노인보다 더 많은 어려움을 갖게 된다(현두일, 1973).

그러나 전 생애를 표현적이기보다는 수단적인 역할을 담당해 오고 생활을 유지하는 데 필요한 가사 일을 부인에게 거의 전적으로 의존하던 남자노인에게 있어서도 홀로 된다는 것은 역시 무력감과 고독감을 가져 오는 일이다. 또한 직업에서 목표 지향적 친구나 동료관계를 맺은 남성들은 노년기에 감정적으로 밀접한 친구관계를 형성하지 못하는 경우도 있어 아내로부터 받아 온 1차적 관계의 친밀성을 대신할 만한 적절한 대체물을 찾는 데 어려움을 경험하기도 한다.

(3) 노년기 재혼

노년기에 있어서 재혼은 배우자 없는 노인들에게 중요한 관심사인 것이다. 이윤숙(1990)은 노년기의 재혼에 장애가 되는 요인을 다음과 같이 밝히고 있다.

첫째, 제1의 벽은 노인 스스로가 가지고 있는 낡은 성도덕관과 자기억제이다. 즉, 노인은 성(性)에 관한한 점잖으며 손자나 취미생활에 몰두하는 노인상이 가장 존경받을 수 있다는 식의 '집의 어른'이 이상적인 노인상이라고 믿고 있는 젊은 세대와 노인들 자신의 의식과 주위에 대한 체면 때문이다.

둘째, 제2의 벽은 자식들의 반대이다. 죽은 부모에 대한 의리나 세상 사람들에게 노부모를 잘 모시지 못한다는 비판을 꺼려하는 자식들의 마음의 갈등이 문제이다. 또, 새로운 배우자의 출현으로 유산에 대한 배당이 감소하는 데 불만의 원인이 있다.

셋째, 독립된 생계를 유지할 수 있는 경제적 수입과 주택의 부족이 노인의 재혼을 저해하는 이유의 하나이다. 그러므로 사회보장제도의 확립으로 최소한의 생계가 보장되고 유산은 자기 자신의 노후를 위해 사용하는 것이 당연하다는 경제적 자각이 일찍부터 필요하다.

넷째, 노인의 결혼에 대한 상담기관이나 전문 인력이 적다는 것이다. 아직은 우리나라에서 현재 전문적인 노인 결혼상담소나 노인의 성(性)에 대한 이해 있는 전문가가 부족하다는 점이다.

노년기는 건강이나 경제, 사회적 역할, 배우자 등을 잃어 가는 상실의 시대이다. 노인이 삶에 보람을 가지고 생활할 수 있도록 하는 기초적 조건으로 ① 경제적 안정, ② 신체적 건강, ③ 마음으로부터 신뢰할 수 있는 말벗의 존재, ④ 타인을 위해 헌신할 수 있는 일과 역할, ⑤ 적당한 성적 만족이 해당되고 있다.

재혼을 희망하는 비율은 남자가 61.6%, 여자가 22.7%였으며, 재혼을 원하는 이유로는 남자의 경우 '외로움을 달래기 위해서(38.5%)', '몸시중을 원해서(15.4%)', '성적 만족을 위해서(7.7%)'로 나타나고 있으며, 여성은 '외로움을 달래기 위해서(15.5%)', '성적 만족을 위해서(2.4%)'로 나타나고 있다(이윤숙, 1990).

재혼을 원하지 않는 이유로는 남자노인의 경우, '체면 때문'이 19.2%로 가장 많으며, 그 다음은 가족의 이해 부족(7.7%), 건강 때문(7.7%)으로 나타나고, 여자 노인은 시중드는 것이 귀찮아서(32.1%), 체면 때문(13.1%) 등으로 나타나고 있다.

노년기에 있어서 배우자가 사망한 뒤에 재혼은 노인이 만족스런 생활을 유지해

가느냐에 매우 중요한 요인이 될 수 있다. 즉, 노년기의 건강유지나 만족스러운 삶을 위해 선택한 재혼은 보편적인 것으로 받아들여져야 하며 부정적이거나 금기시하는 태도는 지양되어야 할 것이다.

2) 노년기 역할전환과 부부관계

(1) 자녀의 독립과 부모역할 적응

일반적으로 첫 자녀가 태어나면서부터 마지막 자녀가 떠날 때까지가 가족생활에서 가장 바쁜 기간이라 할 수 있다. 자녀가 결혼이나 자립을 위해 부모로부터 독립해 가는 축소기부터 은퇴와 더불어 시작되어 한쪽 배우자의 사망으로 끝이 나는 마지막 소멸단계까지는 부부가 이전에 있었던 단계와는 다른 경험을 하게 된다. 이 단계 역시 발달과업을 제대로 이룩해야만 성공적인 노부부의 결혼관계를 유지할 수 있는 것이다.

자녀가 세상을 향해 '진수(launching)'해 갈 때 부모들이 받아들이는 유형은 다음 두 가지로 볼 수 있다.

즉, 첫째는 부모 중 적어도 한 사람이 자녀의 진수를 받아들이기 힘들어하는 '빈 둥우리기' 모델이다. 자녀가 집을 떠날 준비가 다 된 진수기의 어머니는 자녀의 진수를 좀처럼 받아들이려 하지 않는데, 이는 흔히 남편의 애정과 동지애의 상실을 더 두려워하기 때문이다(Troll, 1975). 즉, 자녀의 진수에 대해서 가장 불행하게 느끼는 어머니는 자신이 남편에 의해서 무시되며, 자신은 이해받지 못하며, 항상 외롭고, 남편의 동료애에 대해서는 기대할만 하지 못하다고 생각하는 경우이다.

둘째는, 부모가 양육의 의무를 거의 완료하면서 자신들의 자유와 독립성을 증가시키는 '곡선' 모델이 있다. 자녀는 방위가족에서 벗어나 정서적으로 안정된 과정을 겪게 되고 부모들은 서로에게 친밀감을 증진시킬 기회가 주어져 노부부관계에 주요한 변화가 일어난다는 측면이다.

앞에서 말한 빈 둥우리기의 영향은 막내자녀가 집을 떠나고 2년 후 되면 대체로 약해지게 된다. 중년기 부부는 이중의 역할을 수행해야 하는 책임이 무거운 세대이다. 즉, 노부모에게는 자식의 역할을 그리고 자녀에게는 부모의 책임을 다해야 하는 이중의 부담을 갖는 세대(샌드위치 세대 : sandwich generation)라고 할 수 있다.

그런데 부부가 자녀양육기를 성공적으로 함께 헤쳐 나오게 되면 부부 상호 간의 친밀감이 증폭되고 자녀가 일상의 관심사에서 덜 중요해지게 되며 따라서 부부는 옛날 혹은 새로운 관계와 경험의 기회를 갖게 되는 것이다. 자녀가 성장한 후에 다시 부부간에 같이 있는 시간이 많아지고 또한 같이 활동을 하게 됨으로써 결혼생활의 만족도를 높일 수 있는 것이다.

(2) 역할전환과 부부관계

부부는 자녀가 부모 곁을 떠나 그들만이 남게 되고 가족주기의 변화로 빈 둥우리기 또는 노년기가 연장됨으로써 오는 변화에 재적응을 해야 한다. 가족주기의 전환기에서 부부간의 친밀도나 재결속을 시도하여 긴장을 완화시키고 이 시기 이후에 발생하는 '역할전환'이나 역할변화에 서로 잘 적응하는 것이 노년기의 부부관계를 안정시키는 것이 된다고 할 수 있다.

노년기에는 한쪽 배우자 혹은 쌍방이 은퇴하게 되고 대부분 하루 24시간을 함께 있게 되는데, 어떤 노부부는 이 시기에 '재돌입'의 문제를 겪는다. 접촉의 증가는 관계의 심화를 가져오거나, 강요된 친밀감에서 오는 갈등을 초래할 수도 있다. 은퇴한 사람은 자신을 정의하는 데 기준이 되었던 기능(예를 들면, 부양기능)의 상실과 심한 역할적응을 경험한다.

전통적인 성역할을 가장 엄격히 구분지어서 행동하는 시기는 부모역할에 적극적으로 참여해 있는 중·장년기이며 노년기에 들어가면서 남녀의 성역할 차이는 점차 사라져 가게 된다. 즉, 자녀양육기가 끝나고 노년기에 들어서면 그 동안 억눌렸던 여성성(남편), 남성성(부인)을 표출시키게 된다. 그러므로 노년기에 와서 남녀 모두가 보다 양성적인 사람으로 되어가기보다는 남성은 여성화, 여성은 남성화되고 있으며 이러한 변화는 자녀양육(부모노릇)을 하는 일련의 행동이 끝남으로써 이루어진다(Gutman, 1975, 1977, 1978).

일반적으로 성역할 유형과 정신건강과의 관계를 보면 남성성이 높은 남성들이 청년기에서는 심리적 적응과 적극적인 관계를 보였으나(Mussen, 1961), 성인기에는 불안, 신경증세, 낮은 자기 수용도와 관계를 맺고 있는 것으로 나타난다. 그리고 노년기에는 양성적인 노인이 정신건강의 점수가 가장 높았으며, 여성성보다는 남성성이 정신건강과 보다 적극적인 관계가 있었다(Sinnott, 1982). 여성성이 높은 여자노인들은 생황의 부적응을 보이며 자기비판을 성행이 높았고(Lowenthal et al.,

1975), 가족 중심적인 경향이 매우 높은 여성의 노년기에서는 보다 문제의 소지가 많음을 발견하였다(Muss& Kuypers, 1974). 그러므로 노년기 부부관계에 있어 역할전환의 적응은 결혼생활의 향상에 매우 필요한 일인 것이다.

3) 노년기의 부부적응

(1) 노년기 부부적응 유형

노년기에서 얼마만큼 자신의 생활에 적응하며 만족해하는가는 성공적 노화와 관련이 된다. 오랫동안 서로의 경험을 공유해 오면서 함께 어려운 난관을 극복하며 살아 온 부부에게 있어 노년기는 새로운 의미로 다가오며 이 시기의 조화로운 부부간의 적응은 생의 마지막 단계에서 개인의 만족이나 자아 통합감을 갖게 하는 주요인이 될 수 있다.

미들리(Medly, 1976; 서병숙, 1991 재인용)가 분류한 노년부부의 세 가지 유형을 보면 다음과 같다.

첫째, 부부 중심형(the husband-wife)으로 친밀감을 강조하고 관계의 특성을 공유하며 반드시 다른 역할을 배제하지는 않으나 부부의 역할에 결혼의 초점을 두는 형이다.

둘째, 부모-자녀형(the parent-child)으로, 배우자 중 한 사람은 부모역할을, 또 한사람은 자녀역할을 하면서 보호와 양육, 지배와 순종, 의존성의 특성을 갖는 형이다. 이 경우는 배우자의 한쪽이 건강을 상실했을 경우에 이루어지는 형태이다.

셋째, 동료형(the association)으로 친구나 동료로서 행동하며 부부관계의 친밀감과 부모역할의 만족감이 중합되어 부부관계의 영속성을 증진시키는 형이다.

노년기는 바쁘게 살아 온 지난날과는 달리 서로가 건강적으로 약해지고 생활세계가 축소되어 가며 활동력이 감소되어 가는 시기이므로 이 시기에 부부간의 적응은 새롭게 나타나게 된다.

노년기에서 적응이 잘 이루어지기 위해서는 노년기 이전의 생활도 계속 유지하면서 주어진 생활을 기꺼이 수용하고 이에 적응해야 할 것이다. 즉, 체력이나 건강의 쇠퇴에서 오는 노화를 인식하고, 은퇴와 수입의 감소에서 오는 육체적·사회적 생활범위의 축소나 재정립을 이해하며 배우자의 사망에 대한 적절한 적응이 있어야 할 것이다.

(2) 결혼만족도

노년기 부부간의 만족도를 나타내는 연구들은 신혼기에 가장 높다가 중년기, 노년기를 통해 계속 낮아진다는 결과와 처음에는 높다가 낮아져서 자녀들이 집을 떠난 '빈 둥우리기'에 다시 높아진다는 U자형의 결과를 나타내고 있다.

즉, 리이(Lee, 1977)는 조기에 결혼한 부부는 연령이 높아짐에 따라 결혼만족이 낮아지는 경향이 있다고 하였으나 50대까지는 주부의 연령이 높아질수록 결혼만족이 감소하다가 60대 이후부터는 다시 증가한다는 연구결과(김쟁산, 1983; 송말희, 1986)도 있다.

노인부부의 결혼만족은 결혼 추기의 적응과 밀접한 관련이 있는 것으로 보인다. 프라이드와 스턴(Fried & Stern, 1948; 서병숙, 1991 재인용)은 노인 중 결혼에 만족한다고 응답한 거의 대부분의 노인은 좋은 결혼관계에 관한 역사를 가지고 있었으며, 1/2 이상은 노년기에 더욱 만족한 결혼생활을 한다고 하였다. 그리고 불만족한 경우는 결혼 초부터 다소 불만족하였고, 1/2정도는 더욱 악화되었다고 하였다. 즉, 결혼 초부터 다소 행복한 생활을 하고 중년기에도 결혼생활이 만족스러웠던 부부는 노년기에 와서도 서로 생활유형이나 심리·환경적 적응을 조화롭게 이룰 수 있으므로 노년기에도 계속 만족스런 생활을 유지하게 된다.

한편, 부부간의 성역할 분담이나 태도가 노년기의 결혼만족에 영향을 미칠 수 있다. 결혼 초부터 전통적인 성역할 분담에 익숙해 있던 부부는 남편의 은퇴 후 가사참여나 가족에 관한 역할수행 등에 익숙지 않으며 이것은 부부 모두에게 당혹감을 줄 수 있게 된다. 따라서 부부가 서로 상호 의존적이고 평등한 관계에서 역할 분담을 가지며 부부간의 동료애가 높을 때 부부 모두의 사기나 만족도가 높게 되는 것이다.

또한 노년기 부부는 은퇴 후 함께 지내는 시간이 증가하게 되므로, 결혼한 이후 두 부부가 겪어 본 적이 없는 경험들을 일으키게 된다. 즉, 서로 상호작용이 많아져 서로가 서로에게 관심을 갖게 되고 상대방의 진가를 알게 되어 서로 가까워지게 되고 친밀하게 될 수 있지만 부부가 함께 있는 시간이 익숙지 않게 되면 긴장과 갈등이 발생할 수 있다. 그러므로 적극적인 부부간의 대화가 필요하고 이를 위해서 공통의 화제나 취미가 있는 것이 노년기의 결혼만족을 위해서 필요하다.

(3) 성적 적응(性的適應)

노년기의 부부관계에서 고려되어야 할 또 다른 상황은 성적 적응이라 할 수 있다. 인간이 노화됨으로써 여러 신체·심리적 기능도 쇠퇴하거나 또는 변화되어 간다. 따라서 노인이 성적 관심을 가지는 것은 별로 바람직하지 못한 것으로 여겨져 왔다. 그러나 노년부부에서도 성적 관심은 행복한 노년생활을 위해서도 필요한 일이다. 결혼생활에 있어서 성(性)이란 자연스러운 일이다. 성의 문제는 인간 본능의 차원이며 부부관계에 있어서 성적인 조화는 기본적인 요소가 되는 것이다. 그럼에도 불구하고 성에 대한 논의는 삼가 되어 왔으며 대체로 성(成) 그 자체는 금기시되어 왔다. 더군다나 노인의 성(性)을 이야기하는 것은 사회통념상 언급되기 어려운 일이었으며 유교적 성도덕이 지배적인 우리 문화에서는 더욱 금기시되어 온 사항이었다. 행복하고 만족스런 노년생활을 위해서는 신체·심리적 변화에 따른 부부간의 성적인 조화는 매우 필요한 일이다. 그러므로 노인의 성생활에 대한 부정적 태도를 변화시키고 올바른 지식이나 이해가 필요할 것이다.

노인들의 성기능은 노화와 함께 감퇴되는 경향을 나타내지만 상당히 고령에 이르기까지 지속되는 것으로 보인다.

킨제이(Kinsey) 보고서에 따르면(장인협 외, 1987), 나이가 많아져도 많은 남성들은 성적 활동을 지속하고 있으며, 60세에 95%, 70세에 70%, 70세가 넘으면 미약한 성적 활동을 보였다. 또한 정신적 애정감정도 60세를 전후하여 U자형으로 회귀해서 10대의 순수한 경지로까지 회복한다고 한다(조기동, 1933).

우리나라 60세 이상의 남녀 250명에 대해 노인의 성의식을 조사한 이윤숙(1990)의 연구에서 남자의 성적 능력은 일반적으로 이해되고 있는 것보다 훨씬 지속적이고 높은 비율인데 비하여 여자의 경우는 고령일수록 떨어지고 있는 것으로 나타났다. 즉, 성적 능력의 개인차가 많지만 연대가 올라갈수록 남녀 모두 성적 능력이 저하되고 있음을 나타내고 있다. 성적 요구가 '간혹 일어난다'(22.4%), '가끔'(18.0%), '성적 자극이 있을 때'(17.6%)의 순으로 나타나 남자들의 성적 능력은 89.4%가 정도의 차는 있어도 지속되고 있으며, 80세 이상까지도 유지되고 있음을 나타내고 있다. 여자의 경우는 30.9%만이 성적 능력이 있음을 시사하였다. 또한 성적 욕구를 만족치 못한 이유에 대해서 남자의 경우는 '상대가 응하지 않아서'(21.0%), '체면 때문에'(11.3%), '좋은 상대가 없어서'(8.9%), '돈이 없어서'(2.4%)로 나타나 남자 노인은 상대자의 불응과 경제, 체면 때문에 성적 욕구를 충족하지 못하였다. 한편

여자의 경우도 30.6%가 적당한 상태나 체면 때문이라고 대답하였다.

고령화 사회가 진행됨에 따라 노인인구가 증가하고 있다. 노인인구의 증가는 노인의 성에 대해서 전혀 무관심하거나 또는 금기시하는 것보다는 노인복지의 차원에서 연구되어야 할 것임을 암시하고 있다. 노인도 한 인간으로서 젊은이와 같이 성적인 관심과 자유를 누릴 권리는 있는 것이다. 이윤숙의 조사에서도 보듯이 노인이 되어도 성욕구는 일어나며, 청년기와 동일하지는 않지만 지속적인 것이므로 노년기 부부관계에서도 만족스럽고 조화로운 생활을 위해서는 올바른 이해와 관심으로 성적 적응이 이루어져야 할 것이다.

3. 세대관계

1) 노년기 세대관계의 의미

인구의 노령화로 인한 인구구조의 변화는 가족구조의 변화를 가져왔으며 한 가족에서 노년기 초기(young-old), 노년기 중기(middle-old), 노년기 말기(old-old)에 해당하는 노인들이 공존할 수도 있게 하였다.

트롤(Troll, 1975)은 한 세대의 길이가 과거 30년에서 현재는 20년으로 짧아졌다고 지적하고 있다. 이러한 세대 간의 촉진과 평균수명의 연장은 한 가족 내에 4세대 이상의 유대관계가 주목될 필요가 있음을 나타내고 있다.

번 벵슨(V. Bengtson, 1992) 역시 20세기 후반에는 과거와 다른 가족형태 또는 가족구조의 변모로 세대관계의 중요성을 지적하고 있다. 즉, 예를 들면 과거의 노인 1명에 4~5명의 자녀, 20여 명의 손자녀로 구성된 피라미드식 가족구성에서 증조할머니, 할머니 부부, 두 자녀의 부부, 네 명의 손자녀로 구성된 수직적이며 가는 다세대 친족형태인 콩껍질형(beanpole 또는 flagpole) 가족구조로 변화되고 있다고 지적하면서 다세대 역할관계 유지와 세대 간 역할시기의 연장 등에 주목하고 있다.

과거의 가족체계는 노인, 자녀, 손자녀 세대에게 경제적 친밀감과 유대감을 표현하는데 매우 중요한 역할을 하였을 뿐만 아니라 이러한 가족 내의 유대감은 노인의 육체·사회적 및 심리적 안녕을 얻는 데 매우 중요한 기능을 하였다.

벵슨(Bengtson, 1975)은 부모-자녀 간에 주고받는 감정적 상호 교환의 정도와 지각을 측정하기 위해 상호 간의 이해, 신뢰감, 공평함, 존경심, 애정차원을 설정하여 연구한 결과, 노부모 세대는 가족 간에 감정적 유대관계의 측면이 더 많다고 하였다. 이러한 결과는 노인세대는 단순한 물질적 도움이나 교환관계보다는 다음 세대가 자신을 계승해 주고 영속시켜 줄 것이라는 기대에서 감정·심리적 차원의 유대를 더욱 강조한다고 지적하였다.

인생의 마지막 단계인 노년기에 있어서 부모와 자녀 간의 관계, 조부모와 손자녀의 관계 등 세대 간의 관계는 노인의 생활만족도에 많은 영향을 미치는 중요한 요인이다. 즉, 정서적·애정적 유대감은 개인이 인생을 회고함에 있어 자아통합을 이루는가 아니면 절망의 감정을 갖는가에 절대적 영향을 미치는 것이다. 따라서 오늘날 급증하는 노인의 고독감이나 외로움의 문제에 있어 세대관계의 이해는 많은 도움을 줄 것이다.

2) 노부모와 성인자녀의 관계

(1) 노무모와 성인자녀 간의 결속관계

대부분의 노인에게 있어서 자녀들은 그들의 관심 대상이 된다. 노년기가 생활범위의 축소와 직접적인 관련이 있기 때문이기도 하지만 일반적으로 부모는 자녀에게 계속적인 혜택과 도움을 주어 왔기 때문에 자연스럽게 자녀에게 관심이 이동된다고 할 수 있다.

부모-자녀 관계는 개인의 일생을 통하여 지속되는 가장 긴 기간 중의 하나라고 볼 수 있다. 부모와 자녀는 살아가는 동안 의존성과 독립성을 조정해 나가야 되며 이것은 인간의 수명이 길어짐에 따라 더욱 절실하게 요구되고 있다. 즉, 성인자녀의 성숙성과 독립성의 증가, 노인부모의 의존성의 증가 등은 인간의 행로에서 자연스러운 현상인 것이다.

가족 내에서 노부모-성인자녀 간의 관계는 사회적으로 허용된 상호 의무와 가족의 결속에 기초한다. 즉, 노부모-성인자녀 관계는 무엇보다도 의무에 기초한 수단적인 이행인 것이다. 다시 말해 가족의 의무는 즉각적인 상호 호혜성이 있기보다는 연속적인 것이다. 각각의 세대들은 다음의 세대를 돌보아 줄 책임이 있다.

부모는 자녀를 돌보는 책임과 의무가 있고 자녀들은 부모가 베푼 은혜에 책무감이 있는 것이다.

노년기의 유대관계는 양적 측면을 중요시하는 객관적 유대관계와 질적 측면을 중요시하는 주관적 유대관계로 나누어 볼 수 있다(Cho, 1988). 결속도라는 개념은 집단 또는 가족원 간의 유대감을 나타내는 것으로, 올슨(Olson, 1976) 등은 가족의 결속력을 가족구성원들이 서로에 대해 갖는 심리적 유대, 즉 가족구성원 간의 상호 의존적 관계로 파악하고 있다.

가족의 결속력은 가족이 정상적으로 기능하는 데 도움을 주고 보다 원만히 대처하도록 힘을 주는 원동력이 될 수 있다. 노년기 가족관계에서도 가족원 간의 결속력은 위기나 문제의 대처 상황에 중요한 열쇠가 될 것이다. 벵슨(Bengtson)과 동료들(1982)은 노부모와 성인자녀 간의 결속정도를 종합적으로 파악하기 위하여 가족결속도의 개념을 ① 구조적 결속, ② 접촉적 결속, ③ 애정적 결속, ④ 가치관 일치의 결속, ⑤ 기능적 결속, ⑥ 규범적 결속의 6영역으로 세분화하고 있다.

① 상호 접촉

- 자녀와의 별거율 : 우리나라 노년인구의 가족별거율을 보면, 1981년 19.8%에서 2004년에는 55.0%로 증가하고 있음을 10장에서 알 수 있었다(표 10.2). 그러나 노인의 가족별거율의 증가가 반드시 노인이 가족으로부터 고립되어 있음을 나타낸다고 볼 수 없으며, 노인 편에서는 오히려 동일한 가구 내에서 함께 사는 형태보다 근거리에 떨어져서 사는 형태를 더 원하기 때문으로 볼 수 있다. 그러므로 자녀와의 거주상 분리로부터 가족이 노인을 소외시키고 있다고 볼 수는 없을 것이다.

- 별거 자녀와의 거리 : 한국인구보건연구원에서 실시한 조사(1989b)에 따르면, 노인가구와 별거한 자녀와의 거리 정도는 표 11.3과 같이 나타나고 있다. 차타고 3시간 이상 걸리는 거리에 자녀의 거주지가 있는 노인의 경우가 38.3%로 가장 많았으며, 차를 타고 1~3시간 이내는 48.8%, 30분 이내에 거주하는 경우는 10% 정도이다. 즉, 우리나라 단독가구노인의 자녀 거주지와의 관계를 보면, 걸어서 30분 이내 접근이 가능한 가까운 지역에 거주하는 근거리의 거주형태보다는 원거리 거주형태가 많은 것으로 나타나고 있다.

표 11.3 단독가구노인의 거주지별 자녀의 거주지

(단위 : %)

자녀의 거주지	전 국	대도시	중소도시	농 촌
걸어서 10분 미만	4.3	6.2	6.6	3.4
걸어서 10~30분 미만	5.7	9.1	10.2	4.0
차타고 1시간 미만	20.7	32.3	22.7	17.4
차타고 1~2시간 미만	16.7	14.0	15.9	17.5
차타고 2~3시간 미만	11.4	6.4	8.8	13.2
차타고 3시간 이상	38.3	24.1	32.7	43.0
해외거주	2.6	7.3	2.8	1.3
거처불명	0.3	0.6	0.3	0.3

자료 : 이가옥 외(1989b). 노인단독가구 실태에 관한 연구, p. 60.

- 자녀와의 접촉빈도 : 우리나라 노부모들은 노인의 11.4%는 자녀와 거의 매일 접촉하고 있다. 노인의 12.5%는 주 2~3회 정도 접촉하고 있으며, 17.2%는 주 1회 정도 접촉하고 있어 노인의 41.1%는 적어도 주 1회 정도는 별거자녀와 접촉하고 있는 것으로 나타났다.

  한편 연락빈도의 경우 자주 만나기 때문에 별도의 연락이 필요 없다는 노인이 7.2%, 거의 매일 자녀와 통화를 주고받는다는 노인이 22.5%, 주 2~3회의 빈도로 연락을 주고받는 노인이 31.1%, 주 1회 정도 주고받는 노인이 18.7%로 79.5%의 노인은 적어도 주 1회 이상 별거자녀와 연락을 주고받는 것으로 나타났다. 주 1회 이상은 아니지만 적어도 월 1회 이상 연락을 주고받는 노인까지 포함하면 96.6%에 달하고 있어 약 3% 정도의 노인만이 별거자녀와 별다른 연계를 갖고 있지 않음을 볼 수 있다(정경희 외, 2005).

② 상호 도움(원조)

노부모와 성인자녀의 세대관계에서 상호 원조의 유형은 매우 중요한 측면이다. 부모세대와 자녀세대의 교류 또는 원조의 영역은 실제적인 것과 정서적인 것으로 나누어 볼 수 있다. 대체로 많은 연구들이 이런 영역에 포함되는 원조나 부양의 형태를 질병 시에 간병이나 현금 주기, 선물제공, 심부름하기, 식사준비하기, 자녀돌보기, 가정관리에 대한 조언, 집안청소 및 수선, 직업이나 생활문제에 관한 조언, 정서적 지원과 애정 등의 차원에서 조사해 왔다.

노년기에 부모 자녀 간의 상호 부조는 자녀로부터 부모에 대한 일방적인 원조만이 아니라 상당히 많은 경우에 상호적이거나 부모로부터 자녀에 대한 일방적인 원조가 되는 경우도 있다. 일반적으로 부모는 자녀로부터 도움을 받는 것보다 자녀에게 더 많은 도움을 주는 경향이 있으며, 이것이 깨지는 경우에는 부모의 건강이나 경제적 여건이 변화할 때이다. 그러므로 부모와 자녀세대 모두는 어느 일방이 원조의 제공자 또는 수혜자라고 단정할 수 없으며 이들 간에는 여러 가지 상호 호혜적인 교류가 있는 것이다.

우리나라 노부모-성인자녀 관계는 노부모의 부양실태와 부양행동을 중심으로 파악되고 있다. 현재 우리나라에서는 부모-자녀세대 간의 완전한 독립이란 기대할 수 없다. 즉, 대부분의 노부모들은 자녀에게 계속적인 물질적 혜택을 베풀며 가능한 한 자식에게 물려 주려고 하며 어려운 일에 재정적·감정적 도움을 주고자 하고 자신들의 노후부양을 자녀에게 기대하고 있다.

우리나라 노인이 가깝게 느끼는 자녀는 장남(45.0%)이며, 다음이 장녀(19.2%), 막내딸(10.7%) 등의 순으로 나타나고 있어 노부모의 장남에 대한 심리적 결속은 여전히 강하다는 것을 보여 주고 있다(최정혜, 1992). 또한 일상생활에서 노인들에게 가장 도움을 주는 자녀는 장남(57.6%), 장녀(15.6%), 장남 외 아들(11.3%)의 순으로 나타나고 있다.

따라서 우리나라 노부모들은 아직까지 장남과 규범적 결속관계를 유지하고 있는

표 11.4 ● 자녀에게 바라는 도움

(단위 : N(%))

응답내용	집 단		
	도 시	농 촌	전 체
없다	39(17.3)	27(12.0)	66(14.7)
잦은 방문과 대화, 정신적인 도움	96(42.6)	75(33.4)	171(38.0)
경제적 도움	61(27.1)	103(45.8)	164(36.4)
신체적 도움	20(9.0)	15(6.6)	35(7.8)
무응답	9(4.0)	5(2.2)	14(3.1)
계	225(100.0)	225(100.0)	450(100.0)

자료 : 최정혜(1992). 노부모가 지각하는 성인자녀와의 결속도 및 갈등에 관한 연구. 성신여자대학교 박사학위논문, p. 89.

것으로 보인다. 그리고 우리나라 노인이 자녀에게 바라는 도움은 잦은 방문 및 대화, 정신적인 도움 등의 정서적 영역(38.0%)과 경제적 영역에서의 도움(36.4%)으로 나타나고 있다(표 11.4).

노부모-성인자녀 관계에 있어서 유대관계란 단순한 의무감에서가 아니라 애정적인 유대감에서 비롯될 때 그 만족도가 높게 나타난다. 즉, 자녀와의 상호작용에서 노인에게 중요한 원조나 상호교류는 정서적인 교류인 것이다. 노년기의 사회적 관계가 주로 가족을 통해, 특히 자녀를 통해 이루어진다고 보면, 성인자녀와의 결속도는 노년기 발달과업에서 가장 중요한 측면인 것이다.

따라서 상호 간의 호혜적이고 애정을 근간으로 부모-자녀 간의 관계를 수립할 때 노년기 가족관계의 질을 높일 수 있는 것으로 보인다.

(2) 노부모와 성인자녀 간의 갈등

① 세대차의 갈등

노부모-성인자녀 관계에서 중요하게 고려되어야 할 사항이 세대차와 갈등이다. 가족체계는 끊임없이 변화하며 가족원은 이에 대처해 나가야 하므로 어느 정도의 마찰은 계속 경험하게 된다. 가족관계의 질은 가치나 관심사에 대해 일치하는가와 가족성원과의 대화에 의해 크게 좌우된다. 즉, 노부모와 성인자녀 간의 만족스러운 관계는 거리적인 근접성보다는 상호 간의 의사소통을 통한 원활한 가치관의 교류에서 형성된다고 볼 수 있다.

노인은 가족 내에서 연장자로서 그들의 삶을 통해 축적해 온 지혜를 자녀에게 전달하고 자신이 다가오는 세대에 필요한 인물이라고 느끼고 싶어 하는 욕구가 있으며(Galvin & Brommel, 1982), 이런 욕구는 자녀가 길잡이가 될 만한 정보나 이야기에 귀 기울여 줄 때 충족된다. 즉, 부모의 가치나 관심사가 자녀에게 전달되고 상호 이해가 될 때 노년기의 만족도는 높아지며 그렇지 못할 경우 갈등은 발생된다고 볼 수 있다.

그러나 현대 사회는 급격히 변화하고 있으며, 과거 전통사회의 노인이 생활해 온 경험과는 다른 가치관의 유입 등으로 세대 간의 갈등은 촉진된다고 볼 수 있다. 갈등은 둘 내지 둘 이상의 욕구가 동시에 존재하여 해결에 곤란을 느끼는 상태로 가족 내에서는 둘 이상의 가족원이 자신의 바람과 다른 사람의 욕구가 양립할 수 없다고 믿는 과정에서 생기는 태도나 가치의 차이 때문에 진전되는 것이다.

스칸조니(Scanzoni & Polonco, 1980) 등은 한 가족구성원이 상대 가족구성원으로부터 일정한 보답을 원하는 경우 한 가족구성원 일방이 가족의 역할이나 감정 등의 상호성을 무시할 때 갈등이 발생한다고 하였다. 이런 가족의 갈등은 가족원 서로를 정서적인 대치상태로 몰아가며 관계의 질에 영향을 미치게 된다. 그러나 가족과 같이 친밀한 구성원 사이에서 어느 정도의 갈등은 필수적이며 오히려 가족원의 역동성과 활기를 불어 넣게 되어 가족의 결속에 긍정적 영향을 미칠 수도 있는 것이다.

부모-자녀 관계의 질은 지금까지의 관계가 어떠했는가가 현재의 관계에 영향을 미치게 된다. 노부모-성인자녀 간에 갈등이 발생하는 원인을 보면 우선 세대차의 측면에서 고찰해 볼 수 있다. 즉, 세대차이가 갈등을 심화시키는 요인이 되는 것이다. 세대(generation)란 어떤 집단이 공통으로 소유하고 있는 사회적·역사적인 특징으로서 동시대의 다른 집단과 구별되는 특성이라 할 수 있다(Bengtson & Cutler, 1976).

부모-자녀 관계는 부모와 자녀라는 생물학적으로나 시대적으로 다른 세대에 있는 인간의 관계이므로 적어도 20년 이상의 연령 간격 및 사회적 차이는 이 두 세대의 사상이나 가치, 추구하는 바, 취미뿐만 아니라 사회적 지위, 권위 등에서 좁혀질 수 없는 차이를 나타낼 수 있는 것이다. 벵슨(Bengtson, 1979)은 세대 간의 상호작용에서 세대차의 원인에 대해 개념적 틀을 제공하고 있다.

그는 첫째, 노인이 속한 동시집단과 자녀가 속한 동시집단의 차이에서 오는 동시집단 간의 세대차(cohort gap)를 들고 있다. 노인과 젊은 세대는 서로 태어난 시기가 다르므로 성숙의 정도가 다르고 서로 다른 인생의 생활주기에 속하게 되며, 이런 생활주기상의 차이는 역사적으로나 사회적으로 서로 다른 사건을 경험하게 하므로 세대차가 발생한다고 하였다.

둘째, 각 가족 내의 부모세대와 자녀세대 간에서 오는 직계가족 내의 세대차이(lineage gap)가 있음을 밝히고 있다. 각 가족마다의 자녀양육방법, 가정 분위기, 종교, 문화 및 가치체계가 다름으로 해서 사회에서 느끼는 것과는 다른 세대차이가 있다는 것이다. 즉, 부모가 자녀를 양육하면서 자녀들에게 일정한 방향으로 기대하고 사회화시킨 가치관이나 신념, 사고방식이 자녀들에 의해 수용되는 정도에 따라 차이를 보이게 되는 것이다.

셋째, 아동기에 가졌던 태도나 가치가 노년기에서는 다른 방향으로 될 수 있다는 주기적 세대차(period effect)를 들고 있다. 이러한 세대차는 급격한 산업화의 영향을 갖는 오늘날만 존재하는 것이 아니라 과거 노인세대와 젊은 세대가 갖는 차이만큼 오늘날도 존재한다는 측면에서 고려되는 차이인 것이다.

이러한 세대 간 필연적으로 발생하는 차이는 노부모와 자녀가 비록 서로에 대해 잘 알고 깊이 이해하고 염려해 준다고 하더라도 서로의 경험을 공유하거나 공감하게 하는 데는 어렵게 할 수 있다.

벵슨(Bengtson, 1971)의 연구에 의하면, 가족원들 간에는 자기 가족에서보다 사회 내에서 세대차가 더 크다고 인식하였으며, 손자녀 세대가 가장 크게 세대차를 이식하고 있고 조부모 세대가 가장 적게 세대차를 느끼고 있었다.

세대 간의 차이는 의존성과 자율성의 발달과업에 영향을 받을 수 있는데 젊은 층은 특성상 독립 또는 분리되고 싶기 때문에 가깝지 않다고 지각하며, 반면에 노인층은 의존하려 하고 자녀에게 투자한 것이 많으므로 가깝다고 응답하는 경향으로 파악될 수 있다.

② 의존성과 갈등

노부모-성인자녀의 갈등은 또 다른 측면에서 노인의 의존성으로 인하여 일어난다. 노인은 비록 인생 후반까지 스스로 자신의 몸을 돌보고 자신의 욕구를 충족시킬 수 있다 하더라도 결국에는 대부분의 노인이 점차 다른 사람의 도움에 의존하게 되는 쇠퇴의 시기를 경험할 수밖에 없다. 연령이 증가함에 따라 배우자 혹은 친구는 사망하게 되며 직장에서는 은퇴하고 에너지는 감소하게 되어 자연히 몸을 감당할 수 없는 현상을 겪게 된다.

의존은 모든 사람에게 일어나는 자연스런 현상이며 인간은 유아기로부터 비교적 독립적인 성인기, 노년기에 이르기까지 다양하게 의존을 경험하게 된다. 즉, 의존성은 결코 병리적인 것이 아니며 생활주기상에서 나타나는 자연스러운 현상으로 특히 유아기와 노년기는 절대 의존기에 속한다. 노인의 의존성은 ① 경제적 의존성(연금, 보험, 용돈), ② 신체적 의존성(퇴화한 신체기능에 대한 보완), ③ 정신능력의 의존성(기억력, 판단력에 대한 도움), ④ 사회적 의존성(사회적 접촉의 추구, 고립의 회피), ⑤ 심리적 의존성(감정적 유대, 안락감) 등의 다섯 가지로 구분될 수 있으며(Blenker, 1965), 이러한 의존성은 의존욕구의 충족과정에서 많은 문제를 수반하게 되지만 노인이 사회로부터 제공받아야 할 당연한 권리이다.

노부모가 성인자녀에게 의존하는 것은 노년기의 나쁜 건강과 경제적 취약성이 주요인이며 이때 부모의 노화로 인하여 의존-독립의 균형이 자녀 쪽으로 기울이게 되면서 역할전이의 갈등을 느끼게 된다. 즉, 노부모의 나쁜 건강과 경제적 빈곤이 세대 간의 갈등을 심화시키는 것은 이제까지 자녀에게 물질적 원조의 제공자로서, 권위의 상징으로서의 역할에 익숙해 왔던 노인이 노년기에 접어들면서 자신의 물질적·정신적 원조를 성인자녀에게 의존해야만 하는 역할전이에 적응하기 힘들기 때문이다. 노인의 의존성은 곧 역할수행의 감소 내지 제한을 의미하며 이는 가족 내 역할의 한정된 참여를 뜻하고 의존적 지위를 의미하는 것이다.

한편 성인자녀 또한 실제로 도움을 제공하는 과정에서 갈등을 느끼게 된다. 특히 노부모가 과도하게 의존적이며 개입적이고, 자녀의 사생활을 허용하지 않는 상황에서 갈등을 느끼게 되고 현재 자녀에게 의존하고 있는 노부모가 그의 존재욕구를 충족시켜 주고 있는 자녀에게 아직도 충고, 훈계, 지도하려고 고집하는 상황에서 문제는 더욱 악화될 수 있는 것이다.

시시렐리(Cicirelli, 1982)는 노모와 동거하는 성인남녀 148명을 대상으로 연구한 결과 노부모의 의존과 성인자녀의 지원이 많을수록 성인자녀의 부정적인 감정이 높아감을 보고하였다. 또한 신일진과 김태현(1991)도 노부모와 성인자녀 간의 의사소통유형과 갈등과의 연구에서 노부모와 성인자녀 간의 갈등은 성인자녀의 연령이 20대와 50에서, 노부모의 건강이 나쁠수록, 그리고 성인자녀가 노부모에게 제공하는 경제적인 도움이 많을수록 갈등이 많은 것으로 보고하고 있다. 이런 갈등은 부모-자녀의 성(性)에 따라서 다르게 나타나고 있다.

한국인구보건연구원(1985)에 따르면, 아들부부와 동거하는 노인의 의견충돌 대상은 며느리가 44.1%, 아들이 42.1%, 배우자 및 기타 가족은 13.8%로 나타나고 있다. 일반적으로 남자노인은 아들과의 충돌이 많고 여자노인은 며느리와의 충돌이 많은 것으로 보인다. 의견충돌 사유를 보면(표 11.5), 경제적 문제가 25.3%이나 성격적 요인이 31.2%로 가장 많이 나타나고 있고, 불효도 15%나 지적되어 의견충돌 요인으로서 심리적 요인이 가장 큰 비중을 차지하고 있음을 알 수 있다. 성별로 볼 때 남자노인은 경제적 이유(33.8%)로 자녀와의 의견충돌을 가장 많이 경험하며 여자노인은 성격차이(32.9%)가 가장 큰 원인이 되고 있다.

노부모-성인자녀 간의 세대차와 의존성에서 오는 갈등 등은 필연적이다. 어느 정도의 갈등은 가족 간의 활력과 윤기를 불어 넣는 촉진제가 될 수 있다.

표 11.5 ● 아들부부와 동거하는 노인의 의견충돌 사유

(단위 : %)

의견충돌 사유	계	남	여
경제적 문제	25.3	33.8	21.6
가사문제	16.2	16.9	15.9
성격차이	31.2	27.3	32.9
불 효	15.0	11.7	16.5
자녀건강, 기타	12.3	10.4	13.1

자료 : 임종권 외(1985). 한국노인의 생활실태. 한국인구보건연구원, p. 294.

즉, 상호 간의 필연적으로 오는 차이를 상호 이해로서 이정하고 협상과 타협으로 문제에 직면해 나갈 때 노년기 세대 간의 차이는 원만히 해결해 갈 수 있을 것으로 본다. 노부모가 지각하는 성인자녀 간의 의무적 관계가 아닌 심리적 결속의 유지가 매우 필요하며 이것은 오랜 기간의 유대로 발전되어야 할 것이다.

3) 고부관계

결혼에 의해서 시작되는 고부관계는 가족 내 인간관계의 한 측면으로 혈연의 연결이 없는 타인끼리 한 남성을 매개로 하여 법적·인위적 관계를 맺는 관계로서 가장 문제가 많은 가족 내의 인간관계라 할 수 있다.

고부갈등(conflict between mother-in-law and daughter-in-law)이란 고부 사이에서 서로 상치되는 가정 내의 위치와 견해 및 이해의 차이로 인해 일어나는 충돌을 뜻한다.

고부는 서로가 서로를 택해서 맺어진 관계를 아니지만 배우자의 부모와 자식의 배우자라는 관계에서 주요한 가족단위이다. 그래서 관계가 맺어진 초기에는 결혼, 부모, 자식들이 의미하는 상징성에 의해 두 사람의 관계는 호의(好意)에서 출발하려고 노력하며, 모든 갈등은 억압되어 제거되어야 하는 것으로 생각된다. 그러나 일부 가정에서는 점차적으로 실제 현실적 갈등이 비현실적 갈등으로 변해 호의(好意)가 적의(敵意)나 적대감으로 변해가는, 즉 호의나 적의를 동시에 가지게 되는 관계로 변질되기도 한다.

한국 가정에서 고부간의 갈등이 고질적인 문제로 지적되고 있는 것은 비단 전통사회에서만은 아니며, 사회·문화의 변화, 여성의 의식구조의 변모가 많이 이루어진 현대 사회에서도 고부간의 문제는 그 모습만 다를 뿐(예를 들면, 과거의 며느리 예속화에서 현재는 시어머니 예속화로 변화되는 현상 등이 지적되고 있다) 그 뿌리가 깊음을 부인할 수 없다. 따라서 전통사회에서의 고부관계와 현대 사회에서의 고부관계의 실상을 밝히고 해결방안을 살펴보고자 한다.

(1) 전통사회에서의 고부관계

① 수직적 인간관계에서의 고부관계

전통적 가족은 출생한 자녀가 아버지의 성(性)을 따르고 아버지의 친족집단에 소속되어 아버지의 재산과 권한이 아들에게 계승되는 부계가족으로 가족의 구성범위는 직계가족(stem family)이었다. 결혼한 남자들은 아버지의 집에서 살거나 아버지의 권위 하에서 생활하는 부처제거주(patrilocality)를 원칙으로 하였으며, 일정한 친족범위 밖의 사람들과의 결혼을 선호하였다(이광규, 1975).

부계가족에서는 가부장을 구심점으로 하여 부자로 이어지는 견고한 지속성을 가졌으며 서열의식이 투철하다. 과거 한국의 부계가족에서 가장 중요시된 가족관계는 부(父)와 아들로 이어지는 부자관계였다. 부자관계에서의 지배와 복종의 상하관계에 놓이게 하였다. 특히 고부관계는 윗세대와 아랫세대라는 세대차이와 윗세대 사람이 차지하고 있는 생활영역에 혈연관계가 없는 아랫사람이 들어와서 같은 작업영역에서 공존해야 된다는 상황과 외부로부터 결혼하여 자신의 지위를 차지해야 한다는 상황 때문에, 단순한 상하관계 이상의 긴장과 갈등을 지닌다.

즉, 부계가족에서의 며느리는 가족의 새로운 구성원으로서 가풍과 생활양식에 동화해야 한다. 부계가족제도하에서 딸은 결혼으로 인해 친정에서 완전히 배제되고 시가에 새로이 흡수되므로 여성의 지위는 부계가족 서열에서 가장 아래에 놓여지게 된다. 며느리의 최저 지위는 권리보다는 의무가 많고 절대적 순종을 요구받는 위치로, 가계에 경제적 공헌도가 있거나 아들의 출산으로 가계계승에 공헌을 했을 때 변화가 있게 된다. 이러한 며느리의 지위는 스스로 자신이 노력하여 부계중심 가족에서 얻어야 하는 성취지위(achieved status)였고, 며느리의 노동력 활용을 위해서 그 며느리를 부리는 시모와의 관계는 엄격한 상하관계가 유지될 수밖에 없었다. 그러므로 며느리가 겪는 일방적인 시집살이가 전통사회 고부갈등의 전형이라 해도 과언이 아닐 것이다.

이러한 고부간의 갈등이나 불화는 속담 및 민요 등에서도 잘 나타나 있다. 일반적으로 여성생활을 노래한 민요는 그 당시 여성들의 생각과 희망, 욕망 등을 묘사하고 있는데, 우리나라에 전해오는 민요 중에서 고부관계와 관련된 민요는 소위 '시집살이요'가 상당수를 차지하고 있다.

'시집살이요'에 담겨 있는 고부관계 중 첫 번째 유형은 영세한 자급자족적 농업을 경제수단으로 삼던 서민층에서 젊은 며느리에게 막중한 양의 노동이 부과되었던 사실에서 비롯된 것이며, 두 번째 유형은 고부가 서로를 타인으로 보는 배타적 감정에서 비롯된 경우인 것이다. 세 번째 유형은 유독 효(孝)를 강조했고, 특히 여성에 대한 규범과 억압이 많았던 폐쇄적 사회에서 그것을 지켜야 하는 며느리의 입장에서 비롯되고 있다.

시집살이를 노래한 다음 민요를 살펴보자.

민요 1	민요 2
시집온지 사흘만에 호랑같은 시어미가 삼복지길 더운날에 밭을매로 가라케서 한골매고 두골매고 삼사골로 그듭매고 다른점심 다나온데 이내점심 안나와서 저녁묵어러 들어오니 야시같은 시어미가 고기라사 일이라고 볼을 요리치고 조리치네. 거문창을 어대두고 흰차을 날로보고 밥이라고 주는거는 연년묵은 구린쟁이 숟이라고 주는거는 닽아빠진 동당숟가락 못살내라 못살내라 시집살이 못살내라 왔는길에 돌아가니 조그마한 집피방에 조그마한 초롱쨍이 가지마세 가지마세 그부모가 천년사나 그부모가 만년사나	무남독녀 외딸아기 금지옥엽 길러내어 시집살이 보내면서 어머니의 하는말이 시집살이 말많단다 보고도 못본체 듣고도 못들은체 말없어야 잘산단다 그말들은 외딸아기 가마타고 시집와서 벙어리고 삼년살고 장님으로 삼년살고 귀먹어리 삼년살고 석삼년을 살고나니 미나리꽃 만발했네 (중략) 못할네라 못할네라 시집살이 못할네라 열새무명 열폭치마 눈물받기 다썩었네 못살네라 못살네라 시집살이 못살네라 海州자지 반자지로 지어입은 저고리도 눈물받기 다처졌네.

이들 민요에는 시집살이의 어려움을 잘 나타내고 있다. 조선시대의 시집살이 민요들은 거의가 푸념적이고 가련한 내용들을 담고 있다. 혼입(婚入)해 온 며느리는 부엌살림은 무론 길쌈, 빨래, 물레, 베틀, 심지어 밭 매는 일까지도 모두 맡아 해

서 과중한 노동으로부터 오는 고된 시집살이를 받아야 했다. 출가한 며느리는 3일 만에는 부엌에 나가 시아버지의 밥상을 올려야 했으며 여기서부터 충실한 시종의 지위로 전락했다(임동권, 1963, 1969)고 할 정도로 호된 시집살이를 겪어야 했다.

그러나 며느리는 시어머니의 학대를 받더라도 부덕을 강조하는 엄격한 가족제도 하에서 인내를 통해 극복할 수밖에 없었다. 며느리의 입장에서 시집살이의 고통을 토로할 수 있는 대상은 남편뿐이라고 할 수 있다. 그러나 남편만이 유일한 의지 대상이지만 전통사회에서 모자관계가 부부관계보다 더 중시되었으므로 남편도 아내의 입장을 두둔하기는 힘들었으며 대개 이런 곤란한 입장을 회피하여 집안일에 무관심하게 되기 쉬었다.

이와 같이 내혈연, 우리 가문, 내식구 등의 사상이 강한 전통사회에서 상대적으로 내혈연이나 식구가 아닌 며느리는 가족구조상 주변인(outsider)일 수밖에 없었으며, 진정한 의미의 시집식구로 인정받기까지는 고된 생활을 겪어야 했다.

전통사회에서의 한국 가족의 구조에 의한 인간적 부조화이며, 첫째, 고부간의 갈등은 한국 가족의 구조에 의한 인간적 부조화이며, 둘째, 시어머니는 며느리의 일방적인 복종을 요구했을 뿐만 아니라 맹목적인 복종, 즉 노예성까지 요구하였고, 셋째, 시어머니의 정신적인 학대 외에 며느리에게 가하는 시집의 과대한 노동력의 기대도 갈등의 씨앗이 되었으며, 넷째, 시집식구는 며느리를 그 집에 동화시키려 하지 않을 뿐 아니라 완전히 타인시하였다.

② 밀착된 모자관계

한국의 가부장제 가족에서 부자관계를 영속시킬 수 있는 아들의 의미는 대단한 것이었다. 전통적 한국가정에서 결혼은 부자관계를 지속시키기 위한 주요 수단이었으며, 여자는 가문의 후계자를 출산시키기 위한 도구 이상은 아니었다.

며느리의 최대 의무는 시부모에게 봉사하는 것과 가문을 계승할 아들을 출산하는 것이었다. 며느리가 아무리 시가에 잘 봉사하고 시부모를 잘 봉양하여도 가계를 이을 아들을 출산하지 못하면 며느리의 지위는 결코 안정되지 못하였다. 따라서 결혼한 여성은 반드시 가문을 이을 아들을 출산해야 하는 필연성을 지녔으며 이것은 또한 배타적이며 최저 지위에 있는 며느리가 지위를 확보해 가는 수단이 되기도 하였다.

즉, 며느리가 아들을 출산하게 되면 며느리는 1차적 의무를 다하는 것이 되고,

그로 인해 지위도 확고해지며 심리적 고충도 차츰 줄어들게 된다. 그리고 이 아들은 며느리인 어머니의 심리적 방패가 되고 아들과 함께 장래에 살 수 있다는 희망을 갖게 하므로 며느리에게 다른 모든 고충을 참고 견디게 한다. 또한 전통사회에서는 여성의 가지표현이나 자아실현 등이 금지되어 있으므로 아들은 어머니의 자기표현의 수단이 되기도 하였다.

이와 같이 전통사회에서 며느리의 입장에서 볼 때 아들은 시가에서 자신의 위치를 달라지게 하는 통로가 되므로 기대와 애정을 쏟을 수 있는 투자적인 존재가 되고 아들의 입장에서는 보은에 보답하려는 효(孝)사상으로 어머니를 섬기게 되므로 밀착된 모자관계를 이루게 한다.

그리고 가부장제 사회에서 부자관계보다 우월시 되지 못하고 있는 부부관계는 상호 교환되지 못하는 부부간의 애정적·감정적인 부조화를 내포하고 있으므로 아들에게 투사되는 어머니의 정성과 애정은 더욱 지극하게 되며 자기실현을 대신해 주는 아들에게 어머니로 하여금 자신의 인생을 위임하도록 한다.

따라서 한국의 전통사회에서 고부관계는 처음부터 불균형한 애정의 교류에서 출발하고 있으며 부계가족에서 아들에 대한 지나친 기대나 선호, 약화된 부부관계에서 오는 아들에 대한 어머니의 애정적 투사 등의 모자관계의 밀착성이 고부갈등의 악순환적인 발생을 초래하고 또한 원인이 되고 있다.

(2) 현대 사회에서의 고부관계

① 고부갈등의 발생요인

1970년 이후 노년학에 대한 관심이 고조되면서 고부간의 갈등 문제가 학문적인 차원에서 논의되기 시작하였다.

한국 사회가 근대화해 가면서 고부간의 갈등을 초래한 부계가족제도도 많이 변화되었으나 그 구조상에는 아직 부계가족적 관습이 남아 있다. 현대 사회에서 고부갈등은 이렇게 고부간의 갈등을 발생시키는 구조적 요인의 잔존과 더불어 시대의 변화에 따라 새로이 나타난 의식구조 사이에서 스스로의 모순을 지니면서 복잡한 양상을 나타내고 있다.

서구 사회에서의 고부간 갈등에 대한 자료는 매우 적다. 슐린(Schlien, 1985)의 연구에서 보면, 적어도 새로운 부부가 결속력 있는 자신의 가족을 설립할 때까지 시어머니의 간섭은 며느리의 결혼만족과 스트레스 수준에 부정적으로 영향을 미친다고 나타난다. 그러나 대다수의 며느리들은 시어머니와 별 탈 없이 잘 지내고 있으며 약간의 며느리들만이 시어머니와의 관계가 좋지 않은 것으로 응답하고 있다.

우리나라의 고부간 갈등은 현대 사회에도 한국 가정의 고질적인 문제로 지적되고 있고 봉건적 가족제도가 낳은 최대의 비극으로 지목되고 있다. 산업화·도시화로 인한 핵가족 형태의 변화는 가족의식 면에서의 변화와 조화를 이루어 균형 있는 내·외적 변화를 함께 수반하고 있는 것이 아니라 오히려 서구의 핵가족 이념과 전통사회의 가족이념이 충돌하여 갈등을 일으키는 과도기적 혼돈을 유발하고 있다.

이러한 양상은 고부관계에서도 예외일 수는 없어 전통적 가족규범 아래서 고된 시집살이를 경험한 시어머니와 근대적 교육을 받고 서구적 가치관의 영향을 받은 며느리 간의 가족의식에 있어서의 불일치는 전통적 고부관계의 성격을 변화시킴으로써 갈등의 양상도 달라지게 하고 있다.

현재 대부분의 노인은 특별한 사정이 있을 경우 자녀와의 동거를 희망하고 있다. 또한 분거(分居)한 도시의 장남 부부들도 가까운 장래에 동거할 예정인 경우 그 주된 이유는 장남으로서 노부모의 부양을 해야 한다는 의식(62%)이 높게 나타나고 있어(임춘희, 1987), 그 구조상에는 아직 부계가족적 관습이 많이 남아 있다고 할 수 있다. 즉, 우리나라의 경우 분거하는 경우에도 함께 사는 것과 유사한 정도의 상호접촉과 밀접한 유대를 맺는 것이 기대된다. 따라서 시부모의 영향력과 간섭은 여전히 존재하고 있다고 볼 수 있으며, 이는 고부갈등이 파생될 구조적 요인도 여전히 존재함을 나타내는 것이다. 게다가 다음 몇 가지 요인이 첨가되어 현대 사회에서도 고부갈등이 표면화되고 있다(유영주, 1985).

첫째, 부모세대로부터 자녀세대의 독립으로서, 농경사회에서는 상속된 토지를 중심으로 경제활동을 하였으나 산업사회에서는 가정 외부에서 수입을 획득하므로 자녀세대의 주거단위 및 경제적 독립이 용이해졌고, 도시에서는 며느리가 주부권을 행사하는 경우가 많아졌다. 분가한 경우는 물론, 동거하는 경우에도 부모세대가 경제활동을 하는 경우를 제외하고는 결혼 초기부터 가사관리권을 며느리가 갖는 경향이 있다.

둘째, 가치관의 변화로 인한 전통적 가족규범의 붕괴로서, 상하질서, 즉 세대별·성별·연령별 상하관계를 중시하던 유교적 가족윤리가 그 힘을 잃어감에 따라 시어머니의 절대적 권위가 약화되고 있다. 즉, 전통적 가족에서 며느리에 대해 절대적 권력을 행사하던 시어머니의 역할이 며느리에 대한 의존적·협력적 역할로 전환되고 있는 반면에 며느리의 교육수준이 높아져서 무조건 순종하고 인내하던 며느리의 지위에 반발하는가 하면, 불만을 공공연히 표명하고 권리를 주장하게 되었다.

셋째, 애정구조면에서 보면 전통가족에서 고부갈등을 초래하는 근본적 요인이던 강한 모자관계가 현대 가족에서도 그대로 갈등의 요인으로 작용하고 있다. 아들을 사이에 둔 고부간의 애정갈등은 어머니의 아들에 대한 애착과 기대가 과도히 크고 또 그것이 다른 합리적인 방향으로 전환되지 않는 한 피할 수 없는 문제이다.

오늘날, 시어머니는 사회적 격변의 시기에 어려움을 무릅쓰고 자식을 키우고 교육시켜 왔으므로 아들에 대한 기대가 그 어느 때보다 크다. 반면에 서구적인 가치관의 영향을 받은 며느리는 대부분 부부 중심의 생활을 이상으로 하고 부부간의 애정관계를 가장 중요시하므로 시어머니의 실망은 대단히 크게 된다. 따라서 이러한 상황은 여전히 현대 사회에서도 고부갈등이 발생하는 요인이 되고 있다.

② 고부갈등에 관한 연구

고부갈등에 관한 연구들을 보면(박부진, 1981; 이경애, 1981), 성격차이나 시부모 모시는 일에서의 갈등, 형제, 친척간의 우애 소홀 및 자녀양육상의 문제 등으로 고부갈등이 발생하는 것으로 나타난다.

이기숙(1984)은 시모집단의 갈등요인은 며느리가 친척간의 우애에 소홀하고 시부모의 말을 무시하며, 시모의 일에 사사건건 간섭하고 참견하는 등의 '며느리의 이기적 태도로 인한 갈등'이 가장 많다고 하였다. 그 다음은 아이들 위주로 살림을 꾸리거나 아이들의 요구는 무엇이든지 들어 주는 며느리의 태도로 인한 손자녀 관계에서 오는 갈등, 자녀나 남편, 시댁식구에 대한 소홀함으로 인한 갈등, 음식솜씨가 서툴거나 부지런하지 않는 생활태도 등으로 인한 가정관리 태도의 서툶과 차이에서 오는 갈등으로 나타나고 있다고 밝혔다.

이러한 상황 때문에 시어머니와 며느리와의 언쟁이 유발되는데, 현대에 이르러서 고부간의 의견대립과 태도불손으로 인한 갈등은 더 심해지는 것으로 보인다(그림 11.1).

한편 며느리의 갈등요인은 상대적 비교로 인한 갈등, 시모의 이기적 태도로 인한 갈등, 소외감에서 오는 갈등, 시모와의 대화 결여에서 오는 갈등, 친척 및 가습

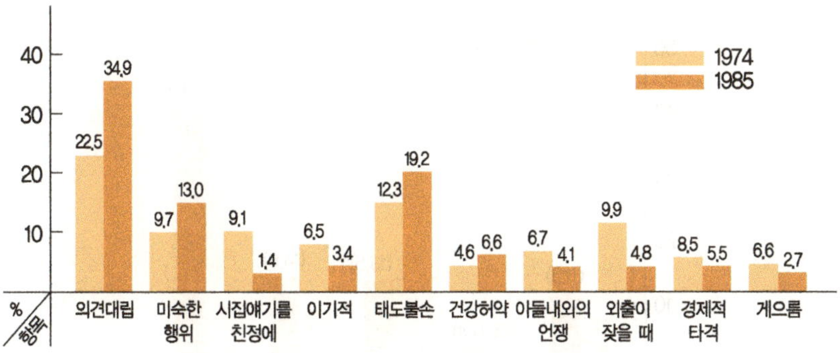

그림 11.1 ● **며느리와의 언쟁 원인(시어머니)**

자료 : 고정자(1988). 변화하는 한국사회에 있어서 고부갈등에 관한 연구. 대한가정학회지, 26(4), p. 136.

(家習)으로 인한 갈등, 손자녀로 인한 갈등, 친정으로 인한 갈등으로 나타나고 있다. 고정자(1988)는 조사연구와 사례연구를 병행하여 연구하였는데, 고부갈등의 원인을 권력 구조적인 면과 애정 구조적인 면으로 나누어 보았을 때 11년(1974~1985) 동안 권력 구조적인 면의 갈등은 줄어드는 데 비해 애정 구조적인 면의 갈등은 증가하는 추세에 있음을 지적하고 있으며, 고부갈등이 타가족 구성원에 미치는 영향이 매우 큼을 시사하고 있다.

즉, 시어머니의 경우는 고부갈등으로 인하여 모자관계와 손자녀 관계가 멀어지게 되고 심한 경우에는 가출, 노이로제 증세를 나타내기도 하며, 며느리의 경우는 부부관계에 직접적인 영향을 미치는 것으로 나타난다고 하였다. 고부갈등의 원인에서 며느리의 경우, 1974년의 53.8%보다 1985년 39.0%로 그 비율은 줄어든 것으로 나타나고 있지만 아직도 가사주도권으로 인해 시어머니와의 갈등이 가장 많이 있음을 나타내고 있다(그림 11.2).

이와 같이 현대 산업사회의 고부관계는 전통적 고부관계와는 다른 새로운 양상을 보이며 변화되고 있다. 가문이나 혈통을 중시하던 지배규범은 개인의 능력에 기초한 업적주의나 개인주의로 변하였다. 오늘날의 고부관계는 노인의 권력자원이 감소하고 젊은이들의 교환적 사고방식의 증가현상에서 파악될 수 있다. 즉, 며느리가 시부모봉양을 당연한 도리로 생각하기보다는 실질적인 이득을 고려하면서 부양에 임하는 선택적 태도가 보이고, 동거하는 경우에도 시어머니의 생활만족도나

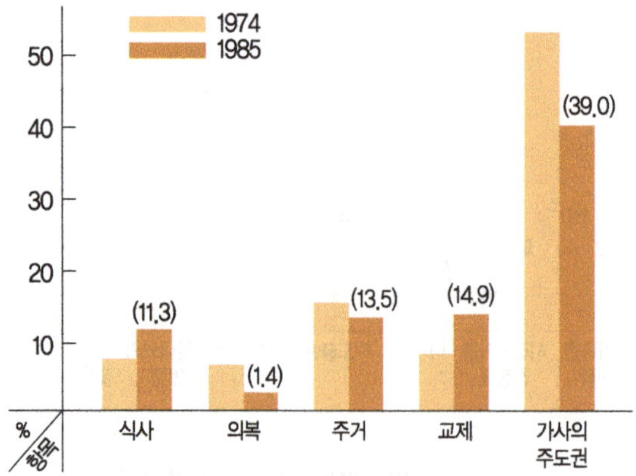

그림 11.2 ● **시모와의 언쟁 원인(며느리)**
자료 : 고정자(1988). 변화하는 한국사회에 있어서 고부갈등에 관한 연구. 대한가정학회지, 26(4), p. 136.

부양만족도는 낮은 수준으로 나타난다.

이러한 일반적인 양상은 시어머니가 가지고 있는 개인적·사회적 여건들에 따라서 달라진다. 즉, 경제적으로 도움을 많이 줄 수 있거나 사회적인 지위가 높은 시어머니는 대우를 받지만 그렇지 못한 시어머니는 가장 기본적인 부양마저 걱정해야 하는 대우를 받고 있는 것이다. 이러한 현상은 현대의 고부관계가 과거의 '시어머니 우세형'에서 점차 '며느리 우세형'으로 변모되고 있음을 보여 주는 예라고 하겠다.

따라서 가족 내의 권력이 시모에서 며느리에게로 이양되는 현상이 나타남으로 인해 나이든 시어머니의 소외라는 측면에서 현대의 고부갈등은 노인문제와 직결되는 새로운 문제를 일으키고 있다.

③ 고부갈등의 해결방안

고부간의 동거가 한국의 현실에서 불가피하고, 또 동거함으로써 필연적으로 갈등압박이 일어나리라는 것은 충분히 알고도 남음이 있다. 고부간의 갈등이라고 하는 사건발생은 가족들 간에서 그에 대한 위기에 반응할 수 있는 능력이 문제로 되며 그 다음에는 고부간의 갈등이라는 사건에 대한 가족들의 인식도와 해결능력이 문제로 된다.

인간관계에 있어서 갈등은 그것이 외부에 표출됨으로써 감지되기도 하며, 그 표출 자체가 갈등을 해소하는 기능을 하기도 한다. 갈등의 표출은 대개 다섯 가지 유형으로 나타나는데(Levin, 1970), 첫째, 구타·폭력 등의 신체적 공격, 둘째, 욕설, 항의, 비난 등의 공공연한 언쟁, 셋째, 험담, 불만토로 등의 은밀한 언어적 공격, 넷째, 고의로 기대에 어긋나는 행동을 하는 기대를 배반하는 것, 다섯째, 외출이나 가출을 하여 상대방과 부딪치는 것을 피하는 행동 등으로 볼 수 있다.

유교윤리에 입각한 전통사회에서는 시어머니의 지위가 시가에 혼입해 들어와 모진 시집살이를 참고 견디는 과정을 통해 획득되는 성취지위였으므로 이러한 시집살이를 당연한 것으로 받아들였고 제도적으로 특히 자신이 장차 시어머니가 될 것이라는 생각으로 스스로 위안을 받거나 민요나 가사 등을 통해 울분을 해소하는 등 인내를 통해 극복해 나아감으로써 해결의 실마리를 찾았다고 볼 수 있다.

현대 사회에서 시어머니의 갈등표출 방법을 보면, 시어머니의 경우 "불만족스러운 점이나 섭섭한 점을 참고 마음에 간직한다."는 것이 공통적으로 많이 나타나고 있다(최신덕, 1984; 이경애, 1981).

이런 회피의 방법은 고부간 갈등 관리방법 중 가장 일반적인 것으로 보인다. 즉, 고부간에 자녀나 부모의 용돈문제, 살림비용 등의 자원으로 인한 갈등이 발생했을 때 사용하는 관리방법 중 회피가 32.6%로 가장 많이 나타나고 있다(김양희, 1986). 그리고 고부갈등의 호소대상자를 보면 시어머니는 딸에게(1974년 6.6%, 1985년 24.0%), 며느리는 남편에게(1974년 10.8%, 1985년 31.7%) 호소하는 비율이 증가하고 있음을 볼 수 있다(고정자, 1988). 이것은 고부간의 언쟁이나 불화에 있어서 기타 가족의 중재적 역할이 중요함을 시사하며, 특히 시어머니에게는 아들이요 며느리에게는 남편이 되는 이의 역할이 중요한 영향을 미칠 수 있음을 보여 주고 있다.

고부간의 갈등은 당사자간에만 국한되는 것이 아니라 다른 가족관계에도 연속적인 갈등상황을 일으켜서 가족전체에 불균형을 초래한다. 특히 남편의 조정으로 고부갈등이 해소되지 않고 오히려 악화되면 부부관계나 부모-자녀 관계에도 큰 영향이 미치게 된다. 즉, 고부간의 불화에 의해 부부간에도 말다툼이 일게 되고, 남편이 누구 편을 드느냐에 따라 큰 혼란이 일기도 하며, 심한 경우에는 결혼생활이 파경을 맞기도 한다. 따라서 적적한 갈등의 표출이나 해결을 위한 노력이 매우 필요하다.

이러한 고부갈등을 해결하려는 태도를 위해서는 첫째, 갈등을 해소시킬 수 있는 방법을 각자 나름대로 갖고 있어야 하며, 둘째, 자신의 생활을 가지려는 노력과 상대방의 생활세계를 이해하고 존중해야 한다. 셋째, 남편이 고부간의 갈등문제에 중재 역할을 담당할 수 있도록 해야 한다. 특히 중립적이며 포용성 있고 책임감 있는 마음으로 지혜롭게 개입하여야 한다. 넷째, 문제를 회피하지 말고 고부간에 직접적인 대화를 통해 문제의 중요성을 인식하고 협상 과정을 거쳐 해결해 나가도록 해야 하며, 다섯째, 자신의 신체적 증상이나 정신적 불안정이 고부간의 갈등과 밀접한 관계가 있는지를 잘 통찰해서 전문적인 가족치료나 상담을 통해 도움을 받도록 해야 한다.

현대 사회의 고부갈등은 실제적으로 더욱 해결하기 어려운 문제로 대두되고 있다. 그러므로 가족이 원만하고 깊게 융화되기 위해서 시모 쪽에서는 과분한 기대를 점차 지양하고 부단히 변화하는 환경에서 노령에 맞게 젊은 세대와 큰 차이를 이루지 않도록 이해하고 적응하는 새로운 재통합이 필요하다. 또한 며느리 쪽에서도 나이가 들고 경직화된 시어머니에게 이해받으려는 태도를 취하기보다는 노부모가 갖는 일반 심리적인 특성과 여건을 이해하려는 유연성 있는 자세가 필요하다. 이런 태도적 노력과 더불어 며느리가 어느 정도 자유로운 생활을 영위할 수 있는 거주형태(예 : 수정핵가족이나 준동거형태 유형)의 모색이나 노인의 경제적 안정을 위한 노후의 소득보장제도 등이 함께 모색되어 고부 양측이 고부갈등을 감소시킬 수 있는 조화점을 찾는 것이 매우 바람직하다.

4) 모녀관계

(1) 노년기와 모녀관계

서구 사회와 달리 우리 사회는 부모를 돌보는 책임이 아들에게 있으며, 그 중에서도 장남이 모시는 문화적 가치가 지배적이어서 노부모와 성인딸의 관계는 부양의 측면에서 그다지 관심을 받아 오지는 못했다. 더구나 부모 부양에 있어 딸은 주변적이며 산발적으로 참여해 왔고, 부계 부처사회에서 구조적으로 자식으로서의 의무감이 덜 발달되는 상황이 주어져 왔기 때문에 가족부양에서 성인딸과의 관계는 크게 주목받지 못했다.

그러나 현대 우리사회의 인구구조의 변화, 가치관이나 노인이 소유한 자원관계의 변화 등은 부양관계에 있어서 과거 장남 위주의 종적 관계로부터 딸이나 기타

자녀가 포함되는 횡적인 관계로의 보다 폭넓은 수용을 요구하고 있다. 특히 가족중심적 가치관이 지배적이며 자녀에 대해 강한 정서적 결속감을 갖고 있고 신체·경제·사회적 측면에서 보다 의존적이며 불리한 입장에 있는 여성노인에게 있어 같은 성(性)으로서 동질화를 느끼고 있는 성인딸과의 관계는 노년기 가족관계에서 주목되어야 할 한 부분일 것이다.

현대 사회에서 가족부양체계에 영향을 미치며, 결국 노모와 성인딸 간의 관계에 영향을 미치고 있는 요인들을 구체적으로 살펴보면 다음과 같다(전길양, 1993).

첫째, 인구구조의 변화에 따른 노인의 성별 간 불일치이다. 현대 사회는 평균수명의 증가로 남녀노인 모두 과거보다 오래 생존할 확률이 높아졌지만 사망률의 불일치로 홀로 남아 생존하는 여자노인의 수도 매우 증가하였다. 또한 나이가 더 많은 남성과 결혼하는 관습이나 여성의 재혼율 저조 등 사회적 현상 및 문화적 가치관은 이와 더불어 홀로 사는 여자노인의 수를 가중시키고 있다.

즉, 현대 사회에서는 노인인구에 있어 성별 간 불일치나 여성의 평균수명 증가로 부모 중 어머니가 더 오래 생존할 가능성이 높으며, 자녀 중 딸도 또한 여성으로서 더 오래 살아남을 가능성이 높음을 뜻한다. 따라서 인생 후반기 모녀관계가 길어지고 모녀간 상호작용이 증가할 것이다.

둘째, 부양자녀수의 감소와 가족생활 가치관의 변화이다. 현대 사회는 핵가족화 추세로 자녀수가 감소되고 있다. 이는 전반적인 부양자녀 집단이 제한됨을 뜻한다. 또한 노인의 별거지향 의식이나 노부모부양 책임의식에서 장남 부양책임보다는 자녀 모두의 책임의식이 높게 나타나는 가족생활 가치의식의 변화는 부모부양에 대한 효도의무감 등의 가치가 장남 위주의 도덕적 상대주의로부터 모든 자녀로 확대되는 도덕적 보편주의로의 변화를 뜻한다고 볼 수 있다. 그러므로 노부모 부양에서 성인딸의 참여가 증가할 것이다.

셋째, 가족법상의 변화이다. 1991년부터 시행된 개정가족법은 호주상속제를 호주승계제로 바꾸고 유명무실한 호주권과 남녀불평등 조항을 대폭 삭제하였다. 즉, 장남이나 장손도 분가와 타가정 양자입양이 가능하게 되었으며, 여성도 일단 호주가 되면 본인 의사에 따라 그 호주지위를 계속 보유할 수 있게 되었고, 재산상속에서도 똑같이 상속받았다. 호주상속제는 2005년 국회 본회의를 통과하여 2008년 1월 1일부터 폐지되며, 그 후 새로운 신분등록제가 시행된다. 따라서 이러한 법제상의 변화가 지금 당장 우리의 의식 속에 내재해 있는 가치의식의 변화를 급속히 가져 오지는 않지만 점진적인 변화를 유도할 것이며 노부모 부양자로서 딸의 유용성을 증가시킴으로써 미래의 부양형태에 영향을 미칠 것이다.

넷째, 노인자원의 변화이다. 현재의 노인은 과거의 노인보다 교육을 많이 받았으며 건강이나 경제수준에 있어서도 과거와 다른 양상을 보이고 있고 앞으로의 노인은 현재보다도 더 나은 교육을 받고 경제수준이나 노후준비도 및 건강보호에서 더 높은 수준을 유지하게 될 것이다. 교육수준이 높고 건강과 경제력이 있는 노인들은 자유로운 생활유지와 자녀 별거선호도가 높게 나타나며 장남부양 책임보다는 국가나 사회의 부양 책임의식을 갖고 있다(한국노인문제연구소, 1992). 즉, 점차 자녀에게 전적으로 의존하던 노인의 위치가 변화되어 감을 뜻한다.

이는 기존의 부양체계의 변모를 가져올 것이며, 장남 위주의 동거 부양보다는 근거리 또는 별거 부양체계로 모든 자녀가 포함될 가능성을 높게 한다.

(2) 여성의 부양자 요인

우리나라에서 장남부양의 책임 관념이 높고, 장남에 의한 부양이 선호될지라도 실제로 부양의 일을 담당하는 것은 여성인 며느리가 해야 할 일로 여겨지는 경향이 많다. 즉, 아들(남편)은 부양관리자(care manager) 역할을 하고 직접적 부양제공자(care provider) 역할은 며느리(아내)가 담당하는 경향이다.

서구 사회에서는 우리나라와 달리 1차적 부양자가 딸이 되고 있다. 즉, 부양에 관한 연구 문헌은 성인딸이 노인에게 더 많고 다양한 부양(care)을 제공한다고 밝히고 있다(Brody & Schoonover, 1986; Miller et al., 1992). 이와 같은 연구들은 노부모의 욕구가 증대할 때 성인딸이 직접적인 서비스의 제공자로 우세하다고 밝혀 왔다.

따라서 많은 학자들이 노인부양에서 여성의 우세성을 설명하고자 노력해 왔으며, 유용하게 소용되는 관점을 도출해 왔다. 이에 여성의 부양자 요인을 다음 몇 가지로 요약해서 살펴보고자 한다.

① 심리적 및 개인적 관점

이 관점은 여성이 남성보다 부모에게 더 감정적인 친밀감이나 정서적 유대를 발달시키게 되므로 실제적 부양에 딸이 참여할 가능성이 더 많다는 입장이다. 즉, 여성들은 성장과정을 통하여 타인을 돌보고 친밀한 유대감을 형성하는 연합적 특성을 정체감으로 발달시키게 된다고 보고 있다.

부양이나 타인을 돌보는 일이 어머니와의 동일시과정을 통하여 여성에게 내재된 정체감으로 형성되고, 이런 초기의 경험이 다른 양육적인 일에까지 재창조된다는 심리적 근거에서 기초한 것이다. 즉, 여성은 타인의 욕구와 감정에 민감하게 반응하고 이런 모성적 특성에 준하는 부양윤리를 갖게 되며, 남성보다 가족원과 정서적 유대가 더 강한 특성을 갖게 된다고 본다.

따라서 심리적 및 개인적 관점은 여성이 정체감 형성과정에서 자연스럽게 양육자이며 부양자로서의 특성을 습득하게 되며 모성의 재생산 측면에서 여성은 타인을 돌보는 부양자적 특성을 갖게 된다는 것이다.

② 성역할 사회화의 관점

이 관점은 성역할에 대한 문화적 요인과 양육적인 과업을 수행하는 여성의 사회화 과정에서 딸의 일차적 부양자 특성을 찾아 볼 수 있다는 것이다. 남녀역할은 도구적·표현적 역할로 구분되는데(Parsons & Bales, 1955), 남성은 가족의 생계담당자이며 가족과 외부 세계의 연계에 책임이 있고, 여성은 가족을 돌보고, 가족원의 사회·정서적인 욕구를 돌보는 데 책임이 있다.

이런 이분화는 여성은 가정에서 1차적 기능을 하고, 반면에 남성은 공적 영역에서 1차적 기능을 하도록 사회화시키므로 성별화된 측면에서 노부모부양에 각자 기능하도록 하였다고 보는 것이다.

③ 자원의 권력관계 관점

이 관점은 생산자는 소비자보다 더 큰 힘과 위신을 가지며 가치 있는 상품의 분배를 통제하는 사람에게서 가장 큰 힘과 위신이 발생한다는 기본적 전제에서 고려되는 것이다(Lee, 1992). 즉, 이 관점은 개인소득이 있거나 보다 더 큰 자원을 가진 사람이 가족협상에서 그러한 자원을 권력으로 변형시킬 수 있다고 보는 것이다.

일반적으로 여성은 남성보다 취업을 덜 하는 경향이 있고, 설사 직업을 가졌다 할지라도 남성보다 대체로 소득이 낮으며 사회에서 상대적으로 직업적 기여도가 낮게 평가되고 있다. 또한 부양의 일은 무급노동으로 간주되어 사회적으로 낮은 가치를 받고 있고(Walker, 1992), 부양자 역할은 시장경제에서 가치 있는 역할에서 제외되고 있다.

따라서 자원의 권력관계 측면에서 가정 내 부양의 일은 보다 상대적으로 낮은 권력을 갖는 여성이 담당할 확률이 더 높다고 할 수 있다.

(3) 노모와 성인딸 간의 상호작용과 부양기대감

① 상호작용

노모와 성인딸 간의 접촉, 친밀감, 노모→성인딸 원조, 성인딸→노모 원조 등의 상호작용 요인 중에서 친밀감 변인이 가장 높게 나타나고 있다(표 11.6).

즉, 친밀감 변인을 살펴보면 5점 중에서 평균 3.98로 상당히 높은 편이며, 이는 친밀감이 부모-자녀 간에서 갖는 보편적 감정의 특성 중 하나이기 때문에 높게 나타난다고 볼 수 있다.

이 친밀감 변인에 영향을 미치는 요인은 노모의 연령 학력, 건강상태, 가계소득, 아들 자녀수, 거주거리 등으로 나타나는데, 노모가 젊을수록, 학력이 높을수록, 건강이 좋을수록, 아들 자녀수가 적고 딸과의 거주거리가 가까울수록 딸에 대한 친밀감이 높은 것으로 나타나고 있다.

노모와 성인딸 간의 접촉은 평균 3.17점으로 비교적 높은 것으로 나타난다. 접촉빈도를 살펴보면, 대면방문인 만남의 경우 월 1~3회가 32.9%로 가장 높게 나타나고 있고, 전화접촉의 경우는 한 달에 1~3회가 33.2%이며, 주 1~3회가 30.1%로 나타나고 있다(표 11.7).

그리고 전체적으로 볼 때 한 달에 한 번 이상이 86%나 되고 있어 모녀간의 전화접촉은 비교적 잦은 편으로 볼 수 있다.

이러한 접촉 변인에 영향을 미치는 노모의 영향변인은 연령, 학력, 아들자녀수, 거

표 11.6 ● 노모와 성인딸 간의 상호작용 정도

상호작용 요인	평 균	표준편차
접 촉	3.17	0.87
친밀감	3.98	0.62
노모→성인딸 원조*	2.40	0.85
성인딸→노모 원조**	2.89	0.74

주 : * 노모→성인딸 원조는 노모가 성인딸에게 주는 원조임.
** 성인딸→노모 원조는 노모가 성인딸에게서 받는 원조임.
자료 : 전길양(1993), '노모와 성인딸 간의 상호작용과 부양기대감', 성신여자대학교 박사학위논문, p. 60.

표 11.7 노모와 성인딸 간의 상호작용 정도

(단위 : N(%))

구 분	만 남	전 화
매 일	102(16.3)	142(22.6)
주 1~3회	66(10.5)	189(30.1)
월 1~3회	206(32.9)	208(33.2)
연 3~6회	156(24.7)	45(7.2)
연 1~2회 이하	98(15.6)	43(6.9)

자료 : 전길양(1993), '노모와 성인딸 간의 상호작용과 부양기대감', 성신여자대학교 박사학위논문, p. 60.

주거리 등으로 나타나고 있다. 즉, 노모의 연령이 젊고 학력이 높을수록 그리고 아들 자녀수가 적고 딸과의 거주거리가 가까울수록 접촉이 증가하는 것을 볼 수 있다.

노모와 성인딸 간의 상호원조를 살펴보면, 노모가 성인딸에게 주는 원조의 양은 5점 만점 중 평균 2.40이며, 받는 원조의 양은 2.89로 자녀로부터 받는 원조가 더 많음을 볼 수 있다. 그러나 5점 척도에서 평균 2.40과 2.89이므로 전체적으로 노모와 성인딸 간의 상호원조 정도는 낮은 편이라고 할 수 있다.

노모가 대체로 젊고 학력이 높으며 건강하고 소득이 있는 경우에는 딸에게 제공하는 원조의 양이 많으며, 장남이나 혹은 장남 외 아들부부와 함께 살 때 노모가 딸에게 주는 원조가 가장 낮게 나타나고 있다. 또한 딸에게서 받는 원조의 경우에는 노모의 연령이 높고 소득이 부족한 편이거나 거주거리가 가까울 때 등으로 나타나고 있다.

이와 같은 결과로 볼 때 노모와 성인딸과의 접촉, 성호원조, 친밀감 등의 상호작용은 연령, 학력, 노모의 소득상태 등의 자원여부와 아들자녀수나 거주거리 등과 같은 구조적 상황이 영향을 미치는 것으로 볼 수 있다. 즉, 노모가 연령이 젊거나 학력이 높고 소득 상태가 좋을 때 등 노모의 의존성 욕구가 적고, 노모가 가진 자원이 많을 때 모녀간의 상호작용이 많아지며, 아들이 적거나 없을 때 등 상대적으로 딸의 유용성이 크고 딸과 동거하거나 거주거리가 가까울 때와 같은 구조적인 상황이 있을 때 모녀간의 상호작용이 많아짐을 볼 수 있다.

② 부양기대감

우리나라 노모의 성인딸에 대한 부양기대감은 전체적으로 볼 때 낮은 편임을 볼 수 있다(표 11.8). 즉, 5점 만점 중에서 2.87점으로 높은 편은 아니며 이는 우리나

표 11.8 ● **노모와 성인딸 간의 상호작용 정도**

(단위 : N(%))

구 분	평 균	표준편차
정서적 부양	3.65	0.94
경제적 부양	2.44	0.97
서비스 부양	2.52	1.02
전 체	2.87	0.78

자료 : 전길양(1993), '노모와 성인딸 간의 상호작용과 부양기대감', 성신여자대학교 박사학위논문, p. 60.

라의 노모가 아직은 딸에게 직접적인 많은 기대를 하고 있지 않음을 반영한 것이다. 특히 경제적 부양기대감은 평균 2.44점으로 가장 낮게 나타나고 있다. 이는 대체로 노모들이 경제적 측면에서의 부양은 아들에게 있다고 여겨지기 때문에 딸에게서 많은 기대를 하지 않는 것으로 보인다.

또한 서비스부양의 기대감도 낮게 나타나고 있는데 이 역시 며느리의 일로 여겨지므로 낮게 나타난 것으로 보인다. 그러나 정서적 부양의 기대도는 평균 3.65로 상당히 높게 나타나고 있어 노모의 딸에 대한 정서적 결속도가 높음을 볼 수 있다.

따라서 우리나라 노모의 성인딸에 대한 전반적 부양기대감을 살펴보면 아직까지 딸에게서 규범적인 기대를 하지 않고 있으며, 딸과 주관적이고 감정적인 관계를 맺고 있음을 볼 수 있다.

그리고 우리나라 노모의 성인딸에 대한 부양기대감은 성인딸로부터 받는 원조가 많을수록 높아지고 있어 딸의 원조에 대한 상대적인 기대감이라고 할 수 있다. 즉, 아직까지 노모는 성인딸에 대해서 규범적이고 보편적인 부양기대감을 발달시키지 못함을 볼 수 있다.

그러나 노모의 부양기대감은 노모가 소유한 특성에 따라서 다르게 나타나고 있다. 즉, 소득의 부족과 같은 노모의 의존성 증가나 아들부부와의 동거가 아닐 때 또는 아들자녀수가 유용하지 않을 때 등 자녀의 유용성이 영향을 미치고 있으며 또한 구조적인 거리가 가까울 때 딸에 대한 부양기대감이 높게 나타나고 있다.

이를 영역별로 살펴보면 연령이 젊을수록, 학력이 높을수록 딸에 대한 정서적 부양기대감이 높은 것으로 나타난다. 즉, 노모의 연령이나 학력은 자녀와의 동거 여부나 형태, 가치관에 영향을 미치게 되므로 차이를 가져오는 것으로 보인다.

경제적 부양기대는 노모가 아들이 없을 때 필연적인 상대적 의존대상으로 딸에게 기대하는 바가 크게 나타나며, 노모 자신의 소득상태가 부족하거나 불충분하다고 자각할 때 부양기대가 높게 나타나고 있다. 딸에 대한 서비스 부양기대는 노모의 연령이 적고, 대개 학력수준이 높을 때 더 높은 것으로 나타나고 있다.

이와 같은 결과는 딸에 대한 노모의 부양기대가 노모의 소유 특성에 따라서 차이가 있음을 나타낸다. 따라서 아직 딸에 대한 부양기대감은 높지 않지만 노모의 특성에 따른 부양기대감이 다르게 나타나고 있으므로 노모의 가족부양 체계에서 성인딸과의 관계가 간과되어서는 안 될 것이다.

③ 모녀간의 상호작용과 부양기대감에 대한 전망

서구 사회의 결과를 보면 노부모와 성인자녀와의 방문과 전화접촉 등에서 딸이 있거나 딸의 수가 많다는 사실이 접촉의 양을 증가시키는 요인이 되고 있으며, 딸의 연령이 높을수록 노모에 대한 원조가 높고 노모와 함께 살 가능성이 높아 중년기에 있는 여자들이 손상된 노모를 모시고 사는 '빈 둥우리의 보충기'로서의 특성을 갖는 것으로 나타난다(Lang & Brody, 1983, Spitz & Logan, 1990).

아직 우리 사회에서는 딸과의 상호 원조가 적은 편이며 경제나 서비스 측면에서의 실질적이고 구체적인 부양기대도가 낮고 주관적이며, 심리적인 측면의 부양기대는 높은 것으로 볼 수 있다. 즉, 노모는 아직까지는 딸에 대해서 비교적 받는 원조에 따른 상대적인 부양기대감을 갖고 있다(전길양, 1993).

그러나 우리나라의 도시가족의 친족관계가 원친은 점차 축소되고 근친지향으로 나아가고 있으며, 특히 결혼한 여성의 친정 접촉은 매우 빈도가 높고 일상적 도움을 받거나 전화접촉 및 여가선용 등에 있어서 처계치중형으로 나아가고 있으므로 (이광자, 1988) 노모와 성인딸 간의 상호교류는 점차 증가할 것이며, 그에 따른 부양기대감도 증가할 것이 전망된다.

또한 노모와 성인딸 간의 상호작용 정도와 부양기대감은 노모가 갖고 있는 자원이나 구조적 상황에 의해서 차이가 있으므로 우리 사회의 인구구조나 가족구조, 노모의 자원이 많을수록, 아들 자녀수가 적을수록 딸에 대한 상호작용과 부양기대감이 높아감은 미래의 후반기 모녀관계에서 상호작용과 부양기대감이 더욱 증가할 것으로 예측하게 한다.

5) 조부모와 손자녀 관계

(1) 현대 사회와 조부모역할의 의미

조부모의 역할획득은 자녀가 없거나 가족이 없는 경우를 제외하고는 대다수의 노인에게 일어나는 현상이며, 과거에 비하여 오늘날은 자녀수의 감소나 출산간격의 축소 등으로 양육기간이 빨리 끝나고 평균수명이 연장됨으로써 조부모의 지위를 유지하는 기간이 길어지고 있다.

즉, 우리나라는 자녀출산율이 1960년 6명, 1970년 4.5명, 1980년 2.7명에서 1990년에는 1.6명, 2005년에는 1.08명으로 감소하여 이제는 자녀들이 다 성장한 후에 손자녀를 보는 것이 일반적인 경향이 되었다.

과거 전통사회의 직계가족제도는 조부모 세대가 아동의 출산, 양육 등의 사회화 과정에 참여하고 손자녀의 정서적 안정감이나 훈육·보호 등의 역할을 담당하도록 하였다. 즉, 조부모는 문화전승의 역할자로 아들세대와 손자녀 세대를 연결하는 교량적 역할을 담당하고 부모의 역할을 보충하면서 신체적·지적·정서적인 조력자로서 손자녀의 원만한 성장에 도움을 주어 왔다.

그러나 현대 가족에서는 부모세대와 분거하는 핵가족이 중심가족이 되고 있고, 과거와는 다른 가족개념이 팽배하고 있다. 특히 독립적 개별화의 가치가 우세하고 고부간의 갈등이 표면화되어 왔기 때문에 조부모와 손자녀 관계는 소원하게 될 요인이 많아지게 되었다. 손자녀가 생겨서 조부모가 되는 시기는 보모의 역할을 상실하는 탈부모기와 그 시기가 비슷하다. 부부는 손자녀가 생김으로 인해 조부모라는 지위를 획득하며 조부모 역할에는 반드시 손자녀라는 역할 파트너(partner)가 필요하다. 조부모와 손자녀와의 관계는 가장 우호적이고 밀접하게 맺어지는 관계이다.

조부모가 손자녀를 사랑하는 이유는 그들의 여생에 많은 만족을 주고 있을 뿐 아니라 손자녀에 대하여 권리나 책임도 없고 순수하게 무상으로 아낌없이 사랑할 수 있기 때문이다.

즉, 조부모들은 손자녀에게 일생동안 자신이 쌓아 온 지혜와 경험을 제공함으로써 생의 의미를 찾게 되고 생산감이라는 성취감을 갖게 되며, 손자녀 관계를 통해서 노년기에 고독이나 소외가 아닌 생의 만족을 얻을 수 있다. 또한 손자녀들은 조부모와 밀접한 관계를 획득함으로써 노년기에 닥치는 사회·심리적 긴장을 미리 접하게 되는 기회를 제공받고, 긍정적인 노화에 대한 개념을 형성할 수 있도록 한다.

조부모와 손자녀 관계에서 부모는 중요한 요인이 된다. 조부모와 손자녀들은 이 둘의 관계를 수단적인 것보다는 감정적인 것으로 보며 조부모와 그들의 자녀가 원만한 관계를 유지한다면 자연히 손자녀와의 관계도 친밀하게 될 것이다. 조부모로서 역할수행 방법은 조부인가 조모인가에 따라 다르고, 부부가족인가 3세대 가족인가에 따라 다르다. 일반적으로 조부모역할은 조부보다 조모가 중요한 의미를 갖는다. 이것은 조모가 손자녀에게 보다 표현적인 역할에 참여할 가능성이 크기 때문이다.

즉, 3세대 가족에서 맞벌이 부부인 경우, 조모는 낮에 대리모가 되어 부모역할을 담당하게 되며, 부부가족에서도 조부가 완전히 은퇴하지 않았을 경우에는 조부보다는 손자녀와의 접촉이 더 빈번할 가능성이 많다.

(2) 조부모역할의 유형

① 뉴우가르턴의 분류

조부모됨에 대하여 체계적인 연구를 한 뉴우가르턴과 동료(Neugarten & Weinstein, 1964)는 시카고지역 중산층 70쌍의 조부모를 대상으로 조부모 역할의 중요성과 의미를 파악하였다.

이 연구에서 응답자의 64% 정도는 조부모역할에 대해서 편안하고 만족스럽게 느끼는 반면에, 나머지 1/3 정도는 조부모역할에 대해서 편안하고 만족스럽게 수행하는 데 어려움이 있으며 그 역할이 불편하고 보상도 없을 뿐더러 실망스러운 것이라고 느끼고 있었다. 또한 조부모역할은 개인에 따라 다양한데 어떤 사람들은 조부모역할을 통하여 자신이 새로 탄생된 느낌을 갖거나 영속적인 생의 느낌을 갖게 되었다고 보았으며, 또 다른 사람들은 조부모역할로 정서적인 충만감이나 교사로서의 만족감을 갖게 되었다고 느꼈다. 또 어떤 경우는 조부모 시기가 손자녀들이 자신이나 자신의 자녀가 이루지 못한 것을 성취시켜 주는 기회를 갖게 하는 시기라고 보았다.

이들은 역할 유형을 다음 다섯 가지로 분류하고 있다.

- 공식적인 조부모형(formal) : 이들은 손자에게 열중하기도 하지만 부모의 책임이나 권위를 침해하지 않으려고 하여 손자녀 양육방법에 관여하지 않고 오직 주어진 조부모 역할만 수행한다.

- 재미추구형(fun-seekers) : 손자와 비공식적으로 유희적 관계를 맺고 손자들을 레저 활동의 원천으로 생각하며 손자와 조부모 상호 간의 만족을 강조하여 여가시간을 손자녀들과 놀아 주는 것을 낙으로 삼는다.
- 대리부모형(surrogate parents) : 부모를 대신하여 육아와 교육을 담당한다.
- 가족지혜의 원천형(reservoirs of family wisdom) : 가족 내에서 권위적인 위치를 유지하면서 지식과 특별한 기술을 가르치며 전수한다.
- 먼거리 유형(distant figures) : 휴일이나 또는 가족의 특별한 일 이외에는 손자들과 별로 접촉을 갖지 않는다.

조부모 유형은 연령에 따라서도 다양한데, 재미추구형과 먼거리유형의 조부모들은 좀더 연령이 젊은층에서 발견이 되며, 공식적인 조부모형은 나이가 많은 조부모에게서 더 많이 발견되고 있다.

② 로버슨의 분류

로버슨(Robertson, 1977)은 125명의 조모를 대상으로 조모역할 유형을 규명하였는데 조모역할의 사회적 차원과 개인적 차원을 구분하여 분류하였다. 사회적 차원은 조모역할의 태도나 기대가 사회적인 욕구나 필요를 충족시켜 주는 데 초점을 두며, 개인적 차원은 개인적 욕구나 요인에서 오는 태도나 기대와 관련되는 것이다.

로버슨(Robertson)은 사회·개인적 차원을 조합하여 조모의 유형을 네 가지로 분류하고 있다.

- 원거리형(remote type) : 손자녀로부터 초연하여 조부모됨의 사회규범적인 의미도 거의 인식하지 않고 개인적인 조부모역할도 별로 수행하지 않는다.
- 조화형(apportioned type) : 높은 수준의 사회규범적인 의미를 인식하고 또한 손자녀와 밀접하게 상호작용을 갖는다.
- 상징형(symbolic type) : 사회규범적이고 도덕적인 조부모 역할의 의미를 높이 인식하지만 손자녀에게 개인적인 애착을 느끼지도 않고 행동 면에서도 관여하지 않는다.
- 개인적유형(individualized type) : 사회규범적인 의미는 두지 않으나 손자녀와 빈번하고 만족스러운 상호관계를 유지하고 있어 개인적인 의미를 강조한다.

로버슨(Robertson, 1977)의 연구에서 응답자의 80%가 조모됨을 즐기고 있고, 37%는 부모역할보다는 조모역할을 더 선호하는 것으로 나타났다. 즉, 자신의 자녀를 키울 때보다는 손자녀에 대해서 사회화의 책임을 덜 요구하므로 조모역할에 기쁨을 갖는 것으로 나타났다.

(3) 조부모와 손자녀 간의 상호작용

① 손자녀의 연령단계에 따른 조부모와의 관계

손자녀의 연령에 따라 조부모와 손자녀 관계는 달라진다.

카하나 등(Kahana & Kahana, 1970)은 연령발달에 따라 아동들이 다양하게 반응하고 있음을 밝혔다. 4~5세의 손자녀들은 일방적으로 사랑해 주고 선물을 주는 관대한 조부모형을 우선적으로 선호하였으며, 반면에 8~9세 연령의 손자녀들은 재미를 추구하거나 함께 시간을 보내는 적극적인(활동적인) 조부모형에 더 높게 가치를 두었고, 11~12세 손자녀들은 비교적 조부모와 떨어져 지내는 것을 선호하였다. 따라서 그들은 손자녀가 나이가 들수록 덮어놓고 귀여워하는 조부모를 덜 선호하게 된다고 밝히고 있다.

또한 조부모도 손자녀에 대한 감정이 다양하게 나타나는데, 대체로 사춘기 이상의 손자녀보다 어린 손자를 좋아하는 경향이 있다. 이것은 손자녀가 나이가 들면서 노인과 함께 있으려 하지 않으며 조부모에 대한 관심이 적어지게 되고 이런 감정이 조부모와 손자녀 서로에게 영향을 미치게 되어 소원하게 되기 때문이다.

② 조부모 역할의 인지와 수행

존슨(Johnson, 1988)은 이혼한 50가족을 대상으로 자녀의 이혼 시 조부모됨의 기능에 대해 종단적 연구를 하였는데, 대부분의 조모들은 자녀와 손자녀에게 중요한 원조를 제공하였고 젊은 조모가 보다 적극적이었다. 그러나 만약 조모들이 전시간에 걸쳐 부모됨의 기능을 수행하도록 억지로 강요되었다면 조모역할에 대한 만족감이 그리 높지 못했을 것이라고 지적하고 있다.

조부모역할에 대한 의식구조를 살펴본 우리나라의 연구를 보면 노인들의 경우(조석미, 1980), 조부모가 되었을 때 이를 '기쁘게 받아들였다'는 경우가 71.6%, '아무런 느낌이 없었다'가 20.5%, '서운했다'가 8.9%로 나타나고 있고, 조부모의 존재가 '손자녀양육과 성장에 필요하다'는 80.9%, '손자녀양육과 성장에 대한 책임감을 가져야 한다'는 82.8%로 나타나고 있어 조부모의 역할을 긍정적으로 인식하고 있었다. 또한 조부모의 역할을 수행함으로써 '즐겁고 보람스럽다(71.6%)', '단순히 즐겁기만 하다(22.3%)', '귀찮고 번거롭다(5.6%)'로 조부모역할 수행에도 긍정적인 반응을 하고 있었다.

6~12세까지의 아동을 대상으로 한 연구결과(이윤숙, 1990)를 보면, 조부모와 동거하는 집단이나 비동거집단이나 조부모는 집안의 '제일 어른이시다', '인자하시다'의 순서로 조부모에 대한 의식구조가 나타나고 있다. 조부모와 함께 사는 아동의 경우, 아동이 생각하는 조부모 역할은 '집 보는 일(24.4%)', '화초 가꾸는 일(18.0%)', '아무것도 안하신다(14.3%)'로 응답하고 있었고, 조부모와 함께 살지 않는 아동의 경우는 '모른다(18.0%)', '아무것도 안 하신다(17.6%)', '집 보는 일(17.1%)'의 순으로 나타나 조부모를 모시는 가정과 모시지 않는 가정은 조부모에 대한 생각에 있어서 많은 차이가 있음을 보였다.

한편, 손자녀가 지각한 조모역할 수행에 관한 연구(서동인, 1989)를 보면, 훈계자 역할이 가장 높은 수준으로, 그 다음으로는 대리모 역할, 물질적 제공자 역할, 손자녀 지지자 역할, 가계역사와 성역할 조언자 역할, 그리고 생활 간섭자 역할의 순위로 수행되는 것으로 나타나고 있다. 조모역할 수행은 조모와 손자녀가 동거할 때가 분거하는 경우보다 높고, 분거하는 대상에서는 조모에 대한 모의 태도가 적극적일수록 그리고 조모의 건강이 좋은 집단일 때 더 높은 수준으로 수행되는 것으로 지각되었다.

③ 조부모와의 유대감

청년기 대학생을 대상으로 한 조부모와의 유대감 연구에서 보면(박의순 외, 1990), 조부모와의 유대감은 가장 높게 지각되었으며, 외가와는 애정적 유대감으로, 친가와는 가계 연속감으로 인지되고 있음을 밝혔다. 즉, 핵가족의 증가나 핵가족 이념의 영향으로 친가·외가 구별 없이 조부모와 접촉할 수 있게 되며, 특히 어머니의 영향에 의해 외조부모와 손자녀의 관계가 좋아지고 결과적으로 손자녀가 느끼는 유대감이 높아지게 됨을 밝히고 있다.

조부모-손자녀 관계에서 어머니의 역할은 중요한 영향을 미치는 변인으로 나타나고 있다. 조모와 성인 초기 손녀 간의 친밀감이 어머니에 의해 중재되는지 아니면 직접적인지를 규명하기 위한 연구 결과(Thompson & Walker, 1987)를 보면, 조모와 손자녀의 접촉이 적을 때는 그들의 관계가 중간 세대에 의해 중재되며, 반면에 접촉이 많은 때는 그 관계가 직접적이었다고 밝히고 있다.

한편, 아동이 지각하는 친조부모와 외조부모에 대한 역할 기대나 친밀도에서 차이가 있음이 나타나고 있다(서동인, 1991). 비교적 친·외조모 모두에 대한 심리적 친밀도는 높은 편이나 친조모에게 훈계자 역할이, 외조모에게는 대리모 역할이 기대되며, 친조모보다는 외조모와 더욱 밀접한 관계를 맺어 외조모와 더 자주 만나고 있었다.

즉, 손자녀가 친조모보다는 외조모와의 심리적 친밀도를 더욱 긍정적으로 지각하였으며 친조모와 모(며느리)의 관계보다는 외조모와 모(딸)의 관계가 더욱 좋은 것으로 지각하는 경향이 있었다. 그런데 조모에 대한 손자녀의 심리적 친밀도를 설명하는 조모의 자원변수 중 조모 개인이 가진 상냥함이나 유머가 있는 성격적 요인이 손자녀와 친밀도 형성에 많은 영향을 미치고 있는 것으로 나타났다.

④ 조부모와의 접촉정도

이윤숙(1990)의 연구에서 보면, 조부모와 같이 살고 있지 않는 아동과 조부모집과의 거리는 농촌지역(39.3%), 서울 이외의 도시(17.3%), 걸어서 한 시간(9.8%)의 순서로 나타나고 있다. 조모와 손자녀 간의 객관적 상호작용을 살펴보면(서동인, 1989) 표 11.9와 같다.

표 11.9 조모와 손자녀의 접촉 빈도 (단위 : %)

집단 \ 변수	대면적 접촉	손자녀의 방문	조모의 방문	손자녀의 전화	조모의 전화	손자녀의 편지	조모의 편지
매일	3.3	2.4	2.4	5.4	4.8	–	–
일주일에 한두 번	24.7	20.5	16.6	31.6	28.6	–	–
한 달에 한두 번	21.7	22.9	19.6	27.7	28.3	12.3	5.1
2~3달에 한두 번	–	–	–	–	–	11.7	6.0
반년에 한두 번	30.4	30.1	26.8	14.5	16.3	13.9	6.6
일년에 한두 번	18.1	22.3	30.7	15.1	17.2	8.7	4.5
전혀 없다	0.6	9	2.7	2.7	3.0	52.1	76.5

자료 : 서동인(1989). 손자녀가 지각한 조모와 손자녀의 접촉과 조모역할의 수행. 한국가정관리학회지, 7(2), p. 53 〈표 3〉을 일부 수정한 것임.

전화에 의한 접촉이 제일 높아 조모의 61.7%, 손자녀의 64.7%가 한 달에 한두 번 이상 전화하는 것으로 밝혀졌고, 그 다음으로는 대면적인 접촉으로 조모의 38.6%와 손자녀의 45.8%가 한 달에 한두 번 이상 서로를 방문하였다.

편지를 통한 접촉은 제일 낮은 경향을 보여 조모의 76.5%와 손자녀의 52.1%가 전혀 이러한 유의 접촉을 하지 않고 있으며, 조모 주도의 접촉과 손자녀 주도의 접촉은 조모에 대한 모의 태도가 적극적일수록 증가하였다고 밝히고 있다.

노인에게 있어 손자녀와의 상호작용은 자신의 일생을 통한 경험과 지식을 전달하고 후손을 잇는다는 생의 연속성을 갖게 하여 노년기 자아통합감에 직접적인 영향을 줄 수 있는 것이다.

현대 사회의 개인주의 가치관, 조부모와 분거를 통한 핵가족 형태의 지배적인 현상들은 아동들에게 자칫 조부모와 물리적·심리적 거리를 두고 자라게 하여 밀도 있는 조부모, 부모, 손자녀 간의 세대 형성을 이루지 못하고, 아울러 원만한 문화전승이나 사회화가 지속되지 못하도록 하여 가치관의 왜곡이나 단절을 가져올 수 있는 것이다.

따라서 조부모의 노년기 만족도 향상을 위해서 그리고 조부모들이 손자녀의 원만한 태도 및 성격함양에 도움을 줄 수 있음을 고려하여 조부모-손자녀 간의 긴밀한 접촉과 관계형성은 더욱 강조되어야 할 것이다.

4. 형제자매 및 기타 사회적 관계

형제자매나 친척, 친구 등의 기타 관계들은 또한 노년기에 있어서 중요한 관계들이다. 노년기에는 사회적 관계의 범위가 축소되면서 청·장년기의 왕성한 활동력을 바탕으로 한 넓은 교제범위와는 다른 친척, 친구의 관계를 형성하게 되고 범위가 축소된 만큼 질적으로 밀도 있는 관계의 형성이 노년기 만족도에 영향을 미치게 된다. 더욱이 형제자매들은 어린 시절의 경험을 공유하고 혈연으로 연결된 관계이니 만큼 노년기 사회적 관계에서 중요한 위치를 차지한다고 할 수 있다. 따라서 노년기에 이와 같은 제 관계들이 어떻게 형성되고 있는가를 살펴보고자 한다.

1) 형제자매 및 친척관계

(1) 노년기 형제자매 관계의 중요성

형제자매 관계는 현대 가족구성의 핵심을 이루는 관계임에도 불구하고 부부나 부모-자녀 관계 등의 가족관계에 비해서 별로 주목을 받지 못했다. 더욱이 오늘날 노년기가 길어짐에 따라 매우 중요하게 부각되는 관계임에도 불구하고 노년기 형제자매 관계에 대한 연구는 거의 없는 실정이며, 따라서 연구가 매우 시급히 이루어져야 할 부분으로 생각된다. 우리나라 노년기 형제자매 관계는 하나의 범주로 연구되기보다는 친척의 범주에 포함되어 노년기 사회적 연결망으로 분류되고 있다.

형제자매들은 일생을 통해 서로에게 많은 영향을 미치며 다른 관계에 비해서 상호작용 빈도가 높고 서로 접근하기 쉬우며 공동경험의 정도가 높은 특성을 갖고 있다. 또한 형제자매들은 대개 지속적이고 고정적으로 서로의 관계를 맺어 명절, 생일, 질병 등 여러 가족사건에 서로 간의 유대를 형성하게 된다. 이들 간의 감정적 특성은 극도의 친밀감에서 질투나 거부, 적대감에 이르기까지 다양하지만 대체로 지리적 이동이 잦은 현대 도시생활 속에서 다른 인간관계는 끊임없는 새로운 만남과 헤어짐으로 점철 되는 데 비하여 비교적 영구적으로 지속되는 관계라 할 수 있다.

민경희(1990)는 형제자매 관계가 학문적 관심의 대상이 되어야 하는 이론적 이유와 실질적인 이유를 다음과 같이 밝히고 있다.

첫째, 이론적으로 볼 때 가족현상은 부부, 부모-자녀 관계, 형제자매 관계의 혜 하위체계가 포함되는 전체 가족의 틀 속에서 이해되어야 한다는 것이다. 대개 연구들이 이 세 관계들은 서로 독립적 관계로 상정하고 부부나 부모-자녀에만 치중해 왔으나 이 세 유형의 관계들은 서로 영향을 주고받으며 진행되므로 부부, 부모-자녀 관계 연구에서도 형제자매 관계에 대한 이해가 포함되어야 마땅하다.

둘째, 실질적인 이유에서 볼 때는 현대 사회의 산업화, 도시화, 핵가족화 등이 개인의 삶에 미치는 영향을 증가시켜 왔고 이런 요인들은 또한 형제자매 관계의 중요성을 증가시켜 왔다.

즉, ① 가족규모의 축소는 형제자매 수의 감소와 형제자매 간의 나이차이 감소를 가져 왔고, 이것은 형제자매 간의 상호 의존성을 증가시키고 강도를 강하게 하는 요인이 되고 있다. ② 평균수명의 증가로 형제자매가 함께 살아가는 시간이 길어지고 있고, 더욱이 자녀들이 성장해서 모두 떠나고 배우자 사망 후 홀로 남는 노인들에게 있어서는 사회적 지지의 제공자로 형제자매 관계가 중요하게 부각되고 있다. ③ 현대 사회의 지리적 이동성은 기존의 사회적 관계망의 단절을 가져오게 되며, 이런 요인은 고정적이며 지속적 특성을 갖는 형제자매 간의 관계를 더욱 강화시키게 된다.

현대 사회는 친족관계가 약화되고 있고 핵가족 내에서는 부부관계가 중심적 위치를 차지하고 있으며 가족의 사회화 과정에서 부모-자녀 간의 상호작용이 매우 중요하기 때문에 형제자매 관계는 관심을 덜 받아왔다. 그러나 노년기에서 형제자매 관계는 그 상호작용이나 관계의 강도 여부에 따라서 삶의 만족에 지대한 영향을 미치고 외로움이나 소외감을 완화시켜 주는 정신적 버팀대가 될 수 있는 것이다.

그러므로 노년기 형제자매 간의 유대나 접촉의 파악은 다른 가족관계에서의 파악 못지않게 중요한 것이다.

(2) 노년기 형제자매 관계의 유형

골드(Gold, 1990) 등은 형제자매 관계의 유형화를 시도하고 있다. 그의 연구에 따르면 밀접성(closeness), 시기심(envy), 적개심(resentment), 도구적인 지원(instrumental support), 감정적인 지원(emotional support), 승인(acceptance), 심리적인 관련도(psychological involvement), 접촉의 빈도(frequency of contact) 등이 형제자매 관계를 이해하는 데 중요한 요인이라고 밝히고 있다.

따라서 그들은 노년기 형제자매 간의 유형을 종합적으로 다음 네 가지 형태로 분류하고 있다.

① **친밀형**(intimate)

이 유형은 형제자매간에 특별한 밀접성을 유지하고 빈번한 감정적인 지원을 하며 일주일마다 접촉을 하고 심리적인 관련도에서도 매우 높은 관계를 유지하고 있는 형태이다. 또한 빈번한 도구적인 지원을 하고 있는 유형으로 적개심이나 시기하는 감정이 없는 것으로 나타나고 있다.

이 유형에 속하는 형제자매들은 주로 여자노인에서 나타나고 있고 응답자가 현재 기혼이 아닌 경우에 나타나고 있다. 그러나 응답자가 이혼한 경우에는 거의 이 유형에 속하지 않고 있다. 이 유형에 속하는 형제자매들은 다른 유형의 사람들보다 응답자 및 상대 형제자매 모두 교육수준이 낮게 나타나고 있으며 또한 출생가족이 더 클 때 그리고 아직 살아 있는 형제자매수가 적을 때, 형제자매간에 사회적인 상호작용이 빈번할 때 이 친밀형에 속하는 것으로 나타나고 있다.

② **합치형**(congenial)

이 유형은 형제자매간에 적당한 수준의 밀접성이나 심리적 관련도를 갖고 있으며 또한 적당한 도구적인 지원 및 정서적인 지지를 하고 있는 형태이다.

이 유형의 응답자들은 어떤 시기심이나 적개심 등의 혼란된 감정을 갖지 않고서 전반적으로 형제자매 관계를 받아들이고 있으며 주로 한 달마다 접촉을 하는 것으로 나타나고 있다. 이 유형은 응답자가 여자노인이면 상대 형제자매가 남자인 경우, 혹은 응답자가 남자노인이면 상대 형제자매가 여자인 경우, 즉 이성형제 간에서 나타나고 있다. 또한 이 유형은 응답자나 상대 형제자매나 모두 기혼인 경우에 그리고 방위가족이 적을 때 많이 나타나고 있고, 교육수준에서 볼 때 대학교육을 받은 형제자매에서 많이 나타나고 있다.

③ **충실형**(loyal)

이 유형은 친밀도나 심리적 관련도에서 낮게 나타나고 있으며, 형제자매 관계에 대해서도 단지 부분적인 승인을 나타내고 있다. 적당한 수준의 적개심이나 시기심이 있고 약간의 도구적인 지원을 하는 것으로 나타나며, 접촉은 빈번하지 않고 정서적인 지지도 드문 것이 특징이다.

이 유형에 속하는 응답자들은 현재 기혼인 경향이 있으며 반면에 그들의 형제자매는 기혼이거나 홀로 된 경향이 있다. 또한 이 유형의 사람들은 방위가족이 적으며 현재 살아있는 형제자매는 한 명이나 두 명이고 사회적인 상호작용은 빈번하지 않는 것으로 나타나고 있다.

④ **냉담형**(apathetic & hostile)

이 유형은 거부반응이 매우 높게 나타나고 있는 형(型)이다. 즉, 적개심이나 시기심이 매우 높게 나타나고 접촉은 매우 드물게 일어나고 있으며, 심리적 관련도가 거의 없는 것으로 나타나고 있다. 또한 이 유형에 속하는 사람들은 정서적 지지나 도구적인 지원이 전혀 교환되지 않는 것으로 나타나고 있다. 이 유형은 응답자가 남자노인일 때 많이 나타나며, 특히 남자형제 간에서는 이 유형의 비율이 높게 나타나고 있다.

이러한 유형 분류를 통해서 골드(Gold 등, 1990) 등은 여자형제 간은 서로 매우 밀접한 관계를 유지하는 경향이 높아 대개 친밀형을 형성하며, 남자들은 자신의 형제관계를 덜 유지하는 경향이 있어 충실형이나 냉담형에 속하는 경우가 많고 이성형제 간은 대체로 합치형을 이룬다고 밝히고 있다.

(3) 노년기 형제자매 및 친척관계 실태

우리나라 노인의 형제들과 대면접촉 빈도를 살펴보면(김현조 외, 1989), 전체 응답노인의 1/5(19.6%)이 형제를 본 지 한 달이 채 못 되었다고 응답하였고, 또한 형제를 만나본 지 3개월 이상이거나 생존 형제가 없다고 응답한 노인은 각각 1/3 수준으로 나타났다.

대면접촉 빈도를 지역별로 보면 대도시에 거주하는 노인들이 형제들과도 상대적으로 활발하게 교류를 가짐이 드러났다(표 11.10).

즉, 우리나라 노인의 형제들과의 대면접촉빈도는 잦은 편은 아니라고 할 수 있다. 이는 노년기의 건강쇠약이나 심리적 쇠퇴 등으로 인해 직접적 접촉이 줄어드는 것으로 파악될 수 있다. 또한 형제와의 지리적인 거리에서도 연유되는 것으로 볼 수 있는데, 한 조사(임선영, 1993)에서 보면, 형제와 차로 1시간 이상 떨어져

표 11.10 ● 형제와의 대면접촉 빈도

(단위 : %)

접촉빈도	대도시	중소도시	농 촌	계
동거·어제·오늘	2.6	2.6	1.5	2.2
1주 이내	5.2	6.2	6.2	5.8
1개월 이내	18.0	5.6	11.3	11.6
3개월 이내	11.3	9.7	21.0	14.0
1년 이내	16.5	19.5	16.9	17.6
1년 이상	17.0	22.1	8.7	15.9
없다	29.4	34.4	34.4	32.7
계 (%)	100.0	100.0	100.0	100.0
사례수	194	195	195	584

자료 : 김현조 외(1989). 경남지역 노년층의 사회·경제·문화적 적응에 관한 연구. 경상대학교 사회과학연구소, p. 30.

표 11.11 노년기 형제간의 전화접촉

(단위 : %)

접촉빈도	%
거의 매일	8.2
일주일에 2~3번	17.1
일주일에 1번	21.6
한 달에 2~3번	19.6
한 달에 1번	14.7
일 년에 2~3번	13.9
일 년에 1번 이하	4.9

자료 : 임선영(1993). 노년기 형제관계에 관한 연구, 성신여자대학교 석사학위논문.

사는 노인들의 경우가 약 45%나 되는 것으로 나타나고 있다. 따라서 형제간의 지리적 거리 또한 노인들이 직접적인 접촉을 갖는 데 어렵게 하는 요인이 되고 있다.

그러나 형제간의 대면접촉 빈도가 적은 것이 상호교류가 적은 것이라고는 볼 수 없으며, 전화나 자녀들을 통한 간접적 접촉도 고려하여야 할 것이다. 우리나라의 노인들의 전화접촉은 일주일에 한 번 이상이 47% 정도로 나타나고 있고, 한 달에 한 번 이상은 70%가 넘는 것으로 나타나고 있다(표 11.11).

이것은 노인들이 형제와 직접적 대면접촉보다는 간접적 전화접촉으로 상호교류가 빈번함을 나타낸다고 할 수 있다.

그리고 형제간에 빈번한 상호 도움이 있다고 볼 수는 없으나 일반적 도움의 형태는 아플 때 보살펴 주거나 교통편의, 당황하고 힘들 때 이야기를 들어 주는 등 정서적 서비스 원조인 것으로 나타나며, 특히 노부부만 동거하나 별거·사별 등의 형태일 때 그리고 저소득층일 때 등 배우자나 성인자녀가 주요 자원자가 되지 못할 때 형제와의 원조가 활달한 것으로 나타나고 있다.

이는 노년기 부양체계에서 그들이 형성한 가족이 여전히 중요하지만 위기상황이나 어려움에 처해 있는 등 가족이 부양역할을 충분히 수행하지 못할 경우 노년기의 형제는 심리적 지원체계 또는 가족의 보완체계로서 그 역할을 담당할 수 있음을 나타낸다고 하겠다.

한편, 우리나라에서는 친척과의 상호의존도는 낮은 것으로 나타나고 있다. 성규탁(1990)의 한국노인의 가족 중심적 상호 부조망 연구를 보면, 친척지원망의 크기는 작은 편이며 친구지원망이나 이웃지원망에 비하여 노인들이 서로 접촉하는 빈도가 낮았고, 지리적 거리가 더 멀었으며, 관계가 더러 친밀했고, 받은 도움의 정도도 더 낮은 것으로 나타나고 있다. 그리고 이들 친척간에서 4% 정도의 노인들만이 상호 교호적(reciprocal) 관계를 유지하는 것으로 나타났다.

그러나 한국인구보건연구원(1989) 조사에 따르면 친척 및 지역사회를 심리적 지원 제공자로서 지적한 부부가구노인이 3.9%에 불과한 반면에 독신가구노인에게 있어서는 27.7%로 매우 높게 나타나고 있다. 물론 이 조사는 친척만을 단독으로 분류한 것이 아니라 친구나 이웃, 종교(봉사)기관을 한데 묶어서 친척 및 지역으로 재분류한 것이지만 우리나라 노인에게 있어서도 가까운 가족이 부재하거나 가족이 있더라도 접촉빈도, 지원수준이 낮을 경우에 지원체계로서의 친척의 역할이 점차 중대될 것임을 암시하다고 하겠다.

2) 친구관계

(1) 노년기 친구관계의 의의

자녀가 독립하여 떠나고 직장에서 은퇴한 노년기에서 친구의 중요성은 크게 부각되며 생활만족도의 원천이 될 수 있는 것이다. 비록 가족 간의 세대관계가 가장 많은 관심을 받아 왔을지라도 친구 간 우정관계 또한 노인의 삶에서 가장 중요한 측면 중의 하나라고 볼 수 있다. 타인들끼리의 우정은 자발적인 것이며 이 자발적 성격 때문에 나이에 상관없이 친구 간의 교제는 매우 귀중하게 여겨진다.

즉, 친구관계는 대개 생활주기상에서 같은 단계에 있거나 유사한 상황에 처해 있을 때 형성하게 되므로 서로 의지대상이 될 수 있으며, 인생의 후반기에서 나타나는 역할전환상의 충격을 완화시켜 줄 수 있는 중요한 사회적 관계라는 점에서 그 의의를 찾을 수 있다. 또한 노년기 자아통합을 이루는 데 역사적 경험의 유사성은 심리·정신적 지원체계로서 직접 관련이 될 수 있으므로 노년기 친구관계의 유지는 성공적인 노화에 있어서 매우 중요한 변인이 될 수 있다.

따라서 노년기 친구관계에 있어서 중요한 측면은 노인들은 얼마나 성공적으로 새로운 친구를 사귀며, 또는 얼마나 옛 친구관계를 유지하고 있고 그러한 우정관계가 그들에게 얼마나 의미 있으며 얼마나 우정관계가 적합하게 가족관계를 대치할 수 있는가 등의 측면이라고 할 수 있다.

(2) 노년기 친구관계의 영향요인 및 실태

노년기 친구관계는 성별과 사회적 계층, 결혼상태 등에 따라 다르게 나타나고 있다. 일반적으로 여성이 남성보다 더 친밀하면서도 의미 깊은 동년배 관계를 형성한다고 본다(Booth & Hess, 1974). 남자노인은 전형적으로 배우자에게 더 많이 의존을 하고 있으며, 따라서 남자노인에게 배우자의 사망은 교제범위나 친교범위의 축소를 의미하는 것이다. 그러나 여성은 전통적으로 가족의 사회적 관계에 많은 역할을 담당해 왔으며, 배우자의 사망으로 교제범위가 축소되지 않고 남성보다 쉽게 친구와 특히 같은 동성의 친구와 친밀한 관계를 형성할 수 있다.

사회계층에 따른 친구관계를 보면, 중류계층의 노인이 노동계층의 노인보다 훨씬 더 많은 친구를 가지며, 상호작용의 빈도가 높은 경향이 있다(Gubrium, 1975). 노동계층은 이웃 중심의 우정관계를 발달시키는 경향이 더 많으며 중류계층보다 지역적·지리적 이동성이 적기 때문에 어릴 때부터 오랜 기간 동안 이웃이나 지역사회를 중심으로 형성해 온 견고한 우정관계를 일생동안 지속하는 경향이 있다.

결혼상태에 따라서도 친구관계 유형에는 차이가 있는 것으로 나타난다. 즉, 홀로 된 사람보다 기혼자가 친구 간의 접촉빈도나 친한 친구의 숫자에 있어서 더 많은 경향이 있다(Booth, 1972). 사망이나 이혼으로 인해 결혼이 붕괴되는 것은 결혼관계가 유지되는 동안 속해 있던 우정관계 집단으로부터 벗어나는 요인이 된다. 그러나 동료집단이 배우자 사망 후에 홀로 남은 상황에서 적응하도록 하는 데 매우 중요하다는 점도 강조되고 있다.

우리나라 노인들이 친구를 만나는 계기(한국갤럽조사연구소, 1984)는 주로 이웃(73.2%), 동네일 또는 경로당(29.1%), 종교활동(10.2%), 학교 또는 어릴 때부터(9.8%) 등으로 나타나며, 취미나 학습활동, 직장 등과 같은 좀 더 다양한 측면에서는 낮게 나타나고 있다. 김영모(1990)의 연구에서 보면, 연령이 낮을수록 학교나 직장 또는 친목회 등의 사회생활을 통해 사귄 친구들이 많은 반면에 연령이 높을수록 이웃에서 사귄 친구가 많은 것으로 나타나며 고령일수록 가까운 친구가 없는 경우가 늘어나 80세 이상 노인의 17.0%가 친구가 없다고 응답하였다. 이것은 나이가 들수록 신체적·정신적 기능을 유지하기 어렵기 때문에 나타난 결과라고 생각된다.

노인의 친구관계나 접촉빈도를 보면, 표 11.12에서 보는 바와 같이 남자노인의 78.4%, 여자노인의 66.4%가 친구가 있다고 응답하여 있으며, 친구가 없다는 비율

표 11.12 ● 친구관계 및 접촉도

(단위 : %)

구 분		남	여
친구 유무	있음	78.4	66.4
	없음	21.6	33.6
접촉빈도	자주 만남	60.4	55.5
	가끔 만남	28.1	28.0
	못 만남	11.5	16.5

자료 : 임종권 외(1985). 한국노인의 생활실태. 한국인구보건연구원, p. 155.

은 남자노인 21.6%, 여자노인 33.6%로 여자노인이 더 높게 나타나고 있다.

3) 이웃관계

많은 노인들이 친구와 이웃을 거의 구분하지 않고 있으며 이들의 관계는 상당히 중복되어 있는 것으로 보인다. 즉, 친구를 만나게 된 계기가 이웃에 살아서인 경우가 높은 비율을 차지하고 있어 친구 사귐의 동기가 자연 발생적인 기회에 의존하는 경향이 높게 나타나고 있다.

성규탁(1990)은 고도로 가족중심적인 우리 사회에서도 친구나 이웃, 사설협회 등과 같은 비친족지원망이 기능을 하고 있으며, 이것들은 도시거주 노인에게 매우 중요한 것임을 밝혀주고 있다. 이런 비친족지원망은 가족지원망에 비하여 크기도 작고 느슨한 관계이며 지속기간이 짧고 받은 도움의 정도는 낮지만 대다수의 노인들이 '그런대로' 도움이 되었다고 밝히고 있고 친척지원망보다도 가까운 이웃에 있는 이웃지원망과 훨씬 더 상호 교호적인 관계를 맺으며 접촉의 빈도도 더 높음을 나타내고 있다.

한국인구보건연구원(1985) 조사에 의하면 남자노인의 87.9%, 그리고 여자노인의 89.5%가 이웃관계를 가지고 있다고 응답하고 있으며, 남녀노인 모두 자주 만나는 것으로 나타나고 있다.

제 12 장

노인학대

1. 노인학대의 발생

전통적으로 우리 사회는 자녀가 그들의 노부모를 부양해 왔고 그리고 부양하기를 기대한다. 그러나 사회인구학적 변화로 인해 지금까지 노부모의 부양을 주로 맡아왔던 여성들의 취업률이 증가하고, 가족구조 및 가치관의 변화로 인해 당연하게 여겨져 왔던 노인에 대한 가족부양의 기능이 상대적으로 약화되고 있으며, 또한 변화가 요구되고 있다. 특히, 사회보장제도와 노인복지제도 등 가족 지원체계가 정착되어 있지 못한 열악한 환경에서 의존적인 노부모를 수발해야 하는 성인자녀의 부양부담은 노부모의 부양을 둘러싼 가족 간의 불화를 초래할 수 있을 뿐만 아니라, 노부모학대로 이어질 수 있는 위험성을 내포하고 있다. 1980년대에 미국 사회에서는 이제 학대로 희생되는 연령층은 아동이 아닌 자녀에게 의존하고 있는 노부모가 될 것이며, 노부모에게 고통을 주는 사람들은 바로 노부모 부양책임을 맡고 있는 그들의 자녀들일 것 이라는 주장이 생겨났다 (Steinmetz, 1987; 한동희 외, 1994; 한은주·김태현, 2000).

또한, 최근 자주 매스컴을 통해 보도되는 학대관련 사건들은 가정 내 폭력이나 학대의 범위가 아동학대, 아내학대, 노인학대 등으로 폭넓게 지칭되며, 가족들 간에 행해지는 폐쇄적이고, 치명적인 현상으로서 급변하는 사회문제의 하나로 인식되고 있다.

1982년 7월 비엔나에서 개최된 UN 주관의 '노인에 관한 국제회의(World Assembley on Aging)'에서 노인문제는 개인 또는 가정 내에서 해결할 문제가 아닌 국가적 차원에서의 세계 각국이 공통적으로 직면해 있는 절박한 문제라는 점을 강조하는 계기를 마련하였다. 이와 더불어 국내에서는 1998년 7월 '가정폭력방지 및 피해자보호 등에 관한 법률'이 시행됨에 따라 가정폭력문제가 사회적으로 부각되기 시작하였다. 그러나 이러한 움직임은 미국의 경우보다 뒤늦게 나타난 현상이었다. 가족 내에서 발생하는 학대의 또 하나의 형태로 시작되어 1960년대에는 아동학대, 1970년대는 아내학대, 1980년대는 노인학대에 관련한 연구가 활발하게 이루어진 것에 반해, 우리나라는 1990년도에 이르러서야 조금씩 인지하기 시작하여 비로소 노인학대에 관한 연구가 최근에 이르게 되었다.

국내에서 이루어진 연구결과를 분류해 보면, 우선 국내 및 국외 연구를 종합적으로 탐색한 문헌적 고찰의 형태를 들 수 있다[1]. 두 번째는 직접적인 노인을 대상으로 학대에 대한 인식 및 태도, 실태와 원인을 파악하고자 한 연구들이다[2]. 세 번째는 노인을 부양하는 부양자와 일반 성인자녀를 대상으로 노인학대의 원인 및 태도를 밝히고자 한 연구들이다[3]. 네 번째는 학대를 경험하고 시설에 거주하는 노인을 대상으로 한 연구들이다[4]. 다섯 번째는 그 외 상담기관 등에서 이뤄진 전화상담사례, 신문기사 등을 발췌하여 분석한 연구들이다[5]. 그러나 실제로 노인학대가 어느 정도 일어나고 있고, 가족 내에서 누가 노인을 학대하며, 왜 학대하는지 그리고 학대는 노인 자신의 문제 때문인지 또는 자녀의 문제 때문인지 아니면 양쪽의 문제 때문인지 하는 의문들은 학대의 또 다른 형태들이 다른 형태의 상황이나 개인들과 연관되어 계속해서 발견되고 있기 때문에 어떤 것이 위험 요인인지 단편적으로 설명하기 어려울 수밖에 없다. 그만큼 노인학대의 문제는 복합적이고

---

1) 윤진, 1994; 김한곤, 1994; 한동희·김정옥, 1994; 이해영, 1996; 성향숙, 1997; 김태현·한은주, 1997 외 다수.
2) 형사정책연구원, 1995; 한동희·김정옥, 1995; 김현수, 1997; 이영숙, 1977; 전길양·송현애, 1997; 김미경, 1998; 김재엽, 1998; 김기련, 2004 외 다수.
3) 전길양·송현애, 1997; 이선이, 1998; 이성희·한은주, 1998; 권금주, 2007 외 다수.
4) 한동희, 1996; 반형욱, 1997 외 다수.
5) 서혜경, 1995; 박준기, 1998 외 다수.

다차원적인 문제들이 얽혀 있는 상황에서 발생하는 경우가 많고, 문화적인 요인도 무시할 수 없어 관련요인을 명확하게 제시하기 힘들 뿐만 아니라 연구마다 그 요인에 대해 서로 다른 결과를 제시하고 있어서 서구의 연구자들이 계속해서 주장하는 바대로 학대경험의 원인이 무엇인가를 이해하려면 우선적으로 더 정교한 개념적 모델이 필요하다고 보고 있다(한은주·김태현, 2000).

2. 노인학대의 정의와 유형

노인학대에 대한 정확한 정의는 학자와 각 나라에 따라 상이하게 나타날 수 있다. 또한 노인학대 범위도 학자마다 미시적 시각에서부터 광의적인 시각에 이르기 때문에 통일된 개념의 규정이 이루어지지 않고 있다. 그러나 미시적 시각에서는 신체적 학대에서부터 방임, 노인에 대한 부적절한 처우, 심리적 학대 등으로 분류되며, 광의적인 시각에서는 자기학대, 자기방임, 사회적 학대까지도 포함될 수 있다.

즉, 학대라고 하는 것은 의도적인 상해를 행사하거나, 부조리한 구속 또는 협박, 잔혹하게 벌을 주는 것에 의해 신체적인 상해나 고통을 또는 정신적인 고통을 초래하는 행위라고 할 수 있다. 가족 내에서의 정의는 노인과 특별한 관계에 있는 자(배우자, 형제자매, 친인척, 자녀, 친구, 케어 제공자 등)에 의해서 노인의 거주공간 또는 전문기관시설에서 행사되는 어떠한 형태에 의해 심하게 취급당하는 것이라고 정의될 수 있다.

EPA(Elder Abuse Prevention)는 노인학대를 신체적 학대(physical abuse), 재정적 학대(financial abuse), 방임(neglect), 자기방임(self-neglect), 심리·정서적 학대(psychological·emotional abuse), 유기(abandonment)로 분류하였다.

이 밖에 오랜 기간 동안 여러 학자들에 의해 정의되어 온 노인학대의 개념을 살펴보면 다음과 같다.

Mervyn Eastman(1984)는 노인을 보호하고 있는 가족에 의한 계획된 신체·정서·경제적 학대로서 돌발적인 부상과 구별하고 있으며 노인학대에 대한 정의를 신체적 학대, 정서적 학대, 경제적 학대, 방임, 성적 학대, 유기 등으로 구분하고 있다.

Age Concern(1991)은 사회사업가협회, 노년의학협회, 경찰연맹 및 전국 조직의 민간단체와 협력하여 노인학대에 대한 가이드라인을 설정하였는데, 여서기서는 노인학대를 ① 신체적 학대, ② 심리적 학대(위협, 비난, 폭언 등), ③ 식사, 난방, 의류의 공급 결여 및 오락·여가의 기회제공 결여, ④ 강제적 격리, ⑤ 성적 학대, ⑥ 약물남용, ⑦ 금전과 재산의 남용으로 구분하였다.

일본의 경우 1993년에 처음 실시된 전국실태 조사에서 ① 신체적 폭력, ② 성적 학대, ③ 심리적 장애를 주는 학대, ④ 경제적 학대, ⑤ 개호 등 일상생활상의 보호의 방치, 태만을 포함한 방임으로 정의하였다(윤찬중, 1999).

국내에서도 2004년 1월에 개정된 노인복지법 제1조의 2에 의하면, 노인학대는 '신체적·정신적·성적 폭력 및 경제적 착취 또는 가혹행위를 하거나 유기 또는 방임을 하는 것을 말한다.'라고 정의하였다. 노인복지법상 노인 자신에 의하여 자행되는 자기학대와 부양자의 비의도적인 방임이 노인학대에 포함되는지에 대한 언급은 없지만, 노인복지법의 개정에 따라 전국에 설치되어 운영되고 있는 노인보호전문기관(노인학대예방센터)에 대한 업무수행지침(보건복지부, 2004)에서는 자기 학대와 비의도적 방임도 노인학대 유형에 포함시키고 있다(표 12.1, 모선희 외, 2006).

국내에서도 연구된 학자들의 여러 견해와 정의를 종합해 보면, 노인학대를 신체적 학대, 심리적 학대, 방임(방치), 경제적 착취 등으로 크게 분류하고 있으며, 구체적으로는 신체적 폭력이나 상해, 음식제공과 의료조치 등의 거부, 방치, 감금, 폭언, 모욕, 재산의 유용 등을 언급하고 있다(윤찬중, 1999). 서구와는 달리 전통적인 효사상에 의해 자녀의 노부모부양은 당연시되어 왔으나, 변화하는 사회·경제 상황, 문화적 인식 등의 변화로 노부모 부양이 거부되거나 선택 또는 전문시설기관으로의 확대가 이루어지면서 부양을 거부하거나 유기되는 등의 노인학대의 유형이 나타나고 있다고 보아야 한다.

표 12.1 ● 노인학대의 유형과 그에 따른 구체적 행위

유형	정의	구체적 행위
신체적 학대	물리적인 힘 또는 도구를 이용하여 노인에게 신체적 손상, 고통, 장애 등을 유발시키는 행위(폭행, 폭력, 흉기사용, 감금, 화상 등 신체적 손상을 주는 행위)	때린다. 세게 친다. 꼬집는다. 물건을 집어 던진다. 흉기로 위협한다. 강하게 누르고, 흔들고, 붙잡는다. 찌른다. 난폭하게 다룬다. 무리하게 먹인다. 신체를 구속한다. 감금(가둠)한다. 의자나 침대에 묶어 둔다. 불필요한 약물을 투여한다. 담배 등으로 화상을 입힌다.
언어·정서적 학대	비난, 모욕, 위협, 협박 등의 언어 및 비언어적 행위를 통하여 노인에게 정서적으로 고통을 주는 행위	말로 욕을 퍼붓는다. 고함을 지른다. 말을 혐오스럽게 한다. 말(양로원 등의 시설로 보내겠다)로 협박한다. 쓸모없는 늙은이라는 등 자존심을 상하게 한다. 신체적 저하로 인한 실수를 비난하고 꾸짖는다. 수치심을 느끼게 하는 모욕적인 말은 한다. 유아처럼 다룬다. 가족과 친구로부터 격리한다. 외출시키지 않는다. 노인을 보지 않는다. 말을 걸지 않는다. 따로 식사를 하게 한다. 창피를 준다. 재앙을 가져오는 사람으로 취급한다. 위협적으로 무례한 태도를 취한다. 노인의 친구나 친지 등이 방문하는 것으로 싫어한다. 노인의 일상적인 사회활동이나 종교활동을 노골적으로 방해한다.
성적 학대	성적 수치심 유발 행위 및 성희롱, 성추행, 성폭력 및 강간 등을 노인의 의사에 반하여 강제적으로 행하는 모든 성적 행위	노인의 성적 수치심을 갖게 하는 성 관련 언어표현 및 행위. 성 관련 언어, 시각적 자료, 행동으로 성적 굴욕감을 유발하는 행위. 폭행한 후 강제적으로 성행위 및 강간하는 것. 물건이나 흉기를 사용하여 강제적으로 성폭행하는 것. 원치 않는 성행위 및 강간. 성적 수치심을 유발하는 환경(남녀 구별 필요공간에 구별 없는 경우, 탈의실, 화장실 개방 등)
재정적 학대(착취)	노인의 자산을 노인의 동의 없이 사용하거나 부당하게 착취하여 이용하는 행위 및 노동에 대한 합당한 보상을 제공하지 않은 행위	노인의 유언장을 허위로 작성하거나 노인이 작성한 유언장을 노인의 동의 없이 수정한다. 노인의 허락 없이 노인의 이름을 사용해서 계약을 한다. 노인의 허락 없이 부동산(재산)을 사고팔거나 빌린다. 노인의 허락 없이 노인 재산을 증여한다. 노인의 소득(연금, 임대료 등을 가로챈다. 대리권을 악용한다. 노인의 허락 없이 노인 명의의 은행구좌에서 돈을 인출한다(돈을 훔치는 것 등). 노인에게서 빌린 돈이나 물건을 돌려 주지 않는다. 노인의 값나가는 물건을 빼앗는다. 노인의 허락 없이 노인 명의의 은행구좌를 해약한다.
방임	부양의무자로서 책임이나 의무를 의도적 또는 비의도적으로 거부, 불이행 혹은 포기하여 노인의 의식 및 의료를 적절하게 제공하지 않는 행위(필요한 생활비, 병원비 및 치료, 의식주를 제공하지 않는 행위)	식사와 물을 주지 않는다. 약물을 불충분하게 투여한다. 치료를 받게 하지 않는다(병원에 데리고 가지 않는다). 청결유지를 태만히 한다(옷 갈아입기, 기저귀 교환, 손톱깎기, 신발, 목욕 등), 노인에게 필요한 기구를 제공하지 않는다. (안경, 의치, 보청기 등), 거동이 불편한 노인을 장기간 혼자 있게 한다. 노인 방만 청소하지 않는다. 외상 시 몸의 위치 변경을 태만히 한다. 노인이 사고를 당할 수 있는 위험한 상황에 처하게 한다.
자기 방임	노인 스스로가 의식주 제공 및 의료 처치 등의 최소한의 자기보호관련 행위를 의도적으로 포기 또는 비의도적으로 관리하지 않아 심신이 위험한 상황 또는 사망에 이르게 되는 경우	노인 스스로 할 수 있는데도 신변의 청결, 건강관리, 가사 등을 포기하거나 관리하지 않아 심신의 문제가 발생한다. 자기의 신변청결, 건강관리, 가사 등을 본인이 할 능력이 부족하거나 어떤 이유로 노인도 모르는 사이에 심신의 문제가 발생한다.
유기	보호자 또는 부양의무자가 노인을 버리는 행위	노인을 낯선 장소에 버린다. 노인을 다른 주거지에 거하게 하고 연락을 두절한다. 거동이 불편한 노인을 시설에 맡기고 연락을 두절한다. 노인을 강제적으로 반감금형태 시설에 보내 집으로 돌아오지 못하게 한다.

자료 : 보건복지부(2004). 노인학대예방센터 업무수행지침.

3. 노인학대의 실태와 원인

1) 노인학대의 실태

흔히, 노인학대를 '숨겨진 문제'라고 부를 만큼 노인학대에 관해 정확히 실태를 파악하는 데 어려운 이유들이 많다. 현재뿐만 아니라 과거에도 이와 같은 노인학대는 존재했지만 절대적인 수치가 아니기에 노인학대가 특별한 사건의 하나로 인식되는 사회구조가 아니기 때문일 것이다. 그러나 현재는 개선된 생활조건으로 인해 평균수명이 증가하면서 고령자의 인구가 점차 증가하였고, 그로 인해 발생되는 노인문제가 사회라는 수면 위로 부각되기 시작하였다. 다양한 학문적 학자들의 개념정의와 연구방법론상의 문제로 한정된 제한점들이 포함한 채 연구가 이루어지므로 전국적인 데이터 수집과 분석을 위한 시도는 오랜 시간과 노력을 통해 이루어져야 할 부분이다.

'노인학대 = 숨겨진 문제'로 인식되어는 이유를 Kosberg(1988)는 가족 자체의 특이성과 노인학대 관계자의 실책과 관련지어 설명하였다. 즉, 가족은 신성하여 가족생활이 외부인에 의해 간섭당하는 것을 싫어하는 특성을 지니고 있으며, 학대행위가 사적 공간에서 일어날 뿐 아니라 노인들 자신이 자녀 등 가장 가까운 사람에 의해 발생한 학대를 타인에게 보고하기를 꺼려하기 때문이며, 또한 노인학대 전문가들이 그 문제 자체를 잘 파악하지 못하거나 또는 문제라고 보고하지 않았기 때문이라고 설명하고 있다.

그러나 사회문제로 인식을 전환하고 있는 노인학대를 학대유형별로 분류하여 실태를 연구한 결과를 표 12.2와 같이 정리할 수 있다.

노인학대에 관련한 초창기 연구인 Lau & Kosberg(1979)는 가족과 함께 살고 있는 10명의 노인 중 1명이 매년 학대를 당한다고 보고하여 사태의 심각성을 일깨워 주었으며, Steinmetz(1987)는 50~100만 명의 노인이 학대를 당하는 것으로 보고하였다. Pillemer & Finkelhor(1988)는 1,000명 중 32명이 학대를 당하고, 학대당하는 32명 중 20명은 신체적 폭력, 11명은 만성적인 언어적 공격, 4명은 홀대를 당한다고 보고하였다.

미국의 경우 1990년대에 미국의회 특별위원회는 매년 1~2백만 명의 노인이 학대를 경험한다고 했으며(1991), Lachs & Pillemer(1995)의 연구에서는 3.2%의 노

표 12.2 ● 노인학대 실태와 빈번한 학대유형

연구자(연도)	학대경험(%)	빈번한 학대유형
Pillemer & Finkelhor(1988)	3.2	신체적 학대 > 정서적 학대 > 방임
Greenberg et al.(1990)	–	신체적 학대 > 방임 > 물질적 학대(재산착취)
Shiferaw et al.(1994)	–	자기방임 > 타인에 의한 방임 > 신체적 학대 > 정서적 학대 > 재산착취 > 성적 학대
Neale et al.(1996)	–	재산착취 > 정서적 학대 > 수동적 방임 > 신체적 학대 > 계획적 방임 > 감금 > 성적 학대
최선화 외 2인(1998)	–	방임 > 정서적 학대 > 경제적 학대 > 신체적 학대
조애저 외 2인(1999)	8.2	정서적 학대 > 방임 > 재산착취 > 신체적 학대
서윤(2000)	–	방임 > 정서적 학대 > 재정적 학대 > 신체적 학대

자료 : 모선희 외(2006). 현대노인복지론. 학지사, p. 348 재구성.

인이 어떤 형태로든 학대를 경험하며, 신체적 학대가 가장 우세한 유형(2.2%)이고, 습관적인 언어적 공격(1.1%)과 홀대(0.4%)가 그 다음으로 우세한 유형이라 언급하였다(이영숙, 1997).

국내 연구결과에서(이성희·한은주, 1998)는 서울시에 거주하며, 부모를 부양하고 있는 중년기의 기혼남녀 200명을 조사한 결과 피부양자에 대한 심리적 학대 및 방임의 경험이 가장 높은 것으로 나타났으며, 그 원인으로 쌍방의 이해부족과 경제적 능력의 부족 때문이란 응답의 비율이 가장 높게 나타났다.

전국 재가노인복지시설에서 종사하는 사회복지사와 사회복지전담공무원 230명을 조사한 서윤(2000)의 연구결과에서는 노인학대를 목격한 이들이 75.2%로 조사되었다. 이는 4명 중 3명이 학대를 목격한 것으로 상당히 많은 노인들이 학대를 받고 있다고 할 수 있다. 이는 학대에 노출되어 있는 재가복지서비스 수혜노인임을 감안하더라도 심각한 수준임을 짐작할 수 있다.

국가인권위원회(2002)에서는 65세 이상의 노인이 경험한 노인학대를 유형별로 조사한 결과 정서적인 학대가 다른 학대 유형에 비해 상대적으로 높은 경험률임을 보고하였다(표 12.3). 무관심하거나 냉담하게 대하는 경우가 19.9%로 가장 많았고, 의견을 말하면 불평하거나 화를 내는 경우는 12.3%, 친구나 친지의 방문을 싫어하는 경우는 7.7%로 나타났다.

표 12.3 학대 유형별 노인학대 경험 유무(2002)

(단위 : %)

구 분	학대상황	있다	없다
방임적	스스로 식사준비를 할 수 없는 노인을 혼자 집에 내버려둔다.	8.6	91.4
정서적	노인의 친구나 친지 등이 방문하는 것을 싫어한다.	7.7	92.3
	노인이 의견을 말하면 간섭한다고 불평하거나 화를 낸다.	12.3	87.7
	부양자나 가족들이 노인에게 무관심하거나 냉담하게 대한다.	19.9	80.1
언어적	노인에게 욕설을 하거나 고함을 지른다.	6.6	93.4
	노인의 실수를 비난하거나 자존심을 상하게 하는 말을 한다.	10.5	89.5
경제적	노인에게서 빌린 돈이나 물건을 일부러 갚지 않는다.	5.9	94.1

자료 : 국가인권위원회(2002). 2002년 지역사회에서의 노인학대실태조사.

이와 같이 살펴본 노인학대의 발생에 따른 실태는 연구마다 또는 국가마다 다르게 보고되고 있는데 이것은 노인학대의 범위를 어떻게 규정하고 측정하는지, 가해자(가족원, 보호자 등)의 범위를 어떻게 설정할 것인지에 대한 연구방법론상의 차이이기도 하나 학대를 보고하는 사람이 누구인지 등에 의한 부분도 차이가 있을 것이다. 따라서 매년 증가하고 있는 노인 인구의 비율만큼 학대에 관한 비율도 증가함으로 체계적인 실태조사가 수반되어야 한다.

2) 노인학대의 원인

노인학대의 발생 원인을 살펴보기에 앞서, 노인학대 특징의 이해가 요구된다. 일상생활을 영위해 나가면서 노인학대가 발생하기 쉬운 상황으로서, 그 첫 번째는 노인 자신의 노화와 질병 등 신체적인 변화를 들 수 있다. 이것은 부양자와의 관계, 성격, 혹은 부양조건 등과 표리관계에 있는 결과로서 학대가 일어난다고 말할 수 있다.

특히, 노인학대가 아동학대와 다른 점은 노인과 가해자의 혈연관계에 의해 학대의 요인과 상황이 복잡하다는 것이다. 우리나라와 일본에서는 노인학대 또는 노인소외의 문제가 아직 유럽, 미국만큼 크게 받아들여지고 있지 않다. 그러나 다음과 같은 공통적인 일반적 특징을 들 수 있다(윤찬중, 1999 재구성).

- 전통적인 가족제도가 고부간의 갈등을 만들어내면서, 특히 장남에게는 노부모를 부양하려는 생각이 기저에 있다. 따라서 서비스가 충분하지 않은 상황에서 부양에 관한 스트레스는 힘없는 고령자에게 영향이 미친다.
- 노인학대라는 사고방식과 인식이 아직 낮은 것, 또 실제로 노인학대의 실태가 있더라도 그것을 인정하는 있어서 저항이 있다(노인 측 포함).
- 노인이나 가족에게 가정 내의 사정을 표면화하는 것에 대해 세상의 이목과 체면에 구애되는 풍조가 강해서 학대가 잠재화되기 쉽다.
- 노인 자신에게도 권리의식이 낮고 포기하는 심정이 강하다.
- 이용할 수 있는 공적 서비스의 불충분함과 동시에 서비스를 이용하는 것에 저항감이 있다.
- 실제 학대사실이 있어도 이에 대한 상담, 보호, 지원하기 위한 방법론이 부족하다.

이와 같은 특성을 토대로 노인학대의 발생원인을 몇 가지 이론을 통해 고찰해 보고자 한다(이종복, 1999; 김선희 외, 2005).

(1) 상황 모델(situational model)

노인의 의존성이 증가하여 보호자에게 스트레스가 누적되어 학대를 발생시킨다고 보는 입장이다. 특히 노인의 부양은 매우 힘들고 많은 스트레스를 불러일으키는 작업이므로 많은 학자들이 노인학대와 방임의 경우를 설명할 때 이 이론을 지지하고 있다(한동희, 1996; 박봉길, 2002; 김선희 외, 2005). 학대와 연관된 상황적 변수인 노인의 특성으로 신체·감정적인 의존성, 건강상태의 악화, 정신상태의 손상, 다루기 어려운 성격 등을 들 수 있고, 구조적 요인으로 감정적 긴장, 사회적 고립과 환경적인 문제들이 있으며 부양자의 특성으로 삶의 위기, 부양으로 인한 피로감과 소진을 들 수 있다(민무숙, 1995). 또한 부양하면서 경험하는 스트레스의 정도를 보면, 어머니와의 관계에서 며느리는 딸보다도 더 많은 스트레스를 경험하고 있었는데 이것은 우리나라의 가정 내 상황에서 노부모의 부양자로서 아들과 함께 공유의 책임을 갖는 며느리가 그 역할을 주로 하기 때문이며 그로 인한 노부모와의 스트레스 발생가능성도 딸보다는 크기 때문이다(이신숙·서병숙, 1993).

(2) 교환이론(exchange theory)

교환이론은 학대발생상황을 권력관계구조의 측면에서 접근하는 시각이다. 보상과 비용의 비가 적정한 균형을 이룰 때 긴장과 갈등 없이 계속 유지되며, 그렇지 않을 때 관계가 해체되거나 갈등상황으로 나아가게 된다고 본다. 따라서 교환론적 관점에서는 노인학대를 '보상과 비용의 적정한 균형이 이루어지는 교환관계에 대한 기대', 즉 상호성의 규범(norm of reciprociry)이 깨어진 것에 대한 일종의 부정적인 반응이 신체적 학대와 같은 적극적 학대로 나타날 수도 있고, 그 관계를 회피하는 경우 이는 노인에 대한 방임이라는 형태의 학대로 나타나게 된다(김선희, 2005).

또한 이 이론에 따르면 부양자가 자신이 부당하게 행동함으로써 노인과의 관계에서 잃을 것이 전혀 없다고 판단할 때 발생할 수 있다. 노인과 전 생애에 걸쳐서 관계를 유지해 왔고 연대감을 갖고 있는 자녀나 배우자로부터의 학대보다는 기타 부양자에 의해서 발생하는 학대를 설명하는데 설득력이 있다.

예를 들면, '노모를 모시는 것은 나의 책임이다', '내 어머니니까', '내 시부모니까'라는 언급에서 경제·사회적, 정서적, 육체적 부담은 과중하게 부담되는 비용이지만 여기에는 자식의 도리에 대한 보상이 깔려 있다고 볼 수 있다. 그러나 현대사회의 사회적 가치관이나 노부모에 대한 부양의식이 약해지고 노인이 되면 교환할 수 있는 자원 및 사회성의 결핍에 따라 노인은 학대의 피해자로 노출되기 쉽게 된다(한동희, 1996).

노인은 교환될 수 있는 자원의 개발이 점점 어려워지고 건강의 악화에 따라 의존적 입장으로 변모하기 쉽고, 관계의 질을 낮게 하는 요소가 증가됨에 따라 교환자원이 부족한 노인들이 학대에 노출되기 쉬워진다. 따라서 노인학대를 예방하기 위해서는 노인의 의존성을 감소시키는 방향으로 보상과 비용을 조정하는 개입이 효과적이고, 노인학대에 대한 처벌을 강화하여 노인학대를 하게 되면 치루는 비용을 높이는 방법이 효과적이다(Wolf, 1992; 김선희 외, 2005).

(3) 상호작용론(symbolic interaction theory)

인간은 다른 사람의 자신에 대한 의미를 주체적으로 해석하여 나름대로 상황을 규정한 후 자신과의 내면적 상호작용을 통해 상대방에 대한 반응양식을 결정하게 된다(박재홍, 1991). 즉, 개인의 처해진 상황, 자아개념, 다른 사람들의 반응에 따라 다르게 수행할 수가 있다. 노인과 수발하는 자녀 사이의 태도, 행위, 상호작용을 관찰하면 모든 수발자가 똑같은 스트레스를 받고 있는 것은 아니다. 수발수준이 자동적으로 스트레스를 일으키는 것이 아니며 이는 상황에 따라 다르다.

노화에 따른 신체적 변화와 사회적 세계의 변화는 가족 내 역할기대와 그에 기초했던 가족의 상호작용의 유형, 정체성 등에 변화를 가져오고, 가족원은 이러한 변화에 대한 반응으로 새로운 정체성과 관계유형을 만들어가기 위한 조정과 타협의 과정에 진입하게 된다(김선희, 2005). 역할기대의 변화는 지금까지 안정적이었던 정체성을 흔들어 놓게 되고, 특정행위에 대한 인식에 있어서 불일치를 발생시키며, 따라서 오해와 역할긴장을 가져오게 된다. 이는 상호 협상에 의해서 새로운 정체성과 관계가 성립된다면 해결될 수도 있겠지만, 그렇지 못할 때는 어린아이 취급과 같은 심리적인 학대 및 기타 학대가 발생할 수도 있다. 이러한 입장은 노인에 대한 행동은 고정되어 있는 것이 아니라 변화하는 것, 개인적인 차원에서의 의미의 구성을 부각시킴으로써 학대가 인지되고 대안을 찾는 데 있어서 개인적인 차이가 있을 수 있음을 강조하고 있다.

(4) 사회구조론(social construction)

노인학대가 현대 산업사회에서 노인과 노화의 의미를 어떻게 해석하고, 가치를 부여하는가에 초점을 맞추어 살펴볼 것을 강조하는 이론이다. 즉, 연령에 기초한 편견 자체가 노화과정의 자연스러운 산물이라기보다는 한 사회의 분업체계와 사회적 불평등구조의 산물이라는 것이다. 즉, 강제적인 은퇴와 빈곤, 가정 내 및 지역사회에서의 제한된 역할들로부터 노인들의 구조화된 의존성이 발생하는 것으로 파악한다. 따라서 학대는 노인들이 사회에서 무시되는 것에서 발생하는 것이며, 노인들을 위한 보건의료 및 지지 서비스가 이러한 가정으로부터 자유로울 수 없기 때문에 거대한 사회와 경제적 경향에 의해서 산출된 의존성을 오히려 강화시키는 경향이 있다는 지적도 있다.

(5) 생태학적 관점(ecological framework)

생태학적 관점은 인간의 행동을 개인, 가족 및 사회환경 체계와의 상호작용 속에서 이해하려는 체계론적 관점을 강조하는 이론이다. Bronfenbrenner는 인간발달의 생태환경을 개인체계, 미시체계(micosystem), 외체계(exosystem), 거시체계(macrosystem)로 분류하였다. 이 이론을 토대로 연구된 결과에 의하면, 노인학대와 관련성이 발견된 미시체계적 요인으로 대표적인 것으로는 성별, 연령, 교육수준을 들 수 있으며, 여성노인, 고령노인, 교육수준이 낮은 노인들이 학대받을 가능성이 높은 것으로 지적된다. 중간체계 요인은 부양책임을 가진 자녀, 접촉빈도가 높은 자녀에 의한 학대가 많고, 노인이 부양기대가 지나치게 높은 경우 학대받을 가능성이 높은 것으로 나타난다. 거시체계적 요인으로는 노인을 존중하지 않는 문화, 노인에 대한 부정적 스테레오 타입이 일반화되어 있는 사회에서 노인학대가 일어날 가능성이 높은 것으로 나타났다(김선희 외, 2005).

4. 노인학대의 대응방안

노인학대는 여러 요인들의 복합적이고 역동적인 상호작용으로 발생하므로 피학대 노인의 측면, 가해자 측면, 피해자와 가해자와의 상호작용 측면, 가정환경 요인 측면, 사회·문화 요인 측면 등에 대한 다면적인 접근을 통해 문제를 조명하고 원인을 파악해서 종합적인 개입과 대책을 강구하는 시각이 필요하다(이종복, 1999; 서윤, 2001; 권중돈, 2002). 특히, 단절되기 쉬운 사회적 관계망을 지속시킬 수 있는 노력과 지역사회, 종료, 이웃과 더불어 사회화를 유지시킬 수 있는 관계망을 형성해야 할 것이다(김선희 외, 2005).

1) 개인차원의 대응방안

노인학대를 유발하는 노인의 특성과 관련된 요인 중에서 인구사회학적 변인은 통제가 불가능하므로 실제로 노인학대의 예방과 경감을 목적으로 하여 개입 가능한 부분은 노인의 의존성이다. 따라서 노인 스스로 의존성을 줄이고 자립능력을 제고하기 위한 노력이 이루어져야 한다(권중돈, 2004).

2) 가족차원의 대응방안

학교교육, 사회교육 프로그램 등을 통해 노인과 동거하는 가족원들이 노년기 특성 및 노인의 심리적 특성에 대해 이해할 수 있는 기회를 부여한다. 이는 노인 자신의 변화를 일차적으로 수용하고 관리하기 위해서는 중년기부터 시작하여 노년기에 이르게 되는 자신을 위한 삶의 대응 방안으로서 요구된다. 이러한 교육과 프로그램의 확산을 통해 사회 전반에 걸친 노인 차별주의 의식, 전통적인 관념으로서의 노인상 등을 개선할 수 있을 것이다. 또한 개인적인 성격, 스트레스, 적응력의 부족 등이 원인이라면 적절한 기관 및 전문가를 통해 상담과 치료 프로그램을 통해 수정하고 경감시킬 수 있는 환경이 조성되어야 한다. 노인 주위의 가족환경에서는 이러한 사항을 잘 숙지하여 도움과 서비스를 적절하게 적용할 수 있도록 관련된 정보의 수집과 부양노인의 관찰이 선행되어야 할 것이다.

국내·외 많은 연구를 통해서 나타난 결과들을 살펴보면, 노인학대의 가해자는 주로 직계가족인 아들과 며느리, 딸 등의 순으로 나타나며, 부양자인 동시에 가해자인 이들은 부양부담에 관한 누적된 스트레스를 경험하게 되어 학대를 하게 되는 것으로 나타나고 있다. 그러므로 부양자들의 부담과 스트레스를 경감시킬 수 있는 제도적인 복지서비스의 도입과 강화가 이루어져야 한다.

3) 사회적 차원의 대응방안

노인학대의 예방적 측면에서 살펴보면, 대부분의 노인들의 경우 자녀들에 의한 학대를 경험하면서도 자녀의 처벌을 원치 않아 신고하거나, 법에 호소하는 경우가 거의 없다. 피해 노인들의 경우에도 자신에게 원인이 있는 것으로 간주하는 경향이 높아 습관적·지속적인 형태로 가족 내에서 학대가 진행되는 악순환 속에 놓이게 된다. 따라서 노인학대 예방을 위한 교육 프로그램의 개발과 더불어 이를 운영할 수 있는 전문기관과 인력배치가 이루어져야 할 것이다. 그리고 대중매체를 통한 전 국민의 의식전환과 정확한 정보의 습득을 위한 지속적인 홍보 캠페인이 강화되어야 하며, 노부모를 부양하는 가족원이나, 시설 서비스 제공자들의 부담감 또는 스트레스를 경감할 수 있는 상담과 직접적인 노인의 생활상담이 가깝게 이루어질 수 있을 때 노인학대의 비율을 낮출 수 있게 될 것이다.

이러한 예방차원의 노력과 더불어 노인학대와 관련된 관련법의 제정이 요구된다. 기존의 '가정폭력법'은 마련되어 시행되고 있으나, 처벌규정만 명문화되어 있기 때문에 예방과 은폐될 가능성을 차단할 수 있는 구체적인 제도마련이 필요하다.

제 13 장

치매노인과 가족

1. 치매노인의 이해

인간의 수명연장은 오랜 염원인 장수의 꿈이 실현되는 것을 뜻하지만 한편으로는 노쇠한 신체·정신적 기능을 갖는 의존노인의 수가 증가함을 뜻한다. 이에 따라 노인성 질환도 비례하여 증가하는 추세를 보이고 있으며 그 중에서도 가족이나 사회의 의존도가 가장 높은 대표적인 질환이라 할 수 있는 노인성 치매의 증가는 사회적 관심의 대상이 되고 있다. 치매유병률은 연령이 증가함에 따라 증가하는 것으로 알려져 있어 앞으로 노인인구의 증가와 노인인구의 고령화로 인하여 치매노인의 인구는 급증할 것으로 예상된다. 전 생활에 걸쳐 도움과 보호가 필요한 치매노인은 치매노인뿐만 아니라 장기적으로 부양을 제공하는 가족들에게까지 영향을 미친다. 그러나 현재 우리나라에서는 치매노인에 대한 사회적 지원서비스 체계가 미비하여 치매노인은 물론 그 부양자까지 방치되고 있는 실정이다. 이러한 사회적 지원서비스 체계의 미비는 가족의 부양부담을 가중시켜 심한 경우 가족해체의 위기까지 갈 수 있으며, 실제 치매에 걸린 외할머니를 귀찮다는 이유로 때려 숨지게 한 사건이 발생하기도 하였다(서울신문 2006. 3. 20.).

1) 치매의 개념

치매란 기억력의 장애를 포함한 정신 및 인지기능의 전반적 장애가 특징적으로 나타나는 증후군을 말한다. 치매(dementia)라는 용어는 라틴어의 'dement'에서 유래되었으며 '마음에서 벗어난'이라는 뜻을 포함하고 있어서 오랫동안 '미쳤다' 혹은 '제정신이 아니다'라는 의미로 사용되어 왔다(양병환, 1993). 과거에는 치매가 만성적으로 진행하는 치료불가능한 모든 뇌증후군을 의미했으나 최근에는 '의식이 청명한 상태에서 전반적인 인지기능의 장애'로 개념이 바뀌었다(박종한, 1989).

치매의 정의에 대해서는 서구의 문헌들에서 다양한 기준이 제시되고 있기는 하나 그 내용이 매우 함축적이고 추상적이어서 모호한 점이 있다(김태현·전길양, 1995). 더욱이 정신노화 과정에 따른 일반노인의 일정한 신체·정신적 감퇴현상과 노인성 치매를 명확히 구별한다는 것은 각 사회의 역사·문화·종교·윤리적 배경에 따라 달라질 수 있다. 아직도 전통적 가족구조, 유교적 효의 가치관의 뿌리가 깊은 우리 사회에서는 노화에 따른 지능감퇴나 퇴행현상은 관대히 받아들여지고 있는 편이다.

과거 오랫동안 치매는 만성적으로 진행하여 회복이 불가능한 불치병으로 알려져 왔으나 치매환자들 가운데서도 적절한 치료혜택이 주어지면 완치되거나 호전될 수 있다고 나타난다(이상도 외, 1988). 이는 치매의 원인에 따라 적절한 중재가 이루어지면 호전될 수 있음을 뜻한다. 치매는 우리 사회에서 노망으로 불려 왔다. 현재 우리나라에서는 치매는 질병이란 인식보다는 일부 층에 해당하는 단순한 노망이라는 인식이 크게 자리 잡고 있다. 그래서 대부분의 사람들은 치매는 나이가 들면 누구나 겪어야 할 당연한 노화과정의 일부로 치매를 인식한다. 이러한 인식으로 가족 등 주변사람들, 의료종사자들 심지어 치매노인 본인까지 치매에 걸리면 살만큼 살았다는 생각으로 치매를 발견해도 치료의 어려움으로 방치하고 있는 실정이다. 때문에 우리나라에서는 '치매에 걸리기 전에 죽어야지' 하는 식으로 노후생활을 두려워하고 있다. 즉, 치매는 노인성 정신질환으로 보기보다는 나이 많은 노인들에게서 흔히 나타나는 자연적인 노화현상으로 보는 경향이 많았다.

2) 치매의 현황

치매는 40세부터 나타날 수 있으나 주로 65세 이상의 노인들에게 많이 발생하여, 현재 심장병, 뇌졸중, 암에 이어 4대 주요 질병으로 불릴 정도로 주요한 기질성 장애의 하나이다. 특히 보호를 가장 필요로 하는 치매는 고령층에서의 유병률이 높아 치매노인의 수가 급격히 증가할 것으로 예상된다(이성희, 2004).

치매노인 관리를 위한 정책수립에 있어서 중요한 것은 정확한 치매노인수를 파악하는 것이다. 우리나라에서 치매에 관심을 갖게 된 것은 1990년이지만, 이는 일부 지역을 대상으로 한 역학조사로서 전국적인 치매유병률은 제시되지 않고 있는 실정이다.

기존의 치매 역학조사에서 나타난 치매유병률은 9.5~13.7% 사이인 것으로 나타나고 있지만, 현재 보건복지부에서 공식적으로 제시하고 있는 치매 유병률은 한국보건사회연구에서 한국판 간이 정신상태 검사를 활용하여 전국의 노인을 대상으로 하여 조사한 추정 유병률이다.

2004년 노인인구는 약 420만 명으로서 치매유병률은 8.3%로 보면 치매로 고통을 받는 치매노인수는 대략 36만 2,000명을 상회할 것으로 추산된다. 이러한 상황에서 치매노인이 이용할 수 있는 서비스는 미약하고 그 부양가족에 대한 서비스도 극히 제한적이다. 최근 우리나라 치매노인 인구의 현황은 다음과 같다.

표 13.1 ● 치매노인인구 추계 (단위 : 명, %)

구분 / 연령	총계		남자		여자	
	노인인구	치매노인 비율	노인인구	치매노인 비율	노인인구	치매노인 비율
65~69	1,653,588	2.3	593,974	1.2	782,148	3.0
70~74	1,155,333	4.6	348,226	2.6	569,895	5.9
75~79	720,768	13.6	211,347	5.1	389,251	18.2
80세 이상	410,284	25.7	133,850	15.2	343,115	29.4
전 체	4,171,016	8.3	1,287,397	3.7	2,084,409	10.9

자료 : 통계청(2000). 인구주택총조사보고서; 통계청(2004). 고령자료통계

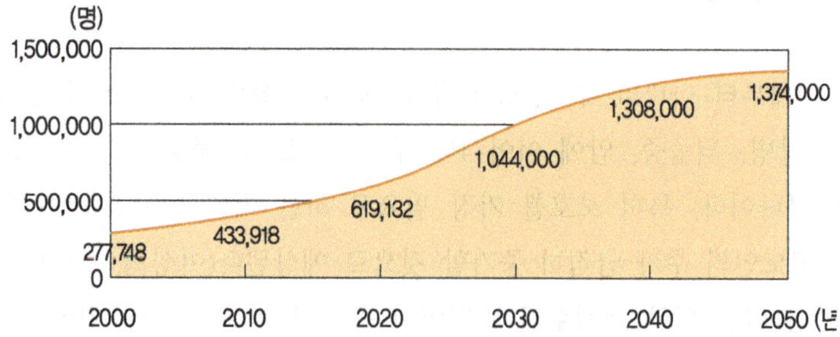

그림 13.1 ● 치매노인 증가추이

3) 치매의 종류

일반적으로 노인성 치매는 크게 뇌신경세포 퇴행, 후천성 뇌질환, 기타 가역 가능한 질병으로 분류할 수 있다(Berg. L. & Morris J. C., 1990). 이중 가장 대표적인 치매인 알츠하이머형 치매는 원인이 분명하지 않은 채 신경세포가 서서히 파괴되어 뇌 전체가 위축되는 병으로, 서구에서는 가장 많은 빈도를 나타내고 있으며(보통 50% 정도), 또한 남성보다는 여성에게서 더 많은 것으로 보고되고 있다. 혈관성 치매 역시 알츠하이머병 다음으로 높은 것으로 보고되며(15~20%), 원인은 반복되는 뇌졸중으로 나타나고 있다. 이 두 가지 유형의 치매는 치유불가능한 대표적인 원인 질병으로 보고 있다. 이외에 감염이나 알코올, 약물중독 등에 의한 치유 가능한 치매(10~20%), 알츠하이머와 혈관성 치매가 혼합된 혼합형 치매(10~20%)가 있다. 일본을 위시하여 동양권에서는 알츠하이머형보다는 혈관성 치매의 유병률이 더 높은 것으로 추정하고 있어 우리도 이와 유사한 형태를 가질 것으로 추측되고 있다(송건용, 1995).

표 13.2 ● 치매노인 증가추세

(단위 : 천 명, %)

구 분	1990	1995	2000	2010	2020	2030	2040	2050
노인인구	2,195	2,657	3,395	5,302	7,667	1,604	14,533	15,71
치매유병률	–	8.3	8.2	8.3	9.0	9.0	9.0	9.0
치매노인수	–	218,096	277,48	433,918	619,132	1,044 (천 명)	1,308 (천 명)	1,374 (천 명)

자료 : 통계청(2001). 장래인구 추계

표 13.3 치매의 분류

뇌신경 세포의 퇴행	알츠하이머병, 피크병, 파킨슨병, 헌팅톤병
후천성 뇌 질환 (일부는 가역 가능)	· 혈관성 치매 : 다경색 치매, 빈스방거병 · 다발성 경화증, 뇌종양 · 외상(경막하 혈종 포함), 뇌수종 · 전염 가능한 해면양 뇌증(예 : 크로이츠펠트-야콥 병)
기타 가역 가능한 질병	· 대사질환 : 갑상선 기능저하증, 신투석 · 독성/영양 장애 : 만성 약물 중독, 주정 중독증, 영양결핍 (예 : 비타민 B_{12} 결핍) · 감염 : AIDS, 신경매독, 결핵성 또는 세균성 뇌막염, 효모균증, 급성 바이러스성 뇌염 · 우울증

자료 : Berg, L. & Morris J. C.(1990). Aging and Dementia.

4) 치매의 증상

치매노인은 기억력, 추상적 사고능력, 판단력 및 충동자제능력, 언어기능 등의 저하와 성격변화, 신체적 기능의 변화로 인하여 직업, 일상적 사회활동, 대인관계 등에 상당한 침해를 받게 된다. 그러나 치매의 초기 증상은 매우 모호하여 정상적 노화과정으로 잘못 아는 경우가 많이 있고 치매라고 하여 다 같은 증상을 보이는 것도 아니며, 원인에 따라 나타나는 증상이나 문제행동 역시 다양하다.

이러한 치매의 주요 증상과 문제행동을 인지장애, 정신장애, 언어장애, 행동장애, 일상생활 수행장애, 신체장애의 범주로 나눌 수 있다(권중돈 외, 2004). 노인성 치매의 가장 흔한 행동장애로는 점진적인 기억장애와 자극에 대한 부적절한 반응으로 인해 혼돈된 상태가 나타나는 지남력 상실이다. 그리고 병의 진전에 따라 의사결정능력과 판단능력의 상실, 성격의 변화 등(Cheonoweth, et al., 1986; Barush, 1988; 이성희 외, 1993)이 나타나고 있다.

치매의 경고증상을 보면(표 13.4) 기억력 장애, 친숙한 일의 미숙, 언어장애, 지남력의 상실, 판단력의 상실, 추상적 사고의 어려움, 물건을 잘 못 둠, 기분 및 행동의 변화, 인격의 변화, 그리고 자발성의 상실을 들고 있다.

특히 치매노인의 가족들에게 부담을 주는 행동장애로는 배회, 수면장애, 흥분폭력, 수집벽, 반복행동, 거부행동 등이 있다.

표 13.4 ● 10가지 치매경고 증상

기억력 장애	중요한 약속, 전화번호, 주변사람들의 이름 등을 잊음.
친숙한 일의 미숙	간단한 집안 일, 평소 잘하던 취미활동, 요리 등을 잘 못함.
언어장애	간단한 단어를 잊거나 엉뚱한 단어로 표현하고, 사물의 이름을 정확히 말하지 못함.
지남력의 상실	시간·장소에 대한 지남력에 장애로 잘 알던 길을 잃거나 집을 잘 찾아오지 못함.
판단력의 상실	계절에 맞지 않게 옷을 입거나 지나치게 돈을 지불함.
추상적 사고의 어려움	가계부의 수입과 지출을 맞추는 일에 어려움을 느낌
물건을 잘 못 둠	엉뚱한 장소에 열쇠, 시계 등을 두고 잘 못 찾는 경우
기분·행동의 변화	지나친 기분의 변화가 이유 없이 일어남.
인격의 변화	많은 의심, 불안하고, 매우 의존적인 성격으로의 변화
자발성의 상실	수면이 길어지거나 TV를 평소보다 많이 시청하고 잘하던 행동을 하려하지 않음.

자료 : 권중돈 외(2002). 치매와 가족, 학지사.

2. 치매노인의 가족부양

가족이 치매노인을 부양함에 있어서 다양한 문제를 경험하게 된다.

1) 부양부담

서구 사회에서 치매노인의 주부양자는 주로 배우자인 것으로 나타나며(Cheonoweth, et al., 1986), 배우자가 없으면 가족 내의 여성, 특히 성인딸이 부양책임을 맡게 된다. 우리나라의 경우 대다수의 연구에서(마정수, 1995; 권중돈, 1994; 성인신, 1994), 치매노인을 돌보는 주부양자는 며느리인 것으로 나타나며 일반 재가노인에 비해 딸의 부양참여율이 높게 나타나고 있다. 배우자의 부양부담에 대한 연구도 늘어나고 있는 데, 이현주(2006)의 연구에 의하면 부인의 치매가 악화되면서 배우자가 경험하는 위기로 속박감과 육체적 고통, 분노와 죄책감의 반복, 자식에 대한 서운함

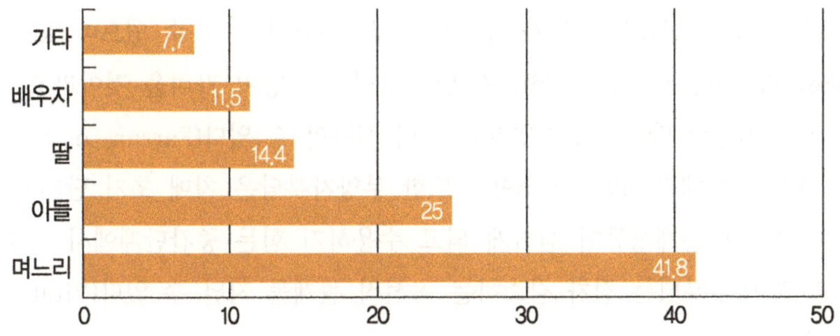

그림 13.2 ● **주부양자 현황**

자료 : 송명숙(2005). 치매노인을 위한 사회적 지원 서비스 체계에 관한 연구, 중앙대학교 석사학위논문

과 기대의 포기, 부인과의 동반자살 생각 및 요양원 입소 고려 등을 호소하고 있었다.

우리나라에서는 치매환자에 대한 복지대책의 미흡으로 인하여 치매환자의 주부양자는 배우자, 며느리, 딸 등 가족인 경우가 95% 이상이다. 그 중에서 주 부양자는 며느리 41.3%, 아들 25%, 딸 14.4%, 배우자 115.% 순으로 며느리나 아들이 노인을 부양하는 비율이 나타난다. 특히 며느리의 부양비율이 많이 나타나는데 이것은 딸의 부양비율과 합치면 주로 여성들이 치매노인의 주 부양자라고 할 수 있다.

여성이 노인부양의 책임을 떠맡고 있는 경향은 서구나 동양문화권에서 동일한 현상이지만, 성역할의 구분이 뚜렷한 동양문화권에서 보다 더 여성에게 부양책임이 집중되는 경향을 보인다.

그러나 치매로 인한 문제의 크기가 커지는 반면 전통적 가족구조의 해체와 여성 근로 인력의 증가 등으로 인하여 노인들을 가족 내에서 부양할 수 있는 역량은 저하하고 있다. 뿐만 아니라 여성의 사회적 지위가 향상됨에 따라 그 동안 치매노인을 자의든 타의든 부양하여 왔던 여성들의 희생을 강요하면서 가족단위로 치매 문제를 해결하는 것이 바람직하지 않다는 인식이 확산되고 있다.

많은 연구들(Poulshock, et al., 1984; George, et al., 1986; 김태현 외, 1995)은 치매노인부양이 부양자의 대처자원을 넘어서 위협하는 부양상황의 요구 때문에 치매노인가족은 신체적 및 정신·심리적인 면에서 부양부담을 느끼며 우울이나 분노, 적대감 등을 경험 한다고 밝히고 있다. 그러나 치매노인부양에서 기능적 및 인지적 손상 정도와 부양부담 간의 관계는 일관적이지 않다. 즉, 치매노인의 기능 장애와 문제행동의 심각성 정도가 높을수록 부양부담이 높을 수 있으며(George, et al., 1986; Fitting, et al., 1986), 반대로 오히려 부양이 가벼울 것이라고 생각되는 후기의 치매증상 단계에서 부양부담은 더 심각할 수 있다(Farran, et al., 1991; Bowers, 1987; 문혜리, 1992 재인용). 또한 부양자부담은 치매 초기 단계에서부터 점차 증가하다가 문제행동이 심하게 되고 수용하기 힘든 중간단계에서 가장 높게 나타나고 그 이후부터는 점차 감소하는 곡선적 관계를 지닐 수 있다(Vitaliano, et al., 1991).

이와 마찬가지로 치매노인의 장애기간과 부양자 부담 간의 관계 또한 서로 상관이 없다거나(Zarit, et al., 1980; 문혜리, 1992 재인용), 또는 오히려 장애기간이 길수록 좌절감이 낮아진다는 결과(Motenko, 1989)를 보이고 있다. 즉, 치매노인의 부양부담 정도는 치매노인의 기능 손상정도에 따라서라기보다는 부양자가 어떻게 지각하고 판단하느냐에 따라 달라질 수 있다(Zarit, et al., 1986).

우리나라의 치매노인부양에 대한 실증적인 연구에서도, 노인의 치매기간과 부양자 부담 간에는 아무 상관이 없거나(문혜리, 1992), 치매 정도가 심하거나 인지장애가 많을수록 그리고 부양시간이나 보호시간이 길수록 부양부담 수준이 높게 나타난다고 상반된 결과(권중돈, 1994; 성인신, 1994)를 나타내고 있다. 그러나 부양자 부담은 사회적 칭찬이나 보상으로 낮아지며(문혜리, 1992), 배우자 지지는 부양자 부담에 미치는 부정적 영향을 중재하여 부양만족감을 높일 수 있는 것으로 (김윤정 외, 1993) 나타난다. 따라서 치매노인의 부양에서 반드시 노인의 손상 정도가 부양자 만족을 낮추고 부담을 높이는 요인으로 작용한다고는 볼 수 없다. 환자의 심각성보다는 부양상황의 특성이 부양자 안녕감에 영향을 미치게 되므로 (George, et al., 1986), 치매노인의 부양부담은 부양자의 사회적 관계망, 문제해결에 대한 대처방안, 관계의 질 등 여러 요인에 따라 부양부담은 달라질 수 있는 것이다.

2) 노인 및 가족관계의 부정적 변화

치매노인으로 인해 가족의 관계가 긍정적으로 흘러가는 경우도 있지만 대다수의 가족들이 부정적인 관계를 가지게 된다. 이것은 노인이 가족의 일원이기 때문에 가족의 상호작용 속에서 발생할 수밖에 없는 측면인데, 가족관계의 부정적 변화는 치매노인과 가족 사이에서도 발생하지만 부양하는 부부 사이, 형제자매 사이, 자녀들 간에도 나타난다.

3) 심리적 부담

치매노인을 부양한 결과 부양자들은 심리적 안녕 상태에 부정적인 영향을 받는 경우가 많다. 치매노인을 부양하면서 신경질이나 짜증이 나고 이로 인해 가족들과 다투게 되는 자기 자신의 모습과 노인을 부양하는 방법, 자신과 노인의 미래에 있어서 불안과 두려움을 가지게 되며 이것은 우울증을 유발시키기기도 한다.

그리고 노인에게 잘해 드리지 못했다고 생각하거나 과거의 잘못, 노인을 집에서 모실 수 없다는 생각으로 죄책감에 시달리는 등 노인의 변화에 따른 자신의 환경 변화에 심리적 부담을 가지게 된다.

4) 재정 및 경제 활동상의 부담

치매노인을 부양하면서 의료비의 지출과 함께 경제활동을 하는 데 있어 시간적 제한을 받게 됨으로 치매노인을 부양하는 사람들은 경제적인 부담을 느끼게 된다.

치매노인을 부양하는 데 있어서 소요되는 비용, 즉 병원진료, 약, 의료보조기, 건강식품, 간병인 등에 대한 월 평균 소요비용은 어느 정도인가에 대한 조사결과는 표 13.5와 같다.

표 13.5 ● 치매노인부양에 따른 월 평균 소요 비용 (단위 : 명, %)

구 분	10만 원 이하	11만~15만 원	51만~100만 원	101만~200만 원	201만~400만 원	401만 원 이상	계
빈도수	22	61	88	47	16	6	240
백분율	9.2	25.4	36.7	19.6	6.7	2.4	100

자료 : 송명숙(2005). 치매노인을 위한 사회적 지원 서비스 체계에 관한 연구, 중앙대학교 석사학위논문(미간행).

5) 건강상의 부담

노인부양은 신체적·정신적으로 정신건강에 많은 영향을 끼치는 것으로 알려져 있는데, 특히 치매노인의 경우와 같이 인지능력이 없고 모든 것을 의존해야 하고, 언제 문제행동이 발생할지 모르는 노인을 부양하는 데 있어서는 더욱 크게 건강상의 부담을 느끼게 된다. 주 부양자가 주부일 경우에는 다른 역할들이 함께 가중되어 신체적 피로를 느끼게 되며 야간에 배회하는 노인 때문에 수면부족을 호소하게 된다. 이와 같은 가족원들의 부담감은 1차적인 부양제공자에게 있어서 더욱 크고 두드러지게 나타나고 있다.

6) 사회적 활동의 제한

치매노인을 부양하는 가족들은 치매노인의 문제행동 등으로 인하여 적어도 한사람은 노인의 옆에서 보호해야 하기 때문에 친구, 이웃 등과 어울릴 수 있는 기회가 적어지게 되고 창피하다는 생각 때문에 사회적 활동에 제한을 받게 된다. 더욱이 대다수의 1차적 보호제공자는 여성이 대부분을 차지하고 있어, 가사나 양육 등에 대한 역할도 수행해야 하기 때문에 외부와 단절된 생활을 하게 되며 직업여성의 경우에도 직업을 포기해야 하는 경우가 많기 때문에 사회적 활동에 제한을 가져온다.

3. 치매노인가족의 대처전략

많은 연구들에서(Baum, et al., 1993; Seltzer, et al., 1994; 이성희 외, 1993), 치매노인가족이 직면하는 다양한 문제들을 입증해 왔다. 대부분의 가족들은 우울증, 환각, 망상과 같은 치매노인의 정신병적 증상뿐만 아니라 배회나 반복적인 행동과 흥분 등 치매노인의 여러 증상에 직면하고 대처해 왔다. 대처(coping)란 생활

긴장에 의해서 받는 해를 최소화하기 위해 개인이 행하는 노력을 뜻한다(Barusch, 1988). 치매노인가족이 적응을 위해 사용하는 대처양식을 파악하는 것은 치매노인 부양의 효율적 관리나 부양부담을 낮추는 데 도움을 줄 수 있다. 또한 대처 전략은 사회적 지지와 함께 부양부담이나 만족에 중재적 효과를 갖기 때문에(Blieszner, et al., 1990; Chenoweth, et al., 1986), 치매노인가족을 위한 중재 프로그램의 효과를 위해서는 파악될 필요가 있다.

일반적으로 치매노인가족의 대처전략 유형을 살펴보면, 문제지향의 대처전략, 인지중심의 대처전략, 정서지향의 대처전략으로 구별할 수 있다(Hinrichsen, et al., 1994; Kramer, 1993)

① **문제지향의 대처전략**(problem-focused coping)

어떤 문제를 야기하는 환경을 변화시키기 위해 직접적으로 행동하거나 정보 및 지지를 구하는 전략이다. 또한 대안적 해결책을 평가하고 선택, 실행하는 생각과 행동이다. 이 전략은 대체로 치매노인부양자의 정서적 적응을 높이는 것으로 예측되지만(Pratt, et al., 1985), 오히려 정서적 적응을 낮게 하거나 관계가 없는 것으로도 나타나(Hinrichsen, et al., 1990) 결과가 일관적이지는 않다.

② **인지 중심의 대처전략**(cognitive-focused coping)

문제를 재구조화하거나 수용하기 등과 같은 긍정적 관점지향의 대처유형이다. 이 대처전략의 사용은 치매노인부양자에게 더 나은 정서적 적응을 가져오며(Pratt, et al., 1985), 협상과 타협, 감정이입적 사고를 가져와 부양부담과 우울증을 낮게 하는 것으로 보인다(Hinrichsen, et al., 1994; Kramer, 1993).

③ **정서지향의 대처전략**(emotion-focused coping)

자기 비난이나 소원하기, 감정의 직접적 표출, 부정하기나 회피 등을 사용하여 문제가 있는 생활환경에 적응하는 형태이다. 즉, 이 대처전략은 상황이 변경될 수 없는 것으로 평가될 때 전형적으로 사용되는 내부 심리적 조절과정이다. 치매노인가족에서 이 대처전략의 사용은 낮은 정서적 적응과 관련이 있는 것으로 나타난다(Haley, et al., 1987). 즉, 회피와 같은 정서 중심의 대처사용은 정서적 혼란과 좌절을 가져와 부양부담과 우울증을 증가시키는 것으로 나타난다(Hinrichsen, et al., 1994; Kramer, 1993).

우리나라 치매노인 가족부양자는 부양에서 받는 어려움을 극복하기 위해 친구나 주위사람들에게 하소연 하는 경우가 많으며, 그 외 외출하기, 욕하거나 짜증냄, 체념하기 등이 나타나고 있다(윤수경, 1991; 문혜리, 1992; 김태현 외, 1995). 즉, 부양자들의 치매에 대한 대처전략과 관리는 수동적이며 소극적인 것으로 볼 수 있다.

치매노인가족의 대처에 관한 연구들은 대체로 적극적인 대처전략들이 부양자의 우울증을 완화시키며, 수동적인 전략들은 더 높은 우울증에 관련된다고 나타낸다. 따라서 우리나라 치매노인가족들은 보다 적극적이며 효과적인 대처기술의 습득과 사용이 필요하다고 하겠다.

4. 치매노인가족의 요구도

외국의 치매노인부양자에서 빈도가 높은 지지 요구순서를 살펴보면 다음과 같다(Norbeck, 1991; 문혜리, 1992 재인용). 첫째, 단기간 휴식이나 가사 조력 등의 수단적 지지, 둘째, 질병에 대한 지식, 문제행동 조정 등의 정보적 지지, 셋째, 경청, 하소연 등의 환류적 지지, 넷째, 수용과 헌신, 사랑 등의 정서적 지지이다.

우리나라 치매노인가족을 대상으로 조사한 연구들에서 국가사회적 차원에서의 서비스 제공의 필요성을 보면, 절대 다수가 필요하다고 인식하고 있다(윤수경, 1991 – 96.8%; 성인신, 1994 – 98.8%). 부양자가 원하는 복지서비스 욕구를 보면 다음 표 13.6과 같다.

우리나라 치매노인부양자의 경우도 서구와 마찬가지로 단기 또는 주간보호 서비스나 가정봉사원 서비스와 같은 수단적 지지의 욕구가 상대적으로 높음을 볼 수 있다. 즉, 보호부담으로부터 벗어나기 위한 실질적인 보호 서비스를 선호하고 있는 것으로 나타난다. 그러나 우리나라의 대다수 치매노인부양자들(82.3%)은 장래의 부양계획에서 계속해서 가족이 모시겠다는 의지를 나타내고 있다(이성희 외, 1993). 그리고 치매노인가족의 간호요구에서도(유은정, 1995) 치매노인을 돌보는 방법에 관련된 정보적 요구와 가족의 정서적 지지와 관련된 요구가 높게 나타나고 있다.

표 13.6 부양자가 원하는 복지서비스

(단위 : 순위, %)

구 분	윤수경[1] (1991)	문혜리 (1992)	이성희 외[2] (1993)	권중돈[3] (1994)
단기보호 및 주간보호 서비스	38.3	1순위	33.7	27.1
양로원 및 요양시설	21.7	2순위	-	-
노인 전문 병원	33.7	3순위	-	-
치매노인가족 모임	1.7	4순위	8.4	5.8
가정봉사원 서비스	1.7	5순위	15.7	14.6
기타	3.3	-	46.9	42.8

주 : 1), 2), 3)은 표를 재구성했음.
2), 3)은 중복응답의 비율임.

5. 치매노인가족을 위한 교육 프로그램

치매노인은 대체로 일반노인에 비해 일상적 활동이나 기능의 손상이 심각해서 과중한 보호와 도움을 요구하므로(Zarit, 1989; Motenko, 1989), 치매노인을 부양하는 주부양자의 희생과 부담이 매우 크다고 할 수 있다. 특히 치매는 가족들의 계속적이고 일상적인 보호가 지속적으로 요구되므로 가족들의 스트레스는 더욱 가중된다. 따라서 부양의 결과로 심리적 부담(Green, et al., 1989), 건강상의 부담(Barusch, 1988)을 겪게 되며 주부양자 외의 가족원 역시 생활환경이 바뀌고 활동의 제약을 받게 되어(Sempl, 1992) 갈등을 초래하게 된다. 치매노인가족의 부양부담을 경감하고 부양욕구를 충족하는 데 도움을 줄 수 있는 치매노인가족을 위한 교육 프로그램이 여러 학자에 의해 개발·실시되고 있다.

외국의 프로그램으로 Haley, et al.(1987)는 주로 치매환자의 1차 부양자인 딸과 배우자 54명 대상으로 치매에 대한 정보, 정서적 지지, 문제해결 원조 등으로 구성된 총 10세션의 프로그램을 개발, 실시하였고, Toseland, et al.(1989a)는 알츠하이머병이나 기타 어떤 정신적 손상이 있는 가족원의 부양자에 대해서 실제적으로 이행된 집단 중재 프로그램 29개를 분석하여 부양자인 아내 또는 딸을 대상으로 7세션으로 구성된 프로그램을 개발, 실시하였다.

국내 프로그램으로 이성희(1994)는 치매에 관심이 있는 가족을 대상으로 8세션으로 구성된 프로그램을 개발, 실시하였고, 김태현·전길양(1996)은 치매노인이 있는 가족원을 대상으로 5세션으로 구성된 프로그램을 개발하였으며, 김태현(2007)은 치매노인을 부양하고 있는 가족을 대상으로 치매에 대한 이해, 부양 스트레스와 관리, 치매와 웃음치료, 치매부양자의 야외 여가활동, 치매부양자 건강관리, 치매노인시설 현황 및 정책안내와 부양경험 수기 나누기, 치매가족의 행복한 삶, 치매와 원예치료, 치매부양자의 마음 나누기, 치매노인을 위한 활동의 실제 등 10세션으로 구성된 프로그램을 개발, 실시하였다.

이들 프로그램 중에서 김태현 외(1996)의 치매노인의 가족을 위한 교육 프로그램을 구체적으로 소개하면 다음과 같다(표 13.7).

치매노인가족의 안녕감과 기능향상을 도모하기 위해서는 치매노인가족의 욕구를 충족시킬 수 있는 사회적 지지체계의 확립은 매우 필요한 일이다. 즉, 부양자가 보다 정확히 치매에 대한 개념과 문제증상을 인지하여 효율적으로 치매에 대처할 수 있도록 하며 정서적 지지와 정보를 제공받고 문제상황에 효과적으로 직면할 수 있도록 대처기술을 습득하게 하는 교육 프로그램의 제공은 매우 필요한 일이라 할 수 있다.

표 13.7 ● 치매노인의 가족을 위한 교육프로그램

<table>
<tr><th colspan="2">Session 1. 치매란 무엇인가(치매의 이해)</th></tr>
<tr><th>진행단계</th><th>교육내용</th></tr>
<tr><td>목 표</td><td>1. 참석자들 간에 친밀감을 형성하도록 한다.
2. 치매에 대한 실질적인 이해를 도모한다.
3. 치매노인의 문제행동을 파악한다.</td></tr>
<tr><td>강 의</td><td>1. 치매노인과 가족의 특성
2. 치매의 개념과 원인, 발생진행 결과
3. 치매의 진행단계에서 만날 수 있는 일반적 문제행동</td></tr>
<tr><td>활동 및 실습</td><td>1. 오리엔테이션
a. 프로그램 개요 설명
b. 서약 및 참가 규칙 설명
c. 자기소개, 소책자 배부
d. 프로그램 참가동기와 바램 나누기
e. 개인 및 가족관계 전반에 걸친 사전 검사 실시
- 치매의 개념, 원인, 단계에 대한 지식
- 치매노인의 문제 증상과 대처
- 부양부담과 우울증, 스트레스 관리
2. 치매에 대한 이해 점검 및 토의
a. 치매에 대한 인식 점검
b. 처음의 증상인지와 느낌
c. 현재의 치매단계 위치와 대응
3. 그룹 토의 및 발표
앞으로의 진행단계에서 예측되는 결과와 문제점 나누어 보기</td></tr>
<tr><td>종 결</td><td>경험발표
과제(계획된 스트레스 관리를 실천해 보기)</td></tr>
<tr><td>준비물</td><td>강의자료
work-sheet</td></tr>
</table>

Session 2. 치매노인 부양경험(부양의 영향과 대응)

진행단계	교육내용
목 표	1. 치매노인가족의 부양상황과 경험을 파악한다. 2. 치매노인 부양이 미치는 영향을 파악한다. 3. 치매노인의 문제행동과 관리를 알아본다.
강 의	1. 치매노인가족이 겪는 부양경험과 반응 2. 치매노인 부양과 가족생활의 변화 3. 치매노인의 힘든 문제증상과 대응 4. 대처유형에 따른 부양부담과 정서적 영향
활동 및 실습	1. 만남과 인사(함께 노래 부르기) 2. 집단원의 부양경험 점검 a. 부양동기 b. 치매노인 부양에서 경험한 힘든 문제행동과 반응 적어보기 c. 부양으로 인해 변화된 나와 가족생활 측면 적어보기 d. 자신의 대처유형 파악하기 3. 그룹 토의 및 발표 a. 치매노인 부양에서 어떠한 반응을 해 왔는지 표현하기 b. 앞으로 어떻게 대응하는 것이 바람직하며 희망하는지 나누기 c. 소책자 읽고 느낀 점 말하기
종 결	경험발표(효율적인 부양경험 사례 발표) 과제(바람직한 부양경험의 반응을 계획하고 실천해 보기)
준비물	강의자료 소책자 work-sheet

Session 3. **자기보호(스트레스 대처와 관리)**

진행단계	교육내용
목 표	1. 부양에서 느끼는 느낌을 파악한다. 2. 자신에게 필요한 측면을 파악한다. 3. 자신을 위한 행동계획을 세운다.
강 의	1. 치매노인부양에서 겪는 개인적 감정과 갈등 2. 사회관계 축소와 과중한 역할부담 3. 자기관리의 필요성
활동 및 실습	1. 만남과 인사(함께 노래 부르기) 2. 부양경험의 감정표현하기 a. 노인과의 이전 관계의 질과 감정 나누기 b. 자신과 타가족원 및 친척에 대한 분노, 죄책감, 갈등의 감정 나누기 c. 사회관계에서 소외나 고립으로 인한 어려움 나누기 d. 부양에서 얻는 교훈이나 느낀 점 나누기 3. 나를 위한 바람을 검토해 보기 a. 스트레스 관리를 위한 계획 세워 보기 b. 우선순위를 적어보기 4. 그룹 토의 및 발표 자기보호를 위한 행동의 경험 나누어 보기
종 결	경험발표 과제(계획된 스트레스 관리를 실천해 보기)
준비물	강의자료 work-sheet

Session 4. 도움찾기(자원활용과 역할분담)

진행단계	교육내용
목 표	1. 부양자 휴식과 외부자원 이용의 필요성을 파악한다. 2. 지역사회 내의 자원을 활용할 수 있는 정보를 습득한다. 3. 가족간 협조의 필요성을 이해하여 역할분담의 융통성을 모색한다.
강 의	1. 지역사회 기관에 대한 정보제공 2. 비공식적 지지체계 발달 다른 가족원이나 친구들과의 지지체계 발달 3. 역할 분담과 역할 균형
활동 및 실습	1. 만남과 인사(함께 노래 부르기) 2. 외부자원의 정보 검토해 보기 a. 도움이 될 수 있는 자원들에 대해 재검토해 보기 b. 구체적 원조를 줄 수 있는 지역사회 기관에 대해 서로 정보 나누기 c. 도움이 되었던 외부자원에 대해 나누기(공식·비공식적 체계) 3. 역할 분담을 검토해 보기 a. 역할 분담의 걸림돌 적어보기 b. 역할 분담의 대안 찾아보기 c. 역할 균형과 분담을 위한 시간 계획하기 4. 그룹 토의 및 발표 가족이나 친척 간 역할상충과 갈등의 경험 나누기(갈등상황에 대한 역할극)
종 결	경험발표 역할극 보고 느낀 점 발표
준비물	강의자료 work-sheet 외부자원의 정보지

Session 5. 대인관계 향상(가족관계와 의사소통 개선)

진행단계	교육내용
강 의	1. 효과적인 듣기, 말하기의 필요성 2. 들어 주는 기술 3. 말하는 기술
활동 및 실습	1. 만남과 인사(함께 노래 부르기) 2. 의사소통의 방법 검토 a. 부양긴장 상황에서 사용하는 의사소통 방법 나누기 b. 자신의 의사소통의 문제점 찾기 3. 의사소통의 개선 모선 a. 상대방의 관점과 입장 확인하기 b. 가족이나 노인, 기타 친척관계의 개선향상을 4. 그룹 토의 및 발표 갈등해결의 사례 경험 나누기 건설적 듣기 말하기 실습과 느낌 발표
종 결	경험 발표 평가
준비물	강의자료 평가지 사후검사지

GERONTOLOGY

■ '제Ⅴ부'를 시작하면서

노인인구의 급증, 노년기의 한 특성으로서 의존성의 증대, 노인부양체계의 문제, 해결 능력의 부족, 사회적 구조의 변화에 따른 가족구조의 변동과 노인의 소외, 사회보장체계의 미비 등은 우리나라에 있어서 노인문제가 이미 사회문제로 대두되고 있으며 앞으로 그 심각성이 증가할 것을 예상해 주고 있다.

노인은 다양한 욕구체계를 갖고 있으며, 이러한 욕구체계는 노인자신이나 노인의 욕구충족을 지원하는 가족 및 지역사회의 지원망, 사회복지제도 등의 욕구해소체계에 의해 충족된다고 볼 수 있다. 현실적으로 노인의 욕구체계는 노인의 불안정한 지위와 지원체계의 부족 등에 의해서 충분히 이루어지고 있지 못한 실정이다.

전반적으로 노인문제가 심각하게 대두되고 있고 복지적 측면에서 종합적 대책이 마련되어야 할 필요가 있음은 주목되고 있는 사실이다. 그러나 노인의 욕구체계가 다양한 만큼 노인의 상황에 따른 문제들 또한 다양한 측면에서 발생할 것이다. 즉, 노년층 인구는 동일 연령층이라는 조건 때문에 여러 가지 특성을 공유함이 사실이지만 다른 한편, 그들의 성별이나 계층(경제적 조건), 지역, 가족관계 등 여러 측면에서 개인차를 갖고 있으므로 이에 따라 문제의 접근도 다르게 이루어져야 할 것이다.

따라서 제Ⅴ부에서는 노인문제의 부분적인 특수성을 고려해 보기 위해서 농촌의 노인문제와 저소득층 노인문제들을 살펴보고 노화와 관련하여 나타나는 노인과 직업관계, 은퇴가 미치는 영향, 노년기 여가활동, 노인의 성 및 죽음에 관한 태도 등을 살펴보고자 한다.

PART V

제 V 부

노년기의 다양한 이슈들

제 14 장 농촌의 노인문제
제 15 장 도시 저소득층 노인문제
제 16 장 노인과 직업
제 17 장 노인과 은퇴
제 18 장 노인과 여가활동
제 19 장 노년기 성
제 20 장 노인과 죽음

제 14 장

농촌의 노인문제

1. 농촌사회와 노인문제 발생

1960년 이후 급격한 산업화는 도시는 물론 농촌지역에도 지대한 영향을 미쳤다. 산업화와 도시화는 농촌사회 자체의 변화를 의미하는 것으로 농촌인구의 감소와 농업부문의 상대적인 축소 또는 약화를 가져왔다. 1960년대 초 28%였던 우리나라의 도시화율이 1990년대에는 71%, 2000년대에는 78%나 될 것으로 예상되므로 농촌인구의 도시 유입률은 점차 증가할 것이 전망된다.

1960년대 농촌 각지에서 광범위하게 전개된 젊은층 중심의 이촌향도(離村向都) 현상은 농촌에 노인인구의 상대적인 증가와 농촌 노동력 인구의 감소를 초래하여 노동력 공급의 질에 영향을 미쳤고 여러 가지 사회문제를 부각시켰다. 즉, 경제적인 문제나 직장문제, 교육문제 등으로 젊은 농촌인구가 도시로 이동하게 됨은 청·장년층의 노동력 감소를 가져 왔으며 여성 또는 고령자의 농업 참여율을 증가시켰고 또한 자녀세대와 떨어져 사는 노인단독가구의 증가를 가져 왔다.

그리고 도시화의 영향으로 농촌지역도 의식구조의 변화가 일어나으며 전통적 가족의식의 약화, 도시에 준하는 사회적인 기대치의 상승, 개인 능력 위주의 가치관 도입 등 급격한 규범적 혼란을 겪게 되었다. 이는 농촌지역의 사회·심리적인 갈등이 존재함을 나타내며 아울러 젊은이보다도 전통적 가치관이 지배적인 노년층에서 더 많은 아노미적 현상과 소외감 등을 겪을 수 있다고 가정해 볼 수 있다.

농촌지역에서 자녀와의 별거율은 대도시보다 높지만 장남과의 동거의식이나 장남과의 동거의식이나 장남부양 책임의식은 더 높게 나타나고 있다(한국노인문제연구소, 1992). 이러한 가치의식과 실제적 상황의 차이는 농촌지역 노인의 만족도를 낮추는 요인이 될 수 있다. 그리고 농촌은 농업의 특수성 때문에 취업률과 경제적 자립도가 대도시에 비해 높으나 생활수준은 상대적으로 낮은 편이며 공적연금 등의 사회보장체계에서 더 열악하다는 특성을 갖고 있다.

즉, 농촌노인의 경우 사회변화에 따라 나타나는 일반적 노인의 문제(신체·심리적 쇠퇴나 변화, 사회적·가족적 지위의 열세, 경제적 조건의 악화 등의 문제)와 더불어 농촌의 환경적 특수성으로 인해 더 심각한 노인문제가 발생될 우려가 있다.

이에 대비하여 2005년 농촌진흥청에서 44억 원을 들여 고령사회에 진입한 농촌사회의 활성화를 위해 100개 농촌건강장수마을을 선정하고 마을 기초조사를 토대로 각 지역의 특색 있는 자원을 활용한 노인 일거리 발굴과 소득 활동 추진, 장수식단 등의 프로그램개발·보급, 운동시설 확보, 이동의료시설 순회진료 등을 통해 '건강하게 장수할 수 있는' 농촌마을 조성을 추진하였다(한국노인과학학술단체연합회, 2007).

따라서 산업화와 더불어 노인들의 사회·경제적 지위의 하락에서 오는 노인문제는 도·농간을 불문하고 발생하는 일반적 문제로 이해하고 동시에 도시에 비해 상대적인 빈곤과 사회문화적 차이가 있는 농촌지역의 특수 상황의 이해를 도모하여 농촌노인의 복지를 위해 장기적 대책이 수립되어야 할 것이다.

2. 노인과 관련된 농촌사회의 구조적 변화

1) 농가인구의 감소화 및 노령화

1960년대 초반부터 가속화된 산업화와 이에 따른 젊은이의 이농향도 현상으로 인하여 농가의 인구는 점차 감소되고 있다. 즉, 1962년 제1차 경제개발 5개년계획

표 14.1 ● 농가호수 및 농가인구의 증감동향(1960~2005)

연 도	농가호수		농가인구	
	천 호	연평균 증감률(%)	천 명	연평균 증감률(%)
1960	2,329		14,242	-
1970	2,483	0.6	14,422	0.1
1975	2,379	-0.9	13,244	-1.7
1980	2,155	-2.0	10,827	-3.9
1985	1,925	-2.2	8,521	-4.7
1990	1,767	-1.7	6,661	-4.8
1995	1,500		4,851	
2000	1,383		4,031	
2005	1,272		3,433	

자료 : 농림수산부(각 년도); 농업총조사(센서스).

이 시작된 이래 지난 30년간 우리 사회는 격심한 산업사회화를 겪어 왔으며 도시화와 공업화를 주축으로 하여 전개되는 산업사회화는 농업 농촌 중심적인 전통사회의 '탈농업화(deagriculturalization)'를 촉진시켰다.

탈농업화란 농업활동에 고용된 노동력이나 토지, 자본 등의 자원이 농업 농촌 부문에서 도시 공업 부문으로 재배분·이전되는 사회경제적 현상을 말하는 것으로 농업과 농촌 그리고 농촌가족인 농가가 바로 탈농업화의 1차적 대상이 된다. 따라서 산업사회화의 진행과정에서 이촌현상으로 농가인구의 감소와 그에 따른 농가인구의 고령화는 농촌사회의 구조적 변화를 나타내는 것이다.

표 14.1에서 보면 농가호수와 농가인구는 매년 감소되고 있음을 알 수 있다. 이러한 농가인구의 감소화와 더불어 농가인구는 점차 고령화되고 있는 현상을 보이고 있다. 농사에는 종사하지 않더라도 농가에 함께 살고 있는 사람들을 포함하는 농가인구의 변화에서도 뚜렷하게 나타나고 있다. 또한 농업기본통계에 따르면 농가인구는 1970년의 전체인구의 44.8%(14,422천명)에서 그 상대적 구성 비율이 계속 감소하고 있는데 2000년에는 8.5%, 2004년에는 7.1%(3,415천명)로 그 절대수가 계속 감소하고 있다. 또한 농가인구 중에서 60세 이상 노인농가인구가 차지하는 비율이 1970년의 7.8%에서 2004년에는 40.3%로 급증하였다(표 14.2).

표 14.2 ● 연령계층별 농가인구의 변화

(단위 : 천명)

연 도	농가인구	14~59세	60세 이상
70	14,422	13,279	1,143
75	13,244	12,080	1,164
80	10,827	9,689	1,138
85	8,521	7,344	1,177
90	6,661	5,474	1,187
94	5,167	3,863	1,304
00	4,031	2,698	1,333
04	3,415	2,040	1,375

자료 : 농업기본통계(통계청).

인구의 급속한 고령화는 2004년 말에 이미 65세 이상의 인구가 100만 명을 넘어서 농촌에 거주하는 세 명중 한명정도가 65세 이상의 노인인 것으로 나타났다. 반면 20~30대 젊은층은 10년 새 절반 가까이 줄어 50만 명 선을 겨우 유지하고 있어 시간이 흐를수록 농촌고령화는 점점 심화될 것으로 보인다.

2004년 농촌지역의 노령화 지수(10~14세 인구 대비 65세 이상 인구의 비율)도 10년 전인 1994년 98.6에서 지난해 284.2로 3배정도 높아졌다.

이에 따라 농사를 짓는 농가 경영주의 노령화도 심각해져 전체 농가 경영주 가운데 60세 이상이 73만4000명으로 59.2%에 달했고 경영주의 평균연령이 67세로 고령화된 것이다.

농가경영주의 연령 중 29세 이하의 연령층이 차지하는 비율은 1970년에는 8.7%였던 것이 1990년에는 2.1%로 많은 감소가 있었으며, 상대적으로 50~59세 연령층은 22.9%에서 33.0%로 60세 이상은 15.2%에서 31.3%로 많은 증가가 있었다.

1970년을 기준으로 하여 1990년에 29세 이하의 연령층은 상대적 비율이 17%에 해당되지만 60세 이상은 146.6%나 해당되고 있다.

2005년 도시지역 노인의 비율이 5.5%인데 비해, 농촌지역 노인의 비율은 14.7%로서 농촌지역이 도시지역보다 고령화정도가 심각하다(통계청, 2005).

우리나라 농업종사자 중 60세 이상의 노령자는 1994년에 792천명으로 농림업종사자 2,491천명의 31.8%였다. 그것이 10년 이후인 2004년에 60세 이상의 노령자

표 14.3 ● 농가경영주의 연령에 따른 농가호수 구성의 변화(1970~1990)

(단위 : 명)

구 분	1970(A)	1980	1990(B)	B/A(%)
29세 이하	215,812 (8.7)	129,673 (6.0)	36,719 (2.1)	17.0
30~39	657,922 (26.5)	367,123 (17.0)	221,177 (12.5)	33.6
40~49	662,953 (26.7)	664,794 (30.8)	372,508 (21.1)	56.2
50~59	569,564 (22.9)	555,907 (25.8)	583,964 (33.0)	102.5
60세 이상	337,067 (15.2)	437,576 (20.3)	552,665 (31.3)	146.6
계	2,483,318 (100.0)	2,155,073 (100.0)	1,767,033 (100.0)	71.2

자료 : 농림수산부(각 년도); 농업총조사(센서스).

가 945천명으로 153천명이나 늘어났고 농림업종사자의 총수는 1,789천명으로 702천명이나 줄어 노령농민의 비중이 52.8%로 급증하는 현상을 보이고 있다.

앞으로도 농어촌의 노령화는 지금까지의 추세에서 크게 벗어나지 못하고 계속적인 전체농촌인구의 감소와 노령인구의 증가 그리고 그로인한 노령인구비중의 계속적인 증가로 나타나게 될 것이다(한국노인과학학술단체연합회, 2007).

이와 같은 농가인구나 농가호수의 감소로써 나타난 탈농업화는 단순한 감소의 차원을 넘어서 농촌가족의 이산이나 해체를 가져 올 수 있다. 농가인구의 고령화는 수명연장과 저출산의 영향도 있으나 주로 생산연령 인구층의 이농현상과 관련이 있으며, 농가인구가 고령화됨은 농민의 노인부양 부담을 증가시키고 농촌사회에 노인문제가 심각하게 대두됨을 의미하는 것이다. 또한 경제성장에 따른 농업여건의 변화에도 불구하고 아직까지 영세성을 면치 못하는 농촌사회에서 농가인구의 감소 및 고령화는 노인의 저소득문제와 더불어 농촌노인의 문제를 심화시킬 수 있다.

표 14.4 연령계층별 농가인구의 변화

(단위 : 천명)

연 도	총 수	14~39세	40~59세	60세 이상
94	2,491	490	1,209	792
00	2,243	299	956	988
04	1,789	127	717	945

자료 : 2004 경제활동인구연보(통계청).

2) 노인가족의 증가

2004년 농어촌은 노인부부 49.5%, 노인독신 29.7%, 자녀동거가 16.1%, 기타가족이 4.7로 농어촌노인의 대부분은 혼자 또는 부부가 생활하는 노인단독가구가 차지하는 비율이 79.2%로 나타나고 있어(정경희 외, 2005) 농촌노인의 노인단독가구 증가는 주목할만하다.

현대 사회에서 산업화, 도시화 및 가치관의 변화로 인해 노인단독세대의 절대적인 수와 그 구성 비율이 점차 증가할 것은 예측되는 결과이나 농촌지역의 노인단독가구의 많은 증가는 농촌지역이 단독가구가 안고 있는 문제를 더욱 심각하게 느낄 수 있다는 것을 의미한다. 도시노인(61%)에 비해 농촌지역(73%)의 단독가구노인이 아들이 있는 경우가 훨씬 많았고, 자녀와의 별거이유도 도시노인은 자신이 원해서 따로 사는 경우가 가장 높아 42.9%나 되는데 비해 농촌노인은 22.1%이며 직장관계로 따로 사는 경우가 58.9%로 가장 높게 나타나고 있다(임종권 외, 1985). 2005년 조사에서도 농촌노인이 자녀와 별거하는 이유로 거주지 문제가

표 14.5 노인가구의 형태

(단위 : %)

구 분	2004년(한국보건사회연구원)		2002년	2002년
	(전국)	(농어촌)	(한국여성개발원)	(장성군)
노인독신	20.8	29.7	21.2	28.6
노인부부	39.4	49.5	39.0	40.5
자녀동거	35.2	16.1	36.6	25.2
기 타	4.6	4.7	3.2	5.7
계	100(5,281)	100(2,012)	100(505)	100(405)

51.1 %로 가장 높게 나나났다(손신영, 2006).

즉, 교육이나 직업의 문제 등으로 인한 그들이 가진 외적·환경적 요인에 의해 자녀와 별거하고 단독가구로 남는 경우가 많다고 할지라도, 아직 도시에 비하여 전통적 가치가 높게 남아 있는 농촌사회에서 노인은 정서적 만족도가 낮을 수 있으며 게다가 농가노인이 생활능력이 없을 경우 농촌은 노인들만으로 이루어진 빈곤 노인층을 형성할 우려가 있는 것이다.

따라서 농촌의 단독가구노인의 증가는 그 형성 동기나 내용에서 세분화하여 도시와는 다른 성격으로 접근될 필요가 있고 단독가구 농촌노인의 노후생활 보장을 위해 힘써야 함을 말해 주고 있다.

3. 농촌노인의 부양실태

1) 경제적 부양

(1) 노후생활준비도

통계청(한국의 사회지표, 1992) 조사에서는 노후준비방법이 없다고 응답한 비율이 전국적으로 가장 높지만 도시(56.9%)에 비해 농촌(73.2%)의 비율이 매우 높게 나타나고 있다. 이는 농촌지역노인의 노후생활준비도가 더 열악함을 나타낸다고 할 수 있다.

2004년 박대식의 "농촌노인의 경제활동 및 소득실태분석"에 의해서도 노인들의 노후준비실태를 보면 충분히 준비했다(1%)는 사람과 어느 정도 준비되었다(8%)는 사람 외에는 모두가 준비를 못한 상태이어서 노후생활에 대한 불안감이 크다는 것이었다. 이들은 이미 적정 은퇴연령이 지난 노인들임에도 생계를 위한 소득활동을 계속하고 있는데 그 소득의 대부분이 농사지어서 얻는 농업소득(65.5%)과 품팔이나 농업이외의 근로소득(21.5%)이었고 공적연금인 국민연금은 수령자도 적고 받는 금액도 적어 큰 도움이 되지못하고 있는 것으로 나타났다(한국노인과학학술단체연합회, 2007, p.287).

표 14.6 ◉ 생활비 및 용돈조달방법

(단위 : %)

내 용 \ 지 역	방 법	농어촌	중소도시	대도시
생활비 조달방법	일해서 벌고 있다.	42.9	24.2	21.6
	자식이 대 준다.	35.0	48.4	52.6
	재산 소득	16.7	19.5	19.5
	공적 연금	2.6	5.8	3.5
	국가 보조	2.9	2.1	2.8
용돈 조달방법	자신이 벌어 쓴다.	44.4	37.2	39.4
	일부만 자녀의존	32.9	32.6	11.3
	전적으로 자녀의존	22.7	30.2	49.3

자료 : 박재간(1992). 한국노인의 생활실태 및 의식구조 조사결과 제1차 중간보고. 한국노인문제연구소, p. 14 재구성.

(2) 소득원

월평균 소득을 보면, 2004년 조사에서는 전체노인 중 69.9%가 월 평균 소득이 100만 원 미만이며, 이 중44.8%가 30만 원 미만에 속한다.

농촌노인의 소득원을 보면(한국노인문제연구소, 1992), 대도시노인의 21.6%만이 일을 하여 생활비를 조달하고 있는 반면에 농어촌노인은 42.9%가 스스로 일을 해서 생계비를 조달하고 있는 것으로 나타난다(표 14.6). 이는 대도시노인에 비해 농촌노인이 자신의 노동에 의한 소득 획득이 높고 농촌노인이 대부분 아직도 농사일을 담당하고 있기 때문인 것으로 볼 수 있다.

즉, 도시노인보다 농촌노인이 자기부양의 경제적 기여도가 높다고 하나 노동에 의한 자립이 불가능할 경우 연금이나 부동산 및 노인복지제도가 미비한 상태에서는 더 큰 어려움이 발생할 소지가 있다고 할 수 있다.

(3) 취업희망 여부와 일에 대한 만족도

농촌노인의 취업희망 여부를 보면 대도시보다 낮게 나타난다(김현조 외, 1989). 이는 대도시지역의 취업노인이 농촌노인보다 대부분 심한 육체적 노동을 요구치 않는 비노동(非勞動), 비농(非農)의 부문에서 일하고 있기 때문으로 보인다.

취업희망 이유를 보면, 표 14.7에서 보는 바와 같이 농촌노인은 경제적인 이유 때문으로 보인다. 농촌노인은 돈이 필요해서, 자식을 돕기 위해, 자식에게 부담을 주기 싫어서 등 경제적인 이유로 취업을 희망하고 있는 비율이 높게 나타나고 있으나 대도시지역 노인은 비경제적 이유로 취업을 원하는 노인의 비율이 더 높게 나타나고 있다. 즉, 경제적 이유로 일을 하기를 원하는 노인의 비율을 보면, 대도시가 48%이지만 농촌지역의 경우 85%나 되고 있다.

2004년 조사에 의해서도 농사일을 하는 이유는 경제적인 이유가 대부분(73.4%)이지만 건강을 위해서 소일거리로 참여하는 노인들도 7.1%나 되었다. 앞으로도 농사일을 계속하겠다는 노인들이 78.8%로 높게 나왔으며 이들의 대부분은 돈벌이를 위해서였다. 농어촌에는 농사일 외에 다른 돈벌이수단이 없기 때문에 농사일에 참여하는 노인이 경제활동을 하고 있는 노인들 중 대부분이며 다른 일자리가 있다면 일을 계속하고 싶어 하는 사람이 많았다(한국노인과학학술단체연합회, 2007).

그리고 일에 대한 만족도 여부를 보면, 대도시 노인의 경우 만족함이 47.2%, 불만족이 23.5%인 반면에 농촌노인은 만족이 40.3%, 불만족이 34.7%로 상대적으로 일에 대한 만족도가 낮은 것을 볼 수 있다(임종권 외, 1985).

따라서 이러한 결과들은 농촌거주 노인이 도시거주 노인에 비하여 상대적으로 더욱 열악한 경제적 조건하에 놓여 있음을 시사해 주고 있다.

표 14.7 ● 취업희망 이유

(단위 : %)

이 유	대도시	중소도시	농 촌	전 체
자식을 돕기 위해서	5.7	12.5	12.1	9.7
자식에게 부담을 주기 싫어서	8.0	20.8	25.8	17.3
돈이 필요해서	34.1	26.4	47.0	35.4
심심해서(활동을 원함)	43.2	23.6	9.1	27.0
건강을 위해서	6.8	4.2	3.0	4.9
일하는 것이 즐거워서	2.3	12.5	3.0	5.8
계(%)	100.0	100.0	100.0	100.0
사례수	88	72	66	226

자료 : 김현조 외(1989). 경남지역 노년층의 사회적·경제적·문화적 적응에 관한 요구, 경상대학교 사회과학연구소.

2) 심리사회적 부양

(1) 생활만족도와 고독감

도시지역 여성노인과 농촌지역의 여성노인들의 생활만족도를 비교하여 보면, 도시지역 노인들의 생활만족도 평균점수(45.4%)가 농촌지역 노인의 생활만족도(42.8%)보다 높게 나타나고 있어 도시에 거주하는 노인들의 생활만족도가 높은 것으로 나타났다(박충선, 1990). 이러한 결과는 도시와 농촌 간의 사회·문화·경제적 격차가 큰 데서 기인한 것으로 생각된다.

그리고 고독감을 느끼는 정도를 보면, 대도시노인(24.1%)보다 농촌노인(32.6%)이 고독감을 더 자주 지각하고 있는 것으로 나타났으며(한국갤럽조사연구소, 1987), 염세증에 있어서도 농촌노인(50%)이 도시노인(45.7%)보다 약간 높게 나타나고 있다(임종권, 1985). 2005년 조사에서도 농촌노인의 삶의 질이 도시노인보다 낮게 나타났으며, 농촌노인의 삶의 질의 관련요인은 우울, 자아존중감, 경제적 상태, 사회적 지지로 나타났다(손신영, 2006).

이러한 생활만족도나 고독감 여부는 생활수준이나 자녀와의 동거여부에 따른 거주형태 등에 영향을 받는 것으로 보이며, 경제적 상황이 낮고 노인단독세대가 많은 농촌에서 노인들은 더 많은 고독감을 지각하며 생활만족도를 낮게 지각할 수 있다.

고령화 사회가 급진전되면서 농촌의 노인소외문제도 심각한 문제가 되고 있는데 이러한 현상은 도시나 농촌이나 다를 바가 없다. 농어촌의 노령농가들도 자녀는 모두 도시로 유학을 보내거나 취업을 위해 떠나보내고 노령부부만이 농사를 계속하는 경우가 대부분이다. 도시로 떠나간 자녀들은 교육을 마쳐도 대부분이 도시에서 취업하게 되어 농촌으로 돌아오지 않게 된다. 농어촌노인들은 그래서 더욱 어렵고 괴롭다. 농사는 전망이 없고, 소득은 줄어들고, 자식들은 돌아오지 않고, 움직이기가 힘들어져도 도와줄 사람이 없고, 아프면 찾아갈 병·의원은 멀고, 교통수단도 없고, 그래서 견디다 못한 농어촌노인들의 자살률만 높아지고 있다.

경찰청의 국정감사 보고자료에 따르면 61세 이상의 노인자살자 수는 2004년에 3,653명으로 2000년보다 56.8%나 늘었다. 또한 통계청의 사망원인 통계자료에서도 농약중독사망자가 연간 평균 1,000~1,400명 정도 되는데 그중 70%정도가 음독이며 음독사망자 중 70% 이상이 노인들로 나타나 농어촌노인들의 어려움을 대변

하고 있다.

(2) 노후생활 및 노화에 대한 태도

노후생활 및 노화과정에 대한 태도를 보면 다음 표 14.8과 같다.

"노후를 성공적으로 보내는 비결은 젊었을 때처럼 활동적으로 생활하는 것이다."라는 활동적 노후생활 태도를 보면 농촌(76.1%)이 대도시(64.7%)에 비해 찬성하는 비율이 높게 나타나고 있다.

정년퇴직제에 대한 태도를 물어본 결과, 정년제에 대한 비판적 태도는 농촌에서 가장 강했고(55.6%), 대도시에서 가장 약한 것으로 나타났다(39.6%). 농촌에서는 농업의 특성상 그러한 제도에 대한 이해수준이 상대적으로 낮기에 계속 일할 수 있도록 해야 한다는 측면이 주로 부각된 것으로 이해되며 봉급생활자가 대부분인 대도시지역 노인들은 정년제를 불가피한 현실로서 받아들이기 때문에 이러한 결과가 나타난 것으로 사료된다.

그리고 "노인들의 경험과 지혜는 젊은이들에게 매우 중요하다."라는 항목에서는 농촌(69.9%)보다 도시노인(73.4%)이 높게 나타나고 있다. 이는 농촌노인의 젊은이에 대한 태도에서 "후손들은 조상이 하던 일을 물려받아 가업을 계승해야 한다는 입장에 반대하는 비율이 유난히 높게 나타난 것"과도 관계가 있는 것으로 보인다. 즉, 대도시지역이 16.3%였던 반면에 농촌지역은 45.5%로 매우 높게 나타나고 있으며 이러한 결과는 농민 스스로가 농업부문을 불신하고 있음을 보여 주는 한 단

표 14.8 ● 노후생활 및 노화과정에 대한 태도

(단위 : %)

항 목	찬 성		반 대	
	대도시	농 촌	대도시	농 촌
A	64.7	76.1	5.9	14.9
B	39.6	55.6	26.4	25.2
C	73.4	69.9	8.7	18.0

주 : (1) '중립' 혹은 '경우에 따라 다르다' 라고 응답한 노인의 비율은 표 작성 시 생략했음.
(2) A – 노후를 성공적으로 보내는 비결은 젊었을 때처럼 활동적으로 생활하는 것이다.
B – 정년퇴직제도는 잘못된 것이다. 노인들이 원하는 한 계속 일할 수 있어야 한다.
C – 노인들의 경험과 지혜는 젊은 사람들에게 매우 중요하다.

자료 : 김현조 외(1989). 경남지역 노년층의 사회적·경제적·문화적 적응에 관한 요구. 경상대학교 사회과학연구소, p. 48.

면으로 이해된다.

(3) 부양의식

농촌노인이 가지고 있는 효의 개념은 지역에 관계없이 아직도 부모의 말에 순종하는 것이 가장 높으나 농촌지역(63%)이 도시(58.9%)보다 더욱 강하게 나타나고 있다(임종권, 1985). 그리고 젊은 세대가 노인을 공경한다고 인식한 경우는 농촌노인(51.4%)이 도시노인(30.9%)보다 높게 나타나 젊은 세대의 노인공경 태도에 보다 만족하는 경향을 나타내고 있다.

즉, 김현조 외(1989)의 연구에서도 젊은이들의 예절이나 언행, 조상숭배 정신 등에 대하여 대도시지역 노인들이 농촌노인들보다 더욱 비판적이고 부정적으로 보는 경향이 뚜렷하게 나타나고 있다. 이는 아마도 타인에게 쉽게 지각되지 않는 대도시지역에서는 노인들을 의식하지 않고서 자신의 방식대로 말하고 행동하는 젊은이들을 쉽게 목격할 수 있기 때문에 도시지역에서는 노인들이 젊은 세대들의 실상을 자신의 전통적 가치에 따라 비판적으로 볼 수 있음에 비하여 익명성이 잘 보장되지 않는 농촌사회에서는 노인들이 젊은이들의 사고방식이나 생활양식을 그대로 관찰할 수 있는 기회가 크게 제한되기 때문일 것으로 여겨진다. 동거자녀의 효도여부를 보면(임종권, 1985), 농촌노인이 도시노인보다 자녀가 효도를 더 한다고 느끼고 있다. 따라서 농촌지역이 아직 도시지역보다 노인을 공경해야 하는 전통적 가치관이 우세하게 존재하고 있다고 볼 수 있다.

(4) 자녀와의 관계

① 자녀와의 접촉 및 연락빈도

자녀와의 접촉빈도를 보면(이가옥, 1989b), 농촌지역의 노인이 도시지역의 노인에 비해 상대적으로 소원한 상호작용을 갖는 것으로 보인다. 즉, 월 1회 정도 이상 접촉하는 빈도를 보면, 대도시노인이 약 49% 정도인데 비해 농촌노인은 약 28% 정도로 나타나고 있다. 이러한 현상은 농촌지역의 단독가구노인이 대도시 보다 먼 거리에 거주하며 도시와 농촌 간의 교통의 불편함 등과도 관련이 있을 것이다. 즉, 자녀와의 거주지 분리 정도를 보면 농촌노인의 경우 자녀의 거주지가 차타고 1시간이 안 걸리는 곳에 있는 경우는 24.8%이나 도시노인의 경우는 47.6%나

되었다.

연락빈도를 보면 농촌지역의 경우 주 1회 정도 이상 연락을 취하는 노인의 비율이 19.2%이나 도시지역은 40%나 되었다. 이 또한 자녀의 거주지와 관련이 있는 것으로 가깝고 교통이 편할수록 더 많은 연락이 가능할 것이다. 따라서 지리적 조건이나 교통편의 시설 등의 영향으로 농촌노인은 대도시 노인에 비해 접촉이나 연락빈도에서 더 낮을 확률이 높다고 하겠다.

② **자녀와의 애정적 유대**

자녀와의 애정적 유대를 살펴보면, 농촌지역이 도시지역보다 유대 수준이 높게 나타나고 있다(김현조 외, 1989).

이것은 애정적 유대를 중시하는 공동체 문화가 상대적으로 농촌지역에서 보다 잘 보존되고 있음을 나타내는 것이며, 다른 한편으로는 자식과의 불화나 갈등, 자식들의 몰이해, 불효 등이 억압되고 이런 상황에서는 오히려 심각한 문제로 대두될 수 있음을 암시할 수도 있는 것이다. 자녀의 인생관, 가치관의 유사성, 자녀의 사고방식, 행동에 대한 느낌, 친밀감, 자녀의 이해심 등의 항목에서는 모두 농촌지역이 도시지역보다 긍정적으로 높게 나타났으며 단지 자식과의 대화에서는 낮게 나타나는데 이는 노인단독세대가 농촌지역에서 많다는 점에서 연유된 것으로 보인다.

③ **자녀와의 상호 도움의 정도**

농촌지역의 노인이 기혼자녀에게 도움을 주는 비율은 도시노인보다 낮게 나타나고 있다. 즉, 집을 지키거나 손자 돌보기, 집안 살림 및 잔심부름, 예의범절과 가훈, 교육 등 8개 항목 중 경제적 지원을 제외한 기타 전 종목에서 도움을 주는 비율이 도시노인보다 낮게 나타나고 있다(표 14.9).

이것은 농촌지역의 노인이 기혼자녀와 따로 사는 경향이 높으며 또한 이런 농촌지역 단독가구노인이 도시지역 단독가구노인보다 자녀와의 접촉빈도가 낮은 데서 이유를 찾아볼 수 있다. 상호작용이 자주 일어나지 않는 경우 서로 간에 도움을 주고받을 수 있는 기회 역시 제한될 수밖에 없기 때문이다. 또한 기혼자녀로부터 받는 도움 면에서도 농촌노인이 도시노인보다 전반적으로 낮게 나타나고 있다. 이것 또한 부모와 떨어져 사는 거주형태에서 기인되는 것으로 볼 수 있다.

표 14.9 ● 기혼자녀에게 주는 도움의 정도

(단위 : %)

종 류	지 역		
	대도시	중소도시	농 촌
집지키기, 손자 돌보기	55.7	66.2	45.1
경제적 도움	7.7	25.6	12.3
집안살림, 손자 양육 및 충고	41.8	74.9	31.8
잔심부름	39.7	61.0	34.4
집안잔일	45.4	63.6	34.9
중요결정, 인생문제 충고	45.9	61.5	32.8
예의범절과 가훈교육	49.0	58.5	32.8
김장, 잔치 때 도와 줌	49.0	63.6	27.2
사례수	194	195	195

자료 : 김현진 외(1989). 경남지역 노년층의 사회적·경제적·문화적 적응에 관한 연구, p. 34.

3) 신체적·서비스적 부양

(1) 주관적 건강평가

주관적인 건강상태는 농촌지역의 경우 건강상태가 좋은 편이라고 느끼는 노인이 20.8%로서 도시지역의 25.3% 보다 낮게 나타났다. 농촌지역에서는 고령으로 인한 신체적 질병에도 불구하고 적절히 돌봐줄 사람이 없는 경우가 많았으며, 병원이나 약국 등 의료기관이 멀리 떨어져 있어 치료를 받지 못하고 참고 지내는 경우가 많았다. 또한 농촌지역의 경우 거주지역이 분산되어 있은 뿐 아니라 교통수단이 불편하여 문제가 더욱 가중되는 실정이다(한국보건사회연구원, 2001).

자난 1년간 몸이 심하게 아프거나 불편하여 병원이나 집에서 누워서 지낸 기간을 살펴보면(김현조 외, 1989), 농촌지역의 노인이 한 해 동안 와병기간이 전혀 없었다고 응답한 비율이 42.1%인 반면에 도시노인은 대도시가 48.5% 중소도시가 52.6%로 나타나고 있다(표 14.10). 즉, 도시노인에 비해 상대적으로 건강상태가 낮음을 볼 수 있으며 팔다리가 불편하다, 목이나 허리가 아프다, 기침이 심하다, 숨쉬기가 곤란하다는 자각증세 호소율도 농촌이 대도시보다 다소 높게 나타나고 있다.

2005년 조사에서 농촌노인이 도시노인에 비해 신체적 기능이 낮게 나타났으며, 농촌노인 중에서 3개월 이상 만성질환을 앓고 있는 사람의 비율이 높았으며 그 중 신경통, 관절염, 요통 등 근골격계 질환이 많은 것으로 나타났다(손신영, 2006).

표 14.10 ◉ 지난 1년간의 와병기간

(단위 : %)

대 상	지 역		
	대도시	중소도시	농 촌
전혀 없다	48.5	52.6	42.1
1주 이내	22.2	13.5	28.2
보름 정도	7.7	8.3	10.8
한두 달	8.8	9.9	7.2
세 달 이상	7.7	6.3	5.6
거의 한 달 내내	5.2	9.4	6.2
계(%)	100.0	100.0	100.0
사례수	194	192	195

자료 : 김현조 외(1989). 경남지역 노년층의 사회적·경제적·문화적 적응에 관한 요구, p. 51.

(2) 의료기관 분포 및 접근도

1988년 우리나라 의료기관의 88.1%, 병상의 84.9%가 도시 지역에 편중되어 있을 뿐 아니라 전문의료인력 역시 도시에 집중되어 있어 농촌지역의 의료공동화 또는 의료수급 불균형 상태가 나타나고 있는 실정이다(이가옥 외, 1990).

농촌지역의 의료기관 및 전문의료인력의 부족현상은 농촌지역의 노령화 현상이 도시지역에 비해 상대적으로 높다는 점에서 시급히 개선되어야 할 문제점인 것이다.

의료기관 접근도를 보면 역시 의료기관의 도시지역 편중현상으로 농촌지역의 의료이용은 접근이 어려우며 불편을 가중시키고 있다. 즉, 병원이나 약국 이용에 있어서 대도시 지역에서 불편하다고 한 경우가 23% 정도이나 농촌지역에서는 66% 정도가 불편하다고 지각하고 있었다(이가옥 외, 1986b).

의료기관의 균형배치는 전문인력의 확충과 의료시설의 개선과 더불어 농촌사회에서 우선시되는 과제 중에 하나라고 할 수 있다.

제 15 장

도시 저소득층 노인문제

1. 도시 저소득층 노인문제의 발생

저소득층이란 소득이 낮은 계층, 즉 빈곤한 계층을 지칭한다. 일반적으로 저소득층의 개념은 최저 생활을 유지하는 데 필요한 소득이 안 되는 상태로 보고 객관적인 빈곤선(poverty line)을 설정하여 여기에 못 미치는 개인이나 가구를 빈곤층으로 간주하고 있다. 국민기초생활보장수급자, 최저생계비 이하 비수급가구, 차상위 계층 등이 이에 속한다고 볼 수 있다.

빈곤가구의 특성은 주로 고령자가구, 여성가장가구 및 저학력가구에 집중되어 있다(금재호, 2003; 이정범 외, 2002). 보건복지부(2001)에 의하면 65세 이상 국민기초생활보장법에 의한 수급자는 전체 수급자의 24%에 해당된다. 즉, 노인인구가 국민기초생활보장 수급인구 중에 차지하는 비율이 전체 수급자 중 약 1/4을 차지할 정도로 경제적으로 어려운 상활에 처해 있음을 잘 알 수 있다.

1960년대 이후 의욕적으로 추진되어 온 경제개발정책으로 우리나라는 경제적으로 고도성장을 거듭하여 왔다. 그러나 경제성장의 혜택이 모든 계층에 분배되지 못함으로써 여러 가지 사회문제가 야기되었으며, 그 대표적인 예가 도시 저소득층의 문제이다.

도시 저소득층은 현상적으로 볼 때 분배의 차원에서 소비수준이 낮은 집단을 뜻하지만 보다 근본적인 문제는 다양한 노동시장을 통해 생산고용구조에 어떻게 영입되는가에 좌우된다. 대개 저소득층은 도시의 정상적 노동시장에 편입되지 못하고 주변적인 영세사업장에 불완전 고용의 형태로 취업을 하여 임시고용이나 일일 고용직으로 생계를 꾸미게 된다.

도시저소득층의 구조적 형성기는 1960년대에 들면서 본격화된 산업화 과정에서 찾을 수 있다(박혜인, 1990). 즉, 산업화 과정에서 농촌노동력의 이농, 탈농현상이 더욱 현저해지고, 대도시로 이농인구의 이입이 본격화되면서 도시빈곤층의 구조적 양산이 이루어지게 되었다고 볼 수 있다. 이들은 주택이나 의료·교육시설 등에서 열악한 조건을 갖고 있기 때문에 많은 문제점을 지니고 있고 시급한 대책이 주어져야 하는 상황을 안고 있다. 우리나라의 노인문제는 사회변동에 따른 가족해체의 측면, 즉 가족의 구조적 변화에 따른 부양기능의 쇠퇴에서 노인문제가 발생한다고 보고 있으므로 가족해체가 가장 빨리 일어나는 저소득층에서 노인문제는 매우 심각하며 시급한 대책을 요구 하는 것이다. 더욱이 우리 사회에서는 노인들의 생활이 근본적으로 자녀와 가족에 의존해 있는 상태이므로 주거공간이 협소하고 주택이 밀집된 곳에 위치해 있으며 경제적으로 넉넉하지 못한 저소득층에서 노인의 생활은 어려울 수밖에 없고 자녀에게 부담으로 작용하여 긴장과 불안을 초래할 수 있다.

그러므로 저소득층에서 노인문제는 심각하게 대두될 가능성이 훨씬 크며 노인의 문제를 종래의 가족 중심적인 해결방법이 아닌 지역사회 내지는 국가적인 차원에서 제도적으로 해결되어야 함을 암시한다고 하겠다. 2005년 서울시 저소득층 모든 연령층을 대상으로 조사한 바에 의해서도 기초수급가구의 복지지출 우선 사회문제 분야로서 노후생활문제가 29.3%로 가장 높게 나타났다(서울복지재단, 2005).

2. 도시 저소득층 노인의 생활실태

1) 가족생활 및 자녀와의 관계

저소득층 지역으로의 유입동기(김태현, 1990)는 자녀 및 배우자를 따라온 농촌노인이 30.7%로 가장 많고, 그 외 살던 집이 철거당하여 이주함(13.3%), 시골에서 이주(9.3%), 돈이 없어서(8.7%) 등으로 나타나고 있다.

표 15.1 ◉ 가족구성형태

(단위 : %)

집 단	1979[1]	1990[2]
혼자 산다	5.0	18.0
배우자와 산다	10.0	11.3
맏아들 부부	48.7	34.7
차남 이하 아들 부부	48.7	14.7
딸 가족	7.7	3.3
기 타	5.3	3.3
계	100.0	100.0

주 : 1) 이효재 외(1979). 한국 저소득층 노인생활에 관한 사회·경제 및 공간문제 연구. 이화여자대학교 한국문화연구원 농촌(34), p. 247.
2) 김태현(1990). 도시저소득 가족의 노인문제. 한국가족학연구회, p. 128.

(1) 자녀와의 동거형태

저소득층 노인들이 누구와 함께 사는가를 보면 일반 노인과 마찬가지로 맏아들 부부나 차남 이하의 아들부부와 동거하는 비율이 다소 높게 나타나고 있다(표 15.1).

이러한 형태는 1979년 연구(48.7%)나 1990년 연구(49.4%) 모두에서 나타나고 있으며 아들 위주의 가족과의 동거가 일반적임을 알 수 있다. 그런데 배우자하고만 살거나 혼자 사는 노인단독가구의 비율은 1979년에 15.5%에 비해서 1990년에는 29.3%로 높게 나타나고 있어 노인단독가구 증가율이 매우 높음을 알 수 있다. 전국적 표본조사(이가옥 등, 1989b)에서 노인단독가구의 비율이 22.9%인 것에 비하면 상당히 높은 수준임을 알 수 있다. 한편 같은 동네에 거주하는 자녀가 있는 노인은 32%나 되었다. 즉, 이들 저소득층 노인은 혼자 사는 비율이 높으나 근거리에서 자녀와 접촉하며 살고 있음을 볼 수 있다.

(2) 상호접촉 및 결속도

저소득층 노인들이 하루를 보낼 때 가장 즐거운 때가 무슨 일을 할 때인지를 살펴보면(이효재 등, 1979), 남녀가 거의 비슷한 비율로 가족이나 친척의 방문이 있을 때가 즐겁다는 것이 가장 많이 지적되고 있고, 다음에 친구들과 놀 때인 것으로 보아 이들 저소득층 노인들에게 필요한 것은 인간적인 접촉 내지 상호작용이라고 할 수 있으며 가족 중심 내지는 친족 중심의 생활에서 더 만족을 얻는다고 볼 수 있다.

표 15.2 저소득층 노인의 비동거자녀와의 접촉빈도

(단위 : 명, %)

비동거자녀 접촉빈도	자녀의 부모방문		노인의 자녀방문	
하루 한 번	11	3.7	7	2.3
일주일에 한 번	53	17.7	42	14.0
한 달에 한 번	102	34.0	85	28.3
일 년에 한두 번	80	26.7	80	26.7
전혀 오지 않음	18	6.0	50	16.7
방문할 자녀없음	36	12.0	36	12.0
계	300	100.0	300	100.0

자료 : 이효재 외(1979). 한국 저소득 노인생활에 관한 사회·경제 및 공간문제 연구. 이화여대 한국문화연구원, 농촌(34), p. 264 재구성.

이는 물론 가족 중심적인 우리나라 사회에서 일반적으로 노인들의 지배적인 자치라고 할 수 있으나 단독가구 비율이 훨씬 더 높은 저소득층에서 부모나 자녀 모두 갖고 있는 경제적 어려움과 더불어 다른 여가활동이 별로 이루어지지 않는 상태에 있는 이들 노인에게는 더욱 더 중요한 측면을 갖는다고 하겠다.

이와 같이 가족 중심적인 생활을 원하는 노인들의 경우 동거하지 않는 자녀와의 접촉 정도를 보면 표 15.2와 같다.

저소득층 지역에서 비동거자녀의 부모방문과 노인의 비동거자녀 방문은 모두 한 달에 한 번이 가장 높으며, 자녀가 부모를 방문하는 빈도는 한 달에 한 번이 34.0%, 일주일에 한 번이 17.7%, 하루 한 번 3.7%로 이는 부모의 자녀방문 빈도(각각 28.3%, 14.0%, 2.3%)보다 다소 높게 나타나고 있다. 그러나 자녀가 부모를 방문하는 비율이 한 달에 한두 번인 경우가 26.7%, 전혀 오지 않는다는 경우도 6.0%나 되고 있으며, 이것에 대해 노인들은 대부분 생활이 곤란해서 또는 바빠서 일 것이라고 추측하고 있다.

저소득층 노인의 가족 결속도를 보면(김태현, 1990), 결속도의 정도를 7단계의 색으로 표현한 그림을 보여 주고 응답한 결과 가장 결속도가 약한 1단계는 없었으며, 6단계가 31.3%이고, 결속도가 가장 강한 7단계가 35.3%로 가장 많이 나타나 저소득층 노인들은 가족 간 결속이 매우 강하다고 자각하고 있었다.

2) 경제생활

저소득층 노인들은 자녀로부터의 경제적 원조가 많지 않기 때문에 그들 자신의 소득 유무는 현재의 경제생활에 매우 중요한 의미를 가진다. 저소득층 노인의 직업경력을 보면 과거에 농업을 한 경우가 가장 많이 나타나고 있으며, 현재는 무직률이 가장 높게 나타나고 있다. 즉, 현재 소득이 있는 노인은 29.3%이며 소득이 없는 노인은 70.7%에 달하고 있다(김태현, 1990).

이들의 생활비 및 용돈 마련은 아들부부가 각기 56.7%, 53.7%를 마련해 주고 있으며, 본인이나 배우자가 마련하는 경우는 약 23%이다. 국가 및 사회가 마련해 주는 경우는 각기 4.7%, 5.4%이고, 이들 대부분이 국민기초생활보장 수급대상자들이다. 소득이 전혀 없는 70.7%의 노인의 경제생활을 거의 가족이 부담해야 하는 어려움을 안고 있다.

자녀들의 도움이 대부분의 노인들에게 주 소득원이 되므로, 이들 수입원의 용도를 보면(이효재 외, 1979), 생활비와 용돈으로 나가는 것이 96%나 된다. 현재의 수입으로 생활하기는 어떤지에 그저 그렇다고 보거나 조금 모자라다고 보는 사람이 62.7%가 되고, 아주 모자라다는 사람은 16.6%가 된다.

3) 일과 여가

저소득층 노인 중에서 현재 일을 하고 있는 노인은 14%이며, 현재 일을 하고 있지 않지만 취업을 희망하는 노인은 34.7%이고, 49.3%가 취업을 원하지 않고 있다(김태현, 1990).

2005년 조사에서도 60세 이상 노인 중에서 '구직활동을 하지 않는다'가 99.2%이며 '구직활동을 하고 있다'라고 응답한 노인은 0.8%에 불과하였다(서울복지재단, 2005). 경제생활이 어려운데도 불구하고 절반 정도가 취업을 희망하지 않는 이유는 그들의 건강상태를 보통 이하로 평가한 점과 젊어서 막노동으로 고생을 많이 했기 때문에 더는 일을 하고 싶지 않다는 점, 또한 이들의 능력과 기술의 질이 낮기 때문에 일자리를 찾을 수 없어 체념해 버린 점 및 아직도 우리 사회 노인들의 가치관이 일을 천시하고 늙으면 그저 편하게 쉬는 것이 복 있는 사람들이라는 강한 생각들이 복합적 요인으로 작용하고 있는 것 같다.

노인들은 신체적인 노쇠현상으로 말미암아 일반적으로 노동생산성이 현저히 저하되며 따라서 노동시장에서의 경쟁에서 보다 젊은 세대를 이겨낼 수 없다. 그러나 노동시장에서의 젊은 세대와의 경쟁에서 상대적으로 노인이 불리한 점을 안고 있더라도 취업기회가 풍부하다면 노인의 생산활동 참가기회도 확대될 것이다. 조사대상 노인이 재취업이 필요한 이유에는 '경제적 안정'이 54.1%로 가장 많고, 그 다음이 '소일거리를 찾음(25.3%)', '심리적 위축방지(17.1%)' 등으로 나타나고 있다.

노인에게 있어서 일과 여가는 분리해서 생각할 수 없는 밀접한 관계에 있는데 조사대상 노인들이 여가시간을 어떻게 보내는가를 보면, 'TV 시청'이 37.8%로 가장 높고, 그 다음이 '아무것도 안 함(28.4%)', '라디오 청취(17.8%)', '화투·장기·바둑 (13.8%)' 등으로 나타났다.

저소득층 노인들이 현재 하고 싶은 일은 '휴식(33.5%)'이 가장 많고, 그 다음이 '여행 및 취미생활(29.5%)', '돈 버는 일(17.3%)' 순으로 나타나고 있다(이효재 외, 1979). 즉, 이들 저소득층 노인들은 편안한 노후생활을 바라며 경제적 안정을 갖고 적당한 여가활동을 바란다고 할 수 있다.

4) 사회활동

사회활동 정도는 각종 단체나 모임의 참가여부로서 알아볼 수 있다. 도시 저소득층 노인의 종교단체, 노인학교, 봉사단체 및 취미모임의 참여 여부를 보면(김태현, 1990), 95% 이상이 참가해 본 경험이 없으며, 교회, 성당, 절에 한번 가본 적이 있는 노인은 55%였다.

경제수준이 높은 노인의 경우에 종교참여도가 높다는 연구(B. R. Strickland & S. Shaffer, 1971)는 저소득층 노인의 종교 참여도가 낮다는 것을 시사하고 있다. 그리고 자원봉사활동에 참여하는 노인의 경우 만족감이 크다는 연구(Tinsley, et al., 1985)는 한국의 저소득층 노인을 설명하는 데 무리가 있으며, 이는 우리나라 저소득층 노인의 생활에 자원봉사의 개념이 거의 없었기 때문이다.

저소득층 지역에서 경로당은 그나마 노인들이 사회활동을 할 기회를 제공하는 것으로 나타난다(김태현, 1990). 즉, 저소득층 지역에서의 노인학교는 없거나 있다고 할지라도 회비를 낼 돈이 없어 참가해 볼 생각을 못하고 있었고, 경로당에는

53%가 참여하고 있었다. 이들 경로당의 공통된 기능은 집이 좁아서 낮 시간을 보낼 곳이 없는 노인들이나 특별히 할 일이 없어서 외로운 노인들에게 사회참여의 기회를 제공하는 것이다.

그러나 경로당(또는 노인회관)으로 불리는 곳의 경우, 어떤 곳은 시설이 갖추어 있지 않고 방 하나를 얻어 경로당으로 불리며, 때로는 혼자 기거하는 노인의 방을 노인들이 모이는 장소로 제공하여 이 방을 경로당이라 칭하고 있다. 즉, 이들 경로당들은 재정적인 곤란이나 환경적인 미비점, 공간의 협소 등으로 문제점을 안고 있으며 경로당의 기능도 화투나 바둑을 하거나 담소하거나 낮잠을 자는 정도이고, 프로그램 개발, 지역사회로부터의 지지 등에 어려움을 겪는다고 볼 수 있다.

5) 노후생활에 대한 만족도

노인들이 단지 연령이 많다는 이유로 부정적이거나 우울한 태도를 갖는다고는 볼 수 없다. 개인의 활동이나 생에 대한 태도, 가족 및 기타 인간관계, 건강 등 자신이 갖고 있는 조건이나 상태 등에 따라서 개개인마다 삶에 대한 만족도가 다를 수 있을 것이다.

이효재 등(1979)의 연구에 의하면, 저소득층 노인의 전체 응답 중 35.7%가 만족 내지는 아주 만족하는 범위에 속하고 불만 내지는 아주 불만인 사람은 36.7%로서 불만족인 수가 매우 적은 차이지만 높게 나타나고 있다(표 15.3).

표 15.3 ● 저소득층 노인의 노후생활만족도

(단위 : 명, %)

집 단	수	비 율
아주 불만	35	11.6
불만	75	25.0
그저 그렇다	83	27.7
만족	75	25.0
아주 만족	32	10.7
계	300	100.0

자료 : 이효재 외(1979). 한국 저소득층 노인생활에 관한 사회·경제 및 공간문제 연구. 이화여자대학교 한국문화연구원, 농촌(34), p. 281.

여기에다가 '그저 그렇다'라고 응답한 노인이 만족스럽게 느끼기보다는 불만족하다고 대답한 사람일 것으로 가정하여 본다면 과반수 이상의 노인이 대체로 노후생활을 만족스럽지 못한 것으로 느끼고 있다고 간주할 수 있다.

6) 저소득층 노인의 국가 및 사회적 혜택

(1) 국가로부터의 혜택

조사대상 노인의 9.3%가 국민기초생활보장 수급대상자였으며 이들이 생활보호혜택을 받은 기간은 1년 미만이 28.6%, 1~5년이 7.1%, 6~10년이 42.9%, 11~20년 14.3%, 20년 이상이 7.1%로서 6~10년 동안 혜택을 받은 노인이 가장 많았다.

일반 노인이 국가로부터 받은 혜택의 종류를 보면 '없다'가 73.6%로 가장 많고, 그 다음이 쌀(12.3%), 연탄(4.9%), 현금(3.7%), 의복(2.5%), 의료(2.5%), 기타(0.6%)의 순서로 나타났다.

2005년 조사에 의하면 기초생활수급가구가 가장 많이 인지하고 있는 노인복지서비스는 교통수당으로 95.7%가 인지하고 있었으며, 인지자의 95.5%가 이용하였다. 이어 이용률에 있어서 무료건강진단 서비스는 89.4%, 무료급식 서비스는 57%, 식사배달 서비스는 23.1%가 이용하였다(서울복지재단, 2005.).

(2) 사적 단체로부터의 혜택

조사대상 노인이 종교단체나 민간단체로부터 어떤 혜택을 받는지에 대해 '혜택이 없었다'가 93.3%이며, 쌀이 4.7%, 의료·현금 및 기타가 각기 0.7%로서 국가가 선정한 저소득층 지역인데도 불구하고 사적 단체로부터의 혜택이 거의 없음을 볼 수 있다.

3. 도시 저소득층 노인의 문제분석

저소득층의 문제를 사회·법률적 문제, 정서적 문제, 신체적 문제, 경제적 문제로 분류하여 그들의 문제의 심각도를 알아보고, 독립변인에 때라 각 영역의 문제에 차이를 보이는가를 알아보며, 그러한 문제들을 누구와 상의하는지를 살펴보고자 한다.

1) 문제의 심각도

표 15.4를 보면 정서적 문제가 3.18점으로 가장 심각하고, 경제적 문제가 2.67점으로 심각도가 가장 낮다(문제의 심각도가 가장 높을 때가 5점임). 저소득층 가족에 있어서, 빈곤은 오랫동안 경험해 온 사실이므로 경제적 문제는 체념하고, 오히려 가족 간의 결속력을 더 중요하게 여김으로 인해 경제적 문제보다는 정서적 문제에 더 민감하나 반응을 보인다고 할 수 있다.

영역별로 다음과 같은 차이가 나타났다. 사회활동에 참여하지 않는 노인은 사회적 접촉이 적어 사회·법률적 문제를 해결할 자원이 부족하여 스스로가 더 많은 문제를 안고 있으며, 연령이 낮은 노인일수록 사회·법률적 문제를 해결하지 못한 부분이 더 많은 것으로 나타났다. 또한 혼자 사는 노인과 배우자와 사는 노인단독세대가 자녀와 동거하는 노인에 비해 사회·법률적 문제를 심각하게 인식하고 있다.

한편, 건강이 나쁜 노인일수록 정서적 문제를 심각하게 인식하였고, 또한 노인단독세대가 정서적 문제를 더 심각하게 인식하는 것으로 나타났다. 그리고 생활비 담당자가 가족이 아닌 국민기초생활보장수급자 또는 기타 친구나 친척의 원조를

표 15.4 각 영역별 문제의 심각도 평균점수

하위영역	평 균	표준편차
사회·법률적 문제	2.83	0.92
정서적 문제	3.18	1.04
신체적 문제	3.15	1.06
경제적 문제	2.67	0.88

자료 : 김태현(1990). 도시저소득 가족의 노인문제. 한국가족학연구회, p. 133.

받는 노인이 정서적 문제를 더 심각하게 인식하는 것으로 나타났다.

경제적 문제의 경우, 사회활동에 참여하지 않는 노인이 더 심각하게 인식하고 있으며 건강이 나쁜 경우에 더 경제적 문제를 심각하게 인식하고 있었다.

2) 문제의 의논대상자

노년기에 발생하는 문제를 누구와 의논하는지, 그리고 각 영역별로 어떤 차이를 보이는가를 보면, 모든 영역에서 가족원과 의논하는 비율이 가장 높고 그 다음이 혼자서 해결하며, 비가족원의 비율은 매우 낮게 나타나고 있다(표 15.5). 저소득층 노인에게 있어 가족 이외에 활용할 수 있는 자원이 매우 제한적임을 알 수 있으며, 특히 전문기관은 전무한 상태이고 종교기관의 지원이 거의 없음을 알 수 있다.

구체적으로 살펴보면, 혼자 사는 노인이 가족과 사는 노인보다 문제를 혼자 해결하는 경향이 있는데, 특히 정서적 문제는 42.9%의 노인이 혼자 해결하고 있다. 또한 경제적 문제는 42.4%가 혼자 해결하는 것으로 나타나고 있다.

우리나라와 같은 가족 중심 사회에서 가족이 없는 노인은 문제들을 혼자 해결할 수밖에 없으므로 정서적 기능이 약화된 노인에게 있어서는 문제가 해결되지 못하는 악순환을 초래할 우려가 있다. 그러므로 이에 따른 사회적 지원이 필요함을 시사한다.

가족 간의 결속도에 따른 의논대상자를 보면, 결속도가 강한 6단계, 7단계 노인들은 가족원과 상의하는 경향이 있고 그보다 결속도가 낮은 노인은 혼자 해결하는 경향이 있다. 특히 신체적 문제는 가족결속도가 높을수록 시·청각 기능이 약화된 부분을 가족들이 잘 보완해 주고, 외출 시나 병원에 갈 때 가족들이 동행하고 있

표 15.5 ● 문제 영역별 의논대상자

(단위 : 빈도, %)

영역 / 집단	사회·법률적 문제		정서적 문제		신체적 문제		경제적 문제	
가족원	609	50.7	253	56.2	500	66.7	578	42.8
비가족원	7	0.6	1	0.2	7	0.9	13	1.0
혼자 해결	404	33.7	193	42.9	241	32.1	573	42.2
해당 안 됨.	180	15.0	3	0.7	2	0.3	186	13.8

자료 : 김태현(1990). 도시저소득 가족의 노인문제. 한국가족학연구회, p. 139.

음을 나타내며, 경제문제는 가족결속도가 낮을수록 혼자 해결하는 경향이 있다. 역기능적 가족에서 노인 혼자의 문제처리는 노인 자신이 계속 스트레스를 안고 있게 되므로 이들에게 전문기관을 포함한 비가족원들과의 지원체계가 필요하다.

4. 저소득층 노인문제에 대한 대책과 개선방안

저소득층 노인들의 특성을 보면 노인단독세대가 많았으며, 근거리에 자녀가족이 사는 수정확대가족이 32%를 차지하여 빈곤의 대물림을 나타내고 있었다(김태현, 1990). 가족 간의 결속은 매우 강한 반면, 종친회의 참가빈도는 매우 낮아 친척과의 관계가 소원함을 볼 수 있었다.

소득이 없는 노인이 대부분이고, 경제생활이 어려운데도 불구하고 건강상태가 보통 이하인 노인이 대부분(77.8%)이었으며, 과거 직업이 대부분 농업이나 막노동이기 때문에 이들의 능력과 기술의 질이 낮아 취업을 원하지 않는 노인이 49.3%에나 이르고 있다. 그러나 34.7%는 취업을 희망하고 있었다. 노인학교와 경로당은 시설이 부족하거나 시설이 갖추어진 곳도 프로그램이 빈약하여 이에 참여하는 노인이 매우 적으며, 그들 자신이 취미생활이나 자원봉사 활동을 할 수 있다는 생각은 없었다.

빈곤의 생활이 오랫동안 계속 되었기 때문에 경제적 문제는 체념하고 오히려 정서적 문제에 가장 민감한 반응을 보였다. 그리고 소득수준이 매우 낮음에도 불구하고 국민기초생활보장수급자로서의 수혜자는 9.3%이며, 민간단체나 종교단체로부터의 혜택도 매우 저조하였다.

따라서 이러한 상황에 있는 저소득층 노인을 위해 다음 몇 가지 방안을 검토해 볼 수 있다.

첫째, 노인단독세대가 차지하는 비율이 전국적으로 비교해 볼 때 많은 비율이며, 이들이 사회·법률적 문제와 정서적 문제를 심각하게 인식하고 있는데 비해 이들 노인이 문제를 상의할 수 있는 인적 자원이 없어서 혼자 해결하는 경향으로 나타났다. 이는 친족관계가 약화되고 가족 간의 결속력은 강하게 유지하려는 저소득층에서 가족이 없는 노인은 혼자 모든 영역에서의 문제들을 해결할 수밖에 없으므로 신체·정신적 기능이 약화된 노인에게는 문제가 해결되지 못하는 악순환을 초래하고 있어 이들에 대한 전문기관을 포함한 비가족원들과의 지원체계가 필요하다.

둘째, 저소득층의 노인단독세대가 29.3%로 높은 비율을 차지하고 있지만 자녀와 동거하는 노인도 여전히 67.4%를 차지하고 있고 생활비와 용돈마련을 가족에게 의존하고 있으므로 노인이 속해 있는 가족의 부양기능을 강화하기 위한 복지정책도 다각적으로 연구하여 빈곤의 대물림을 방지하여야 한다.

셋째, 건강이 나쁜 노인일수록 생활의 전반적인 영역에서 문제를 심각하게 인식하고 있으므로 이들에 대한 건강 프로그램의 실시 및 개발이 필요하다.

넷째, 민간단체나 종교단체의 지원이 매우 저조하게 나타나고 있는데, 국가의 재정적 한계 때문에 공적 지원수준이 낮더라도 민간인, 민간단체, 종교단체의 지원이 활발히 전개될 수 있도록 사회운동 차원에서 나가야 한다. 그리하여 경로당 시설의 양적·질적 확충 등에도 개입하여야 한다.

다섯째, 서울시는 저소득층 노인을 위해 치매노인시설 확충, 저소득노인 생활안정 지원, 지역별 거점노인복지관 확충 및 운영내실화, 고령자 취업활성화, 독거노인 상시 모니터링 체계 구축, 재가노인복지 서비스 확대(서울복지재단, 2005) 등을 마련하고 있지만 저소득노인들이 요구하는 노인여가활동, 사회참여 지원을 통한 경로당 시설의 양적·질적 확충 등에도 개입하여야 한다.

여섯째, 국가나 정부에 대한 요망사항으로 미루어 볼 때 경제적 취약성을 제거해 주고 그들에게 소일거리를 제공해 주며, 그들의 입장에서 경로잔치 등으로 보상해 주고 그들의 구호요청에 잘 대응하도록 인적 봉사체제를 유용하게 하는 등 노인과 노인이 속해 있는 가족을 위한 지원적·보완적 정책이 필요하다.

제 16 장

노인과 직업

1. 노인과 일의 의미

1) 노년기 일의 의미

일의 의미는 시간과 장소에 따라 괴로움과 수고의 의미로 또는 헌신과 소명의 의미로 다르게 나타나고 있다. 특히 노인들에게 있어서 일의 의미는 구체적으로 다음과 같이 나타날 수 있다.

첫째, 노인 당사자에게는 소득원을 확보해 주고, 둘째, 사회적으로 폐물시되고 있는 노인들에게 유용감과 자신감을 주며, 셋째, 신체적·정신적인 건강을 지속시키는 기능을 할 수 있다는 것이다. 이렇게 일은 우리 인간에게 많은 기능을 하고 있으며, 노년기에서도 그 중요성은 여전하다고 볼 수 있다.

그러나 노인의 경우, 신체적 노화에 따른 노동능력의 저하, 급속히 발전되어 가는 과학기술에의 적응능력 부족 및 정년퇴직 등으로 말미암아 노동시장에서 탈락하게 되고 그로 인하여 경제적인 고통뿐만 아니라 사회·심리적으로도 어려움을 겪게 되는 경향이 있다. 권치영 외(2007) 연구에 의하면 노년기 일자리 참여집단 노인들이 비참여집단 노인들에 비해 자아존중감 수준이 높았으며, 일자리에 참여하고 있는 노인들이 그렇지 못한 노인들에 비해 정신적·심리적 복지 측면에서 보다 만족스러운 상태에 있음을 밝히고 있다.

노년기에서 맞게 되는 근로수입의 격감, 노년기 이전의 불충분한 노후대책 및 사회보장제도의 미비점 등은 노인들의 경제적 약화를 가져오게 되고, 나아가서 생활비 지출이 기본적 생계비에만 치중하게 되어 여가활동이나 사회활동과 같은 사회문화 영역의 활동을 감소시킨다. 즉, 경제력이 없는 노인들은 적극적인 사회참여를 하지 못하게 되고 결국, 노인의 생활의 장(場)이 축소되어 이들 노인에게 생활만족도나 안녕감을 낮추는 요인으로 작용하게 된다.

따라서 비록 많은 노인들이 그들의 신체적 조건 등에 의해서 힘든 취업의 종사를 원하지 않고 있으나 취업하기를 희망하는 노인들에게 삶의 만족을 위해 보다 많은 기회가 제공되어야 할 것이다. 즉, 노인의 경제적 어려움을 해결하기 위해서는 현금(현물)이나 서비스의 제공뿐만 아니라 노동시장 기능의 개선, 취업기회의 보장이나 기술훈련 등의 대책이 다각적으로 모색되어야 할 것이다.

2) 노년인력 활용의 의미

노인의 능력을 가능한 한 활용한다는 것은 당사자 자신을 위해서나 또는 사회를 위해서나 바람직한 일임에는 틀림없으나 현실적으로 그것은 쉬운 일이 아니다. 그것은 나이가 많아짐에 따라 체력이 떨어지고 작업능률이 저하되므로 노동시장에서 중고령자의 노동은 경쟁가치가 낮으며 재활용이 어려운 것으로 보기 때문이다. 그러나 작업의 종류에 따라서 체력보다는 경험이 중요한 것이 있고 연륜에 따라 깊이를 더해가는 것도 있으므로 일률적으로 말하기는 어려울 것이다.

현대 사회의 일반적인 개념은 인간은 누구를 막론하고 생존을 위해서는 일할 수 있는 권리를 보장받아야 한다고 보고 있다. 물론 연령이 많다고 해서 취업이나 노동할 기회가 배제되어서는 안 된다. 오히려 현대 사회에서 발생하는 노인문제는 노화현상에서 오는 문제보다는 인간의 생활수단인 노동이나 취업에서 배제당함으로써 파생되는 문제가 많으며, 이것은 심각한 문제를 파생할 우려가 있는 것이다.

키이퍼(Kieffer, 1979)는 우리 사회가 노인집단 속에 인적자원의 보고(寶庫)가 있음을 인식하지 못하고 있고, 많은 노인들은 타의에 의해서 희생되고 있는데 이는 국가적으로 막대한 손실을 가져오는 것이라고 하였다. 즉, 노인의 인력활용은 사회보장비의 절감을 위해서도 필요한 것이며 노인 자신의 정신적·정서적 안정을 위해서도 필요한 것이다. 무엇보다도 노인들이 인간답게 살아갈 수 있도록 하기 위해서는 노인들로 하여금 종속적 지위나 피부양적 위치에서 벗어나도록 해야 할 것이다.

이것은 노인의 경제적 주체성 확립이 우선적으로 이루어져야 함을 뜻하며 이는 곧 노인 스스로의 자립적 마음가짐의 확보와 국가나 사회의 노인소득보장 또는 노인복지정책의 확립으로 노인인력의 활용이 이루어져야 함을 뜻하는 것이다. 정부는 2009년까지 노인 일자리 창출 30만 개를 목표로 추진하고 있으며, 2004년부터 이를 위해 지방자치단체 및 대한노인회, 시니어클럽 등 민단단체를 적극적으로 지원하고 있다. 또한 2006년에는 활기차고 건강한 노후생활 기반조성에 주력하여 노인 일자리 창출에 최우선 집중투자로 초고속 고령사회에 대응하고 있다.

2. 노인의 경제활동 실태

1) 경제활동참가율

우리나라의 경제활동 노인인구를 보면 1990년대를 지나면서 여성노인의 증가가 두드러지게 나타나고 있다. 1970년에는 남녀노인 각각 41.7%, 14.8%, 1980년에는 45.2%, 16.9%, 1990년에는 49.9%, 26.4%, 2000년에는 49.7%, 30.2%, 2006년에는 50.7%, 28.3%로 여성노인이 계속 늘어나 여성노인의 경제활동참가율의 증가는 앞으로 계속될 것으로 전망된다(통계청, 2007).

표 16.1 ● 노인의 경제활동참가율 추이

(단위 : 천 명, %)

구 분	1997	1998	1999	2000	2001
전체 인구	45,991	46,430	46,858	47,275	47,343
15세 이상 인구	34,842	35,362	35,765	36,139	36,484
55세 이상 인구	7,130	7,280	7,523	7,806	8,119
고령인구비율	15.5	15.7	16.1	16.5	17.1
고령자 경제활동인구	3,498	3,387	3,473	3,527	3,642
고령자 경제활동참가율	49.1	46.5	46.2	45.2	44.9
고령자 취업인구	3,466	3,274	3,352	3,456	3,585

자료 : 통계청(2001). 경제활동인구연보.

표 16.3 ● 노인취업의 이유

(단위 : %)

취업이유	전 체
일이 좋아서	6.5
돈이 필요해서	69.9
건강유지를 위해서	9.6
사람과 사귈 수 있어서	–
시간을 보내기 위해서	4.9
능력을 느끼고 싶어서	2.6
사회적 지위, 명예를 위해서	0.2
일손이 모자라서	5.6
기타	0.6
계(명)	100.0(931)

자료 : 한국보건사회연구원(2005). 2004년도 전국 노인생활실태 및 복지욕구조사.

1997~2001년간의 경제활동참가율의 변화추이를 보다 구체적으로 살펴보면 표 16.1에서와 같이 2001년 노인의 경제활동 인구는 364만 2,000명으로 2000년 352만

표 16.2 ● 노인취업의 현황

(단위 : %)

취업 실태		전 체
취업 중		30.8
직 종	고위 임직원, 관리자	1.8
	전문가	1.3
	기술공, 준전문가	1.1
	사무 종사자	0.7
	서비스, 판매직 종사자	8.8
	농·어·축산업 종사자	53.9
	기능원, 관련기능 조사자	1.9
	기계, 기계조작 및 조립 종사자	2.7
	단순노무 종사자	27.8
비취업		69.2
계(명)		100.0(3,029)

자료 : 한국보건사회연구원(2005). 2004년도 전국 노인생활실태 및 복지욕구조사.

7,000명보다 11만 5,000명 증가하였고, 2001년 노인취업자수는 358만 5,000명으로 전체 취업자의 16.8%로 나타났다.

이것은 노인의 취업기회의 확대와 취업직종의 확보 등이 더욱더 마련되어야 함을 시사한다.

2) 노인의 취업형태

노인취업의 현황을 보면, 전체 취업 중인 경우는 30.8%로 수입이 있는 일을 하고 있는 것으로 나타났다. 노인계층의 경제활동참가율은 다른 선진국가들과 비교하여도 낮은 편은 아니지만 대부분의 노인들이 불안정한 취업 직종군에 종사하는 것으로 나타나고 있다. 농·어·축산업 종사자의 인구가 53.9%이며, 단순노무직에 종사하는 노인이 27.8%를 점유하고 있다. 반면, 사회·경제적으로 지위가 높은 직종군에 속하는 고위임직원 1.8%, 전문가 1.3% 정도에 불과한 것으로 조사되었다(표 16.2).

즉, 노인들의 경제활동 양상은 아직도 농업의 범위를 벗어나지 못하고 있음을 볼 수 있다. 이것은 노인들이 농업중심 사회에서 그들의 생활을 영위했고, 낮은 교육수준으로 전문 또는 기술직에 종사할 여건을 갖추지 못한 점과도 관련이 있는 것으로 보인다. 또한 농업에의 경제적 비중이 낮아지면서 젊은이들의 이농향도 현상에서도 찾아볼 수 있으며 따라서 농촌에는 노인들만 남게 되어 결과적으로 농업이 고령자의 직종으로 주어진 것을 볼 수 있다.

그리고 노인들이 일을 하고 있는 가장 큰 이유는 '돈이 필요해서'가 69.9%며, 다음으로 '건강유지를 위해서' 9.6%, '일이 좋아서' 6.5%, '일손이 모자라서' 5.6%의 순으로 나타났다(표 16.3). 결과적으로 취업노인의 2/3 이상이 경제적인 이유로 비자발적으로 일을 하고 있다는 것을 알 수 있다(한국보건사회연구원, 2005).

3) 노인인재은행 및 노인공동작업장 운영

(1) 노인인재은행(구 노인능력은행)

노인들의 취업상담 및 취업알선을 위한 노인인재은행은 1981년 설치, 운영되었으며, 1992년 60개소당 일정액의 국고 지원액이 지급되었다. 노인인재은행 취업알선 실적은 표 16.4에서 보는 바와 같이 1991년 1개월 미만의 기간 동안 취업하는

표 16.4 ● 노인인재은행 취업알선 실적

(단위 : 명, %)

구 분	1981~1989	1990	1991
단 기	398,061(96.6)	62,889(93.6)	59,445(93.7)
장 기	42,349(65.0)	18,846(71.7)	25,837(75.4)
계	440,410(92.3)	81,735(87.4)	85,282(87.3)

주 : ( ) 안의 %는 취업일신율
자료 : 이가옥(1992). 노인소득보장정책 – 2000년대를 향한 노인복지정책. 한국보건사회연구원, p. 20.

단기취업의 경우 5만 9,445명, 1개월 이상 취업하며, 월급을 한 번이라고 받게 되는 장기취업자의 경우 2만 5,837명으로 총 8만 5,282명으로 나타났다.

그러나 동일 노인이 일 년 동안 여러 번의 단기취업을 하는 경우에는 이를 여러 명으로 계산하게 되므로 실제 취업자는 수는 이것보다 훨씬 적을 것으로 예상된다.

취업희망자에 대한 알선 실적에 있어서는 1991년의 경우, 단기취업알선율은 93.7%, 장기는 75.4%로 나타나 취업을 희망하는 노인의 많은 비율이 취업한 것으로 보이나 그 효과는 쉽게 평가될 수 없으며 정부지원액이 충분한 것은 아니므로 취업알선 서비스가 원활히 수행되는 데는 어려움이 있다.

원래 노인인재은행은 은퇴한 노인들의 취업을 돕고 소득보장과 아울러 보람 있는 여가를 보내고자 하는 목적에서 노인에게 일거리를 마련해 주고자 한 것이다. 노인능력은행의 목적과 취지는 사회적으로 긍정적인 평가를 받고 있을 뿐만 아니라 노인들의 취업욕구를 충족시켜 주고 있는 곳이다. 그러나 현실적으로 그 성과는 만족할만한 것이 못되었으며 확대 및 실질적인 운영이 이루어지지 못하였다.

정부는 노인의 취업기회 확대를 위해 제7차 5개년 기간 동안 노인인재은행을 점차 전국적으로 확충하며, 월간 지원액도 상향조정할 계획이고, 이외에도 1993년에는 취업알선을 위한 정보센터를 5개소 시범운영하며, 1996년에는 15개소, 2000년까지는 30개소로 확대 설치, 운영을 계획하였다. 이러한 계획들의 활성화를 위해 기업체와의 연계가 무엇보다도 중요하며, 정부나 해당기관 및 해당단체에서 적극적인 참여 및 운영비의 확대지원 등이 있어야 한다.

(2) 노인공동작업장

노인의 적성과 능력에 맞는 일거리를 마련하여 노인에게 소득기회 및 여가선용의 기회를 제공하고자 하는 목적으로 운영되고 있는 노인공동작업장은 1992년 212개소가 설치, 운영되고 있으며, 정부는 노인공동작업장의 시설개설비로 국고에서 50%, 지방비 50%로 하여 개소당 일정액을 지급하였다.

노인공동작업장은 경로당이나 노인복지시설에 설치되어서 지역사회 내의 산업체와 연결하여 일감을 주문 받아 생산에 참여하므로 용돈도 마련하고 여가선용도 할 수 있도록 하고 있어 노인들에게 어느 정도 도움을 주고 있다. 그런데 공동작업장에서 하는 일은 주로 제품포장, 액세서리, 봉투 붙이기, 실밥 뜯기 등 간단한 수작업이 대부분이다.

따라서 일거리가 없어서 작업을 못하는 노인도 있지만 대부분의 노인들은 일을 해 보았다가 만족할 만한 소득을 얻을 수 없다는 것을 알고 있기 때문에 작업장은 개점휴업 상태에서 벗어나지 못하고 있다(박재간, 1989). 즉, 노인공동작업장은 지역사업체와 연계 부족, 정부의 재정지원 미흡 등으로 인하여 그 본래기능을 수행하지 못하고 있는 실정이다. 그러나 노인취업욕구의 충족과 노인인력의 효율적 활용이라는 측면에서 노인공동작업장의 기능은 활성화되어야 할 것이다.

3. 노인의 취업의식

1) 노인의 취업욕구

노인들의 취업에 대한 욕구는 소득을 확보하려는 경제적 측면뿐만 아니라 사회적 참여 및 신체적인 욕구까지도 포함한다.

노인의 취업에 대한 의식을 살펴보고 취업을 희망하는 노인에게 취업의 기회를 제공해 주며, 취업을 희망하지 않는 노인이 바라는 욕구의 정도를 파악하여 그에 맞게 대책 수립에 임한다면 노인의 건강한 생활보장을 위해 더없이 좋은 일이 될 것이다. 그런데 희망하는 노인에게 있어서, 산업사회에서 요구하는 지식과 기술의 변화, 신체적 능력의 감소 등은 사실상 노인의 취업보장에 어려움을 갖게 한다.

앞에서도 보았듯이 현재 노인의 취업종사 상태는 농·어·축산업 및 단순노무에 종사하는 형태가 아직까지 가장 많이 나타나고 있다. 그러므로 점차 높아져 가는

표 16.5 ● 노인들의 취업욕구

(단위 : %)

내 용	전 체	성 별		연령별			
		남	여	60~64세	65~69세	70~74세	75세 이상
일하겠다	50.1	51.8	47.1	72.2	65.3	49.4	32.2
해도 안 해도 좋다	17.7	18.5	16.5	13.3	15.3	23.2	16.0
안 하겠다	32.2	29.7	36.4	14.6	19.5	27.4	51.8
계	100.0	100.0	100.0	100.0	100.0	100.0	100.0
(사례수)	(1558)	(973)	(586)	(158)	(400)	(473)	(525)

자료 : 한국노인문제연구소(1992). 한국노인의 생활실태 및 의식구조 조사결과 제1차 중간보고.

청·장년 및 노인들의 노후 취업활동의 의식에 맞추기 위해서는 다양한 노인에게 알맞은 직종의 개발이 필요하며 아울러 취업기회의 확대가 시급히 이루어져야 할 것이다.

노인들이 일을 하기를 원하는지 또한 원하지 않는지의 여부를 살펴보면 표 16.5와 같다. 취업을 원하는 노인의 경우는 50.1%로 높게 나타나고 있으며, 원하지 않는 노인의 경우는 32.2%로 나타나고 있다. 연령별로 보면 60대 초반의 노인들은 72.2%가 일하기를 원했고, 75세 이상 노인들의 경우 32.2%만이 일을 하겠다고 밝히고 있다. 또한 성별에 있어서는 남자노인(51.8%)이 여자노인(47.1%)보다 일하려는 희망률이 높게 나타나고 있다. 2006년 통계청 부가조사에 의하면 55~79세 일하고 싶은 여성노인의 59.8%는 전일제, 40.2%는 시간제를 원하고 있다.

2004년도 취업희망노인 중에서 구직활동을 하였다는 35.6%, 구직활동을 하지 않았다는 64.4%로서 구직활동에 소극적이었다. 이중에서 취업은 원하나 구직활동을 하지 않고 포기 상태에 있을 수밖에 없는 이유로(표16.6) '구직가능성이 없을 것 같아서'가 39.2%, '적당한 일자리가 없을 것 같아서'가 39.4%로 나타났으며, 성별에 따라 차이가 많이 나타나는 항목은 '구직가능성이 없을 것 같아서'가 여성노인의 29.8%에 비해 남성노인은 47.8%로 높게 나타났으며, '가사일이나 자녀의 반대로'가 남성노인의 5.2%에 비해 여성노인은 21.5%로 높게 나타났다.

장래에 노인이 될 세대들(차세대)이 예상하고 있는 노후생활에 대한 인식 및 욕구의 파악은 노인문제에 대한 장기적인 예방적 대책 수립에 매우 필요한 일이다. 차세대 노인(18~59세)의 정년 후 재취업 욕구를 살펴보면 표 16.7과 같다.

표 16.6 ● 취업 희망노인의 구직활동을 하지 않는 이유

(단위 : %)

내 용	취업을 소개시켜 주는 기관을 몰라서	구직가능성이 없을 것 같아서	적당한 일자리가 없을 것 같아서	가사일이나 자녀의 반대로	기 타	계
전 체	4.4	39.2	39.4	12.9	4.0	100.0
여 성	5.8	29.8	38.8	21.5	4.1	100.0
남 성	3.7	47.8	39.6	5.2	3.7	100.0

자료 : 통계청(2007). 통계로 보는 여성의 삶, P. 129.

표 16.7 ● 노후 재취업의 희망

(단위 : %)

내 용	20대	30대	40대	50대	계
재취업을 원함	63.0	65.0	60.1	79.4	64.4
재취업을 원치 않음	37.0	35.0	39.9	20.6	35.6

자료 : 최성재(1992b). 국민의 노후생활에 대한 전망과 대책에 관한 연구 – 국민연금보험가입자를 대상으로.

즉, 전체적으로 보면 응답자의 64.4%가 취업을 원하였고, 나머지 35.6%는 취업을 원하지 않는 것으로 나타나 높은 비율의 남녀 청·장년들이 노후의 취업 여부에 대해 긍정적인 반응을 나타내고 있음을 볼 수 있다.

이와 같은 결과를 볼 때 취업을 희망하는 노인의 비율은 점차 높아지고 있으며 또한 미래의 노인들은 더욱 취업활동에 대해 긍정적인 반응을 나타낼 수 있음을 예측할 수 있다. 따라서 앞으로의 노인문제 대책에 있어서 일하기를 원하는 노인들을 위한 취업대책이 더욱 확고히 마련되어야 할 것이다.

2) 취업 희망직종

노인들 중에서 취업을 원하는 경우, 그 희망직종을 구체적으로 살펴보면 다음과 같다. 김성순(1985)에 의하면, 취업하기를 원하는 종류의 일은 공원 가로수 등의 관리 또는 청소 등을 원하는 비율이 34.5%로서 가장 많았고, 앉아서 조립할 수 있는 작업(29.3%), 또는 과수원, 가축사육, 농사(25.7%), 담배 소매점(21.3%)의 순으로 나타나고 있다(김성순, 1985).

한국갤럽조사연구소(1984)의 결과를 보면, 노인들의 경우 무응답을 제외하고는 대체로 담배 소매점 등의 간단한 자영업을 원하는 비율이 높게 나타나고 있으며, 한국인구보건원(1985) 조사에서는 가정 부업 및 기타가 약 63%로 가장 높게 나타나고 있다. 이밖에 가게, 복덕방, 수위, 안내원이 9.6%, 가축, 원예, 농사가 5.5%로 나타나고 있었다. 즉, 대부분의 노인이 간단한 부업이나 소매점 등 집에서 할 수 있는 단순한 직종을 선호하며 힘이 덜 드는 직업을 원하는 것으로 나타나고 있다.

따라서 노인의 직종은 간단하고 단순한 것이 우선시 되어야 하며 실제로 노인의 욕구충족과 선호도를 고려하여 가두판매점이나 공원관리직 등의 노인직종 개발이 이루어져야 할 것이다.

그러나 현재의 노인들이 간단한 자영업이나 단순조립작업을 선호한다고 할지라도 이것은 소득수준이나 생활수준 및 교육수준 등의 향상이 있을 미래의 노인사회에 그대로 적용하기는 어려울 것이다. 즉, 장래 노인은 보다 높은 수준의 직업과 보다 다양한 직종을 선호할 것이며 이러한 취업욕구 또는 취업성향 등을 충분히 수용하기 위해서는 부단한 직종의 개발이 이루어져야 할 것이다.

따라서 우리나라 사회에서도 노인에게 알맞은 직종을 선정하여 가급적 노인들이 우선적으로 취업할 수 있도록 배려하고 또한 아울러 시대와 상황에 맞는 끊임없는 직종의 개발이 모색되어야 할 것이다.

4. 노인직종

노동부에서 제시한 노인적성에 알맞은 직종을 예시하면 다음 표 16.8과 같다.

노인에게 알맞은 직종은 시대와 상황에 따라서 변화할 수 있으며 직종에 따라 개인 취업 또는 노인들 여럿이 자영업으로 할 수도 있다. 그러므로 효과를 높이기 위해 정부나 기업의 과감한 투자가 뒷받침되고 알선 기관의 활성화가 적극적으로 이루어져야 할 것이다.

노동부는 고령자 및 준고령자의 고용에 적합한 직종, 즉 우선 직종을 선정한 바 있으며(표 16.8), 공공기관과 민간기업체에 이들 직종에 고령자와 준 고령자를 우선 고용하도록 권장하고 있다.

표 16.8 ● 노동부 선정 고령자 우선 고용 직종

구분	분 야	직종명
공공기관	기술기능	공학기술자문가, 전기시설관리원, 냉장기수리조작원, 운전원, 보일러조작원, 건물보수원(6개 직종)
	경영사무	인사노무관리자, 경영컨설턴트, 법률 및 세무회계 관련 자문가, 채권추심원, 사무보조원, 컴퓨터자료입력원, 우편물접수원, 설문조사원, 교통량조사원, 지가조사원(10개 직종)
	교육문화	사회교육강사, 기숙사사감, 도서정리원, 문화재보존원(4개 직종)
	의료복지	사회복지보조요원, 상담사, 시설보육사(3개 직종)
	서비스 판매	데스크안내원, 시설 및 견학안내원, 화랑 및 박물관안내원, 관광안내원, 주차안내원, 접수예약사무원, 민원상담원, 매표·검표원, 주차요금정산원, 통행료정산원, 주방보조원, 조리사, 구내매점원(13개 직종)
	농림어업	농림어업 관련 자문가, 조경관리원, 식물재배원(3개 직종)
	단순노무	경비원, 공원관리인, 주차장관리인, 건물관리인, 운동장관리인, 묘지관리인, 식물원관리인, 쓰레기매립장관리인, 문화재관리인, 배수지관리인, 건널목관리인, 환경미화원, 갓길정리원, 재활용품분류원, 소독·방역원, 계기검침원, 안전전검원, 수금원, 화물접수원, 물품보관 및 정리원, 교통정리원, 주정차위반단속원, 버스전용차선단속원, 포장원, 상표부착원, 제품단순검사원, 산림보호원, 수렵감시원, 조류보호구역감시원, 하천감시원, 안전순찰감시원(31개 직종)
민간기업	기술기능	공학기술자문가, 가전제품수리원, 전기시설관리원, 재단사, 재봉사, 의복 및 관련제품수선원, 운전원, 전통건물건축원, 도배원, 배관공, 미장공, 생산관리기술자, 품질관리기술자, 주택관리사, 기계설비 및 설비관리원, 냉장기수리조작원, 리프트조작원, 보일러조작원, 건물보수원(19개 직종)
	경영사무	인사노무관리자, 경영컨설턴트, 창업지원컨설턴트, 법률 및 세무회계 관련자문가, ISO인증심사원, 채권추심원, 해외영업원, 무역사무원, 부동산대리인, 분양 및 임대사무원, 배차사무원, 사무보조원, 설문조사원, 영업관리사무원, 기술영업원, 일반영업원(16개 직종)
	교육문화	사회교육강사, 기숙사사감, 도서정리원, 기록관리사, 문화재보존원, 번역가(6개 직종)
	의료복지	간병인, 산후조리종사원, 사회복지보조요원, 상담사, 시설보육사(5개 직종)
	서비스 판매	데스크안내원, 시설 및 견학안내원, 화랑 및 박물관안내원, 관광안내원, 주차안내원, 질서유지원, 계산대수납원, 접수예약사무원, 매표·검표원, 주차요금정산원, 통행료정산원, 장례지도사, 결혼상담원, 주방보조원, 홀서빙원, 조리사, 텔러마케터, 구내매점원, 매장감시원(19개 직종)
	농림어업	농림어업 관련 전문가, 조경관리원, 식물재배원(3개 직종)
	단순노무	음식료품가공원, 창고관리인, 검수원, 경비원, 교구관리인, 공원관리인, 주차장관리인, 건물관리인, 가정도우미, 세차원, 환경미화원, 배달원, 계기검침원, 안전점검원, 수금원, 화물접수원, 물품보관 및 정리원, 전단지배포 및 벽보원, 주유원 및 가스충전원, 포장원, 상표부착원, 제품단순조립원(22개 직종)

자료 : 노동부(2004, www.molab.go.kr)

5. 정년제 실태

1) 정년제의 현황

근로자가 퇴직하는 것은 곧 고용관계 또는 취업관계가 끝나는 것을 의미하며 다음의 세 가지 유형이 있다.

첫째, 본인 자신의 자유의사에 의해 퇴직하는 임의퇴직, 둘째, 연금 수급연한이 되어 퇴직하게 되는 자연퇴직, 셋째, 능력과 관계없이 일정한 연령에 도달하게 되면 당연히 퇴직하게 되는 정년퇴직 또는 강제퇴직이다.

또한 정년연한이 정해지는 방법도 일률적인 정년제, 남녀별로 정해져 있는 경

표 16.9 ● 공무원 정년연령 현황

직종별	정 년	관련법
일반직	5급 이상 : 60세 6급 이하 : 57세 (공안직 및 9급은 54세)	국가공무원법 74조
외무직	직급에 관계없이 60세	외무공무원법 27조
교 원	대학 이외 교육공무원 : 62세 대학교직원 : 65세	교육공무원법 47조
법률직	대법원장 : 70세 대법관 : 65세 판사 : 63세 검찰총장 : 65세 검사 : 63세	법원조직법 45조 검찰청법 41조
경찰·소방	경정(소방령) 이상 : 60세 경감(소방령) 이하 : 57세	소방공무원법 20조
군 인	장성급 : 58~63세 영관급 : 45~56세 위관급 : 43세 준사관 이하 : 40~55세	군인사법 8조
기능직	등대직열 및 방호직열 : 59세 기타직열 : 57세	국가공무원법 74조

자료 : 최성재 외(2002). 노인복지학. 서울대학교출판부, p. 207.

우, 직종별로 그 연한이 각기 다르게 정해져 있는 경우, 직제별, 계급별, 또는 자격별로 정해져 있는 경우 등 여러 가지가 있으며, 우리나라에서는 이와 같은 네 가지 방법이 모두 적용되고 있다.

우리나라 정년제의 특징은 전문·기술직은 정년연령이 높고, 노동직은 낮으며, 직급이 높을수록 정년은 높고 직급이 낮을수록 정년이 낮다는 점이다. 이러한 특성은 정부기관이든 민간기업이든 거의 동일하게 나타나고 있다.

(1) 공무원의 정년제 현황

일반적으로 공무원 법상에 규정된 정년이 사회의 모든 분야에 기준으로 적용되는 경향이 있으므로 공무원의 정년현황을 파악해 보는 일은 매우 바람직하다고 할 수 있다. 공무원의 정년 연령은 해방 후 세 차례의 개정이 있었으며, 1982년과 1986년의 법개정에 의해 부분적으로 연장 조정되어 오늘에 이르고 있다. 직종, 직급에 따라 정년 연령이 다르지만 대체로 58~60세가 가장 많으며, 대부분의 공무원 집단을 구성하고 있는 하급공무원과 기능직 공무원들은 50대에 퇴직하고 있음을 볼 수 있다(표 16.9).

2) 정년연장의 욕구

일반적으로 정년연장에 대해서는 많은 긍정적인 주장 등이 제기되고 있다. 노인들의 취업욕구의 증가와 관련하여 특히 중요한 것이 정년의 연장이라고 볼 수 있으므로 기업에 막대한 희생과 손실을 강요하지 않는 선에서 국가적 차원에서 정년의 연장을 장기적으로 추진하는 것은 매우 필요하다고 할 수 있다.

노인들의 정년연장에 대한 형태별 선호도를 보면 무조건 정년을 연장해야 한다는 비율이 33.2%로 나타났으며, 정년 이후에는 임금을 낮게 조정하여 계속해서 직장에서 일을 할 수 있게 해야 한다는 하향성 임금구조를 지지하는 의견이 39.8%로 가장 높게 나타났다. 또한 정년퇴직 후 재고용하는 방식을 취해야 한다는 의견도 27.0%로 나타나고 있다(한국인구보건연구원, 1985).

현재 실시되고 있는 정년퇴직연령이 연장되어야 한다고 희망하는 것은 노인에서뿐만 아니라 정년퇴직을 앞둔 연령층에서도 나타나고 있다. 즉, 만 55세를 정년으

표 16.10 ● 현행 정년 연령에 대한 견해

(단위 : %)

구 분	전 체	일반집단(40~44세)	퇴직집단(50~54세)
적당하다	11.5	21.4	0.0
연장해야 한다	79.2	67.1	93.3
단축해야 한다	0.0	0.0	0.0
폐지해야 한다	9.2	11.4	6.7
계	130(100.0)	70(100.0)	60(100.0)

자료 : 김향은(1991). 정년퇴직을 앞둔 중년남성의 심리적 불안. 고려대학교 석사학위논문, p. 41.

로 규정하고 있는 일반 기업체의 근로자를 대상으로 연구한 결과를 보면(표 16.10), 50~54세 연령층(퇴직집단)뿐만 아니라 40~44세 연령층(일반집단)에서도 현재 규정되어 있는 정년연령을 더 연장해야 한다는 의견을 가장 많이 나타내고 있다. 퇴직집단의 경우, 연장해야 한다는데 93.3%가 응답하고 있어 정년에 임박한 이들의 심정을 읽을 수 있다.

6. 노인취업의 문제점과 대책

1) 문제점

노인취업의 필요도는 노인자신이나 사회적으로나 그 인식이 증가되고 있다. 특히 노인들이 정년연장을 희망하는 비율은 점차 증가하고 있으며 앞으로 고령화 사회에 있어서 노인취업은 불가피한 것이 될 것이다. 노인취업이 필요하다는 점을 인식하고 있다 하더라도 노인의 취업은 기업 측이나 노인자신이나 여러 가지 문제점을 안고 있다.

(1) 직무수행능력

노인들이 취업하기를 원한다 하더라도 실제 일할 능력이 없으면 취업하는 데 어려움이 있다. 노인들의 직무수행능력을 보면, 표 16.11에서와 같이 전혀 일할 수

표 16.11 ● **직무수행능력**

(단위 : %)

수행능력	전 체	성 별		연 령(세)			
		남	여	60~64	65~69	70~79	80+
아무 일이나 가능	7.7	9.7	6.1	15.1	8.7	5.0	0.8
하루 종일 사무직인 일은 가능	7.4	13.2	2.5	11.8	11.1	4.2	0.8
간단한 일은 가능	37.2	38.4	36.2	42.1	44.2	35.2	16.0
전혀 불가능	47.6	38.7	55.1	31.1	36.0	55.6	82.4
계(N=2,325)	100.0	100.0	100.0	100.0	100.0	100.0	100.0

자료 : 김영모(1990). 한국노인복지정책연구. 한국복지정책연구소, p. 71.

없다고 응답한 경우가 47.6%였으며, 37.2%는 간단한 일을 할 수 있다고 응답하여 대체로 직무수행능력이 낮음을 알 수 있다(김영모, 1990).

연령별로 보면, 연령이 낮을수록 일을 할 수 있다는 비율이 높은데 비해 그 반대의 경우는 일하기가 불가능한 경우가 더 많이 나타나고 있고 이는 연령증가에 따른 신체적 기능저하와 관련이 있는 것으로 볼 수 있다. 60~64세의 경우 어떤 형태로든 일할 수 있다는 응답이 70%나 되었다. 성별로 보면, 여자노인의 직무수행능력이 남자노인보다 낮은 것으로 나타나고 있다.

노인들의 취업가능성에 영향을 줄 수 있는 요인 중의 하나가 노인들 자신의 기능보유 정도일 것이다. 즉, 노인들이 자신들의 취업욕구를 충족시키자면 우선 어떤 형태로든 기술을 가지고 있으면 용이할 것이다. 그러나 김영모(1990) 연구에서 보면, 노인들의 78.6%는 그러한 기술이 없는 것으로 나타나고 있고 그 밖에는 양재, 수공예, 요리 등의 기능보유가 매우 미미한 수준으로 나타나고 있다. 이것은 노인의 취업을 현실화하는 데 어려움이 있으며 노인에게 직업교육 및 훈련의 제공이 필요함을 나타내는 것이라 하겠다.

그러나 노인의 신체적 능력이나 정신적 능력 등은 노화과정에서 급격히 감퇴되어간다는 일반적 선입관과는 달리 이것은 개인차가 매우 심하여 작업의 종류에 따라 다양하게 나타나므로 일괄적으로 논하는 것은 매우 부당한 것이다.

따라서 노인의 직무수행능력을 보고자 할 때는 단순히 젊은이와 비교하여 해석하는 것이 아니고 작업의 성격과 종류 및 작업행동과 개인적·환경적 특성을 고려하여 해석해야 할 것이다.

(2) 정년연장의 문제점

정년제는 본래 기업의 인사관리적 측면에서 그 필요성이 강조되어 왔다.

정년제를 실시하는 데 있어서 대개 서열 위주로 행하는 데는 작업자의 능력이나 기능을 객관적으로 평가할 수 있는 기준을 설정하기가 힘들고 임금이나 정년을 능력 위주로 운영할 경우 직장분위기가 경쟁 위주로 되어 인화에 큰 문제를 야기할 가능성이 있다는 문제점이 있다.

이러한 이유로 해서 대체로 정년퇴직에 이르기까지는 임금이 자동적으로 올라가다가 정년과 더불어 일시에 임금이 중단되는 제도를 채택하고 있는데 이는 노후의 생활보장이 잘 되어 있지 못한 우리나라에서는 심각한 노인문제를 초래하는 원인이 되고 있다. 즉, 낮은 연령에서의 정년은 노동능력도 있고 일할 욕구도 있고 일하지 않으면 당장 생계의 위협을 받을 중·고령자를 대량 해고함으로써 노인빈곤을 직접, 간접으로 대량화, 집단화시키는 결과를 가져올 수 있는 것이다.

또한 조기정년은 개인의 역할상실을 가져오고 신체·정신적인 문제까지 초래하며 생활의 리듬을 파괴하여 바람직하지 못한 결과를 가져오기도 한다. 그러나 노인의 빈곤문제나 노인의 욕구충족 등을 위해서 정년연장 추구는 불가피하지만 정년연장은 다음과 같은 문제점이 따른다(박재간, 1989). 첫째, 기업의 현행임금구조가 연공서열 방식이므로 정년을 연장할 경우 이로 인한 기업 측의 인건비 과중 부담과 퇴직금의 누적이 문제가 된다. 둘째, 노동자의 고령화 현상으로 인한 기업의 활력 또는 작업능률의 저하가 있다. 셋째, 인사정체 현상으로 젊은 근로자들의 사기저하라는 문제점을 알게 된다.

정년연장의 현상은 고령화 사회에서 불가피하게 수반되는 사실이 될 것이다. 그렇다면 현행의 정년제도가 갖는 문제점과 또한 정년이 연장되므로 기업이나 사회가 갖는 부담 등은 시급히 조치되어야 할 과제인 것이다. 즉, 정년연장의 문제는 노인의 취업욕구가 만족도 등을 위해서 재검토되어야 할 것이지만 정년연령의 연장은 일률적이기보다는 탄력적이어야 하며 개별성이 존중되어야 할 것이다.

2) 대 책

노인들에게 있어서 건강과 취업활동 간의 관계는 매우 밀접한 것이지만 이 두 변수 간은 반드시 인과적인 관계가 아닌 상호작용적 관계라고 할 수 있다. 특히 노인층의 육체적 건강은 정신건강과 매우 밀접한 관계가 있으며 노인의 소일거리는 정신건강을 높여 주는 요인이 되고 있다. 즉, 노인에게 알맞은 일자리를 확보해 주는 것은 노인에게 의료보험과 같은 소극적인 복지혜택을 부여하는 일보다 훨씬 더 경제적이고 효율적일 수 있다.

노인들이 소득을 얻기 위해서 재취업을 한다는 것은 용이한 일이 아니다. 노인들이 취업을 통해서 소득보장을 받기 위해서는 국가나 기업 및 사회가 노인에게 취업기회를 부여하기 위한 정책이나 의도가 있어야 하고 또한 노인 스스로가 그러한 기회를 포착하고자 하는 노력과 자세를 가져야 한다.

(1) 개인의 자조적 노력

노년기에 이르면 보통 인생에서의 소외, 가정에서의 소외, 직장에서의 소외, 사회에서의 소외를 느끼게 된다. 인간은 신체적 노화에 따라서 무기력함과 무용함을 느끼게 되며 어느 사회나 나이가 들어서 늙으면 활동능력이 약화된다는 일반적 생각을 하게 되고 이것이 사람들을 육체적 차원보다 정신적인 차원에서 훨씬 더 빨리 늙게 하고 무력감에 빠지게 한다.

보통, 젊은이들보다 노인들은 소극적이며 과거지향적이고 정적이다는 관념이 지배적이며 이러한 심리적 특성을 일반화하기가 쉽다. 특히 우리나라의 문화적 통념은 노인들은 일선에서 물러나서 관조적으로 있는 것이 이상적이라고 보는 경향이 있으며 젊은이들과 또는 직접 일을 한다는 것은 노인답지 못하다는 생각이 강하게 지배되고 있다. 이러한 관념은 노인들의 취업의욕이나 취업대책에 부적으로 작용하는 요인이 된다.

따라서 노년기 취업을 활성화하기 위해서는 개인적 측면에서 다음과 같은 노력이 있어야 한다.

첫째, 일에 대한 자발적·적극적인 동기를 가져야 한다. 취업의욕이나 취업동기 등은 노인 개개인에 따라 상당히 다양하다. 노인 자신이 일에 대한 의욕이 있다 하더라도 스스로 무능하거나 무용하다는 생각을 갖고 있으면 적극적으로 대처할 수 없게 된다. 따라서 일에 대한 동기부여를 능동적으로 하며 탐색하는 자세가 필요하다.

둘째, 직업에서 물러나기 전에 퇴직 후의 재취업에 대한 사전준비가 필요하다. 퇴직 후 다행히 자기가 종전에 하고 있던 직업과 유사한 또는 그 연장선장에 있는 직업을 얻게 되면 다행이지만 다른 업종이나 소규모 자영 등의 형태는 상당한 기간의 준비와 치밀한 계획이 필요하다. 또한 사전준비가 없을 시 정년 후 얼마 동안 막연히 다음 일터를 기다리는 준 실업자 형태에 머물다가 그대로 실업상태로 남는 경우가 발생할 우려가 높고 또한 의욕의 상실을 가져와 실의와 비탄을 발생할 우려가 있는 것이다. 그러므로 재취업에 대한 사전준비가 필요하다.

셋째, 노년기 취업에 있어서는 종전의 직업적 지위와 경력에 대한 미련을 버리고 새로 시작하려는 자세의 전환이 필요하다. 노년기에 새로운 일을 시작하려고 할 때는 젊었을 때의 지위나 경력 등에 대해서 연연해하지 말고 새로운 사회에의 조화를 이루어야 할 것이다.

넷째, 노인집단의 취업활동에 대한 자조적인 노력이 있어야 한다. 취업욕구가 있는 노인들이 단체 활동을 통해서 노인이 할 수 있는 일을 개발하는 것은 노인의 취업기회 확대를 위한 하나의 방법이 된다. 즉, 경로당이나 노인회관 등을 이용하여 공동작업장을 설치하여 운영하거나 또는 지역별로 기능별 작업반을 편성하여 운영하고 혹은 뜻을 같이 하는 노인들이 공동으로 특정사업을 운영하는 등의 단체활동으로 일감을 개발하는 등 노인이 자조적으로 취업기회 확대를 위해 노력해야 할 것이다.

(2) 기업 측의 대안

기업 측은 노동력의 고령화 현상을 슬기롭게 수용하여 기업의 활력을 유지하고 고령화 사회에서 갖는 노인문제에 보다 직접적이며 책임 있게 직면해야 할 것이다. 앞으로 우리사회의 중·고령 노동력의 증가는 불가피한 현상이 될 것이며 이것은 기업측도 생산성의 저하를 막고 고령자에 대한 고용연장과 그들의 보람과 만족을 위해 새로운 고용임금제 및 정년의 문제 등을 인식해야 함을 의미한다.

① 정년연장

중고령자의 인력을 활용하고 노후보장을 이룩하는 데는 정년연장이 매우 바람직하다. 그러나 고령노동자를 위해 무조건 연장하는 것은 기업이나 사회에 많은 부담을 주고 무리가 된다는 것은 익히 주지해 온 바이다. 정년연장은 기업의 생산성을 고려하고 임금부담을 과하게 부과하지 않는 선에서 적절히 이루어져야 한다.

따라서 다음과 같은 정년연장을 위한 대안을 살펴볼 수 있다.

첫째, 임금제도상에서 현재 시행되고 있는 획일적 직선형 정년제보다 곡선형 제도를 택하는 것이 바람직하다고 볼 수 있다(전병재, 1984). 즉, 임금상승률이 직선적이었다가 정년과 더불어 일률적으로 직장을 떠나게 하면서 수입원을 한꺼번에 차단하는 현행 제도보다는 일정한 나이를 기준으로 하여 그때부터는 계속 근무를 감당할 능력이 있다고 판단되는 자나 희망하는 자들에게는 일정한 봉급을 계속 지급하되 연차적으로 그 액수를 감소시키는 방법을 구체적으로 연구해 볼 필요가 있으며 사실 이런 곡선형 제도는 다른 나라에서 오래 전에 채택하고 있는 곳이 많다. 2007년 현재 우리나라는 몇몇 기업에서 임금피크제도를 실시하고는 있지만 확산·정착할 수 있는 제도적 장치가 마련되어야 한다.

둘째, 단계적 정년제도의 도입이다. 기업 측의 정년연장의 문제나 개인의 심리적 문제 등의 측면에서 단계적 정년제도의 도입은 매우 바람직하다. 예를 들면 고령화 사회 대책방안의 하나로서 일본 사회에서 볼 수 있는 시니어 파트너 제도는 기업이 고용인에게 조직 내에 머물게 하는 기간을 조금이라도 늘려 선택적으로 정년을 보장해 주고 있는 단계적 정년제도의 한 부분이라고 볼 수 있다(박로경, 1984). 즉, 이것은 60세 정년 이후 65세까지 5년 동안 본인의 체력과 경험, 지식 등에 알맞은 직책에서 반일근무나 격일근무 등 완만한 근무형태로 일하게 함으로써 정년퇴직의 쇼크를 완화, 서서히 은퇴생활에 적응하게 하는 데 목적을 둔 제도이다.

② 재고용

재고용제도는 정년에 도달한 자에게 일단 퇴직시키고 난 후 그 외 건강상태나 근로의욕 그리고 회사의 필요성 등을 검토하여 신분이나 직책 등을 달리해서 촉탁 등으로 다시 고용하는 방법이다.

정년 후의 재고용은 첫째, 정년을 맞은 고령자의 고용을 보장함으로써 최대의 복지를 실현할 수 있고, 따라서 근로자에게 근무의욕을 높일 수 있으며, 둘째, 재고용기간은 노후의 준비기간으로 삼아서 퇴직 전 준비 프로그램이나 심리적 대책 등을 마련할 수 있어 노인빈곤의 양산이나 노인문제 발생을 기업이 완화시킬 수 있다는 점, 셋째, 특히 인건비의 증대를 막고 인사의 정체를 피하면서 정년 자체를 연장하지 않고서도 기업의 필요에 의한 노동력을 확보할 수 있다는 점에서 재고용은 노인취업문제의 대안적 방법이 된다.

③ 재취업 및 전직(轉職)

퇴직하는 중·고령자 중 취업욕구가 있는 종업원에 대해서는 같은 계열의 회사로 전직시키든가 관련 업체에 취업을 알선해 주는 방법을 강구할 수 있다(김성순,

1990). 전직 또는 재취업은 관련업체가 아닌 전혀 다른 분야에도 가능하다. 즉, 공공직업안내소 내에 고령자 취업반을 설치하여 취업을 돕고 동시에 민간단체인 사회복지협의회와 같은 기관에 고령자를 위한 무료 직업소개소와 직업훈련제도 등을 마련하여 재취업이나 전직이 가능하도록 할 수 있다.

(3) 국가정책

노인의 인력활용의 확대를 위해서는 이를 뒷받침하는 강력한 국가정책이 필요하며 정부는 기업에 대한 정책과 일반적 정책을 동시에 수립 병행해 나가야 할 것이다. 즉, 기업이나 민간 스스로의 노력도 매우 중요하지만 이를 받쳐 주는 정부의 시책이 동시에 주어지고 지원이 이루어질 때 더욱 효과를 볼 수 있는 것이다.

노인들의 취업정책으로는 첫째, 노인인력지원기관(지역사회 시니어클럽, 노인인력개발원)은 노인 일자리 개발 및 교육 등 노인인력의 적극적 개발과 활용을 도모하는 기관임에도 불구하고 인지도가 낮으므로 홍보에 주력해야 한다.

2004년 노인일자리 사업 추진, 체계적인 기반 마련을 위한 전담기구로 노인인력센터 설치, 지역의 시니어클럽, 노인복지관을 중심으로 하여 2007년까지 노인일자리 창출 30만개 추진함. 노인일자리 취업박람회 개최, 정부는 2005년에 노인일자리사업에 450억 원을 투자, 2006년 1,100억 원으로 크게 증액.

둘째, 노인취업의 다양성을 반영할 수 있는 개개인별 맞춤서비스가 요구된다. 셋째, 노인의 욕구에 맞는 다양한 일자리 창출 등 노인 노동시장의 공급확대가 요구된다. 넷째, 노인인력을 유용하게 활용하기 위해서는 청·장년기부터 변화하는 산업구조에 적응할 수 있는 계속 학습이 필요하다(한국보건사회연구원, 2005). 다섯째, 노인단체가 사회봉사활동의 일환으로 실시하고 있는 청소년 선도사업, 전통문화 전수를 위한 각종 프로그램을 육성해야 한다.

제 17 장

노인과 은퇴

1. 은퇴의 의미

1) 은퇴의 배경

프로이드(Freud)는 한 개인이 성숙함과 건강을 성취하기 위해서 무엇을 배울 필요가 있느냐고 질문을 받았을 때 '사랑하고 일하는 것(to love and to work)'이라는 인간 존재의 기초적인 딜레마를 가장 간결하게 표현했다(Gordon et al., 1976). 그러나 인간은 청·장년기를 지나 노쇠현상이 나타나는 일정한 연령에 도달하면 자의 또는 타의에 의해서 사회에서 은퇴하게 될 뿐 아니라 가정 내에 있어서 자신이 종전에 맡았던 역할의 많은 부분을 자녀들에게 점진적으로 이양해 버리게 된다.

개인의 모든 역할관계가 근본적으로 혈연 및 가족관계에 입각해 있는 전근대 및 전통사회에서 노인집단의 구분은 커다란 의미가 없었다. 전근대적이고 전통적인 사회는 소위 노인의 퇴직이란 사건을 거의 무의미하게 하는 구조적인 특성을 가지고 있다.

그러나 산업화 및 근대화에 따른 사회·문화적 변화로 인해 현대 사회에서 노년층 또는 노인이라는 연령집단은 점차 구분될 뿐만 아니라 다른 연령층의 사회와 점차적으로 격리되고 있고 이러한 현상은 노인에게 좌절과 비애를 일으키고 있다. 무능력, 고립, 빈곤이라는 형태로 노인들에서 존재하는 인간의 고통은 은퇴로 인해 더욱 심화되고 있는 것이다.

어느 직업에서나 그 직업이 규정하는 공식적 및 비공식적인 은퇴는 개인이 지금까지 수행해 온 지위와 역할의 상실을 의미할 뿐만 아니라 또한 새로운 역할관계가 그에게 부여되며 그 새로운 역할관계의 성격과 내용이 무엇이든지 그것은 가족생활에서 문제를 일으키고 있다.

은퇴는 산업화의 산물로서 고용상태에 있는 사람이 그 직위에 관련된 역할수행을 중단하게 하고 새로운 역할에 적응하도록 하는 전환점이 되고 있다. 은퇴를 일으키는 산업화와 관련된 요인을 살펴보면 다음과 같다(최성재 외, 2002).

첫째, 노동력 수요의 감소이다. 생산기술의 발전으로 기계화 및 자동화가 이루어져 많은 노동자가 필요 없게 되었다. 이에 따라 제한된 일자리를 놓고 젊은 노동자와 고령노동자 간에 경쟁이 이루어져 고령자가 생산현장에서 밀려나는 현상이 직업에서의 은퇴를 가져오는 요인이 되었다.

둘째, 생산기술과 지식의 급속한 발전이다. 젊은이들은 새로운 교육과 보다 높은 교육 수준에 의한 지식과 기술을 가지고 생산현장에 들어오게 되는 대신 기존의 고령 노동자는 새로운 지식과 기술을 습득할 기회가 거의 없으며 기존의 지식과 기술은 유용성이 떨어지게 된다. 따라서 고령자들은 생산현장에서 밀려나는 은퇴를 맞게 된다.

셋째, 생산조직의 관료화이다. 산업화와 더불어 분업화와 전문화가 이루어지고 이에 따라 조직이 비대해지면 그 조직의 효율적 관리를 위해서 개인적 사정은 무시되고 획일적 규정에 의해 경영되는 현상이 대두된다. 따라서 직업에서의 은퇴도 개인적 차이에 관계없이 획일적으로 이루어지는 과정인 것이다.

사람이 나이가 들어서 어떤 일에서 떠나는 일은 신체적·심리적 노화과정에서 겪어야 하는 자연스러운 하나의 과정일 수 있다. 그러나 현대 사회에서 은퇴가 갖는 의미는 그리 간단하지는 않다.

즉, 현대 사회에서 노인은 은퇴로 인해 어떤 역할부재 의식을 갖게 되고 역할의 상실은 단순한 노인 개인의 문제가 아니라 노인과 관련되는 사회, 가족, 집단과도 연결되는 문제로 파생하게 된다.

은퇴가 하나의 과정으로서 인생주기에 겪어야 되는 통과의례의 한 사건으로 인식되어 은퇴 후 새로운 역할에의 적응이 순조로이 이루어진다면 노인의 은퇴는 별 문제가 없을 것이다. 그러나 산업화와 더불어 제도화되는 은퇴의 과정은 강제적 퇴직이라는 의미도 갖고 있으므로 노후의 경제적 보장제도가 확실히 마련되지 않는 한 불안과 긴장을 가져오는 사건이 된다.

따라서 산업화 사회에서 은퇴는 개인에게 사회적 역할에 커다란 변화를 가져오는 전기가 되고 한 개인의 생활주기상에서 중년기와 노령기를 가르는 분기점이 되는 의미를 갖고 있다.

2) 은퇴의 개념

은퇴라는 용어를 정의하는 것은 그리 간단하지 않다. 은퇴란 공식적으로 일에서 물러나는 것이라는 하나의 사건으로서, 은퇴자로서의 새로운 역할을 익혀야 하는 지위로서, 그리고 직업을 가진 사람이 직업적 역할이 끝났다고 인정하는 날로부터 시작되는 하나의 과정으로 볼 수 있다.

은퇴제도는 새로운 것이며 이전의 직업에 대한 정당한 대가를 요구하는 것으로서 은퇴 개념은 극히 최근의 것이다. 은퇴에 대한 개념은 고용의 결여, 완전 고용에서 부분고용으로의 변화, 은퇴 연금의 수혜, 그리고 은퇴되었다는 스스로의 인정 등 다양하다. 아칠리(Atchley)는 "은퇴란 개인이 전임(full-time)보다 적게 고용되고, 그의 수입이 이전 직업에 봉사했던 기간을 통해 획득한 은퇴연금에 의존되어 있는 상태이다."라고 규정하고 있다(George, 1980).

은퇴란 또한 사건, 역할 또는 과정으로서 간주된다. 은퇴가 사건(event)으로 간주될 때는 은퇴란 직장생활의 끝을 의미하며, 흔히 공식적인 인식(formal recognition)이 있게 된다.

그러나 사건에 초점을 맞출 때는 두 가지의 중요한 제한이 따르게 된다.

첫째, 많은 은퇴한 사람이 은퇴사건을 경험하지 않을 수 있는데, 예를 들면, 원래 고용되지 않은 사람은 공식적인 은퇴사건이 없이 은퇴된다는 것이다. 둘째, 은퇴라는 사건은 수입의 획득, 사회적 관계망, 직업을 통해서 얻는 지위, 자아정체감, 의미 있는 경험과 같은 개인에게 중요한 많은 것들을 포함하지 않는다는 것이다.

은퇴가 역할(role)이란 측면에서 관찰되면 은퇴는 은퇴자의 행동적인 기대, 즉 권리와 의무를 의미한다. 은퇴는 '역할 없는 역할'로 묘사되고 행동적 지침의 부재를 의미하기도 한다.

은퇴자의 권리는 첫째, 직업이나 부정적인 사회적 평가 없이도 경제적 부양을 받을 수 있고, 둘째, 개인적인 시간을 자율적으로 관리하는 것을 포함한다. 은퇴자의 책임은 첫째, 보조 없이 그들의 개인적 생활을 영위해 나가는 것, 둘째, 적절한 생활양식(life style)을 결정하는 것을 포함한다. 일반적으로 은퇴자의 역할이 다른 역할보다 더 융통성 있고 비공식적이지만 은퇴는 사회적 역할로서 간주될 수 있다.

마지막으로 은퇴를 과정(process)이라는 측면에서 관찰하면 개인의 직업적 경력이 끝나거나 줄어드는 과정인데, 이 과정은 이전 수입의 상실이나 자유시간의 증가로 인식되면 받아들여지게 되어 해결된다. 즉, 은퇴란 기대했던 새로운 지위와 역할로의 전이과정이 되며, 그에 따른 종전 역할이 아닌 새로운 역할로 사회화가 이루어지는 과정으로 볼 수 있다.

2. 은퇴에 대한 이론적 접근

1) 은퇴에 대한 이론

본 장에서는 은퇴의 적응에 대한 이론으로서 이탈이론, 활동이론, 지속이론을 중심으로 논의해 보고자 한다.

(1) 이탈이론(disengagement theory)

역사적으로 원래 은퇴는 근로자들을 어렵고 힘든 일에서 벗어나게 하여 여생을 정당히 얻은 휴식 상태에서 보내게 하는 귀하고 가치 있는 것으로 간주되었다.

이탈이론은 은퇴란 개체조직에 있어서 생물학적 쇠퇴가 증가된 결과로서 노인도 사회의 상호 철수의 필연적 증거라는 입장을 고수하고 있으며, 사회에 의해서 노인이 거부당한다고 느끼는 것을 비난하고 있다.

이탈이론은 커밍과 헨리(Cumming & Henry, 1961)에 의해 제창된 이론으로 노인의 은퇴와 죽음의 불가피성을 인식시키려 했다. 노년생활이 죽음을 예견하면서 개인이나 사회로부터 점차적으로 불가피하게 은퇴되는 것으로 특징지어진다면 이러한 은퇴는 기능적이라고 할 수 있다. 즉, 노인에게 중년층의 행동규범을 부과하는 것은 부적절한 의도하고 할 수 있는 것이다.

이 이론에 따르면, 노년에 이르러서 개인과 사회 간에는 상호철회(mutual withdrawal)의 과정으로 이탈이 이루어지며 이러한 이탈은 정상적이고도 불가피한 것이라고 본다. 이때 사회적 차원에서 이탈이 시작되는 경우를 사회적 이탈(social disengagement)이라 하고, 개인적인 차원에서 주도되는 경우를 개인적 이탈(individual disengagement)이라 한다.

사회적 이탈은 사회가 노인으로부터 분리되는 것이 사회의 기능과 안정을 유지하는데 유익하다고 생각될 때 일어난다. 즉, 사회적 입장에서 볼 때, 지식과 기술이 퇴화한 노인을 새로이 훈련시키는 것보다 새로운 지식과 기술을 보유한 젊은이들로 교체시키는 것이 유리하다고 판단될 때 사회적인 이탈이 이루어진다고 할 수 있다.

사회가 그 기능을 계속해서 유지하기 위해서는 그 기능 수행에 적합한 개인의 자격 요건을 강화하게 되면 사회적 참여를 제한하게 되고 개인이 어느 일정한 연령에 달하게 되면 사회로부터 개인을 이탈시켜 은퇴를 가져오게 한다고 본다.

한편, 개인적 이탈은 노년기에 생물학적 쇠퇴에 직면하여 개인이 자신의 에너지를 보존하고 자신의 내면적인 면을 돌볼 수 있는 시간을 갖기 위하여 사회로부터 분리하기를 원할 때 일어나는 것이다. 즉, 노화와 더불어 사회적 활동을 적게 할수록 노인의 심리적 만족도는 높아간다고 활동을 감소하게 하므로 기능적인 것을 요구하는 사회구조적 요구와 일치하지 않게 되어 이탈이 일어나게 된다는 것이다.

이 이탈이론은 발표되자마자 많은 비판을 받아 왔으며, 특히 개인적 이탈이론의 가정은 많은 연구에서 입증을 받지 못하였다. 그러나 이탈이론이 갖는 약점을 지적한 것은 그 이론자체를 부정하는 것이 아니다. 즉, 노화과정에서 수반되는 사회적 상호작용의 감소를 인정하고 이탈이 일어나는 시기는 영역이나 개인에 따라 다양하다는 것을 지적하는 것이다. 사실 대부분의 사람들이 완전고용으로부터 물어나기를 원하고 철수할 수 있는 기회를 환영하고 있는 것도 사실이다.

따라서 은퇴의 현실에 더 직접적으로 적응하기 위해서 이탈이론의 재정의가 있어왔다(Troll, 1979). 즉, 재정의 한 차별적 이탈(differential disengagement)이론에서는 다양한 역할에서 다양한 비율로 이탈이 발생할 수 있다는 점을 나타내고 있다. 그리고 이탈이 취소될 수 없다는 것에 동의하지 않는다. 즉, 에너지를 약화시키는 노동을 제거함으로 해서 삶의 다른 영역에 종사할 수 있도록 개인을 자유롭게 해 준다고 보고 있다.

(2) 활동이론(activity theory)

앞에서 논의한 이탈이론과는 다른 활동이론이 있다. 생의 만족도를 높이기 위해서 노후에도 사회적으로 참여해야 한다는 이론이다.

은퇴에 성공적으로 적응하기 위해서는 은퇴자가 직업에서 달성하고자 했던 어떤 개인적인 목표에 대치될 수 있는 것을 발견하는 데 있다. 이를 지지하는 입장으로는 프리드만(Friedmann), 해비거스트(Havighurst), 밀러(Miller)의 이론을 들 수 있다.

프리드만과 해비거스트는 대치활동이라는 용어로서 은퇴의 적응에 접근했고, 밀러는 한걸음 나아가 대처활동을 포함해서 새로운 자원으로서 기여할 수 있는 데까지 이르게 했다. 그러나 샤나스(Shanas)는 활동이론은 소수 은퇴자의 행동에만 적합하기 때문에 실제로 적용시켰을 때는 유용성에 한계가 있다고 지적하였다(Atchley, 1982).

기본적으로 이 이론은 노인의 사회활동 참여 정도와 생활만족도 간에 상관관계가 있음을 주장하고 있다. 즉, 건강상의 변화와 같은 불가피한 경우를 제외하고는 노인도 중년과 다름없는 심리사회적 욕구를 가지고 있다는 가정하에 사회활동 수준이 높을수록 심리적 만족도가 높아진다는 견해를 나타내고 있다.

즉, 활동에 참여하는 것은 개인의 자아개념을 확인하는 데 필요한 역할지지를 제공하고, 이러한 역할지지는 개인의 긍정적인 자아상을 확립하고 유지하는 데 필요하며, 결국에는 높은 생활만족도를 이끌게 된다는 것이다.

따라서 활동이론에 따르면, 활동에 많이 참여하고, 또한 친밀한 활동을 할수록 노인의 생활만족도가 높이 유지되므로 많은 사회적 관계의 활동에 참여하는 것이 필요하며, 특히 은퇴 후 역할상실의 대체를 위해서는 다른 활동에의 적극적인 참여가 더욱 중요하고 필요하다고 보고 있다.

(3) 지속이론(continuity theory)

지속이론은 가능한 한 개인은 새로운 역할을 발견하는 것보다 이미 수행했던 역할에서 보내는 시간을 증가시킴으로써 은퇴를 극복해야 한다고 주장하고 있다. 이 이론은 노인은 실험보다는 절대 확실한 방법에 집착하는 경향이 있다는 점과 대부분의 은퇴자는 가능한 한 은퇴 전의 생활을 원한다는 데 근거를 두고 있다.

즉, 노년기에는 조심성과 수동성이 증가하므로 새로운 모험보다는 과거에서부터 지속되어 온 환경의 유지나 익숙한 생활양식의 지속이 더 적합하다는 것이다. 그러나 지속이론은 전체적인 활동에 있어서 점진적인 감소를 인정하고 있다.

따라서 명백히 지속이론의 근본적 가정은 대다수에게는 적합할지 모르나 모든 은퇴자에게 적합한 것은 아니다.

2) 은퇴단계

직업주기 면에서 은퇴기는 역연령(생활연령)으로는 55세부터 사망에 이르는 시기이며, 생활과정으로는 장년기 후반부터 시작하여 후기 성숙기, 노년기에 해당되고, 가족주기로는 자녀가 모두 집을 떠나고 난 빈 둥우리 시기에서 시작하여 배우자의 사망으로 혼자되는 시기이며, 경제주기로는 아직 생활에 필요한 물품을 구입하는 시기에서 시작하여 경제적 의존시기가 해당된다. 은퇴 그 자체는 정해진 날에 일어나는 예정된 사건이지만 대부분 어떠한 과정을 거쳐 은퇴하게 된다.

아칠리(Atchley)는 그림 17.1에서 보는 바와 같이 이상적 은퇴 과정을 7단계로 설명하고 있다(George, 1980).

(1) 먼 단계(remote phase)

은퇴 이전에 맞이하는 먼 단계에서는 흔히 사람들은 은퇴하리라는 것을 믿지 않으며, 은퇴에 대한 대비도 하지 않는다.

(2) 근접단계(near phase)

이 단계는 두 가지 현상이 나타나는데 많은 경우 곧 직장을 그만둘 사람의 태도를 보이거나 퇴직 후의 생활에 대한 환상에 빠지게 된다.

즉, 점차 은퇴가 가까워지면 타인 또는 집단이 제공하는 은퇴 프로그램에 관심을 갖기 시작한다. 예비적 은퇴계획은 은퇴 후 받게 될 연금이나 혜택을 알려 두

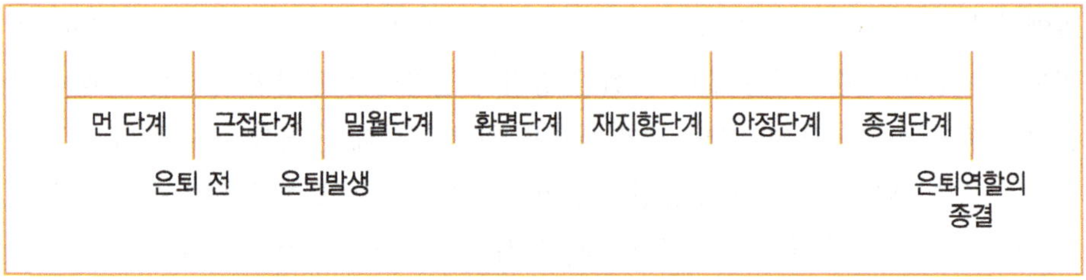

그림 17.1 ● 은퇴단계

자료 : Atchley' s hypothesized phases of retirement.(from The Sociology of Retirement, by R. C. Atchley, Copyinght 1976 by Schenkman Publishing Company)

고, 언제 은퇴할 것인가를 결정하는 데 도움을 줄 수 있을 뿐만 아니라 은퇴 후의 건강, 주거 및 은퇴의 법적 측면을 고려하도록 도울 수 있다.

(3) 밀월단계(honeymoon phase)

은퇴자가 직업에서 벗어난 직후에 어느 정도 도취된 시기를 맞이하는 것은 일반적인 일이다. 평소에 시간이 없어서 못했던 일들을 하려고 할 것이며, 대부분의 시간은 여러 해에 걸쳐 닦아 온 흥밋거리나 여가활동으로 채워질 것이다.

그러므로 이 단계에서는 상당한 경제적 지출이 요구되므로 경제적 사정이 좋지 못한 사람들은 밀월의 단계를 갖지 못하고 바로 안정의 단계로 들어가게 될 것이며, 강제적 은퇴를 한 경우에도 밀월단계를 거치지 않을 수 있다.

(4) 환멸단계(disenchantment phase)

밀월단계를 겪고 난 사람들은 대부분 안정의 단계에 들어가지 못하고 은퇴 전에 갖는 이상(理想)이 환상에 부과하다는 것을 깨닫게 되어 생활이 침체되고 환멸을 느끼거나 우울한 상태에 빠지며, 극한 경우에는 절망감을 겪기도 한다.

(5) 재지향의 단계(reorientation phase)

환멸을 느낀 대부분의 은퇴자들은 결국 자신의 생활을 재고해 보기 시작한다. 즉, 잠시 동안 은퇴상태를 겪어본 후에 그들의 재정상태, 한계성 또는 실천가능성에 대한 비교적 정확한 인식을 하게 된다. 자신을 에워 싼 세계로부터 고립되고 무과하게 지냈다고 느끼는 사람들은 이 재지향 기간에 새롭고 광범위한 사회적 관계를 세울 수 있다. 재지향 단계의 주요 목적은 안정적이고 비교적 예측가능한 만족스러운 생활양식을 정립하고, 실현성 있는 선택을 하는 데에 있다.

(6) 안정단계(stability phase)

안정단계는 은퇴자가 선택을 평가하는 기준, 선택에 따른 행동기준을 개발했을 때 도달하게 된다. 이 단계에 도달한 사람들은 일반적으로 그들의 생활이 상당히 예측 가능해지고 일상적으로 되어서 변화를 편안하게 처리할 수 있다.

(7) 종결단계(termination phase)

은퇴자의 역할의 중단되는 단계로 재취업을 함으로써 은퇴자의 역할이 중단되기도 하지만 대부분의 경우는 질병이나 무능력으로 더 이상 자기 보호와 같은 기본적이고 중요한 활동을 수행할 수 없게 됨으로써 은퇴자의 역할이 종결되는 단계이다. 즉, 은퇴자로서의 역할을 수행하기가 어려워지고 의존성이 증가하게 되어 은퇴자 역할이 소멸하게 되는 단계이다.

이상의 은퇴 단계는 모든 은퇴자가 일률적으로 전 과정을 경험하는 것이 아니다. 각 단계는 경제적 사정, 은퇴에 대한 선택의 가능성과 스스로의 결정권 등이 예상했던 바와 실제 경험했던 것 간의 일치하는 정도에 따라서 개인에게 의미가 다를 것이며, 은퇴에 대한 적응도 달라진다.

3. 가족생활과 은퇴의 상호연관성

1) 은퇴결정요인

한 연구(Epstein & Murray, 1975)에 의하면 65세 이상 임금노동자의 28%가 여가에 대한 요구, 집에 있고 싶은 욕구 또는 직업에서의 불만족 때문에 은퇴하였고, 나머지는 건강하지 못하거나 또는 강제 은퇴연령에 의해서 어쩔 수 없이 은퇴하였다고 나타난다. 은퇴자가 은퇴를 결정할 때는 여러 요인에 의하며 이루어진다.

일반적으로 노인들의 은퇴결정의 요인에는 외적인 요인과 내적인 요인이 있다. 외적요인으로는 상품과 용역의 생산이 가정에서 공장과 사무실로 옮겨 감으로써 자신의 노동력으로 운영하는 비율이 감소되고 근로의 기술과 형태가 변화되어 감에 따라 자기 기술이 구식이 되어 그만두게 되는 형태(Friedmann & Orbach, 1974)가 있으며, 이외에 공장의 폐업, 조업단축, 전체적인 경제실업률 및 국가적인 경제환경 등을 들 수 있다. 내적 요인으로는 조직의 형식적 구조, 가족구성원들의 은퇴에 대한 태도, 건강, 직업 및 교육수준, 배우자 유무, 가정의 경제상태 등이다. 조직의 형식적 구조로서 정년제에 대한 것은 제16장 노인과 직업에서 자세히 논의된 바 있다.

(1) 조직의 형식적 구조

① 정년제

각 조직에는 조직의 공식화한 정년제가 있어 이에 의해 은퇴가 결정된다. 정년제라는 것은 기업체와 노동자 간에 이루어지는 하나의 노동계약이다. 이러한 제도는 기업체측으로서는 인건비의 계획적인 관리, 효율적인 노동력 확보, 노사분쟁의 예방 등 여러 가지의 이점이 있고, 노동자 측에서도 일정기간 고용관계가 안정되고 동시에 퇴직금과도 관여되는 등 쌍방 모두에게 유리한 점이 있어 산업화 사회에서는 대기업을 중심으로 널리 운용되고 있다.

수년 동안 강제적 은퇴에 대한 찬성과 반대에 대한 논의가 제시되어 왔다. 일반적으로 강제적 은퇴를 찬성하는 측의 주장은 개인적 필요보다는 사회적 필요를 강조하여 기능주의적 관점을 반영하는 경향이 있다. 강제적 은퇴에 함축되어 있는 엄격한 연령등급은 제한된 직업에 대하며 경쟁자의 수를 줄임으로써 실업을 방지하고, 허약하고 능력이 없는 노동자를 몰아내는 합리적인 방법으로 여겨지고 있다.

강제적 은퇴를 반대하는 사람들은 강제적 은퇴가 개인에 대하 차별을 방지할 수 있다고 하지만 한 집단 전체에 대한 차별과 인간의 경험과 잠재력에 대한 엄청난 낭비하라는 대가를 치러야 한다고 반격한다. 그들의 논리에 다르면 연령이 능력에 대한 정확한 지표가 될 수 없으며, 유동적 사기를 높여 주고 국가의 생산액도 증가시켜 노인의 임금소득을 많게 하며 지불을 위한 요구를 줄이게 될 수 있다는 것이다.

② **역연령(歷年齡)**

조직에서 공식화한 정년제는 연령을 기준으로 설정되어 있으므로 연령이 은퇴의 주된 원인이 되고 있다. 즉, 기업에서는 사규(社規)에 의하여 일정 연령기준으로 정년제를 실시하고 있으며, 역시 공무원 및 교원 등도 각 법에 의하여 정년이 규정되고 있다. 그러나 역연령으로 일률적으로 은퇴선을 긋는 데에는 몇 가지 문제점이 있다.

첫째, 역연령은 개인의 발달에 있어서 각기 다르기 때문에 수많은 신체적·정신적 수준에 대하며 어느 하나도 개인의 위치를 말해 주기에는 부족하다는 점, 둘째 주관적 경지에서 볼 때, 연령이란 단지 상대적인 경우일 때만 의미가 있다는 점, 셋째, 사회문화적 견지에서 볼 때 특별한 문화와 사회적 의미의 지식 없이는 아무런 의미가 없다는 점이다.

이러한 제한점에도 불구하고 한편으로 은퇴결정의 중요한 요인이 되고 있는 것 또한 역연령이다.

(2) 가족성원들의 은퇴에 대한 태도

조직 내의 비형식적 구조가 형성하는 규범이 개인 퇴직에 압력을 주는 것과 같이 가족구성원들의 퇴직에 대한 태도가 개인에게 영향을 줄 수 있다. 어느 개인이 정년에 임박하였지만 아직도 경제적으로 부담을 가진 부양가족성원이 있을 때 이들 부양가족성원들은 그의 퇴직을 권장하지는 않을 것이다.

정년퇴직을 앞둔 중년남성의 심리적 불안에 관한 연구(김향은, 1991)에서 보면, 생계문제에 대한 걱정과 불안이 가장 높게 나타나고 있으며, 그 다음은 자녀의 교육·혼인의 문제로 나타나고 있다. 즉, 아직도 경제적 부담을 가진 부양가족원이 있거나 또는 노후준비도가 충분치 않은 경우에는 가족이나 은퇴자 모두 퇴직이나 은퇴에 대한 태도가 불안이나 부담으로 느낄 수 있을 것이다.

그러나 대부분의 농경사회에서처럼 가족이 노인에 대해 존경과 생활안정을 마련하는 규범과 가치관을 강하게 가지고 있고 또한 경제적 여유가 많을 때는 보다 빠른 퇴직을 노인에게 희망하는 태도가 형성된다.

따라서 가족원들의 은퇴에 관한 태도는 은퇴결정에 대한 내적 요인의 하나로 적용된다.

(3) 가족의 경제상태

은퇴를 예상하고 있는 사람과 예상하고 있지 않은 사람들 사이의 가장 중대한 차이점은 그들의 경제 상태에 달려 있는 것으로 보인다. 즉, 은퇴를 예상하고 있는 사람들은 보다 높은 임금을 받아 왔고 개인연금으로 지급되는 금액이 보다 많으며 또한 그들의 현재의 임금을 그들의 필요와 요구에 적당한 것으로 판단하고 있다(Sheppard, 1976).

(4) 건강상태

은퇴에 관한 조사에 따르면, 58~63세의 은퇴자 중 남자의 약 2/3와 미혼녀의 2/5가 은퇴하고자 하는 근본 이유로 건강을 지목하는 것으로 나타난다(Sheppard, 1976). 건강은 은퇴를 앞둔 남성의 심리적 불안도에도 매우 직접적인 영향을 미쳐 건강이 나쁠수록 은퇴에 대한 불안도가 높아가고 있고(김향은, 1991), 또한 은퇴로 인한 스트레스를 더 많이 지각하고 있다(지연경 외, 1991).

즉, 건강은 은퇴와 관련되는 요인으로 은퇴를 결정하는 데 직접적인 영향을 미친다고 볼 수 있다.

(5) 직업 및 교육수준

어느 직업을 선택하고 그 직업에서 오랜 경력을 쌓는다는 것은 개인 선택의 결과로 볼 수 있다.

전문·기술직 및 경영직과 같이 직업구조에서 높은 지위의 직업에 종사하고 있는 사람들은 비슷한 연령의 다른 사람들보다 정년퇴직 후에도 계속해서 그 직업에 종사하는 경향을 보인다. 특히 높은 지위의 직업들은 교육정도와 밀접한 관계를 보이고 있다(Riley et al., 1972). 모든 일을 하는 데 요구되는 노동의 정도, 일에 있어서의 노동자의 자율성, 일의 다양성 및 일의 공헌도에 대한 개인의 주관적 인식과 평가 등이 은퇴의 결정에 영향을 미친다.

즉, 전체 일의 정도가 무거우면 무거울수록, 일의 형태가 자율권이 따르지 않는 견고하고 고정된 유형일수록 은퇴를 희망하는 비율이 높다고 나타나는 것(D. Jacobsohn, 1972)은 직업구조가 은퇴결정에 영향을 미치고 있음을 보여 주는 것이다.

(6) 배우자의 유무

대체로 결혼한 남자는 일찍 은퇴하지 않으며, 가족부양의 책임이 없거나 적은 사람은 은퇴를 더 일찍 하는 경향이 있다(Irelan & Bond, 1974).

이와 같이 조직의 형식적 구조, 가족성원들의 은퇴에 대한 태도, 가족의 경제상태, 건강상태, 직업 및 교육수준, 배우자의 유무 중 어떤 한 가지가 은퇴의 결정요인이 될 수 있고 또는 동시에 여러 요인이 상호 관련되어서 은퇴 결정에 영향을 미칠 수 있다.

2) 은퇴가 가족생활에 미치는 영향

조직, 가족 또는 개인에 내재해 있는 어떤 요인으로 은퇴가 결정되었을 때 그를 둘러싼 가족생활의 경제적인 면, 정서적인 면 및 역할 면에 미치는 영향에 대해서 알아보고자 한다.

(1) 경제적인 면

고령기의 연령별 취업상태 및 가계수지에 관한 현황을 표 17.1에서 보면, 우리나라의 봉급생활자들은 40세부터 점진적으로 수입액이 증가하여 54세경에는 생활주기 중 최대 수입을 올릴 수 있는 시기에 도달한다. 55~64세 사이에는 대부분의 봉급생활자들이 직장에서 물러나게 되며, 그중에는 수입 조건이 격감되는 상황하

표 17.1 ● 중고연령의 연령별 취업상태 및 가계수지 추이

구 분	현역기 (40~54세)	반취로기 (55~64세)	취로불능기 (65세 이상)
수입상태	· 수입이 점진적으로 증가하여 최대 수입을 올릴 수 있는 시기에 도달	· 고용형태 변경으로 인한 수입의 격감 · 재취업 기회의 상실로 인한 무수입	· 무수입상태 · 자녀부양에 의존
생활비 지출현황	· 일상생활비 · 자녀양육 또는 교육비 · 주택구입비	· 일상생활비 · 자녀교육비 · 자녀결혼 등 독립원조비	· 일상생활비

자료 : 대한노인회(1982). 노인복지지도원 연수용 교재, p. 83.

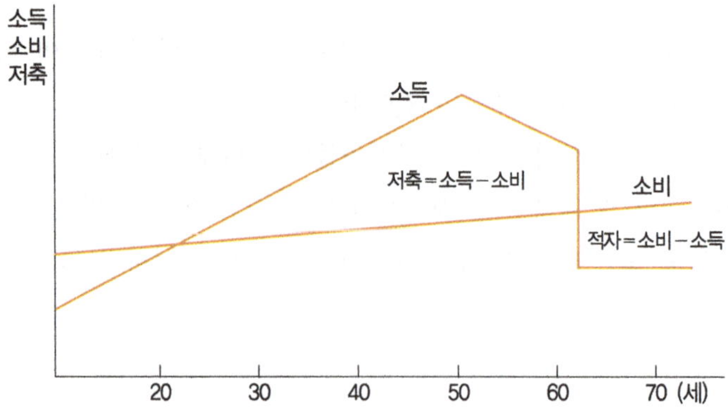

그림 17.2 ● **소득·소비·저축의 생활주기 패턴**

자료 : M. J. Boskin(ed), The Crisis in Social Security: Problems and Prospects(San Fransisco, Calf: Institute for Contemporary Studies, 1979), p. 89.

에서 재취업하는 경우도 발생한다.

이 연령층에서는 대부분의 노인들이 취업기회의 상실로 인한 무수입(無收入)상태에 놓이게 되고, 설사 수입이 있는 노인이라 하더라도 그 수입액은 종전에 비하면 보잘 것 없는 것이 된다.

그런데 이 연령층의 가계지출 면을 살펴보면, ① 일상생활비, ② 자녀교육비, ③ 자녀결혼과 분가에 소요되는 경비 등 가족주기 중 그 어느 시기보다도 가계지출의 비용이 높다. 이 연령층의 노인들은 수입이 거의 없는 상태에서 자녀결혼, 분가 등 큰 돈을 지출해야 하기 때문에 설사 그간 노후를 위해서 비축한 재산이 있다 하더라도 이 시기에 거의 소비해 버리게 된다.

그러므로 은퇴는 생활수준의 하락을 초래할 수 있고 나아가서는 생활의 경제적 빈곤을 야기할 수 있다. 노인은 은퇴 시에 노동력에 포함되지 않으므로 수입이 실질적으로 감소된다. 만약 그들의 연금이 은퇴 당시의 수준과 똑같이 유지된다고 해도 통화팽창과 급속한 경제성장에 영향을 입게 된다. 노인들은 따라서 부적절하게 낮은 소득을 지니는 사람들 속에 속하게 된다.

아칠리(Atchley, 1982)의 연구에 의하면 은퇴 후 적응에의 어려움에 직면한 사람의 40%가 경제적 문제라고 지적하였다. 생활소득 패턴은 일반적으로 연령과 노동시장의 경험에 체계적으로 관련되어 있다. 소득은 노동생활의 첫 20년에는 급격히 상승하는 경향으로 나타나다가 중년에 둔화되며, 퇴직 직전에서는 실제로 하강한다고 볼 수 있다.

그림 17.2에서 보는 바와 같이 소비선은 나이가 들어감에 따라 증가하나 소득은 50세가 넘으면 줄어들고, 60세 이상이 되면 저축에 의존하게 됨을 알 수 있다.

(2) 정서적인 면

은퇴의 심리적 적응은 신중히 연구되어야 하는 과제이다. 은퇴자의 적응문제는 개인이 자발적으로 은퇴했는지, 좋은 건강상태에서 은퇴했는지 또 그가 속해 있는 조직체의 규칙에 의해 강압적으로 은퇴 당했는지, 은퇴 후 사회적 참여나 활동이 제공되는지 등과 밀접히 관련되어 왔다.

은퇴자의 약 30%는 은퇴에 대한 적응에 어려움이 있는 것으로 나타난다(Atchley, 1982). 이는 은퇴가 단순히 직업으로부터의 역할 상실만을 의미하는 것이 아니라 여러 사회적 관계의 감소나 상실도 의미하기 때문이다.

① 사회적 참여의 단절

사회에서 대부분 사람들의 사회적 활동이란 직업활동을 의미하며 직업과 이에 연관된 역할은 모든 사람의 사회생활에 핵심을 이루고 있다. 따라서 사회적 직업 역할에 관련된 여러 심리적 요소가 개인에게 매우 중요한 의미를 부여한다고 할 때 은퇴는 그 사회의 가장 중요한 관심과 활동에의 참여를 단절시킴으로써 특히 노인과 같은 사람들을 특유하게 무기력한 상황에 처하게 한다.

② 동료집단과 유대상실

퇴직은 직업 역할의 단절을 초래하고, 이 직업 역할의 단절은 자기 가족이라는 범위 밖에서 우애 및 우정을 나누던 동료집단과의 유대에 영향을 미친다.

(3) 역할 면

전통적으로 여성은 표현적 역할, 남성은 수단적 역할을 담당하여 왔다. 은퇴기에 이르면 어머니로서의 표현적 역할에 엄격히 매달려 있던 여성일수록 자녀가 떠난 후의 빈 집에 남아 커다란 정신적 고통을 받게 된다.

한편, 사회와 직업을 중요시 여기며 생활해 온 남성들은 그동안 가정생활과 깊이 관련되어 있지 않다가 은퇴 후 가사활동에 참여하게 되면 부인과 미묘한 대립적 갈등에 빠져들게 한다. 따라서 은퇴는 가족의 역할 면에 영향을 미치게 된다.

4. 은퇴에 대한 대책

노인에 대한 연구는 초기의 생물학적·보건의학적 측면에서부터 인구학적·심리학적·가족관계학적·복지적 측면으로 연구가 점차 확대되고 있다.

현대 사회에서는 노년생활의 적응이라는 문제에 관심을 집중시키고 있다. 특히 앞으로는 은퇴가 가정생활이나 사회생활의 적응에 미치는 영향을 중요하게 다루어야 할 것이다.

지금까지 은퇴에 대한 이론적 접근 및 가족생활과 은퇴의 상호관련성에 대해서 논의해 보았는데 결론적으로 은퇴자와 은퇴에서 발생하는 문제점에 대한 대책을 알아보고자 한다.

1) 기능적 연령의 적용

기능적 연령(functional age)은 역연령(chronological age)과 일치하지 않으므로 은퇴의 시기를 역연령에만 의존해서 결정하는 데에는 다소 무리가 따른다. 은퇴연령의 결정에는 기능적 연령을 이용하여야 한다. 개인에 따라 그들의 능력과 행동의 변화에는 차이가 있으며, 한 개인에 있어서도 각 기능에서 같은 비율로 감소량을 가져오지는 않는다.

예를 들어 오랫동안 일해 온 나이든 노동자의 일에 대한 판단·경험·안정 등은 미래에도 높이 평가될 수 있으므로 활동할 수 있는 노인의 능력은 최대한 사리고 쇠퇴하는 부분은 작업환경 개선·재훈련으로 보완하여야 할 것이다.

2) 은퇴자 가족 공동체 형성

은퇴한 노인들이 함께 거주하는 형태로서 이에 대해서 여러 입장이 있겠지만 긍정적인 면에서 보면 역할상실을 경험한 사람들끼리 모여서 살게 되면 그들의 지위에 대해 긍정적 견해를 가지게 된다는 것이다. 은퇴자들이 스스로 선택한 것일 때는 이 공동체의 생활양식에 매우 만족할 수 있다.

3) 적절한 학습상황 이용 및 재교육 실시

특별히 발달된 훈련방법과 적절한 학습상황을 이용하여 실제 성취에서 나이의 차가 극소화될 수 있다. 즉, 새로운 학습과업을 숙제나 의무로 한정시키기보다 'game'으로 해서 문제를 해결한다거나, 설명적인 학습방법보다 시청각자료와 함께 자극된 학습상황을 사용한다거나, 또는 복잡한 학습상황을 처음엔 습득하기 쉬운 부분으로 나누어 학습시키는 등의 형태로 적절한 훈련이 이루어질 필요가 있다.

오늘날의 젊은 층과 중년층은 고등교육을 받거나, 직업적 훈련을 받는 비율이 점차 증가하므로 교육수준이 낮은 노인층이 노동참가율에서 낮은 경향을 보이는 것은 현대 사회를 특징짓는 영속적인 경향으로 될 가능성이 크다. 그러므로 노인에 대한 재교육을 실시하여 이에 대비해야 한다.

4) 가족생활의 변화

(1) 역할의 양성화

남성은 수단적 역할, 여성은 표현적 역할만 수행하도록 규정되면 은퇴 후에 상당한 역할의 갈등을 야기할 수 있으므로 서로 역할을 평등하게 공유하여 은퇴 후에 만족감을 증진시키도록 하여야 한다.

(2) 가족생활주기 단계의 적절한 조절

가족주기의 단계를 적절히 조절함으로써, 즉 정신적·경제적인 면을 고려하여 자녀를 낳는 시기, 또는 결혼시키는 시기 등을 결정함으로써 단계마다 겪어야 하는 정상적인 위기를 잘 극복하여 은퇴 후에 여유를 가질 수 있어 강요된 삶을 살았다는 후회를 갖지 않도록 해야 한다.

(3) 새로운 인간관계 형성

인간관계는 노년기에 매우 중요한 요소이기 때문에 남녀 모두 인간관계 속에서 지각력을 증진시키도록 해야 한다.

① 가족관계

노인들이 자기 정체의 점진적인 결여를 어느 정도 보상받을 수 있는 것은 노후의 가족관계 내에서 있다. 생활주기의 각 단계마다 가족관계가 새로운 국면을 맞이하면서 달리 형성되는데 은퇴기에는 더욱 빈번한 접촉과 유대관계를 유지시켜 나가야 한다.

② 친구관계

은퇴 후에는 직장동료들로부터 소원해져서 고립감에 빠져들기 쉬우므로 경로당·노인학교 및 여가활동을 통해 새로운 친구관계를 형성해 나가도록 해야 한다.

그 외에 은퇴에 대한 국가적인 차원에서의 변화로 소득보장제도 및 정년제의 폐지 또는 정년연령의 조정을 고려해야 할 것이다.

제 18 장

노인과 여가활동

1. 여가의 개념 및 의의

1) 여가의 개념

여가는 노동의 반대개념이고, 강제적 및 의무성이 희박한 선택행위이며, 일반적으로 정신적·정서적인 면에서는 자유, 휴식 및 즐거움 등과 관련이 있다.

여가는 사회의 통제에서 벗어나 개인의 주관적 가치에 의해서 행해지는 비의무적(unobligated) 자유시간이라 정의할 수 있다(Dumazedier, 1974). 자유시간에는 개인의 귀속성이 존중된다. 따라서 여가의 개념은 자유 또는 비의무적이라는 시간적 특성과 시간자체를 자발적, 주체적 또는 자유재량에 의해서 사용할 수 있다는 특성을 지닌다.

파커(Parker, 1971)는 여가의 개념 또는 정의를 다음의 세 가지로 구분하고 있다. 그 첫째는 생활 총시간에서 노동시간, 생리적 필수시간, 노동 이외의 의미시간 등을 공제한 잔여시간을 중시하는 개념(residual-type)이 있고, 둘째는 전자의 잔여시간에 대한 여가활동의 내용과 기능을 중시해야 한다는 개념이 있으며, 셋째는 여가내용의 질적 측면을 중시하고 특정가치와 관련하여 여가활동의 바람직한 모습을 규정하는 규범론적(prescriptive and normative type) 정의가 있다고 하였다.

그러나 여가란 노동의 반대개념이기도 하지만 그것은 경우에 따라 달리 해석될 수도 있다.

즉, 여가활동도 경우에 따라서는 노동의 형태로 나타날 수 있기 때문이다. 다만 노동과 여가활동에 있어 다른 점이 있다면 여가활동은 개인이 내재적(內在的) 동기에 의해서 자유로이 선택한다는 특징이 있을 따름이다(Neulinger, 1976).

환언하면 화훼나 관상수의 재배 또는 관상용 조류를 사육함에 있어서 이것이 생계수단 또는 임금수입을 주된 목적으로 행하는 경우는 노동의 유형에 속하지만 그것이 여가 또는 취미활동의 일환으로 행하는 성격의 것일 때는 노동이라고 규정지을 수 없다고 하였다.

따라서 뉴우링거(Neulinger)의 견해에 따르면 스포츠, 무용, 음악, 미술 및 서예 등도 그것을 직업으로 삼는 경우와 여가활동의 방편으로 행할 때와는 각기 다른 개념으로 받아들여져야 한다는 것을 뜻한다.

카플란(M. Kaplan, 1960)은 여가의 기본적 속성을 ① 원칙적으로 경제적 기능을 하는 일고 반대되는 것, ② 즐거움으로 기대되고 즐거운 것으로 회상될 수 있는 것, ③ 사회적 역할을 수행하기 위하여 비자발적으로 해야 하며 여가에 의무성이 최소한인 것, ④ 심리적으로 자유를 느낄 수 있는 것, ⑤ 문화적 가치에 위배되지 않는 것, ⑥ 중요성과 관심의 정도가 다양한 것, ⑦ 가끔 놀이의 요소를 어느 정도 포함하고 있는 것 등으로 들고 있다.

이상 언급한 것은 여가의 일반적 개념이다. 그러나 노인들에게 있어서의 여가개념은 재생산의 수단 또는 심신의 피로회복 등을 목적으로 하는 젊은이들의 여가 성격과는 근본적으로 그 유형을 달리한다는 점에 유의할 필요가 있다.

노인의 경우는 대부분의 시간을 여가생활을 해야 하는 입장이므로 여가 자체가 즐거움이라기보다는 무료함이라는 문제를 안고 있으며, 또한 그것은 노인들에게 정신적·정서적 고통을 안겨 주는 결과를 초래한다. 따라서 노인의 경우는 여가로 인해서 제기되는 고통과 문제점을 어떻게 하면 감소시킬 수 있는가 하는 것에 초점이 맞추어져야 한다.

2) 노년기 여가의 의미

사회구조가 산업화·도시화함에 따라 많은 비율의 노인은 강제적 또는 자발적으로 노동과 사화참여의 기회에서 이탈하게 되었다. 또한 가정의 역할 면에서도 젊은 사람 주도의 핵가족화 사회로 변모함에 따라 가정에서의 역할마저 상실함으로써 현실적으로 너무 많은 여가시간을 가지게 되었다.

노인의 여가라 함은 일반적으로 노령기에서도 일정한 사회적·가정적 역할에 있어서 그 역할을 추구하는 도중에 갖게 되는 여유 있는 시간을 의미하거나 또는 자신에게 부과된 일정한 역할 없이 막연하게 긴 시간을 보내는 두 가지 측면으로 볼 수 있는데 노인의 여가는 후자인 경우가 많다.

역할이 감퇴하고 축소되어 가는 노년기에 매일매일의 생활을 얼마나 유용하게 보내는가 하는 측면은 노인에게 있어 그 어느 문제 못지않게 중요한 일이라고 볼 수 있다. 왜냐하면 일반적으로 노동과 결부시켜 피로나 고독, 재생산 등을 위한 개념으로 파악되는 여가의 개념은 청·장년에게는 해당될지 모르지만 여가를 강제로 부여받는 측면이 있는 노인에게 있어서는 확실한 것이 될 수 없기 때문이다.

노년기에는 경제적인 문제와 더불어 정신적·심리적 문제가 더욱 중요시되는 시기이므로 노인의 욕구를 충족시켜 주고 도움이 되는 여가선용의 개발은 매우 필요한 일일 것이다. 즉, 여가를 유익하게 보낼 수 있도록 배려하는 것은 노인의 고독과 소외감을 극복하는 데 필수적인 요인이 될 것이다.

일반적으로 노인들은 무위무용(無爲無用)의 상태일수록 고독·고립감, 무료함을 느끼게 되고, 종국에는 자신이 불행하다는 감정을 가지게 된다. 따라서 노인들 중에는 만성화된 무료함(chronic boredom)에서 풀려나기 위해 공원이나 어린이 놀이터 등을 산책하기도 하고, 경로당에서 시간을 보내기도 하고, 집에서 라디오에 귀를 기울이기도 한다.

노인의 여가 내용은 취미나 오락, 놀이 등만을 의미하는 것이 아니라 봉사나 교육, 문화적 활동 등 전반에 걸쳐 다양하게 개발되어야 하며, 이로써 노인의 기본적 욕구를 충족하고 처한 상황에 맞게 여가를 즐길 수 있도록 할 필요가 있다.

2. 여가의 유형

노인들의 여가형태는 각자의 관습에 따라 각기 다를 수도 있다. 노인의 여가 유형은 단독충실형, 가족충실형, 우인교류형, 독서형, 사회참여형 등으로 구분할 수 있다.

첫째, 단독충실형의 노인은 미술이나 음악 감상, 서예, 다도, 사진촬영, 우표나 오래된 동전(銅錢)수집 등으로 시간을 보낸다.

둘째, 우인교류형은 친구들과 어울리는 일에 많은 시간을 충당한다. 친구들과 어울려서 회식을 하고 대화를 나누기를 좋아한다. 또한 관혼상제 등에도 적극적으로 참가한다.

셋째, 독서형은 서재에서 계속 독서를 하거나 문집을 정리하고, 신문이나 잡지의 기사 중에서 관심 있는 내용을 모아 스크랩하고, 새로운 문헌을 수집하는 일 등으로 시간을 보낸다.

넷째, 가족충실형은 정원손질, 가옥의 미화작업, 살림용구를 수시로 옮겨 놓아 보는 일, 가족동반의 외식 또는 가족단위의 소풍 등으로 시간을 보낸다.

다섯째, 사회참여형은 지역사회를 위한 봉사활동을 하고 동창회, 향우회, 친목회 그리고 때로는 정치단체에 적극 참여하기도 한다.

노인의 여가유형은 경제력 또는 학력수준과도 관계가 있다. 경제능력이 없는 노인은 단독충실, 우인교류, 사회참여 등에 취미를 느끼지 못하는 경우가 있기 때문이다.

3. 우리나라 노인의 여가활동 실태

여가활동이나 취미활동 등은 경제적 조건, 건강상태, 사회화의 정도 등에 의해서 크게 영향을 받는다. 우리나라 노인들은 서구 노인에 비하여 경제적 조건이나 활동에 대한 사회화 등에서 낮은 편이기 때문에 여가활동 참여의 다양성에서는 뒤

표 18.1 연령별 평균 여가시간

연령(세)	평균(시간)
60~64	2.72
64~69	2.99
70~79	3.42
80세 이상	3.61
합 계(N=2,242)	3.16

자료 : 김영모(1990). 한국 노인복지 정책연구, p. 97.

지는 편이다. 특히 운동경기 참여 및 관람, 문화 및 예술적 활동에의 참여는 서구 노인보다 많이 뒤지며 다양하지 못하다.

그러나 최근에 들어 노인시설에 대한 정부의 지원이나 정책이 증대되고 있고, 각종 단체나 기관, 방송매체 등에서도 노인 여가 프로그램을 보급, 확대하고 있으며, 또한 노인들의 경제적 여건의 향상 및 건강수준의 향상 등으로 우리나라 노인의 여가활동도 양적·질적으로 높아가고 있다. 특히 종래의 집안이나 근처 공원에서 보내던 정적이고 내향적이던 여가형태가 해외여행이나 사회참여, 관광여행 등 동적이고 외향적인 성격으로 차츰 바뀌어가고 있다.

(1) 여가시간

서울시 노인들이 친구들과 어울려 취미 활동을 하는 데 소요되는 여가시간은 평균 3.16시간이었으며, 연령별로 보면 연령이 높을수록 여가시간이 많아지는 것으로 나타났다(표 18.1). 즉, 60~64세 노인의 여가시간은 2.27시간이었으며, 80세 이상 노인은 3.61시간으로 나타나고 있다. 또한 노인들의 여가시간은 3~4시간이 29.2%로 가장 많았고, 다음으로는 1~2시간(28.5%), 5~6시간(16.7%), 없는 경우(15.9%)의 순으로 나타나고 있다. 성별로 보면 남자노인보다 여자노인의 여가시간이 다소 적은 것으로 나타나고 있다.

(2) 여가활동의 내용

노인들이 여가시간에 주로 하는 것은 TV 시청, 휴식 및 수면인 것으로 나타나고

표 18.2 ● 여가 활용 방법

(단위 : %)

여가내용	여	남	전 체
TV 시청	56.5	61.0	58.8
여행	2.5	10.7	6.6
감상관람(문화예술 및 스포츠)	0.7	2.4	1.6
스포츠	2.2	9.8	6.0
PC 관련	0.4	2.2	1.3
창작적 취미	1.1	2.1	1.6
자기계발	0.3	1.0	0.7
사교관련	25.8	28.9	27.6
봉사활동	2.4	1.7	2.1
가족과 함께	16.2	17.9	17.1
가사잡일	48.2	21.9	35.1
휴식 및 수면	54.8	58.1	57.0
기타	5.1	3.1	4.1

자료 : 통계청(2007). 통계로 보는 여성의 삶, p. 83.(복수응답임)

있다. 표 18.2에서 보듯이 TV 시청이 58.8%로 가장 많은 것으로 나타나며, 창작적 취미, 자기계발, 감상관람 및 봉사활동 등은 매우 낮게 나타나고 있다. 성별로 보면, 남자노인은 스포츠와 PC 관련이 여성노인보다 많았고, 여성노인은 가사잡일이 상대적으로 많았다.

중·노년기 여가활동유형을 살펴본 연구(이선미, 1991)를 보면, 서구에 비해 우리나라 노인들이 예술 및 창작활동, 단체활동 등을 거의 하지 않아 여가활동이 다양하지 못함을 나타내고 있다. 그리고 노인들이 현재 하고 있는 여가활동 중에서 가장 좋아하는 여가활동은 ① 소풍 및 여행, 산보 및 약수터 가기, 낚시 및 등산(21.8%), ② 화투, 장기, 바둑 등의 게임(12.8%), ③ 난이나 분재 등 화초 및 채소재배(16.9%) 등으로 나타나고 있다.

노인의 디지털 시대의 적응 정도를 보면(한국인터넷진흥원, 2006) 60세 이상 노인의 정보통신기기 사용을 보면 컴퓨터 사용자가 23.9%(남성 34.8%, 여성 13.0%)이며, 컴퓨터 사용노인 중에서 'PC 통신 및 인터넷' 사용자는 59%(남성노인 64.9%, 여성노인 50.0%로 낮음을 볼 수 있다.

이들 60대 노인이 여가활동을 못하는 이유로는 돈이 없어서, 건강이 나빠서, 나

표 18.3 노후의 시간활용 계획

(단위 : %)

성별 / 연령	계	아무것도 하지 않음	취미활동	자아계발	자원봉사	종교활동	소득창출	가사 손자녀 양육	기 타
전 체	100.0	7.8	29.5	4.4	15.0	9.3	33.0	0.2	0.7
남 자	100.0	7.1	30.0	4.1	8.7	5.3	44.3	0.2	0.4
여 자	100.0	8.1	29.2	4.6	18.4	11.5	26.9	0.2	1.0
24 이하	100.0	0.6	51.7	8.2	13.9	2.4	23.3	-	-
25~34	100.0	0.9	42.6	7.3	19.0	4.5	25.5	-	0.2
35~44	100.0	1.6	30.3	5.1	22.5	8.2	31.9	0.3	0.1
45~54	100.0	2.4	29.3	3.7	15.8	12.2	35.6	0.2	0.8
55~64	100.0	10.1	22.7	2.3	8.7	10.7	43.9	0.4	1.2
65~74	100.0	24.6	17.6	2.4	4.2	11.5	36.9	0.2	2.6
75 이상	100.0	51.0	11.1	2.2	2.2	14.7	17.1	0.3	1.3

자료 : 한국보건사회연구원(2004). 2004년도 전국 노인생활실태 복지욕구 조사.

이가 많아서 등의 순으로 나타나고 있어 경제적 여건이 많은 영향을 미치고 있음을 볼 수 있다. 또한 여가의 지속성 여부를 보면, 현재 가장 좋아하는 여가활동을 해온 지는 5년 이하가 40.1%로 가장 높아 노년기 여가활동이 청·장년기의 여가활동과 지속성이 낮음을 볼 수 있다.

한국보건사회연구원(2004)의 조사결과를 살펴보면 노후생활을 위해 여가시간의 활용계획을 조사한 결과 소득창출이 33.0%로 가장 많았고, 다음은 취미활동 29.5%, 자원봉사 15.0%, 종교 9.3%, 아무것도 하지 않음 7.8% 순으로 나타났다.

성별에 의한 분류에서는 남자의 경우 소득창출이라고 답한 비율이 44.3%로 여자 응답자의 26.9%보다 17.4%가 높은 반면, 여자는 자원봉사와 종교활동에 응답한 비율이 18.4%와 11.5%로 남자보다 각각 9.7%, 6.2% 높은 것으로 나타났다.

한편, 연령이 높을수록 아무것도 하지 않는다는 응답비율이 높아 65~74세는 24.6%, 75세 이상은 51.0%에 달하였고, 중·장년층일수록 소득창출 활동을 하면서 노후를 보내고 싶어 한다는 응답비율이 많은 것으로 조사되었다(표 18.3).

노년기에 갑작스럽게 여가활동에 대한 흥미를 발달시킨다는 것은 어렵고, 쉽게 접근하기 힘들므로 중년기 때부터 여가활동을 개발하고 사회화시키는 것은 매우 중요하다. 그리고 중노년기에 있어서 좋아하는 활동에 참여함으로써 얻는 이점은 마음이 편안하고 안정감을 줄 수 있는 것, 친구나 이웃과 같은 2차적 관계를 유지시키는 것, 운동 기회의 부여 및 건강증진 등으로 나타나고 있으므로 노년기에 지속적인 여가활동의 개발은 매우 유익한 일이라 할 수 있다.

4. 여가정책의 문제점과 과제

1) 여가시설 및 프로그램 현황

우리나라가 노인들의 여가활동을 도와 주기 위해서 행하는 프로그램으로는 첫째, 보건복지부와 행정자치부 등 정부적 차원에서 행하는 것이 있고, 둘째, 종교단체, 자선단체 또는 지역 유지들의 주도하에 실시하는 것이 있으며, 셋째, 지역단위 노인집단의 자율적인 조직에 의해서 이루어지는 것, 넷째, 노인을 소비자로 보는 기업에 의해서 주도되는 관광 또는 레크리에이션 프로그램 등이 있다.

(1) 경로당

노인을 위한 '사랑방'으로 시작된 경로당은 1970년대 말부터 1980년대에 확산되기 시작하여 2004년 말까지 5만 1,287개소로 그 수가 점차 확대되었다(보건복지부, 2005b). 경로당은 노인들이 동년배들과 손쉽게 어울릴 수 있는 자연스런 모임의 장이고, 대화 및 취미, 오락, 정보교환을 통해 소외감과 고독감에서 벗어날 수 있는 중요한 역할을 하고 있다(모선희 외, 2006).

이렇게 경로당은 많은 노인들에게 놀이의 장소를 제공하는 사회적 기능을 수행하는 시설이라는 점에서 그 존재가치가 높이 평가되어야 한다. 그러나 경로당 중에는 시설이 노후하거나 시설자체가 가건물 형태인 것이 적지 않을 뿐 아니라 운영비 또는 프로그램 면에서도 적지 않은 문제점을 내포하고 있어 많은 비율의 노인들이 시설이용을 기피하는 현상을 나타내고 있기도 하다.

주택건설 촉진법에 공동주택 건설시 일정규모의 경로당을 설치하도록 규정하고 있으며 보건복지부의 경로당 관리운영지침에 경로당은 15m^2(4.5평) 이상의 휴게실 또는 거실로 하며 기본적인 위생 및 오락시설을 갖추도록 되어 있다.

경로당은 대체로 협소하여 사립은 15평, 시립은 30평 이하가 50% 이상이나 된다(김동배, 1992). 아파트 단지 내의 경로당은 대체로 규모가 큰 편이지만 변두리 무허가인 경우는 극히 협소하고 시설상태가 불량하다. 노후 정도를 보면 80% 이상이 1970년대 이후에 건립했기 때문에 대체로 양호한 편이지만 1970년대 이전에 건립한 것은 낡고 불결하며 열악하다. 즉, 경로당이 아직 안락하고 쾌적한 휴식공간으로 제 기능을 충분히 다하고 있다고 볼 수 없다.

경로당 운영비 조달방법을 보면 크게 경로당 자체 기금, 회비, 정부보조금, 찬조금 등이 있으며 자체 기금이 운영비에서 차지하는 비율은 평균 20%이다. 거의 모든 경로당에서는 일정한 입회비와 월 1,000~3,000원의 회비를 받고 있으며, 절기와 행사에 따라 갹출금을 내도록 하고 있어 가난한 노인에게는 부담을 주고 결국 경로당을 이용하지 못하게 되는 원인이 되기도 한다.

정부부조금음 매우 미약하여 서울의 경우 지방에 비해 다소 높은 편인데도 전체 운영비의 4% 정도밖에 되지 않고 있는 실정이고 찬조금 후원금도 전체 경비의 1/3을 넘지 않는 것으로 나타나고 있다.

경로당 프로그램 측면에서 보면 가장 기대되는 것은 일자리 안내나 일감 제공, 교육과 건전한 취미활동 및 지역사회봉사 등 세 가지 측면인데 현재의 활동내용과 수준은 결코 만족스럽지 못한 것으로 나타나고 있다. 즉, 우리나라의 경로당은 시설의 협소 및 미비점, 운영재원의 부족, 조직적 프로그램의 부족 등으로 인해 지역사회에서 노인여가의 시설로서 제 구실을 못하고 있어 이를 활성화시킬 대안이 매우 필요하다.

이러한 문제점을 해결하고자 경로당 환경개선사업이 지방자치단체의 재원, 사회복지공동모금회 지원 등으로 추진되고 있으며, 2005년 보건복지부 지원하에 전국 44개 지역에서(개소당 연 2,000만 원 지원) 노인복지관 혹은 사회복지관이 인근 경로당 5개 정도를 담당하여 여러 가지 다양한 프로그램을 파견, 실시하고 지도·관리하는 경로당활성화사업을 시범으로 운영하였다(모선희 외, 2006).

(2) 노인학교[1)]

노인학교는 주로 종교단체, 자선단체 또는 지역유지들에 의해서 설립, 운영되고 있다. 그러나 노인학교의 운영자 중에는 노인교육의 목적 또는 교과과정에 대한 연구가 부족해서 운영하는 형태 자체가 노인교육기관이라기보다는 클럽 활동의 성격으로 변모하고 있는 곳이 적지 않다. 따라서 노년기의 여가시간을 활용해서 학습활동을 해 보려는 노인들의 학구적 욕구를 충족시킬만한 시설은 그리 흔치 않은 실정이다.

노인교육을 담당할 수 있는 노인학교가 우리나라에 설립된 것은 1972년으로 종로 태화관의 '서울평생교육원'으로 시작되었다. 1987년 서울에는 236개의 노인학교에 학생 수는 3만 8,192명이었으며 전국에는 756개의 노인학교 또는 노인대학이 있었고, 5만 3,000명이 이용한 것으로 되어 있다. 서울의 경우 학생수와 학교수에 있어서 전국의 50% 내외를 점하였고, 2004년 말 전국 819개소로 공식 집계되었으나, 미등록 상태로 운영되는 곳이 많아 이보다 더 많을 것으로 추정된다.

여기서 노인학교는 학구단위의 노인교실을 제외한 ① 노인교육 전담기관, ② 대학교, ③ 사회 및 종교단체, ④ 개인 등이 설립, 운영하는 노인교육시설을 말한다.

이러한 노인학교시설은 노인의 교육적 욕구를 충족시키며 또한 사회화의 수단으로 새로운 노인문화를 형성하고 건전한 여가활용의 방법을 개발하는 데 주력해야 할 것이다. 그러나 대부분의 노인학교는 개인이 자의로 설립, 운영하고 있고 정부 내에 노인교육을 책임지고 육성할 전담기구가 없어 교육을 위한 필수 조건인 예산 확보 및 전문성을 상실한 실정이므로 제도·운영상 문제점을 내포할 수 있다.

(3) 노인여가산업

우리나라는 아직까지 노인을 소비자로 보는 고령친화사업이 적극적으로 활성화되고 있지 않다. 그러나 주택이나 건강 등의 일부 업종에서는 추진되고 있다.

고령친화사업이란 50세 이상의 장·노년층 사람들이나 다소 젊더라도 특별한 정신·신체적 이유로 노인들의 생활과 유사한 생물학·사회학적 특성을 보이는 사람들을 주 고객 대상으로 하는 영리목적의 사업을 총칭 한다(김태현 외, 1999). 다시

---

1) 노인학교의 공식명칭은 노인복지법(제36조)에서 노인교실로 되어 있으나, 실제로는 노인학교, 노인대학, 경로대학 등의 다양한 명칭이 혼용되어 사용되고 있다.

표 18.4 ● 한국의 노인여가상품과 기업현황

분 야	품 목	참여기업
주택관련사업	실버타운 노인아파트 노인복지주택 노인휴양소	자유생활연구소, 삼성복지 개발 코레스코, 한국국토개발, 라이프주택 럭키개발, 석정개발, 경남기업
시간활용사업	효도관광 노인호스텔 노인대상교양강좌 평생교육원 취업안내 노인대학 및 노인문화센터 노인스포츠클럽	한진관광 외 각 여행사 송학동산, 쌍방울이 참여계획 중 한국경로복지회, 원앙가정연구원 숙명여자대학교 등 여자대학교 은빛전화 대한노인회 등 각종 단체에서 마련 대한노인회 등의 게이트볼 클럽 등

자료 : 황의록(1992). 한국노인산업의 현황과 전망. 노령화사회와 노인복지, 한국소비자학회, p. 80.

말하면, 경제력과 시간적 여유를 가진 고령 소비계층과 이 시기를 준비하는 예비 소비계층을 대상으로 그들의 필요에 적합한 상품과 서비스를 공급하는 산업이라고 볼 수 있다.

산업화·핵가족화 사회에서 제기되는 노인문제는 가족의 노력만으로는 해결될 수 없는 측면이 있다. 그러므로 가족기능이 감퇴된 사회에서 경제력이 있는 노인의 경우, 가족의 보살핌 중 부족한 부분을 이 고령친화사업에 의존하게 될 것이다.

현재 서구 사회에서 성업을 이루는 고령친화사업의 유형으로는 ① 홈 케어 서비스 사업, ② 중간보호시설 및 1일 탁·노소 사업, ③ 유료의 양로 및 요양시설, ④ 노인전용의 의료 서비스 사업, ⑤ 케어 하우징(care housing)의 설치, 운영 사업, ⑥ 노인을 대상으로 하는 관광·취미·오락 프로그램을 제공, ⑦ 노인식품, 노인의복, 노인용 생활용품의 제조·판매 사업 등으로 그 유형이 매우 다양하게 나타나고 있다(박재간, 1992).

우리나라의 고령친화산업은 요양산업, 기기산업, 정보산업, 여가산업, 금융산업, 주택산업, 한방산업, 농업등이 포함되어 있다(고령친화산업진흥법, 2006).

우리나라에서는 구체적으로 확실히 정착된 노인여가산업은 없지만 개인이 운영하는 일부 노인학교에서는 무용, 대중가요 등을 교습해 주는 대가로 일정 한도의 요금을 징수하는 곳이 나타났고, 관광업체들 중에는 노인들을 대상으로 하는 관광

코스를 개발하여 효도관광이라는 명목으로 수익사업을 하는 등 노인을 소비자로 보는 여가산업의 초창기적 현상이 나타나고 있다.

그리고 주택관련 부문에서는 노인복지촌이나 콘도미니엄 방식의 노인레저타운이 계획 중이다. 한편 여행업계는 명승지 관광과 함께 일선에서 물러난 노인들의 지적 욕구를 채워 줄 수 있는 이른바 '강의식 여행' 상품도 팔고 있다(표 18.4).

2) 노인여가와 관련된 문제점

노인을 대상으로 하는 해리스(Harris, 1975)의 조사는 노인들의 여가욕구, 여가의식을 알아보는 데 많은 도움이 된다. 이 조사에서 노인들은 여가시간을 활용하여 학습활동을 하기를 원하는 노인이 27%였고, 건강관리를 위한 체조클럽 같은 모임에 참가하기를 원하는 노인이 21%였으며, 20%의 노인은 대화상대를 원했고, 13%의 노인은 관광여행, 그리고 4%의 노인은 사회봉사활동의 기회가 부여되기를 원했다.

우리나라 노인을 대상으로 "귀하께서 경로당에 나오는 이유가 무엇이냐?"라는 설문에 대한 복수응답에서는 '친구들과 어울리기 위해서'라고 답한 것이 74.7%로서 가장 많았고, '이곳 이외에는 별반 갈 곳이 없어서'라고 답한 비율이 51.7%로 다음 순위를 차지했으며, '시간 보내는 데 돈이 안 들기 때문'이 27.4%, '장기, 바둑, 화투를 하기 위해서'라고 답한 비율이 14.4%로 나타났다(박재간 외, 1984).

경로당 이용의 이유가 이곳 이외에는 별반 갈 곳이 없어 만족스러운 환경은 못되지만 이곳에 나온다는 비율이 51.7%나 되고 있음은 여가충족의 시설이나 기회 및 프로그램들이 노인에게 부족함을 나타내고 있다. 즉, 아직 우리나라는 여가시간에 별반 갈 곳이 없다는 노인, 돈 없이도 시간을 보낼 수 있는 장소를 원하는 노인, 좋은 대화상대자와 어울릴 수 있기를 바라는 노인들의 여가욕구를 충족시켜 줄 수 있는 장소와 프로그램은 개발되어 있지 못하다.

우리나라에서는 노인들의 학습욕구를 충족시켜 줄만한 노인대상의 교육기관도 아직 부족한 실정이다. 이와 더불어 교육기관의 예산부족, 강사진의 부족, 운영자의 자질 등도 학습욕구를 충족시키지 못하는 원인이 되고 있다.

또한 특정한 재능이나 능력부족으로 여가활동에 참여하지 못하는 노인도 있다. 우리나라의 경우는 전통적으로 여가 또는 여가활동을 죄의식시하는 경향이 있으며, 특히 오늘의 노인들은 빈곤사회에서 청·장년기를 보낸 탓으로 여가활동과 여가수단에 대한 경험과 훈련이 부족하다는 것도 노년기에 무료함으로 인해서 고통을 받는 원인이 되고 있다.

즉, 젊었을 때 여가에 대한 다양한 경험이 있는 사람은 노년기에도 무료함을 느끼지 않을 정도로 많은 취미나 오락 프로그램을 즐길 수 있지만 청·장년시절 노동밖에 몰랐던 사람은 은퇴 후의 생활에서 여가에 대한 지식이 부족으로 더욱 무료함을 체험할 수밖에 없다.

그리고 노인들이 여가활동을 한다는 것은 그러한 활동을 통해서 삶의 만족도를 높이기 위해서이다. 그러나 노인들의 여가 활동은 때때로 당사자들이 기대했던 만큼의 성과를 얻지 못하고 오히려 불만족과 좌절을 빚어내는 경우도 있다.

고든(Gordon, 1976)에 의하면 노인들이 여가활동의 계획을 세우고 그러한 일을 실천에 옮겼을 때 용돈부족 현상이 일어나거나, 악기를 다루거나 외국어 공부를 해볼 계획으로 시작했는데 자신의 재능에 한계를 느꼈을 때는 오히려 사기가 꺾이고 비관을 하게 될 수도 있다고 하였다. 따라서 노인을 위한 여가 프로그램을 개발함에 있어서 결과적으로 노인에게 비관을 안겨다 줄 프로그램은 사전에 고려되어야 할 것이다.

3) 여가정책의 과제

산업사회에서는 노인들이 역할상실, 무료함으로 고통을 받아야 하는 비율이 증가한다. 노인들은 이러한 문제점을 해소하기 위해서 취미·오락 활동, 학습활동 등의 욕구를 지닌다. 동년배의 노인들과 대화를 하거나 사회적으로 공헌할 수 있는 일을 계속하기를 원하는 노인도 있다.

그러나 우리나라 사회는 아직 노인들이 그러한 욕구를 충족시킬만한 여건이 성숙되어 있지 않다. 우리나라 노인들은 여가활동에 대한 경험이 없을 뿐만 아니라 정부나 지역사회 역시 이 문제를 해결하기 위한 효율적인 정책을 제시하지 못하고 있는 것이 그 원인 중의 하나라 할 수 있다.

노인을 위한 여가정책은 노인복지 중에서도 중요한 위치를 차지한다는 관점에서 문제에 접근하려는 의지가 있어야 한다. 노인을 위한 여가정책을 수립함에 있어서는 여가수단, 여가자원, 여가기능 및 여가장소 등이 현재 어떠한 상태에 놓여 있느냐가 검토되어야 한다. 또한 여가활동에 대한 노인 당사자의 주체적인 의욕이 어느 정도의 수준에 있는지도 중요한 변수로 나타날 수 있다.

노인복지의 일환으로 그들을 위한 여가정책을 펴 나간다는 입장에서 그 방법론을 제시해 본다면, 첫째, 당사자들로 하여금 여가활동을 하고자 하는 의욕을 지니도록 교육 또는 계몽이 있어야 하고, 둘째, 각자의 경제력이나 건강상태 여하에 관계없이 모두가 여가활동을 위한 프로그램에 참가할 수 있도록 여가자원, 여가수단 이용의 기회가 평준화되어야 하며, 셋째, 각자가 최소한 한두 가지 정도의 여가기능을 습득할 수 있는 기회가 부여되어야 하고, 넷째, 사회적·정책적 노력에 의해서 노인들이 여가활동을 할 수 있는 장소의 제공을 필요로 한다.

이상 예기한 정책이 왜 필요한지 그리고 그 방법은 무엇인지에 대한 구체적인 대안은 다음과 같다.

(1) 여가욕구 개발을 위한 정책

우리나라 노인들은 지난날 빈곤사회에서 청·장년기를 보낸 탓으로 노동(work)을 인간생활에 있어서의 최고의 가치로 생각해 왔다. 따라서 여가를 즐긴다는 것은 부자나 권력 있는 특권계층의 독점물처럼 인식되어 왔고, 일반 서민의 경우는 여가생활을 하나의 죄의식시하는 가치관마저 지녀왔다.

사회구조가 산업화·도시화함에 따라 노인의 생활패턴이 변화하여 대부분의 시간을 여가의 일과로 강요당하게 되었음에도 불구하고 그들은 여가개념에 대한 종전의 가치관에서 탈피하지 못하고 있어 여가생활 자체를 심리적으로 고통스럽게 생각하는 경향이 있다.

그러므로 이러한 노인들에게는 여가가치관의 재인식을 위한 계몽을 필요로 한다. 인간은 누구를 막론하고 여가를 즐길 권리가 있다는 인식을 불어 넣어 주어야 한다. 이러한 노인들에게는 여가시간을 적극적으로 활용하도록 의욕을 북돋아 주는 지도를 필요로 한다. 그리고 사회문화적 규범 면에서도 노년기에는 여가활동에의 지향성을 지니도록 가치관을 재정립시켜 나가는 노력이 뒤따라야 한다.

(2) 여가기능의 개발

노후에 바람직한 여가생활을 하기 위해서는 젊었을 때부터 많은 여가기능을 익혀 왔어야 하지만 오늘의 노인들은 여가기능을 제대로 익혀두지 못했기 때문에 노후생활이 더욱 무료하게 나타나고 있다.

그리고 노인들은 중년기에 행해졌던 역할, 활동무대, 그리고 교제범위 등이 계속 유지되기를 바라고 있고, 그것이 노인들의 간절한 욕구이기도 하지만 산업사회에서는 그러한 노인들의 욕구가 실현되기 어려운 실정이다. 노인은 종전 활동에 대처하는 새로운 활동무대를 개척하고자 하는 노력의 일환으로 경로당이나 노인클럽의 활동에 참여하든가 노인학교에 나가 새로운 지식을 습득하기를 원하고 있으나 그것 역시 프로그램의 빈곤 또는 부재현상으로 인해서 노인들의 여가욕구를 충족시키지 못하고 있다.

따라서 국가나 사회는 노인들에게 여가기능을 익히도록 하는 학습 프로그램을 개설, 운영하도록 하는 것이 노인들의 여가활동을 돕는 복지정책이 될 수 있다. 노인 여가 프로그램 활성화를 위해서는 첫째, 노인들을 대상으로 하는 여가 프로그램은 해당 노인의 연령, 성별, 생활수준, 교육 정도, 건강상태, 취미의 성향에 따라 각기 다르다는 점을 유의하여 가급적 다양한 프로그램을 제공하는 노력이 있어야 한다.

둘째, 정부와 사회는 노인들이 당면한 역할상실, 무료함 등이 노후생활에 미치는 영향이 심각하다는 것, 그리고 이러한 문제의 해결을 위해서 정부나 사회의 개입이 불가피하다는 인식이 선행되어야 하며, 이들을 위한 프로그램의 개발과 보급을 위하여 과감하게 사회 자본을 투입하는 결단이 있어야 한다.

(3) 기회평준화를 위한 노력

여가정책을 추구함에 있어서는 여가 수단, 여가 기회, 그리고 여가자원의 평준화를 위한 노력이 있어야 한다. 경제적으로 여력이 있는 노인과 그렇지 못한 노인에게는 여가수단, 여가방법, 여가기회 등에 엄청난 차이가 있다. 건강한 노인과 그렇지 못한 노인 간에도 여가활용의 평준화는 이루어지지 않고 있다.

경제력이 없는 노인과 신체적으로 장애가 있는 노인들도 여가 프로그램에 참여할 수 있는 것이 노인복지가 담당해야 할 부분이다. 또한 여가활동 면에서는 세대간의 격차도 심하여 젊은이들에 비해 노인들의 여가수단이나 자원 등은 부족한 형편이다.

따라서 여가활동의 분야에서 기회균등을 위해서는 소득재분배 또는 소득보장 제도의 확립이 전제되어야 하고, 누구나 손쉽게 여가를 즐길 수 있는 시설 또는 기구에 대해 사회자본의 투입, 그리고 여가기능 학습의 기회와 여가프로그램의 보편화 정책이 뒤따라야 한다.

(4) 여가활동의 장소와 시설

노인을 위한 여가활동의 장소라 하면 일반적으로 경로당이나 노인학교를 생각하게 된다. 그리고 이러한 시설만 있으면 노인들의 여가욕구는 충족되는 것으로 여기는 경향이 있다.

노인들의 여가욕구는 젊은이들이 생각하는 것처럼 단순하지 않다. 따라서 그들의 욕구에 부응하는 시설의 다양화를 위한 노력이 있어야 한다. 그리고 노인과 사회와의 통합성을 높이기 위한 노력의 일환으로 지역사회와 연대성을 강화하는 방향으로 여가활동 장소를 개발해 나가는 구상도 있어야 한다.

여가활동의 개발을 위해서는 국가나 사회의 조직적인 지원을 필요로 한다. 여가시설의 설치 또는 운영에 소요되는 재정보조도 있어야 하고, 지역주민들의 자발적인 봉사활동 프로그램도 있어야 하며, 인근에 있는 사기업 또는 비영리단체에 의한 활동영역의 확대를 도모하기 위해서 행정력의 개입도 요청된다.

그리고 노인의 여가욕구의 충족과 활성화를 위해 보다 다양한 프로그램이 개발되어야 하지만 기존 장소의 시설 등이 노인의 건전하고 적극적인 여가활용 장소로 이용되도록 힘써야 할 것이다. 즉, 현재 경로당은 노인이 가까이서 여가를 보낼 수 있는 거의 유일한 장소이므로 경로당의 활성화 대안은 매우 시급한 일이다.

제 19 장

노년기 성

1. 노인과 성

우리사회의 다양한 모습으로 담을 수 있는 여러 장르의 영화, 연극, TV, 잡지, 컴퓨터 통신 등에서 인간의 '성(性)'을 다양한 주제로 다루고 있다. 이것은 성에 관한 일반인들의 관심을 나타내며, 그 인식을 새롭게 하는 계기가 되고 있다. 여태까지의 성이 생식의 수단이며, 부끄럽고 은밀하며 외설적인 이미지였다면, 현대 사회에서의 성은 남녀노소를 불문하고 인간이며 누구나 가지는 생득적인 본능으로 삶에 있어 그 중요성에 대한 인식이 증가되고 있다.

그러나 우리의 사회적 분위기는 성에 대해 그리 개방적이지도 관대하지도 못하여 성에 관한 이야기를 솔직하게 하거나 성적인 고민을 누군가에게 알려서 도움을 받기가 참으로 힘든 상황이었다. 더구나 그 대상이 여성이거나 노인인 경우에는 사회적 편견으로 인하여, 성에 있어 차별화된 소수계층으로 인식되고 있었다. 이러한 사회적 분위기로 말미암아 성은 항상 어둡고 은밀하며, 뭔가 밝은 곳에서 화두로 삼기에는 조금 점잖지 못하다는 인상을 주었으며, 그 대상도 항상 젊은 사람, 또는 청소년만이 가지는 문제인 것처럼 비춰지고는 했다.

특히 유교적 관념이 오랫동안 지배해 왔던 우리나라에서는 나이든 부모님이나 조부모가 성에 대한 욕구를 가지거나 성생활을 원한다고 하면 왠지 우습게 생각하거나 부정하기가 쉬우며, 게다가 혼자된 노인이 성욕구 충족을 원하는 것을 전혀 모르거나, 알아도 나이가 들었다는 이유로 무시해 버리는 경향이 많았다.

대체로 노인들은 욕구가 있어도 사회적 관습이 요구하는 대로 점잖은 척하고 손자녀들이나 자식들에게 인자한 모습으로 비춰져야 했으며, 혹시 성적인 관심을 보이면 체면을 깎이는 것으로 생각되었다. 이는 노인들에게 성적인 욕구가 있어도 표현을 절제하고 음성적인 방법으로 욕구를 충족하거나 무조건 억제하고 참는 태도를 갖게 한다(강현숙, 2002).

점차 변화되는 생활주준의 향상, 평균수명의 증가, 조기 정년퇴직 및 여가시간의 증가 등 우리 사회 노인들은 대부분 과거 어느 시대를 살았던 노인들보다 더 건강하고 다양한 시간들로 노후를 보내게 되었다. 이러한 시대적 변화를 방영하는 지금 사회가 지닌 고정관념은 노인들에 대한 전통적이고 부정적인 이미지를 새롭게 정의해야만 하는 시기에 도달하였다. 노인과 관련한 많은 문제 – 해결해야 하고, 준비해야 할 다양한 복지서비스 등 – 들의 영역 중 노인들의 성문제는 긍정적인 자세로 전환되어야 할 우리 사회의 인식전환의 과제이다.

지금까지 노인의 성과 관련한 연구의 대부분은 의학이나 보건 분야에서 집중적으로 이루어졌으며, 내용에서는 연령의 증가에 따른 노인들의 생리적 변화와 그로 인한 성기능 측면에서의 문제점에 관련된 것들이 대부분이었다. 일부 사회과학 분야에서의 연구 또한 노인들의 직접적인 성생활 실태조사보다는 노인들의 이성교제와 재혼의 필요성에 관한 연구에서 부차적으로 성생활이 언급되어 왔다. 그러나 한국노인의전화(1997) 조사에 따르면, 이성교제와 성적 문제는 노후생활의 고민 가운데 매우 큰 비중을 차지하는 것으로 나타났다(모선희 외, 2066).

일본에서 간행된 『후생백서(厚生白書, 1997)』에 기술되어 있는 부분을 발췌한 내용에는 다음과 같은 부분이 있다.

> 고령자가 풍요로운 마음으로 노후 생활을 보내기 위해서 연애나 성은 중요한 요소이다. 이에 대한 조사는 한정되어 있지만 남녀 428명을 대상으로 한 조사에 따르면, 이성과의 관계에서 애정이나 성관계를 희망하는 사람은 남성 94%, 여성 70%에 이른다는 결과를 얻을 수 있었다. 고령자는 연애나 성과는 관계가 없다는 생각이 잘못된 것임은 말한 나위도 없다.
>
> 연애나 성을 둘러싼 문제는 노인복지시설에서도 그 중요성이 커지고 있다. 그리고 시설측의 기본자세에서도 호의적인 의견이 약 80%에 이른다는 조사결과도 보고되고 있다.

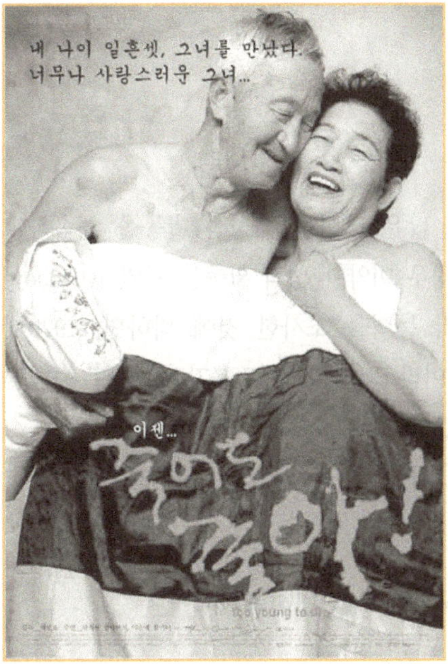

앞의 내용을 단지 우리와는 다른 나라의 조사 결과라고 간과하기 보다는 문화적 측면, 사회적 측면이 다른 우리나라에서도 인간이기에 갖게 되는 변화에 대해 관심을 기울여 대안을 이끌어 낼 수 있는 준비가 필요하다.

또한 우리 사회뿐만 아니라 서구 사회에서도 노년기의 성에 대한 잘못된 신화와 편견은 뿌리 깊게 자리 잡고 있다. 이러한 노년기의 성과 관련된 사회적 편견은 첫째, 노인에게 성은 중요하지 않다. 둘째, 노인이 성적 활동에 관심을 갖는 것은 비정상적이다. 셋째, 성적 관심을 표현하는 노인은 음란한 노인이다. 넷째, 노인들은 성적 욕구가 없으며, 무성적(無性的)이다. 다섯째, 노인이 성적 욕구가 있다고 하더라도 실제 성행위를 하기에는 허약하다(오진주, 2001)로 나타나며, 노인의 성을 다룬 국내 영화 '죽어도 좋아'가 상영될 2002년 당시 많은 이유와 논쟁이 있었다는 것은 이러한 일반인들의 의식이 반영되었기에 찬반의 목소리가 양극화될 수 있었을 것이다.

'저출산과 고령화 사회' 속에서 우리 모두가 생각할 수밖에 없는 단 한 가가지의 중요한 화두는 고령자의 '삶의 질(quality of life)'일 것이다. 그리고 '성'의 문제는 개인의 삶의 질에 중요한 부분을 이룬다. 언제가 찾아올 노년을 위해.

2. 노년기 성에 대한 고찰

1) 노인의 성에 대한 관점

Kinsey 보고서에 의하면 나이가 많아져도 많은 남성들은 성적 활동을 계속하고 있으며, 60세 98%, 70세 70%, 70세 이상의 경우 미약한 성적 활동을 보였다(Kinsey, 1948). 부전(副田, 1986)이 미국 노인의 성적 능력을 조사한 것에 의하면, 1970대 초반까지의 남성노인은 '때로는 성교 가능'이라고 하였고, 70%가 성행위 능력을 가진다는 것으로 나타났다(김태현·한희선, 1996).

Kuhn(1976)은 사회에 만연된 노화와 성에 대한 5가지 믿음을 규명하였다.

1. 노인에게 성은 중요하지 않다.
2. 노인에게서 성적 활동에 대한 관심은 비정상적인 것이다.
3. 노인의 재혼은 권장되어서는 안 된다.
4. 남성노인이 젊은 여성을 찾는 것은 합당하나 그 반대가 되어서는 안 된다.
5. 장기 요양시설에서의 노인들은 성별로 분리되어야 한다.

이러한 믿음은 의료전문가, 젊은 세대, 중년층, 노인 모두에게 만연되어 있으며, 이와 같은 편견은 노인의 성에 대한 상투적이며, 부정적인 사회적 태도를 이끌어 내게 됨을 지적한다(Hillman & Stnker, 1994; 박경은, 2001).

또한, 스펜서(Spencer, 1991)는 노년기의 성에 대해서 잘못 이해하고 있는 부분이 많음을 지적하였다.

1. 노년기에는 젊은 시절에 비해 성적 관심과 활동이 저하되는 경향은 있으나, 많은 노인들이 활발한 성적 관계를 계획하고 있다.
2. 여성노인에 비해 남성노인에게서 성적 관심이 더 높게 나타나는 경향이 있다.
3. 노년기의 성적 활동 양상은 젊은 시절의 개인의 성적 활동 양상을 반영한다.
4. 성반응에 있어서의 신체적 활동이 연령에 따라 변하지만, 많은 노인에게서 발견되는 성적 관심과 활동의 감소를 설명하기에는 부족하다.

인간의 발달주기를 고려할 때, 노인의 성은 단순한 신체적 차원의 성이 아니라 목적 그 자체로서의 성, 즉 기쁨, 이완, 의사소통, 교류, 친밀감의 공유로서의 성이다(Steinke & Bergen, 1986; 한영현, 2003).

노인들의 성생활은 노인들로 하여금 건강한 자아개념을 유지하게 해 주고 불안을 제거하기 위한 배출구로서 작용하며, 신체적인 재충전과 활력을 제공함으로써 우울로부터 탈출할 수 있도록 돕는 지지의 역할을 한다. 그러나 '노인은 성적 욕구가 쇠퇴한 무성적 존재'라는 부정적 심리가 사회적으로 지배적 규범이 되면 노인들은 지배적 사회규범에 동조하기 위해 자신의 성적 욕구 및 성행위를 억압하게 된다. 그리고 이러한 노인들의 태도는 결국 노인이 지니고 있는 성적 능력에 대한 자신감의 상실을 초래하게 되고, 이러한 자신감 상실이 심화되면 노인의 성적 욕구나 능력에 대한 사회적 고정관념 역시 다시 확대되고 이는 다시 노인의 성생활 수행동기를 약화시키게 된다. 즉, 노인의 성에 대한 부정적인 고정관념은 '자기 만족적 예언(self-fulfilling prophecy)'의 형태로 노인 자신의 성에 대한 태도와 성행동을 제약하는 요인이 되는 것이다(최준영·한내창, 1995).

지금까지 노년기의 노화를 이유로 노인들의 성욕구를 무시하고 배제하는 사회적 태도에 대한 비판적 시각을 제공하고 있으며, 노인들의 성을 억압하는 사회구조에 대한 분석의 필요성을 제공하고 있다.

2) 노년기 성욕구 실태에 관한 선행연구 결과

1996년 10월 '현대 사회와 성윤리'라는 제목의 심포지엄을 아산사회복지사업재단에서 개최하여, '노년의 성과 성윤리'라는 주제발표를 함으로써 최근 우리나라의 노인들도 성적인 파트너를 구하고 있는 사람들이 늘고 있으며, 이는 젊은 층의 성윤리와는 구별되는 노년층의 성윤리 확립이나 의식이 필요하다고 지적했다(정동철, 1997).

서혜경(1997)의 연구에서도 노인이 대부분은 욕구를 가지고 있지만 사회적 편견으로 자신이 스스로 금욕을 하며, 절제하고 있다고 밝혔다.

유형준(2000)의 연구에서 노년기 성활동은 파트너의 유무에 따라 차이가 있으며, 여성노인의 경우 혼자 남게 되는 경우가 많은데 이런 경우에는 자위행위로 성욕구를 해소하는 경우가 많다는 사실을 알 수 있다.

김주희·이창은(2000)의 연구에 의하면 응답자의 32.8%만이 면접 당시 성생활을 하며, 성생활을 하고 있는 노인 가운데 월 1회가 47.6%로 가장 많았으며, 월 2회

표 19.1 60세 이상 유배우자 노인의 성생활 유지여부와 성생활 빈도 (단위 : N=200, 명, %)

분 류	빈 도	비율 % (기준 : 전체노인)	성생활 유지 노인	
			기준(6개월) (N=126), %	기준(1개월) (N=108), %
성생활 하지 않음	74	37.0	–	–
6개월에 1회	3	1.5	2.4	–
5개월에 1회	1	0.5	0.8	–
4개월에 1회	1	0.5	0.8	–
3개월에 1회	9	4.5	7.1	–
2개월에 1회	4	2.0	3.2	–
1개월에 1회	25	12.5	19.9	23.1
3주에 1회	9	4.5	7.1	8.3
2주에 1회	31	15.5	24.6	28.7
1주에 1회	31	15.5	24.6	28.7
1주에 2회 이상	12	6.0	9.5	11.1
계	200	100.0	(126) 100.0	(108) 100.0

자료 : 유성호·강숙연(2003). 노인복지연구, 20, p. 139~155.

이상 성생활을 하는 노인은 28.6%였다.

6세 이상 유배우자 노인 200명을 대상으로 성생활 실태를 조사한 유성호·강숙연(2003)의 연구결과를 보면 표 19.1과 같다.

원만한 성욕구의 충족은 인간의 정서와 만족감을 주어 오히려 건강과 장수에 도움이 된다. 그럼에도 불구하고 노인의 경우는 배우자의 사망, 심신의 질병, 사회와 문화적 편견 등으로 자신의 성욕구를 표현하거나 성생활을 계속하는 데 제약을 받고 있다(강현숙, 2002).

일본에서 발간된 저서 『노년기의 성』에서 성문제에 대한 고령자의 생생한 목소리가 가족구성, 경제 상황까지 포함해서 200여 명의 응답자들의 이야기가 기록되어 있다. 이에 대한 일본 노인들의 인터뷰 내용을 살펴보면 다음과 같다(고바야시 데루유키, 송현아 역, 2001).

- 나는 직업이 없습니다. 가족은 아이들과 함께 살고 있으며 6명입니다. 부부가 한 방을 씁니다. 아내는 당뇨병에 걸려 있습니다. 나는 고혈압과 심장병과 신장병을 앓았던 적이 있습니다. 현재는 귀나 손발, 관절이 나빠졌고 게다가 고혈압, 심장병, 신경통, 위장

병을 앓아서 몸이 약합니다. 정신적으로 성적 욕구는 젊은 시절에 비해 조금 떨어진 정도입니다. 욕구 정도는 이성과의 성행위를 원합니다. 육체적 능력은 발기가 되기 때문에 특정한 이성을 성행위 상대로 삼아 한 달에 한 번 합니다. 자위는 하지 않습니다. 이성과의 교제를 원하며 교제하기에 알맞은 상대로 만날 것이라 생각합니다.

– 74세, 남자, 유배우자, 홋카이도 –

- 직업은 없습니다. 가족은 아이들과 함께 살고 있으며 3명입니다. 부부가 한 방을 씁니다. 매월 수입은 연금에서 나옵니다. 나는 중병을 앓은 적은 없지만 요즘 눈이 나빠지고 신경통이 있습니다. 월경은 51세 때 끊겼습니다. 정신적으로 성적 욕구는 젊을 때와 비교해서 비슷하다고 느끼고 있습니다만, 성행위가 없으니까 성적 욕구를 만족시키지 못합니다.

– 88세, 여자, 유배우자, 도쿄 –

- 직업은 상점 경영, 정신노동자입니다. 가족은 아이들과 함께 살고 있으며 4명입니다. 아내는 건강하며 한 방을 씁니다. 나는 위궤양을 앓았으며 지금도 위장병이 있습니다. 정신적으로 성적 욕구는 젊은 시절에 비교해서 크게 떨어졌다고 생각하지만 이성과 성행위를 원합니다. 육체적 성기능 역시 아직 발기가 되고 삽입도 가능합니다. 일주일에 한 번 아내를 상대로 성행위를 합니다만, 무슨 이유에선지 아내가 응해 주지 않습니다. 자위는 하지 않기 때문에 성적 불만족을 해소하기 위해 여행 등 다른 일로 기분을 달래고 있습니다.

– 72세, 남자, 유배우자, 도쿄 –

- 직업은 없습니다. 가족은 아이들과 함께 살고 있으며, 8명입니다. 부부가 한 방을 쓰지만 남편이 병석에 있습니다. 나는 예전부터 고혈압이었고 지금은 손발 관절이 나쁩니다. 정신적으로 성적 욕구는 젊을 때와 비교해서 비슷하다고 생각합니다. 성적 욕구 정도는 정신적으로 이성과 교제를 원합니다. 하지만 성적 욕구를 만족시키지는 못합니다. 성행위는 몸에 나쁘다고 생각해서 애무 정도만 합니다.

– 85세, 여자, 유배우자, 아이치 –

대체로 노인들의 경우 이성과의 교제와 성적 욕구에 대한 바람이 크지만 실제 성행동의 해결 방법은 뒤따르지 못하고 있다. 신체적 기능의 약화 등으로 인해 성교가 불가능하거나 배우자나 성파트너가 없어 성적 욕구의 충족을 자위행위와 같은 성교 이외의 다른 성행위 유형으로 대체하고 있음을 알 수 있다.

Mulligan & Palguta(1991)의 연구에서는 배우자의 유무에 상관없이 응답자의

표 19.2 ● 노인들의 자위행위 비율

(단위 : %)

연령(세)	남 성	여 성
60~69	52.6	47.1
70~79	29.5	49.1
80~91	45.8	34.5

자료 : Starr, B. D., & Weiner, M. B.(1981). The Starr-Weiner Report on Sex and Sexuality in the Mature Years. New York : Stein and Day, Inc.

10%가 자위행위를 하고 있는 것으로 조사되었으나, Starr & Weiner(1981)의 연구에서는 더 많은 노인들이 자위행위를 하고 있음을 지적하고 있다(표 19.2).

국외 연구와는 달리 국내에서는 노인들을 대상으로 자위행위에 대한 집중적인 조사를 시도한 연구는 아직 없지만 혼자 사는 노인들에 대한 기존 연구문헌에 의하면 자위행위는 성욕구 해소를 위한 방법의 하나로 지적되고 있으며, 자위행위 가담비율은 연구에 따라 편차가 매우 크게 나타나고 있다.

연구 방법론상의 차이에 따른 편차를 비교하기 위해 선행연구의 결과를 비교해 보면 우선, 설문지를 이용한 일대일 면접을 통해 수집한 자료인 전헌식(2001)의 연구에서는 성욕구의 해소 방법으로 취미생활, 종교, 운동 등 다른 일에 몰두하여 욕구를 억제하는 노인이 가장 많았고(남성 58.4%, 여성 70.8%), 동년배 이성친구와 성관계를 맺는 노인이 26.7%(남성 38.2%, 여성 12.5%), 자위행위를 하는 노인이 8.7%(남성 3.37%, 여성 12.28%)로 가장 낮게 나타났다.

그러나 심층면접을 통해 조사된 강현숙(2002), 유성호·김혜경(2003)의 연구에서는 성욕구에 대한 해소방법으로 자위행위가 가장 많이 거론되었고, 그 다음으로는 대부분 외출, 음주, 쇼핑, 공부 등을 통해 다른 일에 몰두하거나 참는 것으로 응답하였다. 결과를 종합해 보면, 성에 대한 욕구가 있는 경우 대부분인 약 80%가 자위행위를 통하여 해소하고 있으며, 약 40%는 이성교제를 통한 성생활을 하고 있었다. 이러한 결과는 일반인들이 생각하는 것보다 홀로 사는 노인들의 성문제가 매우 중요하고 심각하다(모선희 외, 2006)는 사실들에 대한 정보를 제공해 준다.

이런 측면에서 볼 때, 노인의 성과 성적 욕구실현에 대한 어려움을 해소하기 위해 적절한 이성교제 등을 바로 이해하고, 지원하는 사회적 인식의 전환과 관심이 요구된다.

3. 노년기의 성생활

1) 노년기의 성적 변화

실제 노년기에 성적인 능력이 완전히 사라지는 것은 아니다. 노화로 인하여 성적인 능력이 약간 감퇴하는 것을 사실이지만, 심하게 신체적 혹은 정신적 장애를 받지 않는 한, 성적인 능력이 완전히 사라지는 경우는 극히 드물다. 국내의 한 연구에 따르면, 65세 이상 남자 노인의 89.4%, 여자 노인의 30.9%가 정상적인 성기능을 유지하고 있는 것으로 나타났다(정동철, 1996).

노년기의 성적 변화는 생물학적 측면, 심리적 측면, 그리고 사회문화적 측면과 밀접한 관련성을 지니고 있다(Spencer, 1991). 여기에서 네 번째 특성은 신체와 생리적인 원인만 가지고 노인들에게 발견되는 성적 관심과 활동의 감소를 설명할 수는 없으며, 노인들의 성적 관심과 활동의 감소에는 사회적인 원인이 작동한다는 것을 의미 한다(한영현, 2003).

그래서, 노년기의 성적 변화를 살펴보기 위해 먼저 노년기의 성기능은 생물학적 노화로 인한 내분비계의 변화와 신체적 질병과 관련이 있다. 여성의 경우 30~40대에 성충동이 절정에 이르지만, 폐경과 함께 질의 축소와 탄력의 손실, 질 분비물의 감소 등으로 인하여 성관계 시 통증을 유발할 수 있으며, 성적 감응도 감소하게 된다. 남성의 경우에는 15~25세 사이에 성적 충동이 최고점에 이르지만, 발기와 사정에 있어서 많은 변화가 일어나게 된다. 즉, 노년기에는 음경의 감소, 음경강직도(强直度)의 저하, 발기각도의 저하로 인한 불완전한 발기문제가 발생할 수 있다. 그리고 심장병 등의 만성질환으로 성기능에 문제가 생기기도 하며, 성생활을 의도적으로 억제하지만 성적 표현의 대안적 방법으로 모색하면 만성질환이 성기능에 미치는 부정적 영향은 통제가 가능한 부분이 많다. 이러한 생물학적 노화에 의한 노년기의 성적 기능의 변화에도 불구하고 성생활이 불가능한 신체연령은 없으며, 적절한 성적 자극이 주어진다면 남녀 모두 성적 표현과 관계가 가능해진다(권중돈, 2004).

두 번째, 노인의 심리상태는 성기능에 많은 영향을 미치게 되는 불안, 우울, 긴장감 등과 성행위 자체에 대한 불안과 실패공포 등은 성기능을 저하시키는 주된 요인이다. 그 외에 스트레스, 죄의식, 우울, 만성적 무료함, 분노, 지나친 음주 등

표 19.3 청년과 남성노인의 성기능 비교

구 분	청 년	노 인
발기시간	5~10초	3배 이상(60~70세)
발기각도	30~50℃	-30℃
발기지속 시간	50분	10분 이하
극치감	2단계(고조기)	1단계(흥분기)
사정거리	30~60cm	10~30cm
성교능력 회복시간	30분(중년은 1~2시간)	12~24시간

자료 : 오진주(2000). 노인과 성. 한국노년학회(편), 노년학의 이해. 대영문화사, p. 300~313.

은 노년기의 성적 관심과 활동에 부정적 영향을 미치게 된다. 실제로 성기능장애의 대부분이 심리적 원인이 있는 것으로 보고되고 있을 정도로 노년기의 성기능은 심리적 요인에 의해 좌우된다고 할 수 있다(홍숙자, 2006).

세 번째, 사회적 노화와 성기능과의 관계를 살펴보면, 성적 파트너인 배우자와의 사별, 자녀의 재혼 반대 등으로 인하여 성적 관심을 표현할 수 있는 통로가 제약되며, 노년기의 성생활에 대한 사회적 편견과 문화적 또는 종교적인 이유로 인하여 성적 표현 기회를 상실하게 만들거나, 성적 표현을 억제시킨다. 이러한 사회적 편견으로 인하여 어떤 노인들은 노년기에 성적 충동을 느끼는 것 자체에 대해서 죄의식과 수치심을 느끼기도 한다(유성호 외, 2002). 이와 관련하여 연령계층에 따른 성기능의 비교를 표 19.3에서 제시하였다.

2) 노년기 성생활의 장애

노년기 성적 역기능에 의한 성생활의 장애를 크게 5가지로 분류된다. ① 심장질환, 당뇨병, 뇌혈관질환, 고혈압, 암, 관절염 등의 만성 신체질환, ② 항우울제, 항불안제, 고혈압제 등의 약물로 인한 부작용, ③ 불안, 우울, 성적 실태에 대한 공포 등의 심리적 요인, ④ 골반이나 가슴 수술, ⑤ 후천성 면역결핍장애 등에 의해 야기 된다(Weg, 1996). 이러한 요인들 중에 노년기의 성적 역기능을 일으키는 주된 원인은 심리적 요인으로 밝혀지고 있으며, 만성 신체질환은 성적 역기능이나 장애를 일으키는 주요 원인이기는 하지만 적절한 치료와 관리를 하게 되면 그 영향을 최소화할 수 있다(권중돈, 2004).

4. 노년기 성생활 유지를 위한 요인

1) 성적 관심

노인의 성적 능력은 건강할수록 젊었을 때부터 성활동이 왕성할수록, 또 성적 기회가 많고 성적 자극이 많을수록 길고 강하게 유지된다. Masters & Johnson (1966)은 나이가 들수록 남성의 효과적인 성의 유지에 가장 중요한 요인은 적극적인 성활동을 계속하는 것이라고 한다. 1993년에 출판된 야누스의 성행위 보고서에는 65세 이상 된 남자의 69%와 여자 74%가 적어도 1주일에 한 번 이상의 성행위를 하는 것으로 나타나 나이든 부모 또는 할아버지, 할머니들이 아들, 딸이나 손자, 손녀들과 비슷한 정도의 성행위를 가진다는 희망적인 보고이다. 그러므로 젊었을 때부터 성적 관심을 계속해서 높이는 것이 성의 노화를 방지하는 것이다(송정아, 1995; 김태현·한희선, 1996).

2) 건강상태

성활동을 유지하기 위해서는 신체적으로도 정신적으로도 건강한 것이 전제조건이다. 중년기에 생긴 성인병은 노년기에 들어서 노인들에게는 만성병이 되고 이들은 적어도 한두 개의 만성병으로 고생하게 된다. 관절염, 고혈압, 당뇨병, 신경통 등은 생명에 치명적이지는 않지만, 이러한 만성질환으로 인하여 오히려 정신건강과 관련되어 있는 것들로 대표적인 것이 노인성 우울증으로서, 이러한 노년기 정신질환도 성적 능력을 저하시키는 요인이 된다(김태현·한희선, 1996).

3) 결혼생활과 배우자

결혼을 해서 배우자가 있는 것, 그 배우자에게 성적 욕구가 있어서 성적 능력이 건전한 것이 노인의 성활동 유지를 위한 커다란 요인이다. 즉, 배우자가 해야 하는 역할 중에서 자녀들과 친구들, 이웃과의 관계를 통해서는 채워지지 않는 역할이 있는데, 그것은 바로 성적 욕구를 충족하는 파트너 역할이다. 그러므로 어느 한쪽이든 배우자의 사망은 성적 파트너의 상실을 가져온다(高橋 久美子, 1989). 배우자가 없는 경우에는 성적 파트너가 있고, 없음에 따라 관련이 된다. 특히, 여성은 배우자를 포함해서 성 파트너의 상대에 따라 의존하는 경우가 크다.

Chistenson(1965) 등에 의하면 기혼노인여성의 88%가 평균 주 1회의 성관계를 갖는 한편, 결혼생활을 하지 않는 사람들은 37%만이 성관계를 유지하고 있다고 하였다. Pfeiffer(1972) 등의 노인조사연구에 의하면 부부들은 54%가 성관계를 가지는데 비하여 독신자, 과부, 이혼자 등은 7%만이 성관계를 가지고 있는 것으로 나타났다. 이것은 성활동이 만성위주의 주도형임을 의미하는 것이다(김태현·한희선, 1996).

4) 성관계에 대한 가치관 인식

여성은 폐경기가 되면 사실상 생식능력이 종결되었다고 볼 수 있을 뿐 아니라, 성생활도 종결되었다고 생각하는 심리적 영향이 많이 나타난다. 그것은 아내가 성관계를 거부하는 현상으로도 나타난다. 건강한 배우자가 있는 남성노인이 성적 불만을 나타내는 이유 중의 가장 큰 것은 부인이 성관계를 싫어 한다는 것으로 4명 중 1명은 건강한 부인한테서 성관계를 거부당한다고 한다. 이것은 노년기에 나타나는 남녀에 대한 성관계의 가치관 차이라고 볼 수 있다(김태현·한희선, 1996).

5. 노년기 성을 위한 제언

성은 인간에게 가장 중요한 문제의 하나로서 예전부터 여러 가지 시각에서 생각되어 왔고 논의되어 왔으며, 단순히 성교나 생식(生殖), 혹은 그 생리적인 능력을 한정하는 것이 아니고, 이성과의 친밀한 인간적 교류를 지향하는 욕구나 행동 등 광범위한 내용이 포함된다(김태현·한희선, 1996).

그러므로 노년기 성과 관련한 많은 연구결과들을 통해서도 알 수 있듯이 노인이 성과는 관계가 없다고 생각하는 지금까지의 고정관념, 노인관 등은 일반인들이 지닌 이해부족과 배우자를 상실하고 난 후 이성교제나 재혼을 꺼려하는 지배적인 생각이 노년기 성에 대한 욕구를 지닌 노인 자신과 사회 및 정책적인 측면에서 어떤 제언이 가능한지를 살펴보고자 한다.

첫 번째, 노년기의 성욕구와 관심 또는 관련된 사고에 관해 회피하고 참거나, 음성적인 방법으로 해소하기 보다는 성욕구에 대한 적당한 표현과 해소가 노년기의 신체적·정신적 건강에 도움이 된다는 사실을 알아야 하고, 노년기의 성활동에 대한 노인 스스로의 긍정적 자세와 건전한 수용이 필요하다(강현숙, 2002). 따라서 각종 노인대학, 노인교실, 노인종합사회복지관 등에서 개최되는 노년기 건강교육에 적극적으로 참여하며, 의료기관, 가족, 상담사 등과 의논하고 상담할 수 있는 스스로의 돌봄에 관한 방법들이 요구된다.

두 번째, 노인을 둘러싼 가족의 환경을 들 수 있다. 즉, 노인 자신들의 의사에 따라 성생활을 계속하거나 이성교제 및 재혼에 관해 노인의 자녀와 기타 가족, 친인척 등의 의견이나 상황이 더 크게 좌우되어 기본 권리가 제약당해서는 안 된다. 고령, 노인, 노화 등의 생물학적 조건에 의해 기본 욕구의 해소가 젊은 세대와 차별되는 전통적 인식이 해소될 수 있도록 더 많은 노력이 지금보다 필요하다.

세 번째, 성공적이며 긍정적인 노년기의 성을 위해 체계적인 교육 프로그램의 개발이 필요하다. 올바른 노년기 성에 대한 지식과 정보, 성의 의미, 성활동 등을 학습할 수 있는 기회를 확대하기 위해서는 먼저, 교육 프로그램의 개발과 확대를 가능하게 할 수 있는 지역 내 전문 기관과의 네트워크가 갖춰져야 한다. 각종 사회교육기관, 노인종합복지관, 노인대학 등 실질적인 운영을 통해 인식의 전환이 이루어질 수 있는 실천이 뒷받침되어야 한다.

이 밖에도 다양한 제언들이 모색될 수 있다는 것은 실천해야 할 산재한 문제들이 곳곳에 있으며, 그에 따른 전문인력과 기관 및 정책 등이 수반되어야 함을 내포하고 있다.

노인의 성이 추악하고 비정상적인 것이 아니라 살아 있는 기본 욕망이며, 기본 권리라는 것을 감안하다면 인간의 기본 욕구라는 맥락에서 이해하고 지원하는 사회적 공감대가 형성되어 인간중심, 생명존중적인 노년기의 성개념으로 전환되어야 하겠다.

제 20 장

노인과 죽음

모든 인간은 삶의 끝에 죽도록 예정되어 있다. 죽음은 모든 인간이 경험하는 피할 수 없는 마지막 단계인 것이다. 즉, 죽음이란 우리 모두가 빠르거나 늦거나 간에 직면해야 하는 것이다.

그러나 죽음은 누구에게나 피할 수 없으며 받아들여져야 하는 것임에도 불구하고 인간은 죽음에 대한 불안과 공포로 인해 그에 대한 이야기를 꺼려하며 금기하고 있다.

죽음은 가장 철저하게 개인적이면서도 동시에 보편적인 감정을 내포하는 것으로 우리 모두에게 어릴 적부터 갖고 있던 공포나 환상, 그리고 그것에 대한 방어 자세를 가져오게 한다. 오늘날 과학적인 진보에도 불구하고 죽음은 인간의 가장 보편적인 결과로 남아 있고 아무도 죽음에서 자유롭지 못하고 있다. 특히 노년기는 죽음과 가장 가까운 단계로서 과학적 기술의 진보나 평균수명의 연장으로 인해 죽음은 노인에게서 가장 많이 볼 수 있는 현상이 되었다.

인간이 출생에서부터 죽음에 이르는 여정에 오른다면 여정의 끝에 맞이하게 될 죽음에 대해 부정과 불안한 태도만을 갖는 것은 올바르지 못한 것이다. 즉, 죽음에 대한 언급을 회피하는 것만이 문제를 해결하는 방법이 아니며 이런 회피나 금기가 오히려 직접적으로 죽음과 대면할 때 더 많은 어려움과 고통을 주게 된다. 우리가 죽음을 보다 깊이 인식함으로써 삶을 더 확실하게 지각할 때, 즉,

죽음의 개념을 우리의 삶에 통합시킬 때 오히려 삶의 질을 윤택하게 할 것이다.

인간에게 있어 죽음의 문제는 피할 수 없는 것이고, 그에 대한 적극적인 이해가 이루어져 죽음에 대한 대처를 해야 하며, 이에 필요한 심리적 준비를 유도하여 현재의 삶에 보다 적극적이고 의미 있는 태도를 산출하도록 해야 한다면 죽음에 가장가까이 있는 노년기에서 특히 죽음에 직면하고자 하는 태도는 더욱 필요한 일이라 할 것이다.

따라서 노년기의 죽음이 결코 한 개인에게만 국한된 것이 아니고 가족의 불안과 염려에 관련이 있으며, 또한 노년기의 고독과 불안에도 많은 관련이 있으므로 본 장에서는 죽음의 문제를 다루어 보고자 한다.

1. 죽음의 개념 및 의의

1) 죽음의 개념

죽음이란 무엇인가에 대하여 한마디로 대답하기는 쉽지 않다. 죽음에 대한 의미와 태도는 문화마다 다르며 같은 문화권에서도 연령이나 건강, 개인의 가치관 및 철학, 개인적 성격 및 상황, 종교 등 여러 조건에 따라 달라지기 때문에 죽음에 대한 의미나 개념을 규정하는 것은 간단한 일이 아니다.

죽음은 살아 있는 상태의 종결을 의미하는 것으로 생존능력을 상실하고서 죽어가는 과정이 끝나는 순간을 의미한다. 죽음의 의미는 다음 네 가지 유형으로 분류될 수 있다(Gnewuch, 1976).

즉, 첫째는 '영혼적인 죽음'으로 이것은 신으로부터의 이탈을 의미하며, 둘째는 '생물학적인 죽음'으로 뇌나 심장 등 인간의 생명과 관계되는 장기의 기능이 멈추는 것을 의미한다. 셋째는 '정신·심리학적인 죽음'으로 회복될 수 없는 혼수상태에 빠지는 것을 의미한다. 마지막으로 '사회적 죽음'으로 이는 인간이 사회환경에 더 이상 적응될 수 없는 상태로서 현실세계로부터 완전히 위축된 경우를 의미하고 있다.

죽음이란 삶을 위한 필수조건이며 인간이 경험할 수 있는 사건 가운데서 가장 심오하고 의미 있는 것으로 죽음을 해석하고 받아들이는 자세는 개인의 상황이나 신념 등 여러 상태에 따라 다르다.

브롬버그 등(Bromberg & Schilder, 1933)에 의하면 죽음이란 첫째, 복수의 수단이 될 수 있으며, 둘째, 감당 못할 현세를 벗어나기 위한 도피수단이 되기도 하고, 셋째, 자기불멸의 존재를 확인하기 위한 최종적이며 완벽한 자기애의 구현을 의미하기도 하고, 마지막으로 응징과 책벌이란 뜻에서 피학적 성향을 만족시키는 방법이 된다고 하여 죽음이 여러 가지 방법 및 수단의 의미를 지니고 있음을 지적하였다(조두현, 1985 재인용).

죽음은 대체로 다음 네 가지 형태로 의인화 되고 있다(최선덕 역, 1983).

첫째는 섬뜩한 자(macabre)의 형상으로 가장 혐오스럽고 억압적이며 전형적인 고령의 노인으로 표현되는 것이다. 둘째는 온화한 위안자(gentle comforter)의 형태로 간주하여 강하면서도 부드러운 중년으로서의 죽음을 보는 것이다. 셋째는 유쾌한 사기꾼(gay deceiver)의 형태로 사람들을 죽음으로 유인하고 지휘하는 것으로 죽음을 의인화하는 것이다. 마지막으로는 자동제어자(Automation)의 형태로 죽음을 객관적이고 감정이 없는 기계와 같고 인간적 성질이 결여된 것으로 보는 것이다. 이 자동제어자 형태는 현대 과학과 기술에 대한 반작용으로 죽음이 헛되고 의미 없음을 뜻하는 것으로 가장 현대적인 형태로 보고 있다.

죽음은 죽어 가는 사람뿐만 아니라 남는 사람들에게도 매우 견디기 힘든 일이다. 죽음을 받아들이는 형태나 그 개념은 개인에 따라 다를 수 있으나 특히 노년기에 보다 수용적으로 받아들이기 위해서는 죽음을 이해하는 일이 필요할 것이다.

2) 죽음의 의미

현대 사회에서 죽음은 인생의 종말을 의미하며 대체로 죽는 사람은 노인인 것으로 인식하고 있다. 즉, 노인과 죽음과의 관련은 늙어가는 것에 대한 공포와 죽음에 대한 고정관념을 이루게 하며, 노인에 대한 거리감을 갖게 한다. 죽음의 의미가 생물학적, 심리적, 사회적 현상에 따라 다르지만 자연현상으로서의 죽음은 노령화와 가장 깊은 관련이 있는 것은 사실이다.

인간의 연령에 따라 죽음을 해석하고 받아들이는 자세가 다르지만 성인 및 노년층에서 찾을 수 있는 죽음의 의미는 다음과 같이 볼 수 있다(김태현 외, 1984).

첫째, 죽음을 시간의 제약 또는 종말로 보는 것이다. 둘째, 죽음을 상실로 보는 것이다. 디고리와 로트만(Diggory & Rotman, 1961)은 사람은 죽음으로써 다음 일곱 가지의 것을 상실한다고 하였다.

1. 살아서 경험할 수 있는 능력의 상실
2. 죽은 후의 상황(예 : 내세)을 예견할 수 있는 능력의 상실
3. 죽은 후에 올 육신의 변화에 대한 공포의 상실
4. 부양가족을 돌봐야 할 능력의 상실
5. 가족이나 친지가 느끼는 고통과 슬픔의 상실
6. 미래를 예측할 수 있는 기회의 상실
7. 비교적 진통이 없는 상태로서의 존재의 상실 등이다.

셋째, 죽음을 형벌로 보는 것이다. 노년기에 접어들면 당연히 죽음과 자신의 붕괴라는 불가피한 현상을 자각하기 시작한다. 따라서 지나온 인생을 회고하며 과거의 경험과 그 의미를 재평가하여 자아통합을 이루고자 한다.

칼리쉬(Kalish, 1976)는 죽음에 관한 인식이 노인들의 삶을 재조명하는 데 매우 중요하며, 그 이유로는 첫째, 노인들이 한정된 기간 속에서 삶을 살면서 죽음에 직면하고 있다는 점, 둘째는 노인들은 그들 주위에서 죽음과 관련된 불안감을 체험하면서 동시에 자기의 죽음에 대해서도 준비할 수 있다는 점을 지적하고 있다. 즉, 노년기에서 죽음의 의미를 직시하는 것은 삶의 마지막 단계를 적절히 준비하게 되고 죽음에 임박하여 닥쳐 올 여러 가지 변화에 적극적이며 생산적으로 대처할 수 있게 되어 노인의 정신·심리 건강에 매우 좋은 영향을 미칠 수 있다는 점을 시사하고 있다.

2. 죽음에 대한 태도

죽음을 받아들이는 태도는 긍정적으로 죽음을 수용하는 경우와 부정적으로 죽음을 거부하는 두 가지 경우로 크게 구분할 수 있다. 그러나 우리 생활에서 죽음을 담담하게 그대로 수용하여 받아들이는 경우는 매우 드물다. 즉, 깊은 내적인 신앙

심을 지녔거나 철저한 무신론의 입장에서 담담히 죽음을 받아들일 경우, 죽음에 대한 불안이나 공포는 덜 하겠지만 대부분의 사람들은 죽음을 받아들이는 과정의 어디에선가 공포와 불안 등으로 괴로워하고 있다.

더욱이 노년기에 이르면 죽음에 대한 공포는 모든 불안의 원인이 되며, 따라서 가끔 죽음에 대하여 대단히 강한 부정을 나타내기도 한다.

대체로 죽음에 대한 태도를 본 연구들은 죽음을 불안 및 공포와 관련시켜서 본 연구가 많으며, 또한 죽음에 대한 긍정적·부정적 태도나 사후세계에 대한 태도, 안락사에 대한 태도 등을 살핀 연구들이 이루어지고 있다. 그리고 죽음에 관련한 대부분의 연구들은 죽음을 가까이 느끼는 노년층이나 죽음에 임박한 임종환자와 그 가족을 대상으로 이루어지고 있다.

1) 죽음과 인생주기

죽음을 받아들이는 태도나 견해는 아동과 성인기 등의 발전과정에서 변화가 있다. 네이기(M. Nagy, 윤진 역, 1985 재인용)에 의하면, 3~10세 사이의 헝가리 어린이 378명을 대상으로 한 연구에서 볼 때 죽음에 대한 인식은 다음 세 가지 발달단계를 거쳐서 이루어지며 5~9세 때 죽음을 구체화한다고 보고 있다.

즉, 첫째, 3~5세 시기에는 죽은 사람은 현재 잠자고 있는 상태이거나 멀리 떠나가 버린 것으로 간주하여 이미 죽었다고 하더라도 단지 먼 여행을 떠난 것으로 여기며 다시 회복되어 살아날 수 있다고 본다.

둘째, 5~9세 때는 죽음을 의인화하고 죽음이 최종적인 것으로 인식하여 일단 죽으면 다시 살아날 수 없다는 것을 깨닫는다.

그러나 죽음을 피할 수 있는 것으로 생각하여 착한 아이가 되거나 방문을 걸어 잠그거나 하면 죽음을 모면할 수 있다고 생각한다. 즉, 아직 죽음이 누구에게나 오는 보편적인 것으로 인식하지 못하고 있다.

셋째, 9~10세 이후에는 죽음은 최종적인 것으로 원상회복이 불가능하고 아무도 피할 수 없는 것으로 인식하게 된다. 즉, 죽음을 개인적이고 보편적이며, 필연적인 것으로 인식하게 된다.

이와 같은 아동기 때의 죽음에 관한 인식과정을 거쳐 청소년기 이후부터는 죽음에 관한 명확한 개념이 형성되고 그에 따른 관심과 불안이 나타나게 된다.

젊은 층은 죽음에 대해서 다른 연령집단과는 다른 태도를 취하는데 이들은 죽어가는 사람들에게는 죽음에 대해서 말해 주어야 한다는 등의 개방적 태도를 갖고 있으며, 반면에 죽음에 대해서 더 무서워하고 죽음에 저항해 활발히 싸우려고 한다.

중년층은 죽음의 순서를 인지하여 부모님이 돌아가시고 친한 친구들의 죽음을 경험함으로써 이제 죽음이 자신에게 더욱 가까이 왔음을 알게 되고 현실에 대해 매우 불안해 한다. 물론 연령과 노인의 불안과의 관계가 일관성 있는 것은 아니지만 많은 연구에서 노인집단이 다른 집단에 비해 가장 낮은 죽음의 공포를 느끼고 있다고 밝히고 있다.

노인들이 죽음을 덜 두려워하는 이유는 세 가지로 지적되고 있다.

첫째, 노인들은 자기의 생명에 큰 가치를 두지 않으며 자신의 미래가 제한되어 있음을 인정하고 있다는 점이며, 둘째, 오랜 세월을 살아온 노인들은 자신이 충분히 살았고, 이제부터 사는 것은 덤으로 사는 것이라고 생각하기 때문이다. 셋째는 사람들은 세월의 흐름에 따라 타인의 죽음과 많은 연관을 갖게 되고 그것이 자기 자신의 죽음을 받아들일 자세를 갖추도록 돕는다는 것이다.

노인들이 죽음을 공포로서가 아니라 수용하는 자세로 보고 있다 하더라도 많은 연구에서 노인들은 다른 어느 집단보다도 죽음에 대해서 더욱 많이 생각하고 있다고 밝히고 있다.

죽음에 가장 직면하고 있는 노인들이 죽음을 수용하고 받아들이는 것은 노년기의 성공적인 발달과업 중 하나일 것이다. 노년기에는 자신의 주변을 정돈하고 사회적 활동을 줄이며 종말을 기다림으로써 점차 죽음을 준비하거나 하는 등 다가오는 죽음을 자연스럽게 받아들이도록 노력하는 것이 가장 필요하며, 이것이 죽음과 관련된 인생주기에서 노년기에 맞이해야 할 가장 적합한 태도가 될 것이다.

2) 죽음에 대한 반응단계

사람들은 일반적으로 죽음에 대한 공포와 불안을 갖는 부정적 태도와 한편으로는 수용하려는 긍정적 태도가 혼재되어 있다. 비록 노인들이 죽음을 받아들이려는 수용적 태도를 보다 많이 나타낸다고 하여도 죽음에 대한 불안이나 관심은 어느 연령층 못지않게 지니고 있다.

큐블러-로스(E, Kübbler-Ross, 1969)는 불치병을 앓고 있는 환자 200명을 대상으로 심리상태를 살펴본 결과 사람들은 자신의 죽음에 대비하여 다음 5단계의 심리적 단계를 거쳐서 다가오는 죽음을 깨닫게 된다고 하였다. 물론 모든 사람들이 이 각 단계를 다 똑같은 순서로 거치는 것은 아니며 때로는 일부분이 중복되고 어떤 단계는 전혀 나타나지 않을 수도 있다고 하였다.

(1) 부정과 고립(denial & isolation)

죽음에 자신을 내맡기기를 거부하고 부정하여 스스로 고립상태에 빠지는 단계이다. 즉, 절망적인 병을 앓고 있는 사람들은 처음에는 거의 죽음을 부정하며 임박한 죽음이라는 현실을 거부하고서 무엇인가 잘못되었다고 느낀다. 그래서 진단이 잘못되었거나 의사의 실수하고 여겨 더 긍정적이고 만족스러운 처방이 나올 때까지 다른 병원이나 다른 의사를 찾아다니게 된다.

우리는 살아가는 동안 우리에게 불편함을 주는 현실의 인정을 거부할 때가 있다. 일반적으로 현실에 대한 부정(否定)은 문제를 해결하는 데 적절한 도움을 주지 않는다고 여겨지지만 환자에게 있어 죽음과 불치병의 부정은 필요가 있다.

거부나 부정은 뜻밖의 충격적 소식을 받은 뒤 완충작용을 하여 죽음의 현실에 대한 고통을 덜 느끼도록 하고 환자로 하여금 자신을 가다듬게 만들고 시간이 흐르면서 좀 덜 강경한 방어수단으로 대체하는 여유를 주게 된다. 부정을 하지 않고 자신의 병과 죽음을 차분한 눈으로 보는 사람은 드물다. 대부분 죽을병이라는 통지를 받을 경우 첫 반응은 일시적인 충격을 받고 시간이 흐르면서 서서히 충격에서 벗어나게 된다. 따라서 이런 부정이나 거부에 접했을 경우에는 이것을 인위적으로 막기보다는 상대가 좀더 현실적인 견해를 갖도록 도와주는 것이 필요하다.

(2) 분노(anger)

자신의 병의 증세가 드러나게 되어 부정을 더 이상 유지할 수 없게 되면 분노와 사나움, 원망 등의 감정으로 대체된다. 즉, 이 단계는 죽음의 위협이 닥쳤을 때 더 이상 자신의 죽음을 부정할 수 없게 되어 분노하고 절망하게 되는 단계이다.

이 분노의 단계에서는 “왜 하필 내가?”라는 질문을 하게 되고 이 분노가 아무 때나 닥치는 대로 폭발하기 때문에 가족 또는 주변 사람들이 감당하기가 힘들게 된다. 때로는 이 단계에서 신(神)에게 저주를 하는 사람도 있고 사람들이 자기를 잊을 것이라는 사실을 받아들이지 못하기 때문에 목소리를 높이고 불평을 하며 주의를 끌려고 많은 요구를 하기도 한다.

이런 원망과 분노는 죽음에 임박한 상황에서 대부분 너무나 당연한 반응일 수 있다. 분노의 감정을 마음껏 폭발할 수 있도록 도와주고 이에 대한 충분한 이해를 하는 것이 분노의 단계에 있는 사람을 보살피고자 할 때 필요한 점이라 할 수 있다.

(3) 협상(bargaining)

이 단계는 죽음을 연장시키기 위한 타협을 하는데 노력하는 단계이다. 즉, 절박하게 다가온 죽음을 잠시 초인적 능력이나 의학 또는 의사, 신(神)과 타협을 하려고 노력하는 단계로 환자들은 연장된 생명에 대한 조건으로 '신에게 헌신하는 생명'이나 '교회에 봉사하는 생활'을 약속하기도 한다. 과거의 경험으로 미루어 착실한 행동을 해 보이고 특별한 헌신을 하기로 맹세함으로써 그 보상을 받을 수 있다고 생각한다.

예를 들면, 어느 기간까지 생명을 연장하는 것이나 며칠이라도 좋으니 통증 없이 신체적 불편이 없이 보냈으면, 또는 벌여 놓은 사업이나 재산을 정리할 때까지만 등의 소망을 선행에 대한 상(償)으로 타협하기를 바란다.

(4) 우울(depression)

첫 단계인 부정의 단계에서는 "내가 그럴 리 없어."라고 말하고 분노의 단계에서는 "왜 하필 내가 죽어야 해."라고 말하며, 세 번째인 협상의 단계에서는 "어쩔 수 없지, 하지만…."이라는 물음을 가질 수 있었다. 앞의 세 번째 단계에서 "어쩔 수 없지."라는 말은 죽음에 대한 사실을 받아들이고 그 사실을 아는 용기가 생긴 것을 의미하며 그 이후 "아아, 슬프도다."라는 체념과 절망이 섞인 우울 상태(4번째 단계)로 빠지게 된다.

사람들은 자신이 소유했던 것들 때문에 슬퍼할 뿐만 아니라 여러 가지 사물을 상실하게 됨에 따라 더욱 슬퍼하게 된다. 죽음을 앞둔 사람은 가족과 친지들에게 이별을 고할 시간이 된 것이므로 사람들과의 관계를 끊고 이 세상과 자신을 분리시킬 준비를 하는 것이다.

큐블러-로스는 이와 같은 우울증 반응을 두 가지로 나누었는데 그것은 반응적 우울(reactive depression)과 예비적 우울(preparatory depression) 이다. 첫째, 반응적 우울은 과거나 현재의 손실과 관계되는 것으로 병으로 인하여 상실한 것에 대한 원통함, 수치심, 죄의식 등을 수반한다. 즉, 예를 들면, 유방암을 앓거나 자궁암이 나타난 여인은 자기가 이제는 여자가 아니라는 자조감에 빠질 수 있고 아이가 있는 경우에는 어머니로서 제대로 돌볼 수 없을 때 슬픔과 가책이 더욱 커질 수 있다.

둘째, 예비적 우울은 다가오는 미래의 상실에서 초래되는 것으로 죽음을 인식하고 세상의 모든 애착을 끊어버려야 하는 데에 대한 슬픔을 미리 나타낸 것이다. 이것은 사랑하는 모든 것을 잃게 된다는 데서 오는 우울이며, 최후의 운명을 순순히 받아들이기 위한 '죽음의 준비'로서 우울상태를 나타내는 것이므로 점진적인 결별을 위해 매우 자연스러운 과정인 것이다.

따라서 이 단계에서의 우울은 필요 불가결하고 이 단계를 거쳐야 체념하고 평온히 죽음을 맞이할 수 있으므로 가족 및 주변사람들이 보다 따뜻하고 포용적인 자세로 보살펴야 한다.

(5) 수용(acceptance)

환자가 충분한 시간을 갖거나 위의 4단계의 과정을 거쳐 오면서 여러 노력을 해왔을 때 환자는 이제 우울감도 분노도 더 이상 느끼지 않고 거의 아무런 감정을 갖지 않게 된다. 이 단계는 행복한 단계는 아니나 감정이 없는 단계로 대개는 환자 자신도 지치고 허약하게 되어 죽음을 수용하게 되는 단계이다. 수용단계에 있는 환자들은 매우 뚜렷한 침착함과 평온함을 보이고 "이제 떠날 시간이다."라는 태도를 보인다. 이 단계를 최후의 성장 단계라고도 말한다.

가장 이상적인 것은 환자나 가족들이 죽음이 일어나기 전에 이 수용의 단계에 도달하여 환자 자신이 마음의 평화를 회복한 후 임종하는 것이다. 그러나 모든 환자가 이 단계에 이르도록 강요한다는 것은 매우 위험한 일이다.

이 세상에는 '전형적인' 죽음의 과정은 없다. 물론 큐블러-로스의 5단계도 하나의 과정 후에 반드시 다음의 과정이 오는 연쇄적인 발생이 아니다. 중요한 것은 죽음을 앞둔 사람이 보다 평온하고 침착하게 받아들이고 품위 있게 맞이하도록, 그리고 죄의식이나 회한을 갖지 않고 평화롭게 죽음을 받아들이도록 도와 주고 이해하는 것이다.

3) 임종간호

노인들이 죽음에 대한 태도가 긍정적이냐, 부정적이냐 등의 죽음의 수용도는 노인 자신이 가진 많은 조건들에 따라 달라질 수 있다. 그러나 보다 중요한 것은 노인들이 죽음에 대한 정서적, 감정적 준비가 이루어져 자연스럽게 맞이하는 태도를 갖는 것이다.

즉, 죽어 가는 사람에 대한 의학적 업무의 측면은 삶을 마무리 짓는 단계에서 매우 중요한 일이지만 보다 중요한 것은 환자가 생의 마무리 단계로 옮겨가도록 도와주는 방법을 발달시키고, 가족과 친척, 친구들과의 사별에 대한 준비를 갖출 수 있도록 하는 심리사회적 측면의 도움일 것이다.

죽음을 앞두고 있는 환자에게 좀 더 편안하게 임종을 맞이할 수 있도록 도와 주는 임종간호(hospice care)는 이러한 측면의 한 노력일 것이다. 임종간호는 1865년 아일랜드에서 시작된 것으로 거리에서 죽어가는 가난한 환자들을 수녀원으로 데려와서 편안한 임종을 맞게 해준 데서 유래가 된 것이다. 우리나라에서도 확산되어 가고 있는 추세이다.

임종간호의 목적은 근본적으로 임종단계에 있는 환자의 생활을 질적으로 향상시키는 데 있기 때문에 죽음은 삶의 자연스러운 과정이라는 것을 인식시키고 이것을 기초로 하여 정신·심리적, 육체적인 고통을 완화시켜 주는 것이다. 즉, 예정되어 있는 죽음을 기다리는 동안 자신의 지난 삶을 정리하고 남은 생애를 유용하고 가치 있게 보낼 수 있도록 도와주는 것이다.

임종간호의 기본원칙은 다음과 같다(김정휘 역, 1992).

첫째, 임종간호란 타인을 헌신적으로 보살피는 목적으로 모인 사람들의 집단(caring community)으로서, 죽어 가는 환자와 그 가족들의 신체적·정서적 그리고 영적인 안녕과 복지를 증진시킨다.

둘째, 임종간호는 특히 의학, 간호학의 보건관계 전문가나 임종간호 교육을 받은 관계자가 반드시 관여해야 한다. 이들은 임종간호에 필요한 충분한 전문적인 지식을 갖고 통증완화와 증상치료에 노력해야 하며 24시간 동안 연락과 치료가 가능하도록 해야 한다.

셋째, 임종간호는 환자만이 아니라 그 가족들에게도 동료의식과 사기를 북돋아 주는 역할을 해야 한다. 또한 이러한 정신적인 보살핌은 단순히 환자의 사망 직전 어느 일정기간에만 한정되지 말고 사망 후의 추모와 애도의 기간 동안에도 가족과 깊은 유대를 맺어야 한다.

넷째, 임종간호는 인종, 국적, 종교, 경제적 지위에 차별을 두지 말고 누구에게나 베풀어져야 한다.

다섯째, 임종간호는 어느 특정한 병원이나 양로원의 시책에 따라 운영되어서는 안 되며, 임종간호단체 자체의 독립적인 프로그램에 의해서 맡은 바 임무를 수행해야 한다.

3. 죽음에 대한 태도와 관련요인

1) 성 별

성차에 따른 죽음에 대한 태도와 관련된 연구들은 일관성 있게 나타나지는 않지만 몇몇 연구들(Foulkes, 1964; 서혜경, 1987)은 여성이 남성에 비해 죽음 및 임종에 대해 보다 많이 생각하는 경향이 있다고 보고하고 있다. 즉, 여성들이 남성들보다 죽음에 대한 불안을 더 느끼고 있다고 밝히고 있다.

이러한 결과는 아마도 여성이 성장과정에서 사회화되어 온 의존성과 종속성이 죽음과 같은 위기적 사건에 대한 방어능력을 약화시킨 결과를 반영한 것으로 풀이된다. 즉, 누구의 딸이나 누구의 어머니로서 의존적으로 살아온 여성이 막상 홀로 남게 될 때 어려운 상황에 대처하는 힘이 크지 못할 것이므로 더 큰 불안이나 두려움을 느끼는 것으로 보고 있다.

한편, 디고리와 로트만(Diggory & Rothman, 1961; 최신덕 외, 1983 재인용)은 여성의 경우 타인의 슬픔에 대해 그리고 사후 신체에 대한 결과나 임종의 고통 등에 보다 더 관심을 두는 경향이 있는 반면에 남성들은 계획이나 사업이 미결되는 상태에 대해 보다 불안해한다고 밝혔다.

조지연(1989)의 연구에서도 성별에 따라 죽음의 불안에 대한 유형별 차이가 있다고 나타나는데 남성의 경우 존재정지 및 상실의 불안이 불안 유형 중 가장 높게 나타나며, 여성의 경우는 임종불안이 가장 높게 나타나고 있다. 그러나 세 영역 모두에서 여성이 남성보다 불안도가 높게 나타나고 있다.

따라서 남성은 죽음으로 인하여 더 이상 자신이 존재할 수 없는 상태 및 죽음으로 인해 계획했던 일이나 목표를 더 이상 할 수 없게 된다는 사실 또는 경험의 상실 등에 대한 불안이 매우 지배적인 것으로 나타나며, 여성은 임종과정에서 일어나는 심리적·신체적 고통에 대해 가장 불안을 많이 느끼는 것을 알 수 있다.

그러나 성별과 죽음에 대한 태도 간에는 상관이 없다는 보고(Mcdonald et al., 1986)도 있다.

2) 연 령

많은 연구들에서 노인이 죽음에 대해 보다 많이 생각하고 젊은이에 비해서 죽음의 불안이나 공포는 낮은 것으로 나타나고 있다. 즉, 벵슨과 그의 동료들이 행한 연구에서 보면 죽음에 대해 공포나 불안을 가장 많이 가지는 층은 중년층(45~54세)이고 노인집단(65~74세)은 오히려 공포를 적게 느낀다고 나타난다(최신덕 역, 1985). 그리고 칼리쉬(Kalish, R. 1976)의 연구에서는 젊은 성인의 40%, 중년성인의 26%, 노인의 10%가 죽음에 대한 두려움을 나타내었다고 하여 젊은이들 간에서 죽음의 공포가 가장 높다는 사실을 제시하였다.

그러나 조지연(1989)의 연구에서는 청년기(13~25세), 성인기(26~29세), 노년기(60세 이상)의 3개 연령그룹으로 나누어 살펴본 결과 노년기가 죽음에 대한 불안 정도가 가장 높게 나타나고 있으며, 그 다음은 성인기, 청년기의 순으로 나타나고 있다. 이것은 인생후기에 놓인 연령층일수록, 죽음의 현실에 대한 실제적인 불안감이 죽음에 대한 반응에 반영되기 때문으로 볼 수 있다. 또한 역할상실이나 노인지위의 약화 등이 노인들에게 죽음에 대한 불안감을 고조시키므로 노년층에서 불안 정도가 높게 나타난 것으로 볼 수 있다. 그리고 청년기의 낮은 죽음 불안도는 이 연령층이 가장 자기애적 성취가 강하므로 죽음의 불안이 억압된 것으로 볼 수 있다.

3) 교육수준

교육수준은 죽음의 불안전도와의 관계에서 직접적인 관련이 있으며, 연령보다 오히려 죽음의 태도에 더 관련이 있다는 견해가 있다. 즉, 교육정도가 낮은 사람이 죽음을 더 많이 생각하고 죽음에 대한 계획을 덜 하며 죽음에 의해 보다 많은 위협을 받는 것으로 느끼고 있다.

교육수준과 죽음에 대한 불안태도 등의 관계를 보다 명확히 규명하기 위해서는 학력변인과 밀접한 관련이 예상되는 연령이나 경제적 변인과의 밀접한 관련이 예상되는 연령이나 경제적 변인과의 상호작용 효과의 통제 후 교육수준에 따른 주효과를 보는 것이 바람직할 것이다.

조지연(1989)은 교육수준에 따른 죽음 불안도를 보기 위해 상그룹(초대졸 이상), 하그룹(고졸 이하)로 구분하여 살펴본 결과 학력이 높은 사람에게서 죽음불안이 낮게 나타나고 있음을 보고하였다. 또한 연령변인을 통제한 후 학력과 죽음불안정도를 살펴본 후에도 학력이 죽음불안에 영향을 미치고 있음을 나타냈다.

4) 종교 및 사후 내세관

죽는 것에 대한 두려움과 죽음 이전에 어떤 사람이 있을 것인가에 대한 두려움은 인간의 삶에 지배적인 관념임을 부인할 수 없다.

사후 내세관의 믿음은 사람이 죽음을 초월할 수 있는 상징적 의미로서 제한된 생물학적인 차원에서 벗어나 보편적인 삶을 이룰 수 있다는 소망을 나타낸 것이다. 내세에 대한 믿음은 어떤 면에서는 인간의 유한성을 부정하는 가치관이기도 하지만 현세의 고통을 내세에서 보상받는다는 믿음을 갖게 함으로써 인간으로 하여금 죽음에 대한 두려움을 감소시키는 역할을 하기도 한다.

즉, 죽음 뒤에도 생(生)이 계속된다고 하는 영혼불멸의 내세에 대한 믿음은 죽음의 공포나 불안에 대한 주요한 대체 기제(coping mechanism)가 될 것이다. 대부분의 종교는 내세관을 갖고 있다.

종교와 죽음의 태도 간의 관계는 학자들마다 상이한 주장을 하고 있다. 일반적으로 사후 내세관은 죽음과 밀접한 관련이 있는데, 인간이 종교를 가짐으로써 신에게 의지하고 내세나 부활을 믿어 죽음을 편안히 받아들일 수 있다고 믿기 때문에 종교가 죽음에 대한 태도에 영향을 미친다고 보고 있다.

그러나 종교와 죽음에 대한 불안 정도는 종교에 얼마만큼 절실히 헌신하느냐와 깊은 관련이 있다고 주장되고 있으며, 또한 종교를 믿는 정도, 즉 약한지 강한지에 따라 상당히 관련이 있다고 나타나고 있다.

종교성의 강도와 죽음 불안 정도와의 관계를 연구해 온 이들은(Kalish & Reynolds, 1976; Wagner & Lorion, 1984) 종교적 믿음이 강한 사람들이 그렇지 않은 사람들보다 낮은 죽음의 불안 정도를 나타내고 있다고 밝혔다. 한편으로는 가장 높은 불안을 보였던 집단은 비종교인보다 불규칙적으로 교회에 나가거나 중간 정도의 종교성을 갖는 사람이라는 결과도 나타나고 있다.

역시 사후 내세에 대한 믿음 정도에 따른 죽음 불안도(조지연, 1989)를 보면, 믿음 정도를 상·중·하로 구분하였을 때 중집단이 가장 불안을 많이 느끼는 것으로 나타나고 있다. 이는 중간 집단의 사후 내세에 대한 긍정, 부정의 양가적(ambiguous) 믿음상태가 죽음 불안도를 상승시키는 요인으로 작용되었기 때문으로 볼 수 있다.

따라서 특별한 종교적 관점보다는 어떻게 진실 되고 순수하게 믿느냐의 믿음체계가 죽음의 불안에 영향을 미치며, 공포감을 완화하고 수용하는 태도에 더 깊은 영향을 미치는 것으로 생각된다.

5) 수 입

죽음은 현재의 삶에서 상실이 온다는 점에서 두려움과 불안, 고통을 낳는 것이다. 현재의 생활에서 잃고 싶지 않은 욕망이 죽음의 공포를 낳으므로 소득의 정도 여부 또한 죽음의 태도와 관련이 있을 것이다. 그러나 연구결과들은 일정하게 나타나고 있지 않다.

즉, 수입과 죽음의 불안도와는 관계가 없거나 수입이 노인의 죽음불안을 예측하는 지표가 아님을 나타내는 결과가 있으며(서혜경, 1987), 반면에 수입의 정도가 삶과 죽음에 대한 태도에 영향을 미친다는 지적하면서 높은 수입을 갖고 있는 사람이 삶과 죽음에 더 적극적으로 대처하며 보다 긍정적인 태도를 보이고 있다는 연구 결과(Keith, 1979; 조지연, 1989)가 있다.

또한 우리나라 노인을 대상으로 한 김태현 외(1984)의 연구에서는 상류층 노인일수록 죽음의 태도가 부정적이며 하류층 노인일수록 죽음의 태도가 긍정적인 태도를 지니는 것으로 나타나고 있다.

즉, 상류층 노인일수록 죽음이 곧 모든 생의 단절이라고 생각되므로 부정적 태도를 지닐 수 있고, 하류층 노인의 경우 죽음이 현실의 당면 문제인 생계의 고통에서 해방되는 것으로 생각할 수 있기 때문에 긍정적 태도를 지닐 수 있다. 이러한 결과는 생활정도가 높은 노인일수록 다시 태어나기를 원했으며 생활수준이 낮은 노인일수록 다시 태어나고 싶지 않다는 환생의 욕구 정도와도 같은 맥락에서 해석될 수 있다.

수입이 죽음의 긍정적 태도와 부정적 태도 중 어느 쪽과 밀접히 관련되어 있다고 말할 수는 없으며, 기존의 연구결과도 일정치 않으나 노년기의 수입으로 인한 생활의 풍요 또는 제약요인은 삶에 대한 노인의 관점에 영향을 미칠 수 있으므로 죽음에 대한 노인의 심리상태에도 영향을 미칠 수 있다고 본다.

6) 건강수준

건강수준과 죽음의 태도 간의 관계는 건강상태를 측정하는 도구의 기준을 정신적 건강에 두느냐, 신체적 건강에 두느냐에 따라서도 달라지며 조사대상자의 주관적 판단에 근거를 두느냐 또는 객관적 평가기준에 그 근거를 두느냐에 따라서도 다르게 나타나고 있다.

노인에게 있어서 건강은 생활만족도나 우울증 등에 크게 영향을 미치는 요인이 됨은 주지되어 온 바이다. 건강상태는 노인의 활동성에 영향을 미치고 만성질환이 있거나 건강수준의 약화는 죽음에 대한 불안을 가중시키는 요인으로 작용될 것이므로 건강수준의 약화는 죽음에 대한 불안을 가중시키는 요인으로 작용될 것이므로 건강수준은 노인의 죽음에 대한 심리상태에 영향을 미치게 된다.

죽음과 건강에 대한 연구결과(서혜경, 1987)를 보면, 개인의 건강이 객관적으로나 주관적으로나 죽음의 불안과는 가장 큰 관련이 있으며, 허약한 신체를 가진 사람들이 죽음에 대한 불안이 높다고 나타나고 있다.

따라서 자신이 신체적으로 건강하지 못하다고 생각하는 노인일수록 죽음에 대한 불인이 높은 것이라고 예견된다.

부록

노인장기요양보험법

[제정 2007. 4. 27. 법률 제8403호], 시행일 2008. 7. 1.

총 칙

제1조(목적) 이 법은 고령이나 노인성 질병 등의 사유로 일상생활을 혼자서 수행하기 어려운 노인 등에게 제공하는 신체활동 또는 가사활동 지원 등의 장기요양급여에 관한 사항을 규정하여 노후의 건강증진 및 생활안정을 도모하고 그 가족의 부담을 덜어줌으로써 국민의 삶의 질을 향상하도록 함을 목적으로 한다.

제2조(정의) 이 법에서 사용하는 용어의 정의는 다음과 같다.

1. "노인 등"이라 함은 65세 이상의 노인 또는 65세 미만의 자로서 치매·뇌혈관성 질환 등 대통령령이 정하는 노인성 질병을 가진 자를 말한다.
2. "장기요양급여"라 함은 제15조 제2항에 따라 6개월 이상 동안 혼자서 일상생활을 수행하기 어렵다고 인정되는 자에게 신체활동·가사활동의 지원 또는 간병 등의 서비스나 이에 갈음하여 지급하는 현금 등을 말한다.
3. "장기요양사업"이라 함은 장기요양보험료, 국가 및 지방자치단체의 부담금 등을 재원으로 하여 노인 등에게 장기요양급여를 제공하는 사업을 말한다.
4. "장기요양기관"이라 함은 제31조의 규정에 따라 지정을 받은 기관 또는 제32조의 규정에 따라 지정의제된 재가장기요양기관으로서 장기요양급여를 제공하는 기관을 말한다.
5. "장기요양요원"이라 함은 장기요양기관에 소속되어 노인 등의 신체활동 또는 가사활동 지원 등의 업무를 수행하는 자를 말한다.

제3조(장기요양급여 제공의 기본원칙) ① 장기요양급여는 노인 등의 심신상태·생활환경과 노인 등 및 그 가족의 욕구·선택을 종합적으로 고려하여 필요한 범위 안에서 이를 적정하게 제공하여야 한다.

② 장기요양급여는 노인 등이 가족과 함께 생활하면서 가정에서 장기요양을 받는 재가급여를 우선적으로 제공하여야 한다.

③ 장기요양급여는 노인 등의 심신상태나 건강 등이 악화되지 아니하도록 의료서비스와 연계하여 이를 제공하여야 한다.

제4조(국가 및 지방자치단체의 책무 등) ① 국가 및 지방자치단체는 노인이 일상생활을 혼자서 수행할 수 있는 온전한 심신상태를 유지하는데 필요한 사업(이하 "노인성질환예방사업"이라 한다)을 실시하여야 한다.

② 국가는 노인성질환예방사업을 수행하는 지방자치단체 또는 「국민건강보험법」에 따른 국민건강보험공단(이하 "공단"이라 한다)에 대하여 이에 소요되는 비용을 지원할 수 있다.

③ 국가 및 지방자치단체는 노인인구 및 지역특성 등을 고려하여 장기요양급여가 원활하게 제공될 수 있도록 충분한 수의 장기요양기관을 확충하고 장기요양기관의 설립을 지원하여야 한다.

④ 국가 및 지방자치단체는 장기요양급여가 원활히 제공될 수 있도록 공단에 필요한 행정적 또는 재정적 지원을 할 수 있다.

제5조(장기요양급여에 관한 국가정책방향) 국가는 제6조의 장기요양기본계획을 수립·시행함에 있어서 노인뿐만 아니라 장애인 등 일상생활을 혼자서 수행하기 어려운 모든 국민이 장기요양급여, 신체활동지원서비스 등을 제공받을 수 있도록 노력하고 나아가 이들의 생활안정과 자립을 지원할 수 있는 시책을 강구하여야 한다.

제6조(장기요양기본계획) ① 보건복지부장관은 노인 등에 대한 장기요양급여를 원활하게 제공하기 위하여 5년 단위로 다음 각 호의 사항이 포함된 장기요양기본계획을 수립·시행하여야 한다.

1. 연도별 장기요양급여 대상인원 및 재원조달 계획
2. 연도별 장기요양기관 및 장기요양전문인력 확충 방안
3. 그 밖에 노인 등의 장기요양에 관한 사항으로서 대통령령이 정하는 사항

② 지방자치단체의 장은 제1항의 규정에 따른 장기요양기본계획에 따라 세부시행계획을 수립·시행하여야 한다.

제2장 장기요양보험

제7조(장기요양보험) ① 장기요양보험사업은 보건복지부장관이 관장한다.

② 장기요양보험사업의 보험자는 공단으로 한다.

③ 장기요양보험의 가입자(이하 "장기요양보험가입자"라 한다)는 「국민건강보험법」 제5조 및 제93조의 규정에 따른 가입자로 한다.

제8조(장기요양보험료의 징수) ① 공단은 장기요양사업에 소요되는 비용에 충당하기 위하여 장기요양보험료를 징수한다.

② 제1항의 규정에 따른 장기요양보험료는 「국민건강보험법」 제62조의 규정에 따른 보험료(이하 이 조에서 "건강보험료"라 한다)와 통합하여 징수한다. 이 경우 공단은 장기요양보험료와 건강보험료를 구분하여 고지하여야 한다.

③ 공단은 제2항의 규정에 따라 통합 징수한 장기요양보험료와 건강보험료를 각각의 독립회계로 관리하여야 한다.

제9조(장기요양보험료의 산정) ① 장기요양보험료는 「국민건강보험법」 제62조 제4항 및 제5항의 규정에 따라 산정한 보험료액에서 동법 제66조 또는 제66조의2 규정에 따라 경감 또는 면제되는 비용을 공제한 금액에 장기요양보험료율을 곱하여 산정한 금액으로 한다.

② 제1항의 규정에 따른 장기요양보험료율은 제45조의 규정에 따른 장기요양위원회의 심의를 거쳐 대통령령으로 정한다.

제10조(장애인 등에 대한 장기요양보험료의 감면) 공단은 「장애인복지법」에 따른 장애인 또는 이와 유사한 자로서 대통령령이 정하는 자가 장기요양보험가입자 또는 그 피부양자인 경우 제15조 제2항의 규정에 따른 수급자로 결정되지 못한 때 대통령령이 정하는 바에 따라 장기요양보험료의 전부 또는 일부를 감면할 수 있다.

제11조(장기요양보험가입 자격 등에 관한 준용) 「국민건강보험법」 제5조 내지 제10조, 제62조 제1항 내지 제3항, 제67조 내지 제75조 및 제93조의2 규정은 장기요양보험가입자·피부양자의 자격취득·상실, 장기요양보험료 등의 납부·징수 및 결손처분 등에 관하여 이를 준용한다. 이 경우 "保險料"는 "장기요양보험료"로, "健康保險"은 "장기요양보험"으로, "加入者"는 "장기요양보험가입자"로 본다.

제3장 장기요양인정

제12조(장기요양인정의 신청자격) 장기요양인정을 신청할 수 있는 자는 노인 등으로서 다음 각 호의 어느 하나에 해당하는 자격을 갖추어야 한다.

1. 장기요양보험가입자 또는 그 피부양자
2. 「의료급여법」 제3조 제1항의 규정에 따른 수급권자(이하 "의료급여수급권자"라 한다)

제13조(장기요양인정의 신청) ① 장기요양인정을 신청하는 자(이하 "신청인"이라 한다)는 공단에 보건복지부령이 정하는 바에 따라 장기요양인정신청서(이하 "신청서"라 한다)에 의사 또는 한의사가 발급하는 소견서(이하 "의사소견서"라 한다)를 첨부하여 제출하여야 한다. 다만, 의사소견서는 공단이 제15조 제1항에 따라 등급판정위원회에 자료를 제출하기 전까지 이를 제출할 수 있다.

② 제1항의 규정에 불구하고 거동이 현저하게 불편하거나 도서·벽지 지역에 거주하여 의료기관을 방문하기 어려운 자 등 대통령령이 정하는 자는 의사소견서를 제출하지 아니할 수 있다.

③ 의사소견서의 발급비용·비용부담방법·발급자의 범위 그 밖에 필요한 사항은 보건복지부령으로 정한다.

제14조(장기요양인정 신청의 조사) ① 공단은 제13조 제1항의 규정에 따라 신청서를 접수한 때 보건복지부령이 정하는 바에 따라 소속 직원으로 하여금 다음 각 호의 사항을 조사하게 하여야 한다. 다만, 지리적 사정 등으로 직접 조사하기 어려운 경우 또는 조사에 필요하다고 인정하는 경우 시·군·구(자치구를 말한다. 이하 같다)에 대하여 조사를 의뢰하거나 공동으로 조사할 것을 요청할 수 있다.

1. 신청인의 심신상태
2. 신청인에게 필요한 장기요양급여의 종류 및 내용
3. 그 밖에 장기요양에 관하여 필요한 사항으로서 보건복지부령이 정하는 사항

② 제1항의 규정에 따라 조사를 하는 자는 조사일시, 장소 및 조사를 담당하는 자의 인적사항 등을 미리 신청인에게 통보하여야 한다.

③ 공단 또는 제1항 단서의 규정에 따른 조사를 의뢰받은 시·군·구는 조사를 완료한 때 조사결과서를 작성하여야 한다. 조사를 의뢰받은 시·군·구는 지체 없이 공단에 조사결과서를 송부하여야 한다.

제15조(등급판정 등) ① 공단은 제14조의 규정에 따른 조사가 완료된 때 조사결과

서, 신청서, 의사소견서 그 밖에 심의에 필요한 자료를 제52조의 규정에 따른 장기요양등급판정위원회(이하 "등급판정위원회"라 한다)에 제출하여야 한다.

② 등급판정위원회는 신청인이 제12조의 신청자격요건을 충족하고 6개월 이상 동안 혼자서 일상생활을 수행하기 어렵다고 인정하는 경우 심신상태 및 장기요양이 필요한 정도 등 대통령령이 정하는 등급판정기준에 따라 장기요양급여를 받을 자(이하 "수급자"라 한다)로 판정한다.

③ 등급판정위원회는 제2항의 규정에 따라 심의·판정을 하는 때 신청인과 그 가족, 의사소견서를 발급한 의사 등 관계인의 의견을 들을 수 있다.

제16조(장기요양등급판정기간) ① 등급판정위원회는 신청인이 신청서를 제출한 날부터 30일 이내에 제15조의 규정에 따른 장기요양등급판정을 완료하여야 한다. 다만, 신청인에 대한 정밀조사가 필요한 경우 등 기간이내에 등급판정을 완료할 수 없는 부득이한 사유가 있는 경우 본문의 기간의 범위 안에서 이를 연장할 수 있다.

② 공단은 등급판정위원회가 제1항 단서의 규정에 따라 장기요양인정심의 및 등급판정기간을 연장하고자 하는 경우 신청인 및 대리인에게 그 내용·사유 및 기간을 통보하여야 한다.

제17조(장기요양인정서) ① 공단은 등급판정위원회가 장기요양인정 및 등급판정의 심의를 완료한 경우 지체 없이 다음 각 호의 사항이 포함된 장기요양인정서를 작성하여 수급자에게 송부하여야 한다.

1. 장기요양등급
2. 장기요양급여의 종류 및 내용
3. 그 밖에 장기요양급여에 관한 사항으로서 보건복지부령이 정하는 사항

② 공단은 등급판정위원회가 장기요양인정 및 등급판정의 심의를 완료한 경우 수급자로 판정받지 못한 신청인에게 그 내용 및 사유를 통보하여야 한다. 이 경우 시장·군수·구청장(자치구의 구청장을 말한다. 이하 같다)은 공단에 대하여 이를 통보하도록 요청할 수 있고, 요청을 받은 공단은 이에 응하여야 한다.

③ 공단은 제1항의 규정에 따라 장기요양인정서를 송부하는 때 장기요양급여를 원활히 이용할 수 있도록 제28조의 규정에 따른 월 한도액 범위 안에서 표준장기요양이용계획서를 작성하여 이를 함께 송부하여야 한다.

④ 제1항 및 제3항의 규정에 따른 장기요양인정서 및 표준장기요양이용계획서의 작성방법에 관하여 필요한 사항은 보건복지부령으로 정한다.

제18조(장기요양인정서를 작성할 경우 고려사항) 공단은 장기요양인정서를 작성할

경우 제17조 제1항 제2호의 규정에 따른 장기요양급여의 종류 및 내용을 정하는 때 다음 각 호의 사항을 고려하여 정하여야 한다.

1. 수급자의 장기요양등급 및 생활환경
2. 수급자와 그 가족의 욕구 및 선택
3. 시설급여를 제공하는 경우 장기요양기관이 운영하는 시설 현황

제19조(장기요양인정의 유효기간) ① 제15조의 규정에 따른 장기요양인정의 유효기간은 최소 1년 이상으로서 대통령령으로 정한다.

② 제1항의 유효기간의 산정방법 그 밖에 필요한 사항은 보건복지부령으로 정한다.

제20조(장기요양인정의 갱신) ① 수급자는 제19조의 규정에 따른 장기요양인정의 유효기간이 만료된 후 장기요양급여를 계속하여 받고자 하는 경우 공단에 장기요양인정의 갱신을 신청하여야 한다.

② 제1항의 규정에 따른 장기요양인정의 갱신 신청은 유효기간이 만료되기 전 30일까지 이를 완료하여야 한다.

③ 제12조 내지 제19조의 규정은 장기요양인정의 갱신절차에 관하여 이를 준용한다.

제21조(장기요양등급 등의 변경) ① 장기요양급여를 받고 있는 수급자는 장기요양등급, 장기요양급여의 종류 또는 내용을 변경하여 장기요양급여를 받고자 하는 경우 공단에 변경신청을 하여야 한다.

② 제12조 내지 제19조의 규정은 장기요양등급의 변경절차에 관하여 이를 준용한다.

제22조(장기요양인정 신청 등에 대한 대리) ① 장기요양급여를 받고자 하는 자 또는 수급자가 신체적·정신적인 사유로 이 법에 따른 장기요양인정의 신청, 장기요양인정의 갱신신청 또는 장기요양등급의 변경신청 등을 직접 수행할 수 없을 때 본인의 가족이나 친족 그 밖의 이해관계인은 이를 대리할 수 있다.

② 「사회복지사업법」에 따른 사회복지전담공무원은 관할 지역 안에 거주하는 자에 대한 제1항의 규정에 따른 장기요양인정신청 등을 본인 또는 가족의 동의를 얻어 대리할 수 있다.

③ 제1항 및 제2항의 규정에 불구하고 장기요양급여를 받고자 하는 자 또는 수급자가 제1항의 규정에 따른 장기요양인정신청 등을 할 수 없는 경우 시장·군수·구청장이 지정하는 자는 이를 대리할 수 있다.

④ 제1항 내지 제3항의 규정에 따른 장기요양인정신청 등의 방법 및 절차 등에 관하여 필요한 사항은 보건복지부령으로 정한다.

제4장 장기요양급여의 종류

제23조(장기요양급여의 종류) ① 이 법에 따른 장기요양급여의 종류는 다음 각 호와 같다.

1. 재가급여
   가. 방문요양 : 장기요양요원이 수급자의 가정 등을 방문하여 신체활동 및 가사활동 등을 지원하는 장기요양급여
   나. 방문목욕 : 장기요양요원이 목욕설비를 갖춘 장비를 이용하여 수급자의 가정 등을 방문하여 목욕을 제공하는 장기요양급여
   다. 방문간호 : 장기요양요원인 간호사 등이 의사, 한의사 또는 치과의사의 지시서(이하 "방문간호지시서"라 한다)에 따라 수급자의 가정 등을 방문하여 간호, 진료의 보조, 요양에 관한 상담 또는 구강위생 등을 제공하는 장기요양급여
   라. 주·야간보호 : 수급자를 하루 중 일정한 시간 동안 장기요양기관에 보호하여 신체활동 지원 및 심신기능의 유지·향상을 위한 교육훈련 등을 제공하는 장기요양급여
   마. 단기보호 : 수급자를 보건복지부령이 정하는 범위 안에서 일정기간 동안 장기요양기관에 보호하여 신체활동 지원 및 심신기능의 유지·향상을 위한 교육·훈련 등을 제공하는 장기요양급여
   바. 기타재가급여 : 수급자의 일상생활·신체활동 지원에 필요한 용구를 제공하거나 가정을 방문하여 재활에 관한 지원 등을 제공하는 장기요양급여로서 대통령령이 정하는 것
2. 시설급여 : 장기요양기관이 운영하는 「노인복지법」 제34조의 규정에 따른 노인의료복지시설(노인전문병원은 제외한다) 등에 장기간 동안 입소하여 신체활동 지원 및 심신기능의 유지·향상을 위한 교육훈련 등을 제공하는 장기요양급여
3. 특별현금급여
   가. 가족요양비 : 제24조의 규정에 따라 지급하는 가족장기요양급여
   나. 특례요양비 : 제25조의 규정에 따라 지급하는 특례장기요양급여
   다. 요양병원간병비 : 제26조의 규정에 따라 지급하는 요양병원장기요양급여

② 제1항 제1호 및 제2호의 규정에 따라 장기요양급여를 제공할 수 있는 장기요양기관의 종류 및 기준과 장기요양급여 종류별 장기요양요원의 범위·업무·보수교육 등에 관하여 필요한 사항은 대통령령으로 정한다.

③ 장기요양급여의 제공 기준·절차·방법·범위 그 밖에 필요한 사항은 보건복지부령으로 정한다.

제24조(가족요양비) ① 공단은 다음 각 호의 어느 하나에 해당하는 수급자가 가족 등으로부터 제23조 제1항 제1호 가목의 규정에 따른 방문요양에 상당한 장기요양급여를 받은 때 대통령령이 정하는 기준에 따라 당해 수급자에게 가족요양비를 지급할 수 있다.

1. 도서·벽지 등 장기요양기관이 현저히 부족한 지역으로서 보건복지부장관이 정하여 고시하는 지역에 거주하는 자
2. 천재지변 그 밖에 이와 유사한 사유로 인하여 장기요양기관이 제공하는 장기요양급여를 이용하기가 어렵다고 보건복지부장관이 인정하는 자
3. 신체·정신 또는 성격 등 대통령령이 정하는 사유로 인하여 가족 등으로부터 장기요양을 받아야 하는 자

② 제1항의 규정에 따른 가족요양비의 지급절차 그 밖에 필요한 사항은 보건복지부령으로 정한다.

제25조(특례요양비) ① 공단은 수급자가 장기요양기관이 아닌 노인요양시설 등의 기관 또는 시설에서 재가급여 또는 시설급여에 상당한 장기요양급여를 받은 경우 대통령령이 정하는 기준에 따라 당해 장기요양급여비용의 일부를 당해 수급자에게 특례요양비로 지급할 수 있다.

② 제1항의 규정에 따라 장기요양급여가 인정되는 기관 또는 시설의 범위, 특례요양비의 지급절차 그 밖에 필요한 사항은 보건복지부령으로 정한다.

제26조(요양병원간병비) ① 공단은 수급자가 「노인복지법」 제34조 제1항의 규정에 따른 노인전문병원 또는 「의료법」 제3조 제5항의 규정에 따른 요양병원에 입원한 때 대통령령이 정하는 기준에 따라 장기요양에 소요되는 비용의 일부를 요양병원간병비로 지급할 수 있다.

② 제1항의 규정에 따른 요양병원간병비의 지급절차 그 밖에 필요한 사항은 보건복지부령으로 정한다.

제5장 장기요양급여의 제공

제27조(장기요양급여의 제공 시기) ① 수급자는 제17조 제1항의 규정에 따른 장기요양인정서가 도달한 날부터 장기요양급여를 받을 수 있다.

② 제1항의 규정에 불구하고 수급자는 돌볼 가족이 없는 경우 등 대통령령이 정하는 사유가 있는 경우 신청서를 제출한 날부터 장기요양인정서가 도달되는 날까지의 기간 중에도 장기요양급여를 받을 수 있다.

③ 제2항의 규정에 따라 장기요양급여가 인정되는 범위와 절차 등은 대통령령으로 정한다.

제28조(장기요양급여의 월 한도액) ① 장기요양급여는 월 한도액 범위 안에서 제공한다. 이 경우 월 한도액은 장기요양등급 및 장기요양급여의 종류 등을 고려하여 산정한다.

② 제1항의 규정에 따른 월 한도액의 산정기준 및 방법 그 밖에 필요한 사항은 보건복지부령으로 정한다.

제29조(장기요양급여의 제한) ① 공단은 장기요양급여를 받고 있거나 받을 수 있는 자가 다음 각 호의 어느 하나에 해당하는 경우 장기요양급여를 중단하거나 제공하지 아니하게 하여야 한다.

1. 허위 그 밖에 부정한 방법으로 장기요양인정을 받은 경우
2. 고의로 사고를 발생하도록 하거나 본인의 위법행위에 기인하여 장기요양인정을 받은 경우

② 공단은 장기요양급여를 받고 있는 자가 정당한 사유 없이 제60조 또는 제61조의 규정에 따른 요구에 응하지 아니하거나 답변을 거절한 경우 장기요양급여의 전부 또는 일부를 제공하지 아니하게 할 수 있다.

제30조(장기요양급여의 제한 등에 관한 준용) 「국민건강보험법」 제48조 제1항 제4호·제2항 내지 제6항 및 제49조의 규정은 이 법에 따른 보험료 체납자 등에 대한 장기요양급여의 제한 및 장기요양급여의 정지에 관하여 이를 준용한다. 이 경우 "加入者"는 "장기요양보험가입자"로, "保險給與"는 "장기요양급여"로 본다.

제6장 장기요양기관

제31조(장기요양기관의 지정) ① 장기요양기관을 설치·운영하고자 하는 자는 소재지를 관할구역으로 하는 시장·군수·구청장으로부터 지정을 받아야 한다.
② 제1항의 규정에 따라 장기요양기관으로 지정받고자 하는 자는 보건복지부령이 정하는 장기요양에 필요한 시설 및 인력을 갖추어야 한다.
③ 시장·군수·구청장은 제1항의 규정에 따라 장기요양기관을 지정한 때 지체 없이 지정 명세를 공단에 통보하여야 한다.
④ 장기요양기관의 지정절차 그 밖에 필요한 사항은 보건복지부령으로 정한다.

제32조(재가장기요양기관의 설치) ① 제23조 제1항 제1호의 재가급여 중 어느 하나 이상에 해당하는 장기요양급여를 제공하고자 하는 자는 시설 및 인력을 갖추어 재가장기요양기관을 설치하고 시장·군수·구청장에게 이를 신고하여야 한다. 신고를 받은 시장·군수·구청장은 신고 명세를 공단에 통보하여야 한다.
② 제1항 전단의 규정에 따라 설치의 신고를 한 재가장기요양기관은 장기요양기관으로 본다.
③ 의료기관이 아닌 자가 설치·운영하는 재가장기요양기관은 방문간호를 제공하는 경우 방문간호의 관리책임자로서 간호사를 둔다.
④ 제1항의 규정에 의한 시설 및 인력기준 그 밖에 필요한 사항은 보건복지부령으로 정한다.

제33조(장기요양기관의 시설·인력에 관한 변경) 장기요양기관은 시설 및 인력 중 보건복지부령이 정하는 중요한 사항을 변경하는 경우 보건복지부령이 정하는 바에 따라 시장·군수·구청장에게 신고하여야 한다. 신고를 받은 시장·군수·구청장은 지체 없이 변경 명세를 공단에 통보하여야 한다.

제34조(장기요양기관 정보의 안내 등) ① 장기요양기관은 수급자가 장기요양급여를 쉽게 선택하도록 하고 장기요양기관이 제공하는 급여의 질을 보장하기 위하여 장기요양기관별 급여의 내용, 시설·인력 등 현황자료 등을 공단이 운영하는 인터넷 홈페이지에 게시하여야 한다.
② 제1항의 규정에 따른 게시 내용, 방법, 절차 그 밖에 필요한 사항은 보건복지부령으로 정한다.

제35조(장기요양기관의 의무) ① 장기요양기관은 수급자로부터 장기요양급여신청을 받은 때 장기요양급여의 제공을 거부하여서는 아니 된다. 다만, 입소정원에 여유가

없는 경우 등 정당한 사유가 있는 경우는 그러하지 아니하다.

② 장기요양기관은 제23조 제3항의 규정에 따른 장기요양급여의 제공 기준·절차 및 방법 등에 따라 장기요양급여를 제공하여야 한다.

③ 장기요양기관의 장은 장기요양급여를 제공한 수급자에게 장기요양급여비용에 대한 명세서를 교부하여야 한다.

④ 제3항의 규정에 따른 장기요양급여비용의 명세서 그 밖에 필요한 서식 등은 보건복지부령으로 정한다.

제36조(장기요양기관의 폐업 등 신고) ① 장기요양기관은 폐업하거나 휴업하고자 하는 경우 폐업이나 휴업 예정일 전 30일까지 시장·군수·구청장에게 신고하여야 한다. 신고를 받은 시장·군수·구청장은 지체 없이 신고 명세를 공단에 통보하여야 한다.

② 시장·군수·구청장은 제1항의 규정에 따라 휴업 또는 폐업신고를 접수한 경우 인근지역에 대체 장기요양기관이 없는 경우 등 장기요양급여에 중대한 차질이 우려되는 때 장기요양기관의 폐업 또는 휴업 철회를 권고하거나 그 밖의 다른 조치를 강구하여야 한다.

③ 시장·군수·구청장은 「노인복지법」 제43조의 규정에 따라 노인의료복지시설 등(장기요양기관이 운영하는 시설인 경우에 한한다)에 대하여 사업정지 또는 폐지 명령을 하는 경우 지체 없이 공단에 그 내용을 통보하여야 한다.

④ 재가장기요양기관의 장은 재가장기요양기관의 폐업 또는 휴업을 하고자 하는 때 시장·군수·구청장에게 이를 신고하여야 한다. 신고를 받은 시장·군수·구청장은 신고 명세를 지체 없이 공단에 통보하여야 한다.

제37조(장기요양기관 지정의 취소 등) ① 시장·군수·구청장은 장기요양기관이 다음 각 호의 어느 하나에 해당하는 경우 그 지정을 취소할 수 있다. 다만, 제1호에 해당하는 경우 지정을 취소하여야 한다.

1. 허위 그 밖의 부정한 방법으로 지정을 받은 경우
2. 장기요양기관이 제35조 제1항의 규정을 위반하여 장기요양급여를 거부한 경우
3. 제31조 제2항의 규정에 따른 지정기준에 적합하지 아니한 경우
4. 허위 그 밖의 부정한 방법으로 재가 및 시설 급여비용을 청구한 경우
5. 제60조 및 제61조의 규정에 따른 질문·검사 및 자료의 제출 요구를 거부·방해하거나 허위로 보고하거나 허위 자료를 제출한 경우
6. 장기요양기관의 종사자 등이 다음 각 목의 어느 하나에 해당하는 행위를 한 경우
   가. 수급자의 신체에 폭행을 가하거나 상해를 입히는 행위

나. 수급자에게 성적 수치심을 주는 성폭행, 성희롱 등의 행위

다. 자신의 보호·감독을 받는 수급자를 유기하거나 의식주를 포함한 기본적 보호 및 치료를 소홀히 하는 방임행위

② 시장·군수·구청장은 제1항의 규정에 따라 지정을 취소한 경우 지체 없이 공단에 지정취소의 명세를 통보하여야 한다.

③ 시장·군수·구청장은 재가장기요양기관이 다음 각 호의 어느 하나에 해당하는 경우 6개월의 범위 안에서 영업정지를 명하거나 폐쇄명령을 할 수 있다. 다만, 제1호에 해당하는 경우 폐쇄명령을 하여야 한다.

1. 허위 그 밖의 부정한 방법으로 신고한 경우
2. 제32조 제1항의 규정에 따라 갖추어야 하는 시설 및 인력을 갖추지 아니한 경우
3. 제1항 제2호, 제4호 내지 제6호 중 어느 하나에 해당하는 경우

④ 시장·군수·구청장은 제3항의 규정에 따라 재가장기요양기관에 대하여 영업정지 또는 폐쇄명령을 한 경우 지체 없이 공단에 그 내용을 통보하여야 한다. 폐쇄명령을 받은 재가장기요양기관은 제1항의 규정에 따라 장기요양기관의 지정이 취소된 것으로 본다.

⑤ 제1항 및 제3항의 규정에 따라 지정취소 또는 폐쇄명령을 받은 자는 그 처분을 받은 날부터 대통령령이 정하는 기간 동안에는 장기요양기관 또는 재가장기요양기관으로 다시 지정받거나 신고할 수 없다.

⑥ 제1항 및 제3항의 규정에 따른 지정 취소의 절차 등에 관하여 필요한 사항은 보건복지부령으로 정한다.

제7장 재가 및 시설 급여비용 등

제38조(재가 및 시설 급여비용의 청구 및 지급) ① 장기요양기관은 수급자에게 재가급여 또는 시설급여를 제공한 경우 공단에 장기요양급여비용을 청구하여야 한다.

② 공단은 제1항의 규정에 따라 장기요양기관으로부터 재가 또는 시설 급여비용의 청구를 받은 경우 이를 심사하여 장기요양에 소요된 비용 중 공단부담금(재가 및 시설 급여비용 중 본인일부부담금을 공제한 금액을 말한다)을 당해 장기요양기관에게 지급하여야 한다.

③ 공단은 제54조 제2항의 규정에 따른 장기요양기관의 장기요양급여평가 결과에 따라 장기요양급여비용을 가산 또는 감액조정하여 지급할 수 있다.

④ 제1항 내지 제3항의 규정에 따른 재가 및 시설 급여비용의 심사기준, 장기요양급여비용의 가감지급의 기준, 청구절차 및 지급방법 등에 관한 사항은 보건복지부령으로 정한다.

제39조(재가 및 시설 급여비용의 산정) ① 재가 및 시설 급여비용은 급여종류 및 장기요양등급 등에 따라 제45조의 규정에 따른 장기요양위원회의 심의를 거쳐 보건복지부장관이 정하여 고시한다.

② 보건복지부장관은 제1항의 규정에 따라 재가 및 시설 급여비용을 정할 때 대통령령이 정하는 바에 따라 국가 및 지방자치단체로부터 장기요양기관의 설립비용을 지원받았는지 여부 등을 고려할 수 있다.

③ 제1항의 규정에 따른 재가 및 시설 급여비용의 구체적인 산정방법 및 항목 등에 관하여 필요한 사항은 보건복지부령으로 정한다.

제40조(본인일부부담금) ① 재가 및 시설 급여비용은 다음 각 호와 같이 수급자가 부담한다. 다만, 수급자 중 「국민기초생활 보장법」에 따른 수급권자는 그러하지 아니하다.

1. 재가급여 : 당해 장기요양급여비용의 100분의 15
2. 시설급여 : 당해 장기요양급여비용의 100분의 20

② 다음 각 호의 장기요양급여에 대한 비용은 수급자 본인이 전부 부담한다.

1. 이 법의 규정에 따른 급여의 범위 및 대상에 포함되지 아니하는 장기요양급여
2. 수급자가 제17조 제1항 제2호의 규정에 따른 장기요양인정서에 기재된 장기요양급여의 종류 및 내용과 다르게 선택하여 장기요양급여를 받은 경우 그 차액
3. 제28조의 규정에 따른 장기요양급여의 월 한도액을 초과하는 장기요양급여

③ 다음 각 호의 어느 하나에 해당하는 자에 대하여는 본인일부부담금의 100분의 50을 감경한다.

1. 의료급여수급권자
2. 소득·재산 등이 보건복지부장관이 정하여 고시하는 일정 금액 이하인 자
3. 천재지변 등 보건복지부령으로 정하는 사유로 인하여 생계가 곤란한 자

④ 제1항 내지 제3항의 규정에 따른 본인일부부담금의 산정방법, 감경절차 및 감경방법 등에 관하여 필요한 사항은 보건복지부령으로 정한다.

제41조(가족 등의 장기요양에 대한 보상) ① 공단은 장기요양급여를 받은 금액의 총액이 보건복지부장관이 정하여 고시하는 금액 이하에 해당하는 수급자가 가족 등으로부터 제23조 제1항 제1호 가목의 규정에 따른 방문요양에 상당한 장기요양

을 받은 경우 보건복지부령이 정하는 바에 따라 본인일부부담금의 일부를 감면하거나 이에 갈음하는 조치를 할 수 있다.

② 제1항의 규정에 따른 본인일부부담금의 감면방법 등 필요한 사항은 보건복지부령으로 정한다.

제42조(방문간호지시서 발급비용의 산정 등) 제23조 제1항 제1호 다목의 규정에 따라 방문간호지시서를 발급하는데 소요되는 비용, 비용 부담방법 및 비용 청구·지급절차 등에 관하여 필요한 사항은 보건복지부령으로 정한다.

제43조(부당이득의 징수) ① 공단은 장기요양급여를 받은 자 또는 장기요양급여비용을 받은 자가 다음 각 호의 어느 하나에 해당하는 경우 그 장기요양급여 또는 장기요양급여비용에 상당하는 금액을 징수한다.

1. 제28조의 월 한도액 범위를 초과하여 장기요양급여를 받은 경우
2. 제29조 또는 제30조의 규정에 따라 장기요양급여의 제한 등을 받을 자가 장기요양급여를 받은 경우
3. 제37조 제1항 제4호·제3항 제3호의 규정에 따른 허위 그 밖의 부정한 방법으로 재가 및 시설 급여비용을 청구하여 이를 지급받은 경우
4. 기타 이 법상의 원인 없이 공단으로부터 장기요양급여를 받거나 장기요양급여비용을 지급받은 경우

② 공단은 제1항의 경우 허위의 보고 또는 증명에 의하거나 허위의 진단에 따라 장기요양급여가 제공된 때 허위의 행위에 관여한 자에 대하여 장기요양급여를 받은 자와 연대하여 제1항의 규정에 따른 징수금을 납부하게 할 수 있다.

③ 공단은 제1항의 경우 허위 그 밖의 부정한 방법으로 장기요양급여를 받은 자와 같은 세대에 속한 자(장기요양급여를 받은 자를 부양하고 있거나 다른 법령에 따라 장기요양급여를 받은 자를 부양할 의무가 있는 자를 말한다)에 대하여 허위 그 밖의 부정한 방법으로 장기요양급여를 받은 자와 연대하여 제1항의 규정에 따른 징수금을 납부하게 할 수 있다.

④ 공단은 제1항의 경우 장기요양기관이 수급자로부터 허위 그 밖의 부정한 방법으로 장기요양급여비용을 받은 때 당해 장기요양기관으로부터 이를 징수하여 수급자에게 지체 없이 지급하여야 한다.

제44조(구상권) ① 공단은 제3자의 행위로 인한 장기요양급여의 제공사유가 발생하여 수급자에게 장기요양급여를 행한 때 그 급여에 소요된 비용의 한도 안에서 그 제3자에 대한 손해배상의 권리를 얻는다.

② 공단은 제1항의 경우 장기요양급여를 받은 자가 제3자로부터 이미 손해배상을 받은 때 그 손해배상액의 한도 안에서 장기요양급여를 행하지 아니한다.

제8장 장기요양위원회

제45조(장기요양위원회의 설치 및 기능) 다음 각 호의 사항을 심의하기 위하여 보건복지부장관 소속하에 장기요양위원회를 둔다.

1. 제9조 제2항의 규정에 따른 장기요양보험료율
2. 제24조 내지 제26조의 규정에 따른 가족요양비, 특례요양비 및 요양병원간병비의 지급기준
3. 제39조의 규정에 따른 재가 및 시설 급여비용 그 밖에 대통령령이 정하는 주요 사항

제46조(장기요양위원회의 구성) ① 장기요양위원회는 위원장 1인, 부위원장 1인을 포함한 16인 이상 22인 이하의 위원으로 구성한다.

② 위원장이 아닌 위원은 다음 각 호의 자 중에서 보건복지부장관이 임명 또는 위촉한 자로 하고, 각 호에 해당하는 자를 각각 동수로 구성하여야 한다.

1. 근로자단체, 사용자단체, 시민단체(「비영리민간단체 지원법」 제2조의 규정에 따른 비영리민간단체를 말한다), 노인단체, 농어업인단체 또는 자영자단체를 대표하는 자
2. 장기요양기관 또는 의료계를 대표하는 자
3. 대통령령이 정하는 관계 중앙행정기관의 고위공무원단 소속 공무원, 장기요양에 관한 학계 또는 연구계를 대표하는 자, 공단 이사장이 추천하는 자

③ 위원장은 보건복지부차관이 되고, 부위원장은 위원 중에서 위원장이 지명한다.

④ 장기요양위원회 위원의 임기는 3년으로 한다. 다만, 공무원인 위원의 임기는 재임기간으로 한다.

제47조(장기요양위원회의 운영) ① 장기요양위원회 회의는 구성원 과반수의 출석으로 개의하고 출석위원 과반수의 찬성으로 의결한다.

② 장기요양위원회의 효율적 운영을 위하여 분야별로 실무위원회를 둘 수 있다.

③ 이 법에서 정한 것 외에 장기요양위원회의 구성·운영 그 밖에 필요한 사항은 대통령령으로 정한다.

제9장 관리운영기관

제48조(관리운영기관 등) ① 장기요양사업의 관리운영기관은 공단으로 한다.

② 공단은 다음 각 호의 업무를 관장한다.

1. 장기요양보험가입자 및 그 피부양자와 의료급여수급권자의 자격관리
2. 장기요양보험료의 부과징수
3. 신청인에 대한 조사
4. 등급판정위원회의 운영 및 장기요양등급 판정
5. 장기요양인정서의 작성 및 표준장기요양이용계획서의 제공
6. 장기요양급여의 관리 및 평가
7. 수급자에 대한 정보제공·안내·상담 등 장기요양급여 관련 이용지원에 관한 사항
8. 재가 및 시설 급여비용의 심사 및 지급과 특별현금급여의 지급
9. 장기요양급여 제공내용 확인
10. 장기요양사업에 관한 조사·연구 및 홍보
11. 노인성질환예방사업
12. 이 법에 따른 부당이득금의 부과징수 등
13. 그 밖에 장기요양사업과 관련하여 보건복지부장관이 위탁한 업무

③ 「국민건강보험법」 제16조의 규정에 따른 공단의 정관은 장기요양사업과 관련하여 다음 각 호의 사항을 포함·기재한다.

1. 장기요양보험료
2. 장기요양급여
3. 장기요양사업에 관한 예산 및 결산
4. 그 밖에 대통령령이 정하는 사항

제49조(공단의 장기요양사업 조직 등) 공단은 「국민건강보험법」 제27조의 규정에 따라 공단의 조직 등에 관한 규정을 정할 때 장기요양사업을 수행하기 위하여 두는 조직 등을 건강보험사업을 수행하는 조직 등과 구분하여 따로 두어야 한다. 다만, 제48조 제2항 제1호 및 제2호의 자격관리와 보험료 부과·징수업무는 그러하지 아니하다.

제50조(장기요양사업의 회계) ① 공단은 장기요양사업에 대하여 독립회계를 설치·운영하여야 한다.

② 공단은 장기요양사업 중 장기요양보험료를 재원으로 하는 사업과 국가·지방자치

단체의 부담금을 재원으로 하는 사업의 재정을 구분하여 운영하여야 한다. 다만, 관리운영에 필요한 재정은 구분하여 운영하지 아니할 수 있다.

제51조(권한의 위임 등에 관한 준용) 「국민건강보험법」 제30조 및 제36조의 규정은 이 법에 따른 이사장의 권한의 위임 및 준비금에 관하여 이를 준용한다. 이 경우 "保險給與"는 "장기요양급여"로 본다.

제52조(등급판정위원회의 설치) ① 장기요양인정 및 장기요양등급 판정 등을 심의하기 위하여 공단에 장기요양등급판정위원회를 둔다.

② 등급판정위원회는 시·군·구 단위로 설치한다. 다만, 인구 수 등을 고려하여 하나의 시·군·구에 2 이상의 등급판정위원회를 설치하거나 2 이상의 시·군·구를 통합하여 하나의 등급판정위원회를 설치할 수 있다.

③ 등급판정위원회는 위원장 1인을 포함하여 15인의 위원으로 구성한다.

④ 등급판정위원회 위원은 다음 각 호의 자 중에서 공단 이사장이 위촉한다. 이 경우 시장·군수·구청장이 추천한 위원은 7인, 의사 또는 한의사가 1인 이상 각각 포함되어야 한다.

1. 「의료법」에 따른 의료인
2. 「사회복지사업법」에 따른 사회복지사
3. 시·군·구 소속 공무원
4. 그 밖에 법학 또는 장기요양에 관한 학식과 경험이 풍부한 자

⑤ 등급판정위원회 위원의 임기는 3년으로 한다. 다만, 공무원인 위원의 임기는 재임기간으로 한다.

제53조(등급판정위원회의 운영) ① 등급판정위원회 위원장은 위원 중에서 시장·군수·구청장이 위촉한다. 이 경우 제52조 제2항 단서의 규정에 따라서 2 이상의 시·군·구를 통합하여 하나의 등급판정위원회를 설치하는 때 당해 시장·군수·구청장이 공동으로 위촉한다.

② 등급판정위원회 회의는 구성원 과반수의 출석으로 개의하고 출석위원 과반수의 찬성으로 의결한다.

③ 이 법에 정한 것 외에 등급판정위원회의 구성·운영 그 밖에 필요한 사항은 대통령령으로 정한다.

제54조(장기요양급여의 관리·평가) ① 공단은 장기요양기관이 제공하는 장기요양급여 내용을 지속적으로 관리·평가하여 장기요양급여의 수준이 향상되도록 노력하여야 한다.

② 공단은 장기요양기관이 제23조 제3항의 규정에 따른 장기요양급여의 제공 기준·절차·방법 등에 따라 적정하게 장기요양급여를 제공하였는지를 평가한 후 그 결과를 공개하는 등 필요한 조치를 할 수 있다.

③ 제2항의 규정에 따른 장기요양급여 제공내용의 평가 방법 및 평가결과의 공개방법 그 밖에 필요한 사항은 보건복지부령으로 정한다.

제10장 이의신청 및 심사청구

제55조(이의신청) ① 장기요양인정·장기요양등급·장기요양급여·부당이득·장기요양급여비용 또는 장기요양보험료 등에 관한 공단의 처분에 이의가 있는 자는 공단에 이의신청을 할 수 있다.

② 제1항의 규정에 따른 이의신청은 처분이 있은 날부터 90일 이내에 문서로 하여야 한다. 다만, 정당한 사유로 본문의 기간 이내에 이의신청을 할 수 없었음을 소명한 때는 그러하지 아니하다.

③ 공단은 장기요양심사위원회를 구성하여 제1항의 규정에 따른 이의신청사건을 심의하게 하여야 한다.

④ 제3항의 규정에 따른 장기요양심사위원회의 구성·운영 및 위원의 임기 그 밖에 필요한 사항은 대통령령으로 정한다.

제56조(심사청구) ① 제55조의 규정에 따른 이의신청에 대한 결정에 불복이 있는 자는 결정처분을 받은 날부터 90일 이내에 장기요양심판위원회(이하 “심판위원회”라 한다)에 심사청구를 할 수 있다.

② 심판위원회는 보건복지부장관 소속하에 두고 위원장 1인을 포함한 20인 이내의 위원으로 구성한다.

③ 심판위원회의 위원은 관계 공무원, 법학 그 밖에 장기요양사업 분야의 학식과 경험이 풍부한 자 중에서 보건복지부장관이 임명 또는 위촉한다.

④ 심판위원회의 구성·운영 및 위원의 임기 그 밖에 필요한 사항은 대통령령으로 정한다.

제57조(행정소송) 공단의 처분에 이의가 있는 자와 제55조의 규정에 따른 이의신청 또는 제56조의 규정에 따른 심사청구에 대한 결정에 불복이 있는 자는 「행정소송법」이 정하는 바에 따라 행정소송을 제기할 수 있다.

제11장 보 칙

제58조(국가의 부담) ① 국가는 매년 예산의 범위 안에서 당해 연도 장기요양보험료 예상수입액의 100분의 20에 상당하는 금액을 공단에 지원한다.

② 국가와 지방자치단체는 대통령령이 정하는 바에 따라 의료급여수급권자의 장기요양급여비용, 의사소견서 발급비용, 방문간호지시서 발급비용 중 공단이 부담하여야 할 비용(제40조 제1항 단서 및 제3항 제1호의 규정에 따라 면제 및 감경됨으로 인하여 공단이 부담하게 되는 비용을 포함한다) 및 관리운영비의 전액을 부담한다.

③ 제2항의 규정에 따라 지방자치단체가 부담하는 금액은 보건복지부령이 정하는 바에 따라 특별시·광역시·도와 시·군·구가 분담한다.

④ 제2항 및 제3항의 규정에 따른 지방자치단체의 부담액 부과, 징수 및 재원관리 그 밖에 필요한 사항은 대통령령으로 정한다.

제59조(전자문서의 사용) ① 장기요양사업에 관련된 각종 서류의 기록, 관리 및 보관은 전자문서로 한다.

② 공단 및 장기요양기관은 장기요양기관의 지정신청, 재가·시설 급여비용의 청구 및 지급 등에 대하여 전산매체 또는 전자문서교환방식을 이용하여야 한다.

③ 제1항 및 제2항의 규정에 불구하고 정보통신망 및 정보통신서비스 시설이 열악한 지역 등 보건복지부장관이 정하는 지역의 경우 전자문서·전산매체 또는 전자문서교환방식을 이용하지 아니할 수 있다.

제60조(자료의 제출 등) ① 공단은 장기요양급여 제공내용 확인, 장기요양급여의 관리·평가 및 장기요양보험료 산정 등 장기요양사업 수행에 필요하다고 인정할 때 다음 각 호의 어느 하나에 해당하는 자에 대하여 자료의 제출을 요구할 수 있다.

1. 장기요양보험가입자 또는 그 피부양자 및 의료급여수급권자
2. 수급자 및 장기요양기관

② 제1항의 규정에 따라 자료의 제출을 요구받은 자는 성실히 이에 응하여야 한다.

제61조(보고 및 검사) ① 보건복지부장관 또는 시장·군수·구청장은 다음 각 호의 어느 하나에 해당하는 자에 대하여 보수·소득 그 밖에 보건복지부령이 정하는 사항의 보고 또는 자료의 제출을 명하거나 소속 공무원으로 하여금 관계인에게 질문을 하게 하거나 관계서류를 검사하게 할 수 있다.

1. 장기요양보험가입자

2. 피부양자

3. 의료급여수급권자

② 보건복지부장관 또는 시장·군수·구청장은 다음 각 호의 어느 하나에 해당하는 자에 대하여 장기요양급여의 제공 명세 등 장기요양급여에 관련된 자료의 제출을 명하거나 소속 공무원으로 하여금 관계인에게 질문을 하게 하거나 관계서류를 검사하게 할 수 있다.

1. 장기요양기관

2. 장기요양급여를 받은 자

③ 제1항 및 제2항의 경우에 소속 공무원은 그 권한을 표시하는 증표를 지니고 이를 관계인에게 내보여야 한다.

제62조(비밀누설금지) 다음 각 호에 해당하는 자는 업무수행 중 알게 된 비밀을 누설하여서는 아니 된다.

1. 시·군·구, 공단, 등급판정위원회 및 장기요양기관에 종사하고 있거나 종사한 자
2. 제24조 내지 제26조의 규정에 따른 가족요양비·특례요양비 및 요양병원간병비와 관련된 급여를 제공한 자

제63조(청문) 시장·군수·구청장은 제37조의 규정에 따라 장기요양기관 지정의 취소 및 재가장기요양기관의 영업정지·폐쇄를 하고자 하는 경우 청문을 실시하여야 한다.

제64조(시효 등에 관한 준용) 「국민건강보험법」 제79조, 제80조, 제83조, 제87조 내지 제89조, 제91조의 규정은 시효, 기간의 계산, 자료의 제공, 공단 등에 대한 감독, 권한의 위임 및 위탁, 업무의 위탁, 단수처리 등에 관하여 이를 준용한다. 이 경우 "保險料"를 "장기요양보험료"로, "保險給與"를 "장기요양급여"로, "療養機關"을 "장기요양기관"으로, "健康保險事業"을 "장기요양사업"으로 본다.

제65조(다른 법률에 따른 소득 등의 의제금지) 이 법에 따른 장기요양급여로 지급된 현금 등은 「국민기초생활 보장법」 제2조 제8호 및 제9호의 소득 또는 재산으로 보지 아니한다.

제66조(수급권의 보호) 장기요양급여를 받을 권리는 양도 또는 압류하거나 담보로 제공할 수 없다.

제12장 벌 칙

제67조(벌칙) 다음 각 호의 어느 하나에 해당하는 자는 2년 이하의 징역 또는 1천만 원 이하의 벌금에 처한다.

1. 제35조 제1항의 규정을 위반하여 정당한 사유 없이 장기요양급여의 제공을 거부한 자
2. 제62조의 규정을 위반하여 업무수행 중 알게 된 비밀을 누설한 자
3. 허위 그 밖의 부정한 방법으로 장기요양급여를 받거나 타인으로 하여금 장기요양급여를 받게 한 자

제68조(양벌규정) 법인의 대표자, 법인이나 개인의 대리인·사용인 그 밖에 종사자가 그 법인 또는 개인의 업무에 관하여 제67조의 규정에 해당하는 위반행위를 한 때에는 그 행위자를 벌하는 외에 그 법인 또는 개인에 대하여도 해당조의 벌금형을 과한다.

제69조(과태료) 정당한 사유 없이 다음 각 호의 어느 하나에 해당하는 자는 500만 원 이하의 과태료에 처한다.

1. 제32조의 규정을 위반하여 신고하지 아니하거나 허위 그 밖의 부정한 방법으로 신고하고 재가장기요양기관을 설치·운영한 자
2. 제33조의 규정을 위반하여 신고하지 아니하거나 허위 그 밖의 부정한 방법으로 신고한 자
3. 공단에 장기요양급여비용을 허위 그 밖의 부정한 방법으로 청구한 자
4. 허위 그 밖의 부정한 방법으로 수급자에게 장기요양급여비용을 부담하게 한 자
5. 제60조 또는 제61조의 규정을 위반하여 자료의 제출·답변 또는 보고를 하지 아니한 자, 허위 자료의 제출·답변 또는 보고를 하거나 검사를 거부·방해 또는 기피한 자

제70조(과태료의 부과·징수절차) ① 제69조의 규정에 따른 과태료는 대통령령이 정하는 바에 따라 보건복지부장관이 부과·징수한다.

② 제1항의 규정에 따른 과태료처분에 불복이 있는 자는 그 처분의 고지를 받은 날부터 30일 이내에 보건복지부장관에게 이의를 제기할 수 있다.

③ 제1항의 규정에 따른 과태료처분을 받은 자가 제2항의 규정에 따라 이의를 제기한 때에는 보건복지부장관은 관할법원에 그 사실을 통보하여야 하며, 그 통보를 받은 관할법원은 「비송사건절차법」에 따른 과태료의 재판을 한다.

④ 제2항의 규정에 따른 기간 이내에 이의를 제기하지 아니하고 과태료를 납부하지 아니한 때에는 국세체납처분의 예에 따라 이를 징수한다.

부 칙

제1조(시행일) 이 법은 2008년 7월 1일부터 시행한다. 다만, 제1장(제1조 내지 제6조), 제3장(제12조 내지 제22조), 제23조 제2항의 규정 중 장기요양요원에 관한 사항, 제6장(제31조 내지 제37조), 제8장(제45조 내지 제47조), 제9장(제54조를 제외한다), 제10장(제55조 내지 제57조), 제11장(제58조를 제외한다), 제12장(제67조 내지 제70조)의 규정은 2007년 10월 1일부터 시행한다.

제2조(이 법의 시행을 위한 준비행위) ① 보건복지부장관 및 공단은 이 법이 공포된 날부터 이 법의 시행을 위하여 필요한 준비행위를 행할 수 있다.

② 보건복지부장관 또는 공단은 국가·지방자치단체 또는 다른 법령에 따른 사회보장업무를 수행하는 법인 그 밖에 장기요양사업을 하는 단체 등에 대하여 이 법의 시행 준비에 필요한 자료의 제출을 요청할 수 있다.

③ 제2항의 규정에 따른 자료의 제출을 요청받은 자는 성실하게 이에 응하여야 한다.

제3조(시범사업의 특례) ① 보건복지부장관은 장기요양사업을 원활히 추진하기 위하여 이 법 시행 전에 시범사업을 실시할 수 있다.

② 보건복지부장관은 제1항의 규정에 따른 시범사업을 실시함에 있어서 장기요양보험료를 부과·징수할 수 있다.

③ 보건복지부장관, 지방자치단체 및 공단은 제1항 및 제2항의 규정에 따른 시범사업에 대하여 행정적·재정적 지원을 할 수 있다.

④ 제1항의 규정에 따른 시범사업 지역의 선정, 제2항의 규정에 따른 장기요양보험료의 부과·징수의 절차 및 방법 그 밖에 시범사업의 실시에 관하여 필요한 사항은 보건복지부장관이 정한다.

참고문헌(국내)

강현숙(2002). 노년기 성에 관한 질적 연구: 무배우자 노인의 성욕구 실태와 해소유형을 중심으로. 성신여자대학교 석사학위논문.

경제기획원 조사통계국(1988, 1992, 1996). 최근 인구동태 현황 및 신인구추계 결과. 1988 한국의 사회지표.

경제기획원(1980, 1985). 인구 및 주택 센서스 보고.

__________(1985, 1989, 1990). 경제활동인구연보.

고경미·서병숙(1988). 대학생의 효행에 관한 연구. 한국가정관리학회, pp.205-221.

고양곤(1995). 2000년대를 대비한 외국의 노인복지동향, 『한국의 노인과 세계의 노인』. 성공회대학교, pp.65-98.

고영복(1983). 전통사회의 효개념과 현실적 과제, 『현대사회와 노인복지』. 아산사회복지재단, pp.49-58.

고정자(1989). 한국도시주부의 고부갈등에 관한 연구. 한양대학교 박사학위논문.

공세권 외(1987). 『한국가족구조의 변화』. 한국인구보건연구원.

구자순(1985). 한국노년학의 위치. 한국노년학회, 5, pp.3-13.

국가인권위원회(2002). 2002년 지역사회에서의 노인학대 실태조사.

권규식(1974). 『핵가족과 노인문제』. 성곡총서.

권금주(2007). 노인학대 과정에 관한 연구: 가해며느리 경험을 중심으로. 이화여자대학교 박사학위논문.

______(1994). 한국치매노인 가족의 부양부담 사정에 관한 연구. 연세대학교 박사학위논문.

______(2002). 노인학대의 이해와 대응방안. 대전노인학대상담센터, 노인학대 세미나 자료집, pp.1-16.

______(2004). 『노인복지론』. 학지사.

권중돈 외(2002). 『치매와 가족』. 학지사.

권치영 외(2007). 일자리 참여가 노인의 자아존중감에 미치는 영향에 관한 연구. 한국노년학, 27-2, pp.427-443.

금재호(2003). 일과 빈곤, 제4차 한국노동패널 학술대회 논문집 II, 한국노동연구원·한국노동경제학회.

김기련(2004). 학대받는 노인의 경험. 부산대학교 박사학위논문.

김동배(1992). 지역사회 노인복지 서비스의 개선방안. 재가노인복지의 발전 방향, 제3회 노인복지세미나, pp.5-22.

김명자(1982). 노인의 생활만족도에 관한 연구. 대한가정학회지, 20(3).

김미경(1998). 노인학대에 관한 연구: 청주시를 중심으로. 청주대학교 석사학위논문.

김병우(1982). 농촌과 도시지역 노인의 건강연구에 관한 비교연구. 전남대학교 석사학위논문.

김상규(1976). 『노인 복지의 체계적 연구』.경북대학교출판부.

김상호(2007). 인구고령화와 공적연금 개혁. 한국노인과학학술단체연합회, 제14회 고령사회 포럼, pp.1-15.

김선희 외(2005). 노인학대 전문상담. 시그마프레스.

김성순(1985). 『고령화사회와 노동』. 이우출판사.

______(1990). 『고령화사회와 복지행정』. 홍익제.

김수곤(1984). 고령화와 산업질서(Ⅰ), 『산업사회와 정년』. 아산사회복지사업재단.

김양희(1987). 한국 도시인의 가족갈등에 관한 연구. 중앙대학교 박사학위논문.

김영모(1990). 『한국노인복지정책연구』. 한국복지정책연구소 출판부.

김우종(1979). 중학생의 효개념에 관한 연구. 고려대학교 석사학위논문.

김유혁(1977). 효의 본질, 『충효사상』. 단국대학교 출판부.

김윤정·최혜경(1993). 치매노인의 장애기간과 부양자의 대처자원이 부양자의 부담 및 부양 만족감에 미치는 영향. 한국노년학, 13(2), pp.63-83.

김쟁산·전영수(1983). 부부간의 커뮤니케이션이 부인의 결혼만족도에 미치는 영향에 관한 연구, 『부산대학교 가정대학 연구보고』, 제9집.

김정휘 역(1992). 『노인심리학』. 성원사.

김종권 역(1960). 『삼국사기』. 원진문화사.

김종윤(1979). 학생과 학부모의 효행 개념에 대한 비교. 고려대학교 석사학위논문.

김주희·이창은(2000). 노인의 성생활 인식도와 삶의 만족도와의 관계. 한국노인과학학술단체연합회.

김태현(1975). 조선시대의 노인보호사업. 고려대학교 석사학위논문.
______(1981). 한국에 있어서의 노인부양에 관한 연구. 고려대학교 박사학위논문.
______(1986). 노인상담의 생활만족도 연구: 발달과업 성취도와의 상관 연구. 성신여자대학교 연구논문집 제23집.
______(1989). 노인가족부양정책, 노인문제 종합방안수립을 위한 분야별 연구. 정무장관 제2실 정책자료.
______(1990). 도시저소득 가족의 노인문제: 현대사회와 가족문제. 한국가족학연구회.
______(1992). 가족과 노인정책, 『가족과 사회정책』. 가족학 논집 제4집, 한국가족학회. 불안과 현행 정년제도에 대한 시각을 중심으로. 고려대학교 석사학위논문.
______(2007). 고령자 치매예방 및 부양가족지원 교육프로그램. 교육인적자원부 특성화사업 결과보고서.
김태현·손양숙(1984). 노인의 죽음에 대한 태도 연구. 한국노년학, pp.3-19.
김태현·유은희(1987). 노년기에서의 성역할 정체감과 생활만족도와의 관계. 대한가정학회지, 25(4).
김태현 · 이인수(1999). 실버산업의 미래. 미래인력연구원.
__________(1989). 노인복지상담제도에 관한 연구(미간행).
김태현·전길양(1995). 치매노인가족의 부양경험에 관한 연구. 한국노년학, 15(1), pp.15-27.
__________(1996). 치매노인 가족을 위한 교육 프로그램 개발에 관한 연구. 한국가정관리학회지, 14(2).
__________(1997). 한국의 노인에 대한 가족부양 정책의 현황과 과제, 『각국 노인의 가족부양 현황과 과제』. 한국노인문제연구소 학술계간지, 1997년 추계호, pp.89-124.
김태현·한은주(1997). 노인학대 측정과 개입을 위한 문헌적 고찰. 한국노년학, 17(1), pp.51-73.
김태현·한희선(1996). 노년기의 성. 성신여대 생활문화연구소 생활문화연구, 10(1).
김한곤(1994). 노인학대에 관한 연구경향과 과제. 영남대학교 인문과학연구소, 인문연구, 15(2), pp.209-227.
김향은(1991). 정년퇴직을 앞둔 중년 남성의 심리적 불안: 퇴직예정자의 상태-특성
김현조 외(1989). 경남지역 노년층의 사회적, 경제적, 문화적 적응에 관한 연구. 경상대학교 사회과학연구소.
대한주택공사(1987). 『3대가족형 공동주택 개발연구』.
마정수(1995). 치매노인의 문제행동이 가족스트레스에 미치는 영향. 이화여자대학교 석사학위논문.

모선희·김형수·유성호·윤경아(2006). 현대노인복지론. 학지사.
문혜리(1992). 가정 내 치매노인 간호자의 실태분석과 사회복지적 대응방안에 관한 연구. 충북대학교 석사학위논문.
민경희(1990). 도시 농촌에서의 형제자매 관계 성격 비교. 가족학논집 제2집, 1988~1990, 충청북도, pp.91-133.
민무숙(1995). 노모와 성인딸-며느리 간의 상호 원조유형이 부양 부담도에 미치는 영향. 한국노년학회, 15(10).
민재성(1982). 노령화 사회를 대비한 사회보장 대책, 『핵가족화와 노년복지』. 한국인구보건연구원.
박경란(1988). 노년여성의 생활만족도 연구: 장남부부와의 관계를 중심으로. 고려대학교 박사학위논문.
박경은(2001). 노인의 성에 대한 보건대학 학생의 지식과 태도. 동남보건대학 논문집, 19(2), pp.117-123.
박로경(1984). 고령화 산업질서(Ⅱ), 『산업사회와 정년』. 아산사회복지사업재단, pp.80-93.
박봉길(2000). 노인학대 인식도 분석을 통한 사회사업 원조전략. 부산대학교 박사학위논문.
박부진(1981). 한국 농촌 가족의 고부관계, 『한국 문화 인류학회』, 제13집.
박의순·조병은(1990). 청년기 손자녀가 지각한 조부모와의 유대감. 가족학논집, 2, pp.28-62.
박재간(1992). 미래사회와 노후생활과 실버산업, 『미래사회와 노후생활』. 노인문제 국제학술세미나, pp.27-44.
______(1989). 노인소득보장을 위한 장단기 대책. 노인문제 종합 방안 수립을 위한 분야별 연구, 정무(제2실)장관.
박재간·김태현(1986). 현대 사회에서의 노년기 여가생활에 관한 연구. 한국노년학, 6, pp.27-40.
박재간·김태현·이정숙(1984). 노인여가시설 및 그 프로그램에 관한 조사연구보고서. 한국노인문제연구소.
박정은(1990). 여성노인의 복지지원을 위한 기초 실태 조사. 여성연구, 18(3).
박종기(1989). 노령인구계층의 경제적 여건변화와 대응책. 노인복지정책의 방향설정을 위한 세미나, 한국인구보건연구원.
박종한(1993). 치매의 역학. 의약정보, pp.61-64.
박준기(1998). 한국 노인학대 실태에 관한 연구: 신문기사에 나타난 사례를 중심으로. 강남대학교 석사학위논문.
박충선(1990). 여성노인의 삶의 질에 관한 분석적 연구. 여성연구.
박혜인(1990). 한국사회와 도시 저소득층 가족: 현대사회와 가족문제. 한국가족학연구회.

배경미(1988). 조부모 역할에 관한 기초 연구. 성균관대학교 석사학위논문.

백근영(1994). 은퇴한 남자노인의 성격적응 특성에 따른 노후적응도. 성신여자대학교 석사학위논문.

번 벵슨(1992). 고령화사회와 세대간의 관계, 『미래사회와 노후생활』. 한국노인문제연구소, pp.7-13.

보건복지부(2001). 국민기초생활보호 대상자 통계(내부자료).

__________(2004). 노인보건복지사업안내.

__________(2004). 노인학대예방센터 업무수행지침.

__________(2005). 노인보건복지사업안내.

__________(2005). 노인복지시설 현황.

보건사회부(1984). 노인정운영 활성화계획.

서동인(1989). 손자녀가 지각한 조모와 손자녀와의 접촉과 조모의 역할 수행. 한국가정관리학회지, 7(2)

_____(1991). 손자녀가 지각한 조부모와의 심리적 친밀도: 친부모와 외조모의 비교연구. 경희대학교 박사학위논문.

서병숙(1986). 부모 노후의 책임의식에 관한 연구. 한국노년학, 6, pp.101-120.

_____(1991). 『노인연구』. 교문사.

서울복지재단(2005). 서울시 저소득층 복지수요조사.

서울특별시(1989). 노인 복지정책 수립을 위한 조사연구.

서 윤(2000). 노인학대에 대한 사회복지사의 인지와 목격실태에 관한 연구. 노인복지연구, 7, pp.27-71.

서혜경(1987~1988). 한미 노인들의 죽음에 대한 태도 연구. 한국노년학, 7, pp.39-58.

성규탁(1989). 현대 한국인의 효행에 관한 연구: 가족 중심적 부모부양의 이념 및 실천. 한국노년학, 9, pp.28-41.

_____(1990). 한국 노인의 가족 중심적 상호 부조망. 한국노년학, 10, pp.163-181.

성민선(1990). 여가와 노인문화, 노인문화의 새로운 정립과 과제. 제1회 노인복지세미나.

성인신(1994). 치매노인 가족의 부담감에 관한 연구. 숙명여자대학교 석사학위논문.

성향숙(1997). 여성노인의 삶의 조건과 학대에 관한 연구. 부산여자대학교 여성연구, 8, pp.19- 39. 서울신문(2005. 3. 21).

손신영(2006). 농촌 노인과 도시 노인이 삶의 질과 관련요인에 대한 비교 연구. 한국노년학, 26-3, 601-615.

송건용(1992). 노인보건의료 정책, 『2000년대를 향한 노인복지 정책』. 한국보건사회연구원, pp.39-68.

_____(1995). 보건 · 의료측면에서의 서비스. 치매환자를 위한 서비스 개발 심포지엄, 한국치매협회, pp.19-31.

송말희 · 이정우(1986). 도시부부의 커뮤니케이션 이해도와 결혼만족간의 관계연구. 한국가정관리학회지, 4(1).

송명숙(2005). 치매노인을 위한 사회적 지원 서비스 체계에 대한 연구. 중앙대학교 석사학위논문(미간행).

송정아(1995). 중년기 여성과 가족관계. 건강한 가족, 건강한 사회 심포지엄.

신일진 · 김태현(1991). 노부모와 성인자녀간의 의사소통 유형과 갈등에 관한 연구. 한국가정관리학회지, 9, pp.28-41.

아산사회복지재단(1985). 『노인복지편람』. 서울아산사회복지사업재단.

안종범 · 김철희 · 전승훈(2002). 빈곤과 실업의 원인과 복지정책의 효과, 노동경제논집 25(1), pp.75-95.

양병환(1993). 치매의 정의 및 분류. 의약정보, pp.24-29.

오진주(2000). 노인과 성. 한국노년학회(편), 『노년학의 이해』. 대영문화사, pp.300-313.

유성호 · 강숙연(2003). 유배우자 노인의 성생활 유지 여부 및 성생활 빈도와 관련된 인구사회적 변인. 노인복지연구, 20, pp.139-155.

유영주(1985). 『신가족관계학』. 교문사.

유은정(1995). 노인성 치매환자 가족의 간호요구에 대한 연구. 서울대학교 석사학위논문.

윤수경(1991). 재가 치매성노인 보호제공자의 사회적 서비스 욕구에 관한 연구. 이화여자대학교 석사학위논문.

윤 진(1985). 『성인, 노인 심리학』. 중앙 적성출판사.

_____(1983). 노년기의 심리적 특성, 『핵가족화와 노년복지』. 한국인구보건연구원.

_____(1982). 노인 생활만족도 척도 제작 연구. 한국 심리학회 초록집.

_____(1994). 폭력 없는 가족: 아내구타와 노부모 학대를 중심으로. 여성연구, 44, pp.107-122.

윤종주(1988). 우나라 노년 인구의 성장 추이 및 전망. 한국 노년학, 제8호.

(1989). 가족구조의 변화와 노인부양문제. 노인복지정책의 방향 설정을 위한 세미나.

윤찬중(1999). 한일 간의 노인학대 실태와 그 문제점에 관한 연구. 강남대학교 논문집, 34, pp.151-166.

윤현숙 · 류삼희 (2005). 전통적인 효의식과 아들선호사상에 영향을 미치는 요인: 노년층과 장년층 비교 연구. 한국노년학, 25(3).

이가옥 외(1989a). 『노인 가구의 구조적 특성에 관한 연구』. 한국인구보건연구원.
________(1989b). 『노인단독가구의 실태에 관한 연구』. 한국인구보건연구원.
________(1990). 『노인 부양에 관한 연구』 한국인구보건연구원.
________(1991). 『가정봉사원 제도의 정착과 방안』. 한국보건사회연구원.
________(1992). 노인가정봉사원 사업의 확대방안. 재가노인복지의 발전방향, pp.22-45.
________(1992). 노인소득보장정책, 2000년대를 향한 노인복지정책. 한국보건사회연구원, pp.3-36.
이경애(1981). 고부 갈등에 관한 연구. 숙명여자대학교 석사학위논문.
이광규(1975). 『한국가족의 구조 분석』. 일지사.
이광자(1988). 우리나라 친족관계의 지속과 변화에 관한 연구: 도시 중산층 핵가족을 중심으로. 연세대학교 박사학위논문.
이상도·서정규·박영훈·박종한(1988). 치매환자의 원인조사. 대한신경과학회지, 6(2), pp.234-239.
이선미(1991). 중노년기 여가활동 유형과 인생만족도에 관한 연구. 이화여자대학교 석사학위논문.
이성희(2004). 치매환자를 위한 서비스전달체계에 관한 연구. 사회복지개발연구원, 42, pp.338.
이성희·한은주(1998). 부양자의 노인학대 경험과 관련요인. 한국노년학, 18(3), pp.123-141.
이성희 외(1993). 치매노인과 가족의 생활실태 및 복지욕구. 북부노인종합복지관.
이신숙·서병숙(1993). 부양자 스트레스 척도 개발에 관한 연구. 한국노년학회, 13(1).
이영숙(1997). 노인학대 연구의 최근 동향과 전망. 군산대학교 논문집, 24, pp.443-460.
이영은(1990). 노인의 성격유형과 생활적응에 관한 연구: 생활만족도를 중심으로. 이화여자대학교 석사학위논문.
이영자(1991). 노인부양자유형에 따른 스트레스인지와 대처방안에 관한 연구. 성신여자대학교 석사학위논문.
이윤숙·이선자(1989). 노인의료보장 및 건강관리를 위한 장·단기 대책. 노인문제 종합수립을 위한 분야별 연구, pp.83-116.
이윤숙(1990). 노인건강과 노인문화. 노인문제 논문 논설집.
______(1990). 노인과 성. 노인문제 논문 논설집. 교학사, pp.238-256.
______(1990). 조부모에 대한 아동의 의식구조. 노인문제 논문 논설집, pp.119-132.
이종복(1999). 노인학대 문제와 대책에 관한 연구. 평택대학교 논문집, 12, pp.75-85.
이해영(1996). 새로운 복지문제로서의 노인학대에 대한 고찰. 한국노인문제연구소 학술계

간지, 3, pp.301-328.
이현주(2006). 치매를 앓는 부인을 돌보는 남편의 수발경험과 적응과정: 노인부부가구를 중심으로. 한국노년학, 26-1, pp.45-62.
이혜원(1996). 『노인복지론』. 유풍출판사.
이효재 외(1979). 한국저소득층 노인생활에 관한 사회·경제 및 공간문제 연구. 농촌(34), 이화여대 한국문화연구원.
임동권(1963). 시집살이 요고: 결혼생활을 노래한 내방 민요론. 『아세아 여성 연구』 제2집.
______(1969). 노동을 노래한 부요(婦謠): 결혼생활을 노래한 내방 민요론. 『아세아 여성 연구』 제8집.
임선영(1993). 노년기 형제관계에 관한 연구. 성신여자대학교 석사학위논문.
임종권 외(1985). 『한국노인의 생활실태』. 한국인구보건연구원.
임춘희(1987). 분거한 도시 장남부부의 부양의식 유형. 고려대학교 석사학위논문.
장인협·최성재(1987). 『노인 복지학』. 서울대학교 출판부.
장혜경 역(2005). 고령사회 2018, 프랑크 쉬르마허. 나무생각.
저축추진중앙위원회(1986). 한국인의 생활의식조사.
저출산고령사회위원회(2005). 저출산고령사회위원회 보고서, 고령화 및 미래사회위원회 (2004). 『고령화 및 미래사회위원회 목표와 비전』, 재인용.
전길양(1993). 노모와 성인딸간의 상호작용과 부양기대감. 성신여자대학교 박사학위논문.
전병재(1984). 고령자 고용과 직업능력 의욕(Ⅰ), 『산업사회와 정년』. 아산사회복지사업재단, pp.190-203.
전산초·최영희(1985). 『노인 간호학』. 수문사.
전헌식(2001). 혼자된 노인의 성생활 욕구 태도와 이성교제에 관한 연구. 대구가톨릭대학교 석사학위논문.
정경희 외(1998). 전국노인생활실태 및 복지욕구조사, 한국보건사회연구원.
______(2005). 전국 노인생활실태 및 복지욕구조사, 한국보건사회연구원.
정동철(1996). 노년의 성과 성윤리. 아산재단 8회 사회윤리심포지엄 발표문.
정명채(1987). 농어민 노령보장을 위한 공적 연금제도의 연구. 한국 사회보장학회, 제7회 학술발표회.
조기동(1993). 혼자사는 노인과 재혼: 한국노인복지회 상담사례를 중심으로. 1993 연합학술발표대회 초록집.
조두영(1985). 『임상행동과학』. 일조각.
조명희(1974). 노인에 대한 고등학교 학생의 태도 분석. 서울대학교 석사학위논문.

조병은(1990). 노부모와 성인자녀간의 결속도와 노부모의 인생만족도. 한국노년학, 10, pp.105- 112.

조석미(1980). 조부모로서의 역할에 대한 노년층의 의식구조. 영남대학교 석사학위논문.

조애저·김승권·김유경(1999). 노부모 학대 실태에 관한 사례연구: 6개 대도시 노인(종합)복지회관 이용노인을 중심으로. 한국보건사회연구원.

조지연(1989). 죽음에 대한 불안태도 연구. 경희대학교 석사학위논문.

지연경·조병은(1991). 내외통제성 및 은퇴로 인한 스트레스 지각과 생활만족도. 대한가정학회지 29(2), pp.217-240.

차흥봉(1989). 노인복지 행정조직체계의 개선방안. 노인문제 종합방안수립을 위한 분야별 연구.

최선화·공미혜·한동희(1998). 학대받는 여성노인의 상황에 관한 연구. 한국사회복지학, 34(4), pp.189-214.

최성재(1986). 노인의 생활만족도 척도 개발에 관한 연구. 한국문화연구원, 논총, 사회과학 편, 이화여자대학교.

______(1989). 노인복지의 사회적 서비스 장기정책 방향. 노인복지정책의 방향 설정을 위한 세미나, pp.109-161.

______(1992a). 노인복지의 사회적 서비스 정책. 2000년대를 향한 노인복지정책, 한국보건사회연구원, pp.71-104.

______(1992b). 국민의 노후생활에 대한 전망과 대책에 관한 연구: 국민연금보험가입자를 대상으로.

최성재·장인협(2002). 노인복지학. 서울대학교 출판부.

최순남(1984). 『현대사회와 노인복지』. 홍익제.

최신덕 역(1985). 『노년 사회학』. 경문사.

최신덕, 김종숙 편역(1983). 『노인과 사회』. 고시연구사.

최인현(1983). 인구 고령화의 세계적 전망, 『핵가족화와 노년 복지』. 한국인구보건연구원.

최재석(1983). 『한국인의 사회적 성격』. 개문사.

______(1983). 『한국가족제도사연구』. 일지사.

최정혜(1992). 노부모가 지각하는 성인자녀와의 결속도 및 갈등에 관한 연구. 성신여자대학교 박사학위논문.

최종근(1987). 『경로사상과 노인문제』. 경원문화사.

최준영·한내창(1995). 노인에 대한 사회적 통념과 복지정책, 광주사회조사연구소 편, 지역사회와 복지문제, 월산, pp.273-279.

통계청(2000). 인구주택총조사보고서.

______(2001). 장래인구추계.

______(2004). 고령자료통계.

한국개발연구원(1985). 『2000년을 향한 장기발전 구상』.

한국갤럽조사연구소(1984). 『한국노인의 생활과 의식구조』.

한국노인과학학술단체연합회(2007). 『고령사회와 밝은미래-고령사회 대비를 위한 노인복지정책고찰-』. 아카넷

한국노인문제연구소(1991). 『노인문헌목록』, 한국노인의 생활 실태 및 의식구조 조사 결과, 제1차 중간보고

한국보건사회연구원(1991). 『가정봉사원 제도의 정착과 방안』.

________________(1992). 『사회복지 장기발전계획』.

________________(1993). 『노인복지정책개발을 위한 연구』.

________________(1994). 『노인생활실태분석 및 정책과제』.

________________(1996). 『신인구추계에 의한 인구규모 및 구조변동과 정책과제』.

________________(1996). 『여성의 경제활동과 가족복지』.

________________(1997). 치매관리 Mapping 개발연구.

________________(2005). 2004년도 전국 노인생활실태 및 복지욕구조사.

한국인구보건연구원(1983). 『핵가족화와 노년 복지』.

________________(1985). 『한국노인의 생활실태』.

한국인터넷진흥원(2006). 정보화실태조사.

한국통계연감(1992). 통계청, 통계조사국, 인구통계과.

한성열(1992). 한국문화 노년기의 심리적 특성, 『노령화 사회와 노인 소비자』. 한국소비자학회, pp.1-5.

한영현(2003). 노인들의 성에 대한 비 노인집단의 태도에 관한 조사연구. 광주보건대학 논문집, 28, pp.129-147.

한은주·김태현(2000). 노인학대의 원인에 대한 생태학적 연구. 한국노년학회, 20(2), pp.71-89.

한창영(1979). 이조초기의 노인복지에 관한 연구, 『경로사상과 노인복지』. 한일문화사.

______(1979). 한국 노인복지의 행정과 법제에 관한 연구. 동국대학교 박사학위논문.

허 정(1983). 노인과 건강, 『현대사회와 노인복지』. 아산사회복지사업재단.

현두일(1973). 노인 문제에 관한 연구. 건국대학교 학술지 제16집, pp.309-333.

현외성(1987). 한일노인복지법의 형성과정에 관한 비교연구. 한국노년학, 제7호, pp.5-22.

홍숙자(2006). 노년학 개론. 하우.

황의록(1992). 한국노인 산업의 현황과 전망, 『노령화 사회와 노인복지』. 한국소비자학회,

pp.56-83.
高橋 久美子(1989). 노년기의 배우상실, 일본가정학회지, 40(7).
大工原季子(1985). 노인의 성 - 고령자의 성에 대한 실태조사.

참고문헌(국외)

Aizenberg & J. Treas.(1985). The family in late life: psychosocial and demographic considerations, in Berren T. E. & Schaie. *Handbook of the psychology of aging*, pp.169–185.

Atchley, Robert C.(1982). *Adjustment to loss job at retirement*. in Schaie and Geiwitz, *Adult Development and Aging*. Boston, Little, Brown and Company.

Barusch, A.(1988). Problems and coping strategies of elderly spouse caregivers. *The Gerontologist*, 28(5), pp.677–685.

Baum, C., et al.(1993). Identification and measurement of productive behaviors in senile dementia of the alzheimer type. *The Gerontologist*, 33(3), pp.403–408.

Bengtson, V. L. & Schrader S. S.(1982). Parent–child relations. in D. Mangen & W. A. Peterson(eds), *Research instruments in social gerontology*, Vol. 2: Social roles and participation. Minneapolis: University of Minenesoto press.

Bengston, V. L. & N. E. Cutler.(1976). Generation and intergenerational relations: perspectives on age groups and social change. In R. Binstock & E. Shanas(eds), *Handbook of aging and social science*. New York: Van Nostrand Reinhold.

Berg, L, Morris J. C.(1990). *Aging and Dementia*.

Berhman, S.(1985). International trends in gerontology, 노년학 및 노인간호학 세미나.

Blenker, M.(1965). Social work and family relationship in later life with some thoughts on filial maturity. In E. Shanas, Streib(eds), *Social structure and the family*, Englewood Cliff, N. J. Prentice Hall.

Blieszner, R. & P. A. Shifflett.(1990). The effects of alzheimer's disease on close relationship between patients and caregivers. *Family Relations*, 39, pp.57–62.

Booth, A.(1972). Sex and social participation. *American socialogical review*, 37, In Aizenberg & Treas, pp.183–192.

Booth, A and Hess, E.(1974). Cross-sex friendship. *Journal of Marriage and Family*, 36, pp.38-47.

Breen, Z, Leonard.(1960). The aging indvidual. *In Hand book of Social Gerontology*, Editied by C. Tibbitts, Chicago: University of Chicago Press.

Brody, E. & C. Schoonover.(1986). Patterns of parent - care when adult daughters and when they do not. *The Gerontologist*, 26, pp.372-381.

Chenoweth, B. & B. Spencer.(1986). Dementia: The experience of family caregivers. *The Gerontologist*, 26(3), pp.267-272.

Cho, Byung Eun.(1988). Intergenerational family relationships and satisfaction among korean aged parents. University of Dalaware.

Chistenson, C. V., & Gragnon, J., H.(1965). Sexual behavior in a group of older women. *Journal of gerontology*, 20

Clark & Anderson(1977). Personal adaptative to aging. in Robert C. Atchley, The Social force in later life, Wordsworth P. C.

Cowgill, Donald, O. & L. Holmes(1972). *Aging and modernization*. New York: Appleton Century Crafts.

Cutler, N. E.(1979). "Aging variation in the demensionality of life satisfaction", *Journal of gerontology*, 34(4), pp.573-578.

Cumming, E. and W. Henry.(1961). Growing old. The Process of Disengagement, Basic Books.

Dumajedier, J.(1974). *Sociology of Leisure*, Trans. by Mekenzie.

Duvall, E.(1971). *Family development*. Philadelphia; J. B. Lippicott.

Epstein, Lenore A. and Murray, Janet H.(1975). Employment and retirement. In Neugarten, *Middle Age and Aging*, Univ. of Chicago Press.

Farran. C. J, et al.(1991). Finding meaning: An alternative paradigm for alzheimer's disease family caregivers. *The Gerontologist*, 31, pp.483-489.

Foulkes, D.(1964). Theories of dream formatio and recent studies of sleep consciousness. *Psychological Bulletin*, 62, p.247.

Friedmann, E. A. & Harold L. Orbach.(1974). Adjustment to retirement. Ins. Ariet (ed), *American Handbook of Psychiatry*, New York: Basic Books.

Galvin, K. M & Brommel, B. J.(1982). *Family communication: the cohesion and change*, Scott Foresman and Company.

George, C. K. & L. P. Gwyther.(1986). Caregiver well-being: A multidimensional of family caregivers of demented adults. *The Gerontologist*, 26, pp.253-359.

George, Linda K.(1980). *Role Transitions in Later Life*. Books/Cole Publishing Company, Printed in U. S. A.

Gnewuch, D. E.(1976). *The Sociology of death and dying*. Headquaters of department of the army, Washington D. C.

Gold, D. T., Max, A. W, & Linda, K. G.(1990). Relationship classification using grade of merbership analysis: A typology of sibling relationship in later life. *Journal of Gerontology*, 45(2), pp.43-51.

Goode, W.(1971). World revolution and family patterns. *Journal of Marriage and Family*.

Gordon, Chad, and C. M. Gaitz.(1976). Leisure and lives; Personal expressivity across the life span. in R. H. Binstock and E. Shanas(eds). *Handbook of Aging and the Social Sciences*, New York, pp.310-341.

Greene, V. L, et al.(1989). The effect of a support and education program on stress and burden among family caregivers to frail elderly persons. *The Gerontologist*, 29,(4), pp.472-477.

Greenberg, J. R., Mckibben, M., & Raymond, J. A.(1990). Dependent Adult Children and Elder Abuse. *Journal of Elder Abuse & Neglect*, 2(1/2), pp.73-86.

Gubrium, J. F.(1985). Being single in old age, *Aging and Human Development* 6, 1975, in Aizenberg R. & J. Treas, The Family in Late Life: Psycosocial and demographic considerations, *Handbook of psycholgy of aging*, pp.169-185.

Harris and Asscociated.(1975). The Myth and reality of aging in America. A Study Prepared by Louis Harris and Associated, Inc. for the National Council on the Aging.

Haley, W. E, et, al.(1987). Experimental evaluation of the effectiveness of group intervention for dementia caregivers. *The Gerontologist*, 27(3), pp.376-382.

Havighurst, R. J.(1952). *Development Tasks and Educations*. New York: Mckay.

Herry, J. J. and Weakland, J. H.(1979). *Counseling elders and their families - practical techniques for applied gerontology -*. Springer Publishing Co, Inc.

Hinrichsen, G. A. & G. Niederehe(1994). Dementia management strategies and adjustment of family members do older patients. *The Gerontologist*, 34(1), pp.95-102.

Irelan and Bond(1974). Retiress of the 70's. Paper Presented at Southern Conference on Gerontology, 3.

Jacobsohn, Dan(1972). Willingness to retire in reaction to job strain and type of work. *Journal of Industrial Gerontology*, 13.

Johnson, C. L.(1988) Active and latent functions of grandparent during the divorce process, *The Gerontologist*, 28(2), pp.185-191.

Kahana, E. & Kahana, B.(1970). Grandparenthood from the perspective of the developing grandchild. *Developmental Psychology 3*, pp.98-105.

Kalish, R. A.(1975). Death and dying in social context. *In Handbook of aging and the social science*, pp.483-507, ed. by R. H. Binstock & E. Shanas, New York: D. Van Nostrand, 1976 "Aging Self and Personality, late adulthood perspective on human development, Wordsworth publishing company", pp.60-69.

Kaplan, M.(1960). The uses of leisures. *In Handbook of social gerontology*, pp.407-443, Tibbitts Chicago; Universty of chigo press.

Keith, P. M.(1979). Life change and perceptions of life and death among older men and women. *Journal of Gerotology*, 34(6), pp.870-878.

Kieffer, J. A.(1979). Older Americans: An Untapped Resources. The National Committee on Careers for older Americans.

Kinsey, A., Pomeroy, W. & Martin, C.(1948). *Sexual Behavior in the Human Male*. Philadelphia: Saunders.

Kosberg, J. L.(1988). Preventing elder abuse: Identification of high risk factors prior to placement decisions. *The Gerontologist*, 28(1), pp.43-50.

Kramer, B. J(1993). Expanding the conceptualization of caregiver coping - the importance of relationship - focused coping strategies. *Family Relations*, 42, pp.383-391.

Kubler-Ross, E.(1969). *On Death and Dying*. New York: MacMillan.

Lachs, M. S., & Pillemer, K.(1995). Abuse and neglect of elderly person. *The New England Journal of Medicine*, 332(7), pp.437-443.

Lang, A & E. Brody.(1982). Characteristics of middle aged daughters and help to their elderly mothers. *Journal of Marriage and Family*, 44, pp.196-199.

Larson, R.(1978). Thirty years of research on the subjective well-being of older americans. *Journal of Gerontology*, 33, pp.109-124.

Lee, G.(1977). Age at marriage and marital satisfaction: a multivariate analysis implication for marital satisfaction. *Journal of Marriage and Family*, 39(3).

Lee, G.(1992). Gender difference in family caregiving: A fact in search of a theory. in J. Dwyer & R. Coward(eds), *Gender, families and eldercare*, pp.120-131, California: Sagep publications, 1992

Levin R. A.(1961). Anthropology and the study of conflict: an introduction. *Journal of conflict resolution 5*, pp.3-15.

Liang, J.(1982). Sex differences in life satisfaction among the elderly. *Journal of Gerontology*, 36(1).

Markides, K. S, et al.(1979). A Causal model of life satisfaction among the elderly. *Journal of Gerontology*, 34(1), pp.86-93.

Masters, W. & Jonson, V.(1966). *Human Sexual Response*. Boston: Little Brow.

McCllelland, K. A(1982). Self-conception and life satisfaction: integration aged subculture and activity theory. *Journal of Gerontology*, 37(6).

Mcdonald, R. T. & Hilgendorf, W. A.(1986). Death imagery and death anxiety, *Journal Of Clinical Psychology*, 42(1), pp.87-91.

Medley M.(1976). Satisfaction with life among persons sixty five years and older: A causal model. *Journal of Gerotology*, 31, pp.448-455.

Miller, B & L, Cafasso.(1992). Gender differences in caregiving: Fact or artifact. *The Geronyologist*, 32(4), pp.498-507.

Minuchin, S.(1974). *Families and family theraphy*. Havard University Press Cambridge Massachusetts.

Morgan, Leslie A.(1976). Reexamination of widowhood and morale. *Journal of Marriage and Family*, 39.

Motenko, A. K.(1989). The frustrations, gratifications and well-being if dementia caregivers. *The Gerontologist*, 29(2), pp.166-172.

Neale, N. V., Hwalek, M. A., Goodrich, C. S., & Quinn, K. M.(1996). The Illinois Elder Abuse System: Program Description and Administrative Findings. *The Gerontologist*, 36(4), pp.502-511.

Neugarten, B. L. & Weinstein.(1964). The changing American grandparent. *Journal of Marriage and Family*, 26, pp.199-205.

Neulinger, J.(1976). The Need for the Implications of a Psychological Conception Leisure. *The Ontario Psychologist*(8-2).

Olson, D. H. Sprenkle & C. S. Russel.(1976). Circumplex model of marital and family system, cohension and adaptability dimensions, family types and clicical applications. *Family Process*, 18.

Osberg, J. S. McGinnis, G, E, DeJong, G. & Seward, M. L.(1987). Life satisfaction and quality of life among disabled elderly adults. *Journal of Gerontology*, 42(2), pp.228-230.

Parker, S.(1971). The Future of Work and Leisure. Pattern, S. N.(1962), The New Basis of Civilization.

Palmore, E.(1979). Stress and adaptation in later life. *Journal of Gerontology*, 34(16), pp.841-851.

Pfeiffer, B. E., Venvoerdt, A., & Davis, G. C.(1972). Sexual behavior in middle age. Amer. *J. Psychiat*, p.128.

Pillemer, K., & Finkelhor, D.(1988). The Prevalence of Elder Abuse: A Random Sample Survey. *The Gerontologist*, 28(1), pp.51-57.

Poulshock, S. W. & Deimling, G. T.(1994). Families caring for elders in residince: Issues in the measurement of burden. *Journal of Gerontology*, 29, pp.230-239.

Pratt. C, et al.(1985), Burden and caping strategies of caregivers to alzheimer's patients, *Family Relations*, 34, pp.27-33.

Seltzer, B. et al.(1994), Psychiatric symptoms in alzheimer's disease: Mental status examination versus caregiver report, *The Gerontologist*, Vol. 34, No. 1, pp.103-109.

Reichard, et al.(1962). *Aging and Personality*. New York: Wiley Publishing.

Riley, Matilda.(1983). The family in an aging society: A matrix of latent relationships. *Journal of Family Issues*, 4, pp.439-454.

Robertson, J. F.(1977). Grandmotherhood: A study of role conception. *Journal of Marriage and Family*, 39, pp.165-174.

Scanzoni, J. & K. Polonko.(1980). A conceptual approach to explict marital negotiation. *Journal of Marriage and Family*, 42(1), pp.31-44.

Schlien, J.(1985). Structure-function, kinship terminology and the mother-in-law. paper presented at the annual symposium on the committee of human development.

Shanas, E.(1979). The family as social support system in old age. The Gerontologist, 19, pp.169-174.

__________(1980). Older people and their families: The new pioneers. *Journal of Marriage and Family*, 42, pp.9-18.

Shanas, E, Townsend P. & Wedderburn, D.(1968). *Old People in Three Industrial Societies*. London: Routledge and Kegan Plan.

Shanan, J.(1985). *Personality types and culture in later adulthhood*. John A. Meachan(ed.), New York: Karger.

Sheppard, Harold, L.(1976). Work and Retirement. in Binstock and Shanas, *Handbook of Aging and the social sciencies*, New York: Van Nostrand Company.

Shiferaw, B., Mittelmark, M. B., Wofford, J. L., Anderson, R. T., Walls, P., & Rohrer.(1994). The Investigation and Outcome of Repoted Cases of Elder Abuse: The Forsyth County Aging Study. *The Gerontologist*, 34(1), pp.123–125.

Sinnott, J. D.(1982), Correlates of sex roles of older adults. *Journal of Gerontology*, 37(5).

Spitze, G. & J. Logorn.(1990). Sons, daughters and intergenerational social support. *Journal of Marriage and Family*, 52, pp.420–430.

Spreitzer, Z. & E. Synder.(1974). Correlates of life satisfaction among the aged. *Journal of Gerontology*, pp.454–458.

Steinmetz(1987). *Duty bound elder abuse and family care*. Newbury Park, CA: Sage Pub.

Steinke, E. E & Bergen, M. B.(1986). Sexuality and Aging. *Journal of Gerontological Nursing*, 12(6), pp.6–10.

Strickland, B. R. & Shaffer,(1971). *Journal of for the Scientific Study of Religion*, 10.

Sussman, Marvin, B.(1976). The Family Life of Old people. E. Robert, H. Binstock & E. Shanas, *Handbook of Aging and the social sciences*. Van Nostrand Reinhold Company.

Spencer, S. H.(1991). *Psychosexual Therapy: A Cognitive Behavioural Approach*. London: Chapman and Hall, pp.249–250.

Starr, B. D., & Weiner, M. B.(1981). *The Starr–Weiner Report on Sex and Sexuality in the Mature Years*. New York: Stein and Day, Inc.

Thompson, L. & Walker, A. J.(1987). Mothers as mediator of intimate between grandmothers and their young adult granddaughters. *Family Relations*, 36(1), pp.72–77.

Thompson, L. W.(1984). Effects of berearement on self preceptions of physical health in elderly widows and widowers. *Journal of Gerontology*, 39.

Thompson, W. E & Streib, G. F.(1961). *Meaningful Activities in a Family Context*. New York: Oxford University Press.

Tinsely, H. A, J. D, Teaff, S. L. Colbs, & N. Kaufman.(1985). A system of classification leisure activies in terms of psycological benefits of participation reported by older persons. *Journal of Gerontology*, 40(2).

Troll, Lillion E.(1975). *Early and Iddle Adulthood, Monterey*. CA: Brooks–cole publishing Co.

Troll, Miller and Atchley.(1979). *Families in Later Life.* Wordsworth Publishing Company, INC.

Vitaliano, P. P, et al.(1991), Burden: A review of measures used among caregivers of individuals with dementia, *The Gerontologist*, 31, pp.67–75.

Wagner, K. D. & Lorion, R. P.(1992). *Correlates of death anxiety in eldercare.* California: Sage publications.

Walker & Thompson.(1983). Intimacy and intergenerational aid and contact among mothers and doughters. *Journal of Marriage and Family*, pp.841–849.

Ward, Russell A.(1979). The Meaning of voluntary asociation participation to older People. *Journal of Gerontology*, pp.438–445.

Zarit, S. H, et al.(1986), Subjective burden of husbands and wives a caregiver: A longitudinal with dementia, *The Geronotologist*, 26, pp.260–266.

Zarit, S. M,(1989), Do we need another stress and caregiving study, *The Gerontologist*, 29, pp.147–149.

찾아보기

가구원수 16
가령 38
가정봉사원 88, 97
가족관계 142
가족법 157
가족부양 74, 95
가족생태체계 111
가족생활주기 124
가족체계 142
감각기관 46
개인적 이탈 265
거시체계 190
결속관계 141
결혼만족도 135
경로당 287
경로사상 87
경로연금 101
경직성 60
고독 60
고부갈등 146
골격 45
골다공증 45
공적 부양 92
과거의 기억 54
교차연결이론 42
교통수당 115
구원요청형 65
국제노년학회 25
근육섬유질 46
기로소 89
기억 54
기억력 54
기초대사율 50
난청 47
내향성 59
노년가족학 24
노년병학 29
노년사회복지학 24
노년사회학 24
노년생물학 24
노년심리학 24
노년의학 24, 29
노년학 20
노령선 37
노령수당 101
노령화지수 7

노성 37
노쇠 25
노쇠현상 261
노안 46
노인 36
노인독신 120
노인독신가구 16
노인문제 11
노인복지법 32
노인복지정책 25
고령친화사업 288
노인상담 115
노인인재은행 245
노인장기요양보험법 32
노인직 88, 90
노인학교 288
노폐물 축적이론 41
노화 20, 25
노화과정 20
노화현상 20
단일기관이론 42
달력의 연령 37
대리모 165
대처(coping) 202
대처전략 203
도시화 12, 14
독신노인가구 124
동맥경화증 42
맛 봉우리수 47
면역체계 42
모자관계 149
무감각형 66
무장방어형 65
미각 47
미시체계 190
방어형 67
방위가족 132
배뇨현상 51
복합가족 122
부부가족 122
부양 스트레스 107
부양관리자 158
부양기대감 161
부양자 158
부양제공자 158
부양책임 18
부자관계 149
부처제거주 147
분노형 67
불효 78
비통합형 66
빈 둥우리(empty nest) 130
사고(思考, thinking) 56
사적 부양 92
사회보장제도 179
사회적 연령 37
사회적 이탈 265
산업화 12
삶의 질 21
상호철회 265
생물학적 연령 37
생애 회고 61
생태학 189
생활만족 21

성공적 노화 134
성문제 296
성비 10
성숙형 66
성역할 62, 135
성적 역기능 304
성적 자극 305
성취지위 147
성활동 305
세대관계 137
세대차 137
소가족 16
소모 및 파괴이론 41
소외감 60
소인수화 16
소화기능 49
수동성 59
수동적 의존형 65
수면 51
수발 19
수의근 45
수정핵가족 121
수정확대가족 121
수축력 46
스트레스 이론 42
스트레스 187
시각 46
시정제도 88
시집살이 151
신분등록제 157
신진대사 40
신체골격 45
실패과장형 68
심리적 연령 37
심장 48
심장혈관계 42
알츠하이머병 205
야뇨횟수 51
양로연 90
양성적 62
여가정책 291
역연령 37
역할 파트너 164
역할전환 133
연소인구 7
예정계획이론 41
오류재해이론 41
외체계 190
요실금 51
우울증 60
원시안 46
위축형 65
유기체 41
유대관계 142
유리형 65
유배우율 10
유전학 40
은둔형 67
의존적 수동형 68
이촌향도 214
이탈이론 264
인구구조 7
인력활용 242
임계점멸빈도 46

임종간호 318
자각적 연령 37
자기부정형 68
자동면역이론 42
자아 통합감 134
자존감 61
자학형 67
재고용 259
재구성자형 63
재인 54
재혼 130
적극적 통합형 68
정년제 252
정년퇴직 272
조심성 59
조직와해형 66
주간보호시설 97
죽음 309
지남력 54
지능 53
지속이론 266
지속형 65
지역사회보호 97
직계가족 122, 147
직계가족제도 164
진수(launching) 132
차별적 이탈 265
창의성 56
청각 47
체온저하증 50
초점형 64
최근 기억 54
출산율 6
치매 32, 194
치매유병률 195
치사제도 90
치아 48
친밀감 134
콩겹질형 137
킨제이(Kinsey) 보고서 136
탈농업화 13, 216
통합형 63
평균수명 8
폐경기 306
피부 45
학대 187
한국노인문제연구소 32
한국노인병학회 30
항체 42
핵가족화 15
혈액순환 50
협공 받는 세대 115
호주상속제 157
호흡기능 49
확대가족 96
활동이론 266
효도 76
효심 76
효행 76
후각 47

[저자 소개]

김태현(金兌玄)
이화여자대학교 가정대학 졸업
고려대학교 대학원 졸업(가족학 전공 박사)
미국 위스콘신대학교 연구교수
현재 성신여자대학교 심리복지학부 교수

노년학

2007년 7월 31일 초판 발행
2019년 9월 19일 5쇄 발행

지은이 김태현
펴낸이 류원식
펴낸곳 **교문사**

책임교정 및 편집 김수진
표지디자인 반미현
제작 김선형
영업 정용섭·송기윤·진경민

출력 앤테크
인쇄 동화인쇄
제본 과성제책사

주소 (10881) 경기도 파주시 문발로 116
전화 031-955-6111(代)
팩스 031-955-0955
등록번호 1960. 10. 28. 제406-2006-000035호
홈페이지 www.gyomoon.com
E-mail genie@gyomoon.com
ISBN 978-89-363-0851-3 (94330)

값 18,000원

*잘못된 책은 바꿔 드립니다.